W0012870

Kohlhammer

Heidrun Bründel

Jugendsuizidalität und Salutogenese

Hilfe und Unterstützung für
suizidgefährdete Jugendliche

Verlag W. Kohlhammer

1. Auflage 2004

Alle Rechte vorbehalten
© 2004 W. Kohlhammer GmbH Stuttgart
Umschlag: Gestaltungskonzept Peter Horlacher
Gesamtherstellung:
W. Kohlhammer Druckerei GmbH + Co. Stuttgart
Printed in Germany

ISBN 3-17-018378-8

Claude Monet, *Die Japanische Brücke,* 1899
New York, The Metropolitan Muesum of Art

„Leben ist Brückenschlagen
über Ströme, die vergehen."

Gottfried Benn, *Epilog,* 1949

Inhalt

8

Vorwort

Von vielen Erwachsenen wird die Jugendzeit in der Rückschau als eine Zeit der Unbeschwertheit und Sorglosigkeit angesehen. Dies kann auf eine Tendenz zur Verschönerung des in der Vergangenheit Erlebten zurück zu führen sein, aber auch darauf, dass die erlebten Belastungen im jüngeren Lebensalter angesichts der Probleme im höheren Lebensalter als nicht mehr so schwerwiegend wahrgenommen werden. Es besteht eine Diskrepanz zwischen dem Erinnerungsbild von der ungetrübten, heiteren und glücklichen Jugendzeit, der Einschätzung vom Wohlergehen der Jugendlichen einerseits und den Ergebnissen der wissenschaftlichen Forschung über das Selbsterleben von Jugendlichen andererseits. Viele Menschen der älteren Generation meinen sogar, dass es der Jugend von heute noch nie so gut gegangen sei wie früher, dass sie alle Freiheiten in der Gestaltung ihrer Lebensweise hätte, dass ihnen alle Wege der Selbstverwirklichung offen stünden und sie obendrein unter einer Vielfalt von Konsumangeboten wählen könnten. Dies mag vielleicht für zurückliegende Jahrzehnte zutreffend gewesen sein, aber die heutige Lebens- und Ausbildungssituation sowie die gegenwärtige Wirtschaftslage haben sich tiefgreifend verändert. Die Jugendlichen stehen vor einer ganz anderen Ausgangssituation als früher, viele haben die Scheidung oder Trennung ihrer Eltern erlebt, leben in Familien mit nur einem Elternteil oder auch mit wechselnden Stiefelternteilen in so genannten Patchwork-Familien, haben keinen Schulabschluss, finden keinen Ausbildungsplatz und haben nur geringe Zukunftsperspektiven. Die Lebensphase Jugend scheint für Jugendliche immer komplizierter zu werden. Aus den veränderten Lebens- und Umweltbedingungen ergeben sich für sie Beeinträchtigungen, die ihre Lebensqualität und Leistungsfähigkeit erheblich negativ beeinflussen, was sich in körperlichen, psychischen und sozialen Befindlichkeitsstörungen niederschlägt.

Das Krankheitsspektrum hat sich zu Gunsten der chronischen Erkrankungen, der psychosomatischen Krankheiten und der emotionalen Befindlichkeitsstörungen verändert. Die Zahl der Jugendlichen mit ausgeprägten psychischen und sozialen Problemen ist hoch. Eltern, Ärzte, Psychologen und Pädagogen registrieren eine Zunahme von Konzentrations- und Leistungsstörungen, von Schulverweigerung, erhöhtem Tabak- und Alkohol- und illegalem Drogenkonsum sowie einer allgemeinen Unlust oder auch Unvermögen, Probleme konstruktiv zu lösen, sich mit ihnen auseinander zu setzen. Wie kann verhindert werden, dass Jugendliche resignieren, aufgeben, das „Handtuch werfen"? Wo liegen ihre Ressourcen, und wie können diese aktiviert werden?

Suizidalität und Salutogenese – das scheint ein Gegensatzpaar und eine auf den ersten Blick widersprüchliche Verbindung zu sein. Sie steht für den inneren Kampf der Jugendlichen zwischen selbstzerstörenden und selbsterhaltenden Kräften und soll Gegenstand dieses Buches sein. Es beschreibt einerseits die Psychodynamik suizidgefährdeter Jugendlicher, die ihren Suizidversuch oder Suizid als bestmöglichen Problemlöseversuch ansehen und dabei keinen anderen Lösungsweg sehen als die suizidale Handlung und andererseits die trotz aller Verzweiflung in ihnen selbst befindlichen salutogenetischen Energien, lösungsorientierten Stärken und Ressourcen, die es gilt zu aktivieren. Die Grundidee von Prävention und Intervention sowie einer ressourcenorientierten Diagnostik und Therapie von suizidalen Jugendlichen geht davon aus, dass niemand „hundertprozentig suizidal" ist, sondern dass in jedem Menschen auch salutogenetische Tendenzen vorhanden sind. Jugendliche wollen nicht wirklich sterben, sie wollen nur so nicht mehr weiterleben. Jeder Suizid ist einer zuviel, und viele könnten verhindert werden, wenn wir nur genau hinsehen und hinhören würden.

Gütersloh, im August 2004   Heidrun Bründel

Einleitung: Zur gesundheitlichen Situation von Jugendlichen

Die gesundheitliche Situation der Jugendlichen von heute hat sich im Vergleich zu der im zurückliegenden Jahrhundert in hohem Maße verbessert. Die Anzahl der Infektionskrankheiten ist zurückgegangen, Krankheiten wie Diabetes mellitus, andere Stoffwechselkrankheiten, Asthma, Anfallsleiden, Krebs, Herzfehler und viele andere können heute im Gegensatz zu früher behandelt werden. Während die Menschen vor ca. 100 Jahren „vom Sterben umgeben" waren und die „Vermeidung des Todes" zu den großen gesundheitspolitischen Anstrengungen gehörte, ist es nun das gesundheitspolitische Bestreben, die Lebenszeit nicht nur zu verlängern, sondern auch qualitativ zu verbessern. Das Motto für Erwachsene und Jugendliche heißt nicht mehr: „add years to life", sondern „add life to years" (Kurth et al. 2002).

Während die Gesundheitsstatistiken von Kindern und Jugendlichen früherer Jahre eher „Mortalitätsstatistiken" waren, geht es in aktuellen Erhebungen eher um „Gesundheitsstatistiken" bzw. „Gesundheitsberichte". Die Namensänderung weist auf einen Paradigmenwechsel hin. Der Fokus der Forschung liegt auf der Lebenszufriedenheit und dem Wohlbefinden, speziell von Jugendlichen (Kolip 1994, 2002) und stützt sich vor allem auf Befragungen der Jugendlichen selbst. Jugendliche zählen im Vergleich zu allen Altersgruppen zu der gesündesten überhaupt. Der Jugendgesundheitssurvey (Hurrelmann, Klocke, Melzer und Ravens-Sieberer 2003) bestätigt dies und besagt, dass die Mehrzahl der Jugendlichen sich für gesund hält, kommt aber bei einem Teil der Jugendlichen zu beunruhigenden Ergebnissen, die sich vor allem auf die von ihnen berichtete Anzahl körperlicher, psychischer und sozialer Befindlichkeitsstörungen bezieht. Danach können diese Jugendlichen nicht mehr als „gesund" bezeichnet werden. Gemäß der Definition von Gesundheit der Weltgesundheitsorganisation (WHO) ist ein Mensch dann gesund, wenn er sich subjektiv im Einklang mit den Anforderungen seiner physischen, psychischen und sozialen Umwelt, dem eigenen Belastungsempfinden und den persönlichen Möglichkeiten der Bewältigung befindet. Zu dem ehemals rein physisch definierten Gesundheitsbegriff ist eine psychosoziale Komponente hinzugekommen, die Gesundheit nicht nur objektiv, sondern auch subjektiv definiert und der Wahrnehmung von Gesundheit eine bedeutende Rolle zukommen lässt (Ravens-Sieberer et al. 2003). Jugendliche, die frei sind von organischen Krankheiten, können sich dennoch in ihrem subjektiven Wohlbefinden gestört und damit krank fühlen. Dies ist vornehmlich dann der Fall, wenn sie glauben, Belastungen nicht gewachsen zu sein, wenn die Balance zwischen ihrem Belastungs- und Bewältigungsempfinden aus dem Gleichgewicht gebracht worden ist, wenn sie mit Angst und Panik oder gar mit psychosomatischen Beschwerden reagieren. Gesund sind die Jugendlichen, die sich körperlich und psychisch wohlfühlen. Gesundheit ist ein Gleichgewichtszustand zwischen Risiko- und Schutzfaktoren, genauer gesagt kein

Zustand im statischen Sinne, sondern ein Prozess in ständiger auszubalancierender Veränderung. Gesundheit muss zu jedem Lebenszeitpunkt neu und aktiv hergestellt werden (Hurrelmann und Bründel 2003).

Gesundheit im Selbstbericht der Jugendlichen

Der Jugendgesundheitssurvey von Hurrelmann et al. (2003) ist die bislang umfassendste bundesrepublikanische Untersuchung zur Gesundheit von Jugendlichen. Es wurden insgesamt 23.111 Schülerinnen und Schüler an allgemeinbildenden Schulen befragt. Die Studie ist Teil der großangelegten internationalen Studie „Health Behaviour in School-aged Children (HBSC)". Eingeflossen in diesen Datensatz sind die Antworten von insgesamt 5650 Schülerinnen und Schülern der fünften, siebten und neunten Klassenstufe im Alter von elf, dreizehn und fünfzehn Jahren aus den Bundesländern Nordrhein-Westfalen, Hessen, Sachsen und Berlin. Der Jugendgesundheitssurvey erfasst die Sichtweise und Selbstwahrnehmung von Jugendlichen bezüglich ihrer körperlichen, psychischen und sozialen Gesundheit einerseits sowie den Einfluss des Freizeitverhaltens, der Ernährung, der Lebensumwelt Familie und der Schule auf ihre Gesundheit andererseits.

Wesentliches Ergebnis des Jugendgesundheitssurveys ist, dass die Mehrzahl der Jugendlichen ihre Gesundheit, bezogen auf das körperliche, psychische und soziale Wohlbefinden, als gut bis sehr gut einschätzt. Dieses auf den ersten Blick positive Bild darf aber nicht darüber hinwegtäuschen, dass es auch bei diesem Teil der Jugendlichen Unterschiede im Wohlgefühl zwischen den Geschlechtern, jüngeren und älteren Jugendlichen, Jugendlichen mit unterschiedlichem sozioökonomischen Hintergrund und Schülerinnen und Schülern der verschiedenen Schulformen gibt (Ravens-Sieberer et al. 2003).

Körperliche Beeinträchtigungen

Jugendliche stellen die größte Risikogruppe dar, was Verletzungen und Unfälle betrifft. Dementsprechend gaben ca. ein Drittel aller befragten Jugendlichen an, mindestens eine behandlungsbedürftige Verletzung im letzten Jahr erlitten zu haben, wobei mehr Jungen als Mädchen diese Angaben machten. Ein Drittel der Jugendlichen leidet unter verschiedenen Allergien, die ihre subjektive Beurteilung des körperlichen allgemeinen Gesundheitszustandes negativ beeinflussen. Jungen leiden häufiger an Heuschnupfen und Asthma, Mädchen mehr an Neurodermitis und an Allergien gegen bestimmte Nahrungsmittel. Jungen fühlen sich insgesamt körperlich wohler als Mädchen, sie sind weniger häufig krank und fühlen sich weniger häufig müde und schlapp.

Psychische Beeinträchtigungen

Bezüglich der psychischen Gesundheit gaben ein Fünftel der befragten Jugendlichen Beeinträchtigungen an, die sich vor allem auf psychosomatische Beschwerden bezogen wie Kopf-, Rücken-, Bauchschmerzen, Schlafstörungen, Appetitlosigkeit, Schwindel und Müdigkeit, Gereiztheit, Ängstlichkeit, Nervosität und allgemeines Unwohlsein. Es handelt sich dabei um körperliche Symptome, die durch psychische Faktoren beeinflusst werden und als Stresssymptome bezeichnet werden können. Mädchen leiden häufiger unter psychosomatischen Beschwerden als Jungen; ältere Jugendliche, und hier auch wiederum weibliche Jugendliche, sind häufiger betroffen.

Zur psychischen Gesundheit als psychischer Komponente der Lebensqualität gehört auch die mentale Gesundheit. Sie enthält Elemente des emotionalen und mentalen Wohlbefindens und wird vom Vorhandensein psychosomatischer Beschwerden, von der Selbstwahrnehmung und der Selbsteinschätzung beeinflusst. Nur ein Fünftel der Jugendlichen gab an, sich sehr wohl zu fühlen, wobei Jungen sich wohler fühlen als Mädchen (Ravens-Sieberer et al. 2003).

Interessant sind die Befunde zur Selbstwirksamkeitserwartung. In diesem bedeutenden Konzept der psychischen Gesundheit kommt zum Ausdruck, mit welcher Einstellung Jugendliche dem Leben gegenüberstehen, mit welcher Zuversicht sie ihr Leben meistern. Zwanzig Prozent der befragten Jugendlichen gaben an, keine hohe Selbstwirksamkeitserwartung zu haben, d. h. sie sehen schwierige Aufgaben nicht als Herausforderung an, sind eher nicht handlungsorientiert, halten auch nicht lange an ihren Zielen fest und geben schnell auf.

Als psychisch auffällig stuften sich ca. sechs Prozent der Jugendlichen ein, wobei zwischen Verhaltensproblemen, Hyperaktivität, Problemen mit Gleichaltrigen und emotionalen Problemen unterschieden wurde. Die Mädchen dominieren bei den emotionalen Problemen und die Jungen bei den Verhaltensauffälligkeiten. Jugendliche aus den unteren Einkommensschichten sind in allen Bereichen stärker vertreten.

Soziale Beeinträchtigungen

Grundlegend für die soziale Gesundheit sind gute und ausreichende soziale Kontakte im Freundeskreis, in Schule und Familie. Ein Zehntel der befragten Jugendlichen fühlt sich von Gleichaltrigen nicht akzeptiert. Sie haben Probleme, Freunde zu finden und fühlen sich isoliert. Ihr schulisches Wohlbefinden nimmt mit dem Alter kontinuierlich ab. Viele Jugendliche fühlen sich überfordert und machen sich Sorgen über ihre berufliche Zukunft. Auch wenn viele Jugendliche angaben, sich allgemein mit ihren Eltern gut zu verstehen, so gaben doch 42 Prozent an, Probleme mit den Eltern zu haben. Zu den häufigsten kritischen Lebensereignissen zählen nach „schulischer Überforderung" bei einem Drittel der Befragten „Probleme mit den Eltern". 20 Prozent der Jugendlichen geben eine „Trennung vom Freund, von der Freundin" an und knapp neunzehn Prozent den „Tod einer nahestehenden Person".

Aus dem Jugendgesundheitssurvey wird deutlich, dass es einerseits Zusammenhänge zwischen den Variablen zur Erfassung der physischen, psychischen und sozialen Gesundheit und andererseits komplexe Wechselbeziehungen zwischen den Aspekten dieser drei Bereiche gibt. Das allgemeine Gesundheitsgefühl von Jugendlichen setzt sich aus allen Komponenten in jeweils individueller Bewertung und Gewichtung zusammen. Beeinflusst wird es auch von ihrem Gesundheits- (Zubrägel und Settertobulte 2003) und Freizeitverhalten (Richter und Settertobulte 2003) sowie von ihrem Wohlgefühl in den Lebenswelten Familie (Klocke und Becker 2003) und Schule (Bilz, Hähne und Melzer 2003).

Ein wichtiger Aspekt ist die Ernährung. So kann falsche Ernährung zu Über- oder Untergewicht führen. Fünf bis sechs Prozent der Mädchen und sieben bis zehn Prozent der Jungen sind übergewichtig. Zwölf Prozent der Mädchen und sechs

Prozent der Jungen bezeichnen sich als untergewichtig. Beide Normabweichungen können mit einer Reihe von gesundheitlichen und gravierenden psychischen Problemen einhergehen, die negative Auswirkungen auf das körperliche und psychische Wohlbefinden, das Selbstkonzept sowie das Selbstwertgefühl haben. Übergewichtige Jugendliche finden oft keinen Anschluss an Gleichaltrige, sie werden ausgegrenzt, gemobbt und diskriminiert. Untergewichtige isolieren sich häufig selbst, sind unzufrieden mit ihrem Körper, halten sich für nicht attraktiv und haben eine unrealistische Selbstwahrnehmung in Bezug auf ihr Köpergewicht.

Die Familie ist die zentrale Sozialisationsinstanz für Kinder und Jugendliche und stellt ein emotionales und soziales Unterstützungssystem zur Verfügung. Der Begriff des „sozialen Kapitals" umfasst alle positiven und hilfreichen Kontakte und Beziehungen zu Familie, Freunden und Bekannten. Eine gute Beziehung speziell zu den Eltern stellt den wichtigsten Schutzfaktor dar. Jugendliche, die darüber verfügen, haben einen besseren Gesundheitszustand als Jugendliche, denen dies nicht vergönnt ist. Ein zusätzlicher Mangel im Sinne materieller Deprivation führt zu einer erheblichen Verschlechterung sowohl des Gesundheitszustandes als auch des Gesundheitsverhaltens.

Als zentrale Einflussfaktoren für die Gesundheit von Jugendlichen erwiesen sich die soziale Lage und die soziale Schicht der Familie. Jugendliche aus unteren sozialen Schichten verfügen über mehr Ängstlichkeit, Hilflosigkeit und über ein geringeres Selbstvertrauen. Sie haben bedingt durch die in ihren Familien herrschende Armut geringere Lebenschancen und reagieren darauf mit psychischen Belastungssymptomen (Klocke und Becker 2003).

Die Lebenswelt Schule übt einen großen Einfluss auf die Gesundheit von Jugendlichen aus. Die Wahrnehmung der an einer Schule bestehenden „Kultur" beeinflusst die mentale Gesundheit der Schülerinnen und Schüler, und darunter ist die eigene Einschätzung der schulischen Kompetenz sowie die Schulfreude zu verstehen. Nur einem kleinen Teil der Schülerschaft gelingt es, der Schule fachlich, sozial und in Bezug auf ihre eigene Persönlichkeit gerecht zu werden. Ein Drittel der Jugendlichen erlebt schulische Überforderungen und stuft Schule als „belastend" und „sehr belastend" ein. Die vorhandenen schulischen Bewältigungsprobleme werden noch durch elterliche Erwartungshaltungen verstärkt (Bilz, Hähne und Melzer 2003).

Ein nicht geringer Teil der Jugendlichen stellt eine Risikogruppe dar

Im Großen und Ganzen ist der Gesundheitszustand Jugendlicher laut Jugendgesundheitssurvey (Langness, Richter und Hurrelmann 2003) in Deutschland gut. Aber es gibt eine Minderheit von Jugendlichen, die im Sinne der Gesundheitsdefinition (WHO) nicht als gesund bezeichnet werden können, da sie sowohl im physischen als auch im psychischen und sozialen Bereich Beeinträchtigungen, Störungen und Probleme aufweisen.

Diese Gruppe von Jugendlichen stellt eine Risikogruppe dar und soll abstrahierend von den in dem Jugendgesundheitssurvey untersuchten Jugendlichen im Folgenden im Mittelpunkt stehen. Sie weist viele der Merkmale auf, die bei suizidgefährdeten Jugendlichen anzutreffen sind: Belastungen in Familie, Schule, Freizeit, zahlreiche psychosomatische Beschwerden, Rückzug aus dem Freundeskreis etc. Suizidalität ist die extremste Form einer Gesundheitsstörung. Suizidgefährdete Jugendliche befinden sich kognitiv, emotional und sozial in einem physischen und psychischen Zustand, in dem die Balance der lebenserhaltenden und lebenszerstörenden Tendenzen aus dem Gleichgewicht gebracht worden ist. Ihre psychische Befindlichkeit soll näher untersucht und dabei auch die in ihnen vorhandenen Überlebenskräfte und die Hilfs- und Unterstützungsangebote der Umwelt geschildert werden.

Bei Durchsicht der Literatur fällt auf, dass es in den siebziger und achtziger bis Anfang der neunziger Jahre hinein national und international eine Fülle von Buchveröffentlichungen zum Thema Suizid im Jugendalter bzw. Suizid von Kindern und Jugendlichen gegeben hat (Dührssen 1967; Jacobs 1974, 1985; Heuer 1979; Schieber 1979; Lewinsky-Aurbach 1980; Abram, Berkemeier und Kluge 1980; Ringel 1981; Löchel 1981, 1983, 1984; Chabrol 1982; Jochmus und Förster 1983; Biener 1984; Colla-Müller 1984; Döbert und Nunner-Winkler 1984; Peck, Farberow und Litman 1985; Corr und Neill 1986; Hawton 1986; Curran 1987; Gappmayer 1987; Specht und Schmidtke 1986; Diekstra und Hawton 1987; Diekstra 1989; Hömmen 1989; Orbach 1990; Ide 1992; Bründel 1993a).

Alle aufgeführten Bücher führen in ihren Titeln in Abwandlungen das Thema Jugendsuizid und beschreiben ausführlich die psychische Situation suizidgefährdeter Jugendlicher sowie die suizidauslösenden Risikofaktoren. Daran hat sich bis heute nicht viel geändert, sodass diese Veröffentlichungen ihre volle Gültigkeit behalten und im vorliegenden Buch auf deren Ergebnisse zurückgegriffen wird. Ab Mitte der neunziger Jahre wird jedoch die Anzahl der Publikationen speziell über Jugendsuizid zumindest in Deutschland immer geringer, zu erwähnen wären hier die Bücher von Knapp (1995), Crepet (1996), Käsler und Nikodem (1996) und Schütz (1996) sowie die Zeitschriftenbeiträge von Bründel (2001, 2002, 2003). Ab dem Jahr 2000 gibt es im deutschsprachigen Raum keine Bücher mehr, die sich ausschließlich mit dem Thema Jugendsuizid befassen. Die Mehrzahl der Buchveröffentlichungen zum Suizid befassen sich mit der Problematik Erwachsener und sparen den Suizid von Jugendlichen aus.

In Bezug auf das Thema Suizid und Schule gibt es ebenfalls eine Menge weit zurückliegender Publikationen, Buchbeiträge und Zeitschriftenartikel, die vom Beginn des vorigen Jahrhunderts bis zur Mitte der achtziger Jahre reichen. (Stark 1901; Adler 1910; Budde 1908; Gurlitt 1908; Lungershausen 1966; Neulinger 1975; Biener u. a. 1976; Kos-Robes und Reinelt 1977; Dusolt 1980; Rudnick und Schmidt-Oumard 1981; Stromberger 1981; Faust und Wolf 1983; Berkovitz 1985; Lubrich 1985; Fatke 1986; Smith und Crawford 1986; Ross und Lee 1977; Ross 1980, 1981, 1985, 1987; Bründel 1988, 1993b). Zwischen Anfang und Ende der neunziger Jahre gibt es nur noch wenige Publikationen, die sich speziell auf das Thema Suizid und Schule beziehen (Korthals 1997; Amuat 1999). In den letzten fünf Jahren bis heute sind in Deutschland keine Veröffentlichungen mehr zu diesem Thema erschienen.

Das vorliegende Buch soll diese Lücken schließen und greift das in letzter Zeit vernachlässigte Thema „Suizid im Jugendalter" und/oder „Suizidgefährdete Jugendliche" wieder auf. Dabei werden die Erkenntnisse aus den weiter zurückliegenden Jahrzehnten, die noch heute Gültigkeit besitzen, wieder aufgenommen (vgl. Bründel 1993a) und durch neuere Forschungsergebnisse ergänzt. Es werden unter anderem diejenigen Einflussfaktoren diskutiert, die aus heutiger Sicht zum Suizid von Jugendlichen beitragen können und die lange Zeit in der Literatur übersehen bzw. nicht genügend beachtet wurden. Zusätzlich wird der salutogenetische Ansatz in den Vordergrund gerückt, d. h. es werden die Ressourcen und Stärken der Jugendlichen selbst geschildert, die dazu beitragen können, Krisen zu überwinden. Es werden ebenfalls die Hilfen und Unterstützungsmaßnahmen geschildert, die von außen an sie heran getragen werden, die in der Erziehung in Familie und Schule sowie im Freizeitbereich liegenden gesund machenden und gesund erhaltenden Faktoren hervorgehoben.

In den letzten zehn Jahren haben sich entscheidende Veränderungen in Familie, Schule und Freizeitbereich ergeben. Der Wandel in den Familienformen und Familienbeziehungen, die nach PISA gestiegenen Anforderungen in Verbindung mit der Notwendigkeit, einerseits einen guten Schulabschluss zu erreichen, andererseits aber auch zu wissen, dass Ausbildungsplätze fehlen und die berufliche Zukunft unsicher ist, führen bei vielen Jugendlichen zu Verunsicherung, Ängsten, zu Panikreaktionen oder auch Resignation. Die Lebensphase Jugend geht einher mit vielfachen Irritationen, die sich u. a. auch auf das Selbstkonzept von Jugendlichen und ihre Suche nach Identität beziehen. Einer Minderheit von Jugendlichen fällt es auch heute noch aus unterschiedlichen Gründen schwer, sich vor sich selbst und anderen zu ihrer von der Norm abweichenden sexuellen Orientierung zu bekennen. Die „neuen" Medien, die verbale und schriftliche Kommunikationen über das Handy ermöglichen, der uneingeschränkte Zugang zum Internet, wie Chatrooms und Internetforen, eröffnen Jugendlichen zwar neue Kommunikationsstrukturen, aber gleichzeitig unterliegen sie damit auch Einflüssen, die sich suizidfördernd auswirken können.

Das vorliegende Buch ist in acht Kapitel gegliedert. In einem ersten Kapitel wird die Lebensphase Jugend geschildert und aufgezeigt, in welchen Spannungsfeldern Jugendliche heute leben und mit welchen hohen Anforderungen sie konfrontiert werden. In einem zweiten Kapitel werden die Begriffe Suizidalität, suizidale Handlung, Suizid erläutert, wobei unterschiedliche Terminologien für den Begriff Suizid Berücksichtigung finden. Es werden die sich wandelnden Einstellungen zum Suizid über die Jahrhunderte wiedergegeben, Suizid und Suizidversuch voneinander abgegrenzt und die Suizidhäufigkeit bei Jugendlichen sowie die Geschlechtsspezifität des Geschehens dargestellt. Ein drittes Kapitel schildert die suizidogenen Faktoren oder auch Risikofaktoren, die in den Lebensbereichen Familie, Schule, Freundeskreis liegen und sich zusätzlich aus einem gestörten Selbstkonzept, einer gestörten Identitätsfindung und/oder einer bestimmten sexuellen Orientierung ergeben können. „Alte" und „neue" Medien stellen in ihrer Beeinflussungsmöglichkeit ebenfalls Risikofaktoren dar, die ausführlich geschildert werden. Ein viertes Kapitel beschreibt unterschiedliche Suizidmodelle und Suizidtheorien, die Suizidalität erklären sowie Deutungsansätze, die Suizidalität als Ressourcennotstand oder gar als Entwicklungschance ansehen. In einem fünften Kapitel wird das Modell der Salutogenese und ihre Beziehung zur Gesundheit, speziell der psychischen, dargestellt. Dabei werden das Konzept des Kohärenzgefühls und das Konstrukt der Resilienz erläutert. Ein Vergleich zwischen resilienten und suizidalen Jugendlichen schließt das Kapitel ab und geht dabei besonders auf die zwischen ihnen bestehenden Unterschiede in der Belastungswahrnehmung, -einschätzung und -bewältigung sowie in der Quantität und Qualität ihrer sozialen Beziehungen ein. In einem sechsten Kapitel werden überwiegend die in Familie, Schule und Freizeitbereich vorhandenen bzw. möglichen Schutzfaktoren betrachtet. Alle drei Bereiche werden aus einem salutogenetischen Blickwinkel gesehen und die personalen und sozialen

Ressourcen herausgestellt, die die Gesundheit von Jugendlichen stärken. Das siebente Kapitel widmet sich den pathogenetischen versus salutogenetischen Ansätzen in Diagnostik und Therapie und beschreibt das diagnostische und therapeutische Vorgehen an einem Fallbeispiel. Abschließend werden noch einmal zusammenfassend die in der Suizidalität befindlichen, wenn auch nicht immer offen zu Tage tretenden, salutogenetischen Aspekte aufgeführt und auf die große Bedeutung einer ressourcenorientierten Prävention und Intervention hingewiesen.

I. Lebensphase Jugend

Ich will meinen Willen und will meinen Willen begleiten
die Wege zur Tat;
und will in stillen, irgendwie zögernden Zeiten,
wenn etwas naht,
unter den Wissenden sein
oder allein.

Rainer Maria Rilke

1. Jugend – ein Zeitabschnitt mit fließenden Übergängen

Die Jugendzeit wird durch das biologische Geschehen der Geschlechtsreife eingeleitet, sodass der Beginn relativ eindeutig mit den hormonalen, physiologischen und morphologischen Veränderungen festgesetzt werden kann. Aber diese setzen nicht abrupt, sondern fließend ein. Übereinkunft besteht darin, den Beginn der Pubertät und damit der Jugendzeit bei Mädchen mit der ersten Menstruation und bei Jungen mit der ersten Pollution anzusetzen. Die Jugendzeit wird aber nicht allein biologisch definiert, sondern ist durch bedeutsame kognitive, emotionale, soziale, und generationsbezogene Veränderungen charakterisiert, die wiederum von kulturellen Faktoren beeinflusst werden (Oerter und Montada 2002; Fend 1990, 2003).

Jugendzeit endet nicht zu einem genau und exakt definierbaren Zeitpunkt, sondern dann, wenn der Übergang zum eigenverantwortlichen Erwachsenenbereich vollzogen ist und sich der junge Mensch selbst als autonom und erwachsen definiert oder als solcher von der Außenwelt angesehen wird (Hurrelmann 2004). Die Abgrenzung zwischen Jugend- und Erwachsenenalter erfolgt also nicht so sehr durch Altersmarken, sondern anhand von Funktionsbereichen, die vom Jugendlichen übernommen werden, z. B. Aufnahme beruflicher Tätigkeit, Übernahme der Rolle Ehemann/-frau oder Vater/Mutter. In der internationalen Jugendforschung wird der Terminus Adoleszenz gebraucht und überwiegend auf entwicklungspsychologische Veränderungen bezogen, die sich in dieser Phase vollziehen. Oerter und Montada (2002) teilen die Adoleszenz ein in:

- Frühe Adoleszenz zwischen 11 und 14 Jahren
- Mittlere Adoleszenz zwischen 15 und 17 Jahren
- Späte Adoleszenz zwischen 18 und 21 Jahren

Jugendzeit wird als Periode des Übergangs von einer eher abhängigen Stellung in Familie und Gesellschaft zu einer eigenständigen und emotional, sozial und finanziell unabhängigen angesehen. Dies kann mit achtzehn, zwanzig, fünfundzwanzig Jahren oder auch noch später geschehen und führt manchmal zu erheblichen Meinungsverschiedenheiten zwischen Eltern und Jugendlichen darüber, wann der Eintritt in das Erwachsenenalter vollzogen ist.

Die Lebensphase Jugend hat sich im Vergleich zu früher auf Kosten der Kindheits- und Erwachsenenphase ausgedehnt. Während sich um 1900 der Übergang von der Kindheit in das Erwachsenenalter noch recht abrupt, direkt und ohne Übergang vollzog, hat sich seit ca. 1950 die Phase der Jugendzeit dazwischengeschoben, die sich bis zum Jahre 2000 immer mehr ausdifferenziert hat und auch noch weiter ausdifferenzieren wird (Abb. 1).

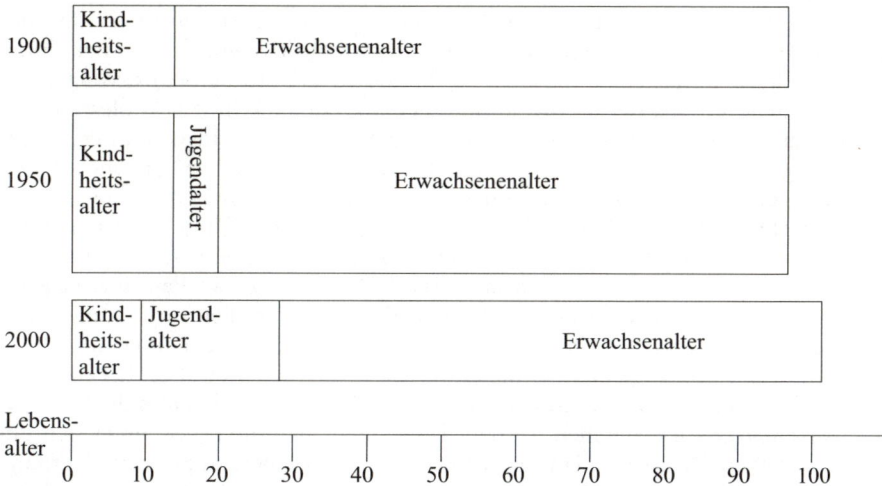

Abb. 1: Lebensalter Kindheits-, Jugend- und Erwachsenenalter (in Anlehnung an Hurrelmann 2004, 17)

2. Jugend – eine fremdbestimmte versus eigenständige Lebensphase

In der älteren Literatur wurde häufig die Frage gestellt, ob die Jugendzeit eher eine Zeit der Turbulenz (Bühler 1929; Hetzer 1948) oder der Konsistenz (Coleman 1984; Lerner 1984; Thomae 1969, 1984; Rennen-Allhoff 1992) sei. Diese Frage ist heute zu Gunsten des letzteren Standpunktes entschieden. Das Jugendalter wird nicht mehr als „negative Phase" wahrgenommen, sondern als Zeitspanne angesehen, in der es zur produktiven Auseinandersetzung mit der Umwelt kommt und in der die Jugendlichen wichtige Entwicklungsaufgaben zu bewältigen haben und dies auch in ihrer Mehrheit erfolgreich tun. Jugendliche werden nicht mehr als Defizitwesen und in ihrer Entwicklung als krisengeschüttelt betrachtet.

Diese Sichtweise basiert auf einer Neuformulierung der Theorie der Jugendzeit. Das Neue daran ist die Betonung der Aktivität der Jugendlichen in der Auseinandersetzung mit ihren Entwicklungsaufgaben. Der Jugendliche wird als der „producer of his own development" (Lerner 1984) betrachtet, seine Leistungen werden bei der Bewältigung des Entwicklungsgeschehens vornehmlich als Koordinierungsleistungen angesehen. Thomae (1984) unterstreicht die thematische Strukturierung des Verhaltens Jugendlicher in Belastungssituationen und sieht in ihren „Daseinstechniken" vor allem bewusste und unbewusste Mechanismen der Auseinandersetzung mit Belastungen: Leistungs- und Anpassungstechniken, defensive und evasive Techniken sowie aggressive Verhaltensweisen.

Offer (1984) stellt heraus, dass ein Großteil der Jugendlichen Freude am Leben hätte, zumeist glücklich sei und überwiegend positive Gefühle zu den Eltern zeige. Olbrich (1985, 23) betont, dass „der Jugendliche den Lösungsprozess aktiv vorantreibt und sich in lebhafter, problemsensibler Weise mit seinen Eltern und der Erwachsenenrolle befasst, ohne seine grundlegend positive emotionale Beziehung zu den Eltern aufzugeben." Olbrich sieht die „Neukonzeptionalisierung einer eigenen Identität" als die wichtigste Entwicklungsaufgabe in der Adoleszenz an. Im Rahmen dieses Geschehens könne es dann schon einmal zu Instabilitäten, einem kurzzeitig erhöhten Narzissmus, einem Egozentrismus im Denken und in den Beziehungen der Jugendlichen zu ihrer Umwelt kommen, aber dies alles sei nur vorübergehend und diene der Weiterentwicklung. Im Großen und Ganzen handele es sich um eine konstruktive Auseinandersetzung. Die Einstellungen Jugendlicher, ihre Ansprüche, Verhaltensweisen und ihre Selbstkonzepte werden überwiegend als stabil angesehen. Dies deckt sich mit den aktuellsten Studien zur Befindlichkeit und Gesundheit von Jugendlichen (Deutsche Shell 2000; Hurrelmann et al. 2003).

Auch wenn das Jugendalter mehr und mehr als eigenständige Lebensphase zwischen Kindheit und Erwachsenenalter betrachtet wird, so kann es doch formal als Übergangsphase angesehen werden. Dabei stellt sich die Frage, ob es sich um einen schnellen Übergang (Transition) oder aber um einen langsamen Übergang (Moratorium) in die Erwachsenenwelt handelt. Die Veröffentlichungen zu diesem Thema zeigen, dass Oerter (1985), Oerter et al. (1999), Oerter und Montada (2002) und Fend (2003) den transitorischen, d. h. den von Jugendlichen zielstrebig anvisierten und ungeduldig erwarteten Eintritt in die Erwachsenenwelt favorisieren. Ein solches Verständnis von Jugend als Transitionsphase hebt den Charakter der Zwischenposition sowie des Durchgangs und des möglichst schnellen Durchlaufens hervor. Die oben genannten Autoren gehen davon aus, dass Jugendliche bereit sind, die ihnen von der Erwachsenenwelt zugeschriebenen Entwicklungsaufgaben zu erfüllen bzw. sich mit ihnen affirmativ auseinander zu setzen und die gesellschaftlichen Regeln des Erwachsenenlebens zu akzeptieren, um schnell in den Genuss des Erwachsenenstatus zu kommen. Nach Reinders (2003) geht diese Denkweise nicht von einer Autonomie der Jugendlichen aus, sondern drückt aus, dass der Jugendstatus nichts Anderes ist als die Vorbereitung auf den Erwachsenenstatus. Damit werde ihm die Eigenständigkeit abgesprochen.

Baacke (1983) und Zinnecker (2000) dagegen treten eher für den moratorischen Aspekt ein, d. h. für eine abgegrenzte Phase zwischen Kind- und Erwachsenenwelt, in der Jugendliche so etwas wie eine „Auszeit" oder auch einen „Aufschub" erleben, mit eigenem Lebensrhythmus und mit von der Erwachsenenwelt unterschiedenen Lebensstilen. Das Moratoriumskonzept geht von einer bewussten Abgrenzung der Jugendlichen von der Welt der Erwachsenen aus. Es postuliert, dass Jugendliche sich selbst Ziele setzen und eine explizite Gegenwartsorientierung entwickeln, die sich weitgehend der Kontrolle der Erwachsenen entzieht. Der Wunsch nach Autonomie und Unabhängigkeit stehen dabei im Vordergrund. Typisch für das Moratoriumskonzept ist, dass sich Jugendliche eine eigene Jugendkultur schaffen, die Einfluss auf ihren Lebensstil, ihre Freizeitaktivitäten und ihre Kleidung hat. Der moratorische Aspekt der Übergangsphase Jugend in die Welt der

Erwachsenen betont die Differenz zur Erwachsenenwelt sowie die Abgrenzungs- und die Autonomiewünsche der Jugendlichen (Reinders 2003).

3. Jugend – eine Entwicklungsphase mit hohen Anforderungen

Jugendliche haben während ihrer Jugendzeit so genannte Entwicklungsaufgaben zu erfüllen. Das Konzept der Entwicklungsaufgaben geht auf Havighurst (1982) zurück. Es basiert auf der Überzeugung, dass Entwicklung einen Lernprozess darstellt, der sich über das ganze Leben erstreckt und einen „active learner" voraussetzt, der mit seinem sozialen Umfeld aktiv interagiert. Diese Aufgaben entstehen im Jugendalter nicht völlig neu, sondern stehen mit den Entwicklungsaufgaben aus der Kindheit in Verbindung, konkretisieren sich altersentsprechend und reichen in leicht veränderter Form in das Erwachsenenalter hinein (Abb. 2).

Wie das Entwicklungsaufgabenkonzept von Havighurst (1982) zeigt, ist die Entwicklung Jugendlicher mit vielfältigen Herausforderungen verbunden, die auch das Risiko des Scheiterns und der Nichtbewältigung in sich tragen. Es wird deutlich, dass die Bewältigung der einzelnen Entwicklungsaufgaben mit Schwierigkeiten verbunden sein kann, und dass es für Jugendliche nicht immer einfach ist, sie angemessen zu lösen. Sie berühren die Bereiche Körper, männliches und weibliches Rollenverhalten, Beziehungen zu Altersgenossen beiderlei Geschlechts, Ablösung von der Familie, Ausbildung und Beruf, Vorbereitung auf eine Partnerschaft sowie Entwicklung einer Weltanschauung. Ein potenzielles Scheitern ist in allen Bereichen angelegt.

Akzeptieren des eigenen Körpers

Viele Jugendliche, speziell weibliche, sind mit ihrer körperlichen Erscheinung nicht zufrieden, vergleichen sich mit Idealgestalten von attraktiven Körpern, hadern mit ihrem Schicksal, akzeptieren sich nicht so, wie sie sind, wollen sich verändern und greifen nicht selten zu völlig unangemessenen Methoden, ihren Körper zu verändern. Er kann zu ihrem Feind werden, über den sie Macht gewinnen möchten. Die Gefahr besteht darin, dass sie in eine Magersucht (Anorexia nervosa) hineingleiten, die oft tödlich endet. Ihr körperliches Selbstbild beeinflusst ihr psychisches Selbstbild, sie entwickeln kein Selbstbewusstsein und fühlen sich als Außenseiter und Verlierer. Die körperlichen Veränderungen und der Anstieg der weiblichen Hormone führen bei weiblichen Jugendlichen zu einer größeren Stimmungslabilität, sodass es zu einem Anstieg depressiver Affekte kommen kann. Nicht nur weibliche, auch männliche Jugendliche nehmen ihre körperlichen Veränderungen, das Wachstum der primären und sekundären Geschlechtsorgane sensibel zur Kenntnis und stehen in einem permanenten Prozess der kritischen Selbstbefragung (Fend 2003): Wie sehe ich aus? Wie sehen mich andere? Was kann ich tun, um mein Aussehen zu verbessern?

21

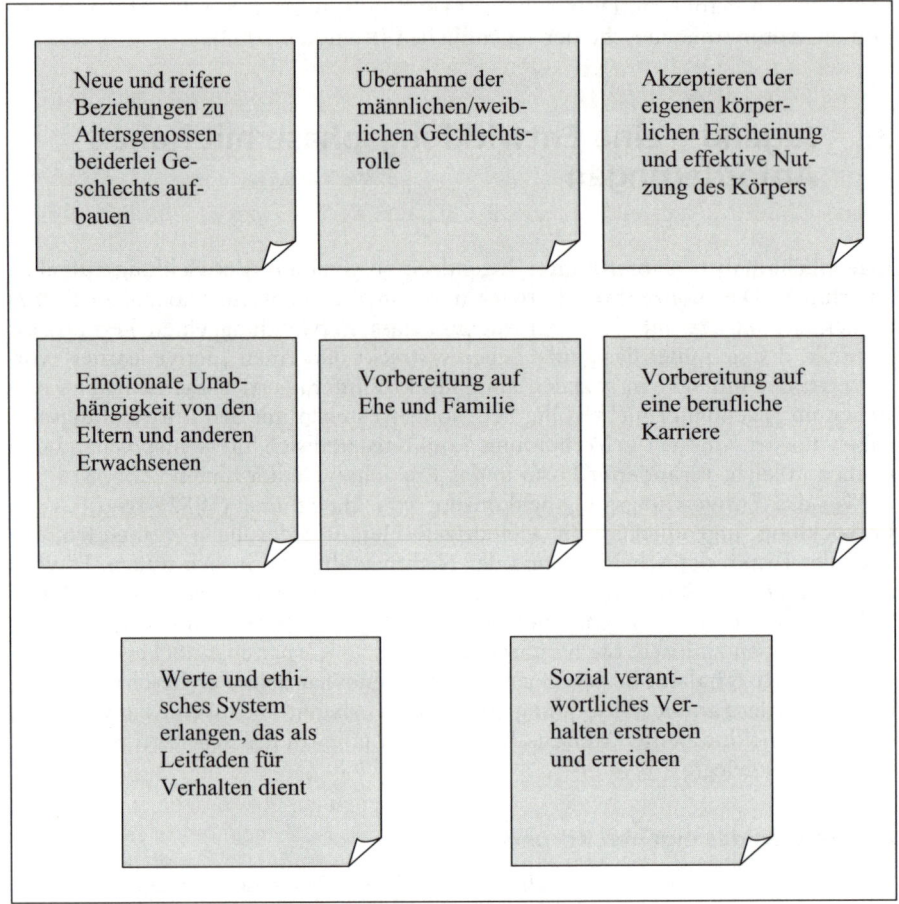

Abb. 2: Entwicklungsaufgaben in der Jugendzeit
(nach Havighurst 1982, vgl. Oerter und Montada 2002, 270)

Männliches/weibliches Rollenverhalten

Der Begriff männliches/weibliches Rollenverhalten beinhaltet die normative Erwartung bestimmter Eigenschaften, die an die männliche bzw. weibliche Rolle gebunden sind (Alfermann 1996). Geschlechtsrollen und Geschlechtsrollenerwartungen sind wesentlich für die Erklärung sozialen Handelns der Geschlechter. In gemischtgeschlechtlichen Gruppen treten Geschlechtsrollenerwartungen deutlicher als in geschlechterhomogenen Gruppen hervor.

Jugendliche lernen männliches und weibliches Rollenverhalten nicht erst in der Jugendzeit, sondern von frühester Kindheit an. Sie beobachten in ihrer unmittelbaren sozialen Umgebung, was als geschlechtsangemessen gilt und was nicht und übernehmen entsprechendes Verhalten der Personen, die dasselbe Geschlecht haben wie sie selbst. Die Übernahme der Geschlechtsrolle ist das Ergebnis ihrer

Reaktion auf soziale Stimuli. Geschlechtsrollenangemessenes Verhalten wird über Beobachtung von gleichgeschlechtlichen Modellen und über positive bzw. negative Verstärkung des eigenen Verhaltens erworben. Beim Modelllernen wird davon ausgegangen, dass Kinder früh eine Präferenz für gleichgeschlechtliche Modelle zeigen. Jungen beobachten primär männliche Modelle, imitieren diese vorzugsweise, sodass ihr männliches Verhalten zunimmt. Mädchen beobachten primär weibliche Modelle, imitieren diese hauptsächlich, sodass ihr weibliches Verhalten gestärkt wird. Mädchen und Jungen werden für angemessenes geschlechtstypisches Verhalten differentiell belohnt. Bekräftigungslernen liefert Kindern und Jugendlichen Informationen und Rückmeldung über „richtiges" und „falsches" Verhalten. Eine Erschwernis für Jungen besteht darin, dass männliche Modelle und Vorbilder in der Familie, im Kindergarten und in der Schule nur schwer zu finden sind, denn Väter sind oft nicht präsent oder entziehen sich ihrer familiären Aufgabe. Es kommt hinzu, dass in Kindergarten und Schule Erzieher und Lehrer überwiegend weiblich sind. Daher haben es Jungen schwerer als Mädchen, Vorbilder zu finden und müssen sich selbst männliches Verhalten erst durch Versuch und Irrtum „erkämpfen". Sie ziehen dadurch – besonders wenn sie Grenzen überschreiten – häufig Ärger und Unbill auf sich, erleiden zahlreiche Strafen von Erwachsenen und vielfältige Gewalteinwirkungen von Gleichaltrigen oder auch älteren Jugendlichen.

Werden Rückmeldungen in der Kindheit vor allem von den Erziehungspersonen, vorzugsweise Eltern, Großeltern, Verwandten, aber auch von Erzieherinnen und Lehrern gegeben, so findet in der Jugendzeit auch eine soziale Kontrolle in der Gleichaltrigengruppe statt. In der Pubertät stehen sich Mädchen und Jungen als Geschlechtswesen gegenüber, und mehr denn je ist geschlechtskonformes Verhalten gefragt: Jungen begehren Mädchen und Mädchen lassen sich begehren. Von Mädchen wird erwartet, dass sie eine passive Rolle einnehmen und die aktive den Jungen überlassen. Was in der Kindheit Mädchen an Autonomie und Freiheit zugestanden wurde, wird in der Pubertät und im Erwachsenenalter wieder in Frage gestellt. Mädchen haben, was Initiative und Unabhängigkeit anbetrifft, kaum weibliche Vorbilder für den Verhaltensbereich Sexualität und Liebe. Wenn sie sich zu unabhängig und initiativ gebärden, werden auch sie gemaßregelt (Düring 1993).

Männliche und weibliche Jugendliche werden in der Ausübung geschlechtsspezifischen Verhaltens direkt und indirekt von anderen – Jugendlichen und Erwachsenen – unterstützt und gleichen sich allmählich den Fremderwartungen an. Die inhaltliche Ausgestaltung des gewünschten Verhaltens verläuft entlang den Geschlechtsstereotypen von männlichem und weiblichem Verhalten. Konkurrenz und Wettbewerb charakterisieren die männliche Geschlechtsrolle. Männliche Jugendliche werden von früh an darin bestärkt, sich durchzusetzen und sich nichts gefallen zu lassen. Sie spüren den Stolz der Eltern, wenn sie sich mutig, stark und kämpferisch geben. Sie merken, dass sie sich im Spiel mit Gleichaltrigen nicht „unterbuttern" lassen und nur als Sieger und Gewinner aus Auseinandersetzungen hervorgehen dürfen. Männliche Jugendliche, die diesen Anforderungen nicht genügen, die schwach sind und sich verprügeln lassen, die sich nicht wehren und anfangen zu weinen, die wehleidig sind und keine Schmerzen ertragen können, die also nicht der männlichen Geschlechtsrolle entsprechen, erhalten statt Anerkennung Missbilligung und vielleicht sogar heimliche Verachtung von Gleichaltrigen und manchmal sogar auch von den Eltern. Sie werden als „Memme" bezeichnet, fühlen sich als Versager und spüren, dass sie in den Vorstellungen der anderen keine „richtigen Männer" sind.

Ähnlich ergeht es weiblichen Jugendlichen. Auch ihr Verhalten wird missbilligt, wenn es nicht dem typisch weiblichen Verhalten entspricht, allerdings nicht in so starkem Ausmaß. Am Beispiel der „wilden Mädchen", die in ihrer Kindheit ein ungebrochenes kumpelhaftes Verhältnis zu Jungen hatten, das taten, wozu sie Lust hatten, ihre individuelle Freiheit genossen und sich den Raum für abenteuerliche Spiele genommen haben, zeigt Düring (1993), dass diese Mädchen häufig mit der Pubertät einen Bruch erleben und ihr Frauwerden „als eine Kette von Verlusten" erleben. Diese Mädchen werden von den Jungen ausgegrenzt, weil sie sich nicht wie erwartet weiblich-passiv verhalten. Selbst manche Väter wenden sich von solchen Töchtern ab und sind enttäuscht über ihr wenig kokettes frauliches Verhalten, das sie sich gewünscht hätten (Bründel und Hurrelmann 1999).

Beziehungen zu Altersgenossen beiderlei Geschlechts

In der Jugendzeit „bauen" Jugendliche ihre sozialen Beziehungen zu Altersgenossen beiderlei Geschlechts „um" (Fend 2003, 269). Während sie in der Kindheit von Angehörigen des anderen Geschlecht überwiegend nichts wissen wollten, nähern sie sich ihnen in der Jugendzeit an, wollen von ihnen wahrgenommen werden und interessieren sich für sie. Die „Reorganisation ihrer Persönlichkeit" ist eng mit der „Reorganisation ihrer sozialen Beziehungen" verbunden. Darunter sind sowohl Freundschafts- als auch erste Liebesbeziehungen gemeint. Beide haben für Jugendliche eine sehr große Bedeutung, da sie Nähe, Sicherheit und Stärkung des Selbstwertgefühls vermitteln (Flammer und Alsaker 2002). Oft werden Freundschaftsbeziehungen schon in der Kindheit geknüpft, die dann in der Jugendzeit weitergeführt und gefestigt werden. Aber viele Freundschaftsbeziehungen entstehen auch in der Jugendzeit neu und reichen bis ins Erwachsenenalter hinein. Die Basis von Freundschaften ist ein hoher Grad von gegenseitiger Zuneigung, die sich in den Liebesbeziehungen zu erotischer und sexueller Anziehung steigert. Im Jugendalter gründen sich Freundschaftsbeziehungen nicht so sehr auf das gemeinsame Spiel, wie im Kindesalter, sondern auf gemeinsame Interessen, auf gleiche Werte und Einstellungen. Es ist Jugendlichen ein großes Bedürfnis, dazu zu gehören und Akzeptanz zu finden. Es fällt ihnen nicht immer leicht, Freunde zu gewinnen und Freundschaftsbeziehungen langfristig auszubauen und zu festigen. Der Aufbau von Freundschaften ist manchmal ein mühseliges Geschäft, mit Anstrengung und Enttäuschungen verbunden. Fend (2003) sieht diese Entwicklungsaufgabe als Lernchance an, die auch mit Risiken verbunden ist.

Emotionale Unabhängigkeit von den Eltern und anderen Erwachsenen

Parallel zur Umgestaltung der sozialen Beziehungen in Bezug auf Gleichaltrige geht der Umbau der Beziehungen zu den Eltern einher. Jugendliche leben im Spannungsfeld verschiedener Umwelten, der Familie, der Gleichaltrigen, der Schule. Sie müssen in bewusster Abgrenzung oder auch Anpassung ihren eigenen Lebensstil finden. Eine wichtige Aufgabe des Erwachsenwerdens ist die Lösung von der Ursprungsfamilie (Oerter und Montada 2002). Diese beginnt im frühen Jugendalter und nimmt mit den Jahren immer mehr zu. Sie vollzieht sich auf mehreren

24

Ebenen: der emotionalen Ablösung, der räumlichen und der finanziellen (Hurrelmann 2004). Wenn auch die Eltern vielfach für Jugendliche die heimlichen Modelle bleiben und auch Eltern immer noch Einfluss auf die Lebensgestaltung der Jugendlichen ausüben, so ändern sich doch sowohl die Kontakthäufigkeiten als auch die Kontaktnähe der Jugendlichen zu ihren Eltern zu Gunsten der Kontakte zu Gleichaltrigen. Vielfach stellen Eltern auch für ihre Kinder Gegenmodelle dar, und die Jugendlichen wünschen nichts sehnlicher, als später einmal einen anderen Lebensstil zu verwirklichen. Jugendliche gewinnen zunehmend mehr Selbstständigkeit und Unabhängigkeit. Diese wird ihnen teilweise von den Eltern zugestanden, muss aber manchmal auch erst hart erkämpft werden. Die Qualität der Beziehungen zu den Eltern ändert sich, sie wird symmetrischer und reziproker. Jugendliche erhalten mit zunehmendem Alter immer mehr Mitbestimmungsrechte und Entscheidungsbefugnisse (Flammer und Alsaker 2002).

Vorbereitung auf eine berufliche Karriere

Die Entwicklungsaufgabe „Vorbereitung auf eine berufliche Karriere" der Kinder beginnt heute für viele Eltern schon in der Grundschule. Dort werden die Weichen gestellt für beruflichen Status und beruflichen Erfolg. Schule hat nicht nur die Funktion der Leistungserbringung, sondern auch die der sozialen Akzeptanz und der Selbstakzeptanz. Viele Jugendliche begreifen erst spät, dass sie selbst zu ihrem Schulerfolg beitragen, dass sie nicht „Opfer", sondern „Täter", d. h. Handelnde sind. Sie müssen einen „Habitus der Lernanstrengung" aufbauen und ein „reflektiertes Bewusstsein" ihrer Stärken und Schwächen entwickeln. Lernen ist Selbstorganisation, und je früher Kinder und Jugendliche sich das klar vor Augen führen, je motivierter und eigenverantwortlicher sie lernen, desto optimaler können sie sich mithilfe der Schule auf ihre berufliche Karriere vorbereiten (Fend 2003, 335).

Vorbereitung auf Ehe- und Familienleben

Diese Entwicklungsaufgabe betrifft die Aufnahme sexueller Beziehungen und intimer Partnerschaften, auch wenn Sexualität und Ehe im Jugendalter nicht in zwingender Verbindung miteinander stehen (Hurrelmann 2004). In der Jugendzeit werden sexuelle Handlungen entdeckt, erprobt und ausgehandelt. Es geht noch nicht darum, sich fest zu binden oder gar an eine spätere Heirat zu denken, sondern herauszufinden, was man möchte und zulassen kann. Nach Fend (2003, 267) ist dies eine Entdeckungs- und Experimentierphase mit allen euphorisierenden und auch niederschmetternden Erfahrungen. Jugendliche möchten über Aufnahme und Gestaltung ihrer Liebesbeziehungen selbst bestimmen. Der Wandel von der kindlichen Sexualität zur erwachsenen Sexualität vollzieht sich über viele Übergänge, deren Charakteristikum die Einbindung in personale und soziale Zusammenhänge ist. Die meisten Jugendlichen haben intime Beziehungen im Rahmen stabiler Freundschaften. Für die Mehrzahl der Jugendlichen trifft zu, dass sie ihre heterosexuellen Kontakte zu Freund oder Freundin im Elternhaus haben, was auch meistens von den Eltern akzeptiert und toleriert wird (Hurrelmann 2004).

Sozial verantwortliches Verhalten, Werte und Normen

Diese Entwicklungsaufgabe hat viel mit der vorherigen gemeinsam, denn es geht um Verantwortung, Rücksichtnahme und Wertorientierung. Werte sind individuelle Vorstellungen davon, was erstrebenswert ist, sie sind keine konkreten Handlungsvorgaben, wie z. B. Normen (Deutsche Shell 2000). Jugendliche, so hat die 13. Jugendstudie ergeben, sind pragmatisch orientiert und „basteln" sich ihren eigenen „Wertecocktail". In der Rangordnung der Werte stehen Freundschaft und Partnerschaft und ein gutes Familienleben ganz oben. Ebenfalls wichtig sind Unabhängigkeit und Sicherheit sowie Lebensgenuss und Lebensstandard. Die 13. Shellstudie zeigt auch, dass das ökologische, soziale und politische Interesse und Engagement zu Gunsten eines ökonomischen Sicherheitsdenkens im Vergleich zu früheren Jahren leicht abgenommen hat. Die Werthaltungen Jugendlicher sind pragmatisch und individualistisch zugleich (Deutsche Shell 2000).

Sowohl in der Familie als auch in der Schule sollten Jugendliche erfahren, dass es gleiche Rechte für alle gibt und dass es gilt, die Rechte der anderen zu respektieren. Der zentrale Begriff heißt Eigenverantwortung, diese haben jedoch viele Jugendliche in ihren Familien nicht gelernt. Sie haben sich statt dessen Strategien der Verantwortungsweitergabe angeeignet nach dem Muster: „Das wollte ich ja gar nicht", „der hat angefangen" oder „alle anderen machen doch dasselbe". Eigenverantwortung heißt jedoch, für sein Verhalten einzustehen und die Konsequenzen dafür zu übernehmen. Jugendliche müssen lernen, dass nur sie selbst und kein anderer für ihr Verhalten verantwortlich ist (Bründel und Simon 2003).

4. Jugend – ein Lebensabschnitt voller Widersprüche

Das Jugendalter ist durch den Übergang aus eher fremdbestimmter Kindheit in den eigenverantwortlichen Bereich der Erwachsenen gekennzeichnet. Jugendliche befinden sich in einer Entwicklungsphase, die von Widersprüchen gekennzeichnet ist (Abb. 3).

Integration	Individuation
• Übernahme der anerkannten und akzeptierten Normen und Werte der Gesellschaft	• Ablehnung und Zurückweisung der als "altmodisch deklarierten Werte der Erwachsenen
• Knüpfen sozialer Beziehungen zu Gleichaltrigen. Gefahr der übergroßen Anpassung und des Gruppendrucks	• Abgrenzung und Betonung der Eigenständigkeit. Gefahr der Isolation

Abb. 3: Entwicklungsphase im Spannungsfeld von Integration und Individuation

Die Jugendzeit ist Integrations- und Individuationsphase zugleich (Mansel und Hurrelmann 1991). Einerseits möchten Jugendliche anerkannte Normen und Werte der Gesellschaft übernehmen und in ihre Persönlichkeit integrieren, soziale Beziehungen zu Gleichaltrigen beiderlei Geschlechts knüpfen und festigen, andererseits möchten sie sich ihnen gegenüber aber auch abgrenzen und ihren eigenen individuellen Weg gehen. Fend (2003, 316) bringt diesen Zwiespalt auf den Nenner: Allein-Sein oder Dabei-Sein. Jugendliche brauchen Räume für sich, in die sie sich zurückziehen können, aber sie wollen auch öffentliche Räume belegen, dort sein, wo sie viele ihrer Gleichaltrigen treffen können. Jugendliche möchten Kontakt zu anderen haben, aber auch wieder für sich allein sein. Jugendliche wollen beliebt sein und geliebt werden. Sie wollen integriert sein, aber auch nicht von anderen vereinnahmt werden. Sie wünschen vor allem eine weitgehende emotionale Unabhängigkeit von den Eltern zu erlangen, fragen sie aber dennoch in wichtigen Fragen um Rat. Eltern sind Gegner und Verbündete zugleich, in unterschiedlichen Situationen sind sie mehr das eine oder mehr das andere. Jugendliche verweigern sich häufig den Angeboten der Erwachsenen, können Kontrolle nicht ertragen und wünschen sich doch erwachsene Vorbilder, denen sie nacheifern können. Sie schwanken zwischen Nähe- und Distanzbedürfnissen hin und her. Autonomiewünsche und noch bestehende Abhängigkeiten bilden das Spannungsfeld dieser Entwicklungsphase (Mansel und Klocke 1996).

Jugendliche geben sich selbstbewusst, glauben viel zu wissen und finden doch oft keine zufrieden stellenden Antworten auf ihre wichtigste Frage, wer sie sind. Die Suche nach der eigenen Identität führt zu Konflikten und Selbstzweifeln. Jugendliche bringen ihre Gedanken und Gefühle in Tagebüchern, Gedichten und Geschichten zu Papier, aber niemand darf sie lesen. Jugendzeit ist eine Periode der starken Gefühle: der ersten sexuellen Liebeserfahrungen und gleichzeitig auftretenden heftigen Enttäuschungen, der Verletzbarkeit und Empfindsamkeit, der Auseinandersetzungen mit den Eltern und des Rückgangs der Lernbereitschaft, eine Phase schulischer Erfolge und Misserfolge zugleich. Jugendzeit ist durch den Wunsch der Jugendlichen gekennzeichnet, sich mit der Welt aktiv auseinander zu setzen, aber gleichzeitig haben sie das Gefühl, ständig warten zu müssen: auf das Ende der Schulzeit, auf das Alter, in dem sie endlich ihre Ausgehzeiten selbst bestimmen oder den Führerschein erwerben dürfen, auf den Erwerb des ersten Autos, auf die Erfahrung des ersten Sexualkontakts etc. Dieses Warten erfüllt viele Jugendliche mit Ungeduld und Unruhe, sie empfinden es als eintönig und langweilig. Das Verlangen nach Action und Abenteuer und das Erleben von Langweile stehen oft nebeneinander (Charlton, Käppler und Wetzel 2003).

5. Jugend – eine Zeitspanne erhöhter Risikoaffinität

Jugendliche lieben das Risiko, was mit ihrer Einstellung zum Leben und ihrem Lebensstil zusammenhängt. Jugendliche neigen in ihrem Verhalten zu einer gewissen Leichtsinnigkeit, Experimentierfreude, Abenteuer- und Risikobereitschaft. Sie möchten unbedingt Spaß und Freude am Leben haben und vernachlässigen dabei ihre Gesundheit, setzen sie sogar häufig bewusst aufs Spiel.

Wie Raithel (2001,13) ausführt, erwächst das „Gefährdungspotenzial" aus einer charakteristischen Denkweise Jugendlicher. Für viele Jugendliche zählt nur das Hier und Jetzt, sie sehen nur den unmittelbaren Nutzen und denken nicht an die Langzeitfolgen ihres Verhaltens. Es besteht allerdings ein Unterschied im Risikoverhalten zwischen männlichen und weiblichen Jugendlichen, der mit eher exteriorisierenden Formen der Problembewältigung bei Jungen (Alkohol-, Drogenkonsum, riskantes Verkehrsverhalten, Mutproben, Gewalthandeln) und eher interiorisierenden Formen bei Mädchen (gestörtes Essverhalten) zusammenhängt.

Legale und illegale Drogen

Ein Mittel, die Lebensfreude zu erhöhen, stellt für viele Jugendliche der Genuss legaler (Tabak, Alkohol) sowie auch illegaler Drogen (Marihuana, Haschisch, Kokain und Crack, Heroin, Designerdrogen) dar. Das Einstiegsalter in den Tabakkonsum liegt zwischen dem neunten und dem sechzehnten Lebensjahr. Der Anteil der gelegentlichen und regelmäßigen Raucherinnen und Raucher nimmt mit dem Alter zu. Männliche und weibliche Jugendliche unterscheiden sich in ihrem Konsumverhalten nur noch wenig, es scheint sogar so zu sein, als ob die Mädchen die Jungen überträfen. Dass Jugendliche immer früher zur Zigarette greifen, mag u. a. auch damit zusammenhängen, dass sie möglichst früh in die Welt der Erwachsenen eintreten (Transitionskonzept) und Unabhängigkeit und Selbstständigkeit demonstrieren wollen. Das „psychomotorische Ritual des Rauchens" dient außerdem der Selbstdarstellung (Hurrelmann und Bründel 1997).

Auch der Alkoholkonsum Jugendlicher kann als ein Symbol des Hineinwachsens in die Erwachsenenwelt angesehen werden. Ähnlich wie der Tabakkonsum unterliegt er einem starken Gruppendruck, dem sich der Einzelne kaum entziehen kann. Intensiver Alkoholgenuss kann auf persönliche Kontakt- und Beziehungsstörungen hindeuten, auf schulische Misserfolge und mangelnde Geborgenheit in der Familie. Viele Jugendliche sind sich der gesundheitlichen Gefahren ihres Handelns bewusst, aber sie sehen die Folgen in weiter Ferne und vertrauen darauf, dass sie selbst nicht davon betroffen sein werden. Die kurzfristigen Vorteile für Anerkennung und Selbstwertgefühl sind ihnen wichtiger. Im leichten Rauschzustand fällt es besonders unsicheren Jugendlichen leichter, Kontakte zu Gleichaltrigen des anderen Geschlechts zu knüpfen (Hurrelmann, Holler und Nordlohne 1988; Hurrelmann und Hesse 1991). Alkoholmissbrauch macht Jugendliche anfälliger für andere problematische Verhaltensweisen wie überhöhte Geschwindigkeit im Straßenverkehr, Mutproben und Gewalthandeln. Gefährlich sind auch die so genannten und erst in den letzten Jahren sehr in Mode gekommenen Alcopops, das sind „fertig gemixte alkoholhaltige Getränke in Flaschen, deren Basis meist aus fermentiertem oder destilliertem Alkohol und Limonade" besteht und bei Jugendlichen sehr beliebt sind (Bundeszentrale für gesundheitliche Aufklärung 2003). In jeder Flasche dieser Softdrinks ist so viel Alkohol enthalten wie in zwei vollen Schnapsgläsern. Es sind wahre Rauschlimonaden. Nach einer Repräsentativerhebung der Bundeszentrale für gesundheitliche Aufklärung im Jahr 2003 konsumieren gerade die jüngeren unter den Jugendlichen, also die vierzehn- bis siebzehnjährigen diese Getränke, und zwar bis zum „binge-drinking", d. h. sie trinken an mindestens einmal im Monat an einem Tag fünf oder mehr Flaschen Alcopops (Bundeszentrale für gesundheitliche Aufklärung 2003). Gerade junge Mädchen und Kinder im Übergang zum Jugendalter mögen den süßen Geschmack dieser

28

Getränke, die frei zugänglich sind und bislang keiner Alterskontrolle unterliegen. Ärzte und Leiter von Suchtkrankenhilfen warnen vor diesen Getränken: Alcopops seien der Einstieg in die Sucht.

Der illegale Drogenkonsum stellt häufig eine gewollte Normverletzung dar (Silbereisen und Reese 2001). Die Jugendlichen sind sich der Illegalität ihres Tuns durchaus bewusst; eine Gewissheit, die die Faszination und die Spannung noch erhöht. Jugendliche wollen damit demonstrieren, dass sie sich nicht an die Gesetze der Erwachsenen zu halten brauchen und Grenzen überschreiten können. Zu den illegalen Drogen werden die Halluzinogene Haschisch und Marihuana, die Aufputschmittel Kokain und Crack, die Opiate Heroin und die synthetischen Drogen Ecstasy, Speed und LSD gezählt. Im Drogenkonsum suchen Jugendliche nach grenzüberschreitenden Erfahrungen und wollen den ultimativen Kick erleben. Sie demonstrieren damit Unabhängigkeit von ihren Eltern und sehen darin einen Ausdruck ihres persönlichen jugendspezifischen Stils.

Der Einstieg in den illegalen Drogenkonsum erfolgt meistens als Probier- und Experimentierverhalten und kann daher als Inbegriff eines jugendtypischen Risikoverhaltens angesehen werden. Am häufigsten ist der Haschisch- und Marihuanakonsum, der von den meisten Jugendlichen als völlig harmlos klassifiziert wird, obwohl er langfristig gesehen ein hohes Gesundheitsrisiko birgt. Die jugendlichen Konsumenten geben sich kontaktoffen und gesprächsbereit, sodass die Gefahr einer Gesundheitsschädigung, einer gesteigerten Drogenkarriere bzw. eines Umsteigens auf härtere Drogen weder von ihnen selbst noch von Erwachsenen erkannt wird. Der schnelle „Joint" ist für viele Jugendliche Bestandteil einer bestimmten Lebensführung und wird von manchen Eltern, die ihn in ihrer Jugend auch genossen haben, sogar geduldet. Aber bei vielen Haschischkonsumenten sind auch familiäre Spannungen zu finden, und ihr Konsum ist häufig mit abweichendem und leicht kriminellem Verhalten verbunden. Sie konsumieren entgegen dem Verbot ihrer Eltern und haben häufig auch schulische Versagenserlebnisse hinter sich (Hurrelmann und Bründel 1997).

Kokain und Heroin sind in der Altergruppe der unter achtzehnjährigen Jugendlichen eher selten zu finden. Ähnlich verhält es sich mit den synthetischen Drogen wie Ecstasy, Speed und LSD, aber das Einstiegsalter in den Ecstasykonsum verschiebt sich auch hier immer weiter nach vorn. So steht für Jugendliche ab sechzehn Jahren, bei Auszubildenden und jungen Berufstätigen die sehr in Mode gekommene Designerdroge Ecstasy für Spaß, Entspannung und Bewusstseinserweiterung am Wochenende. Heute, so kann man vermuten, laufen fast keine länger dauernden Privatparties unter Jugendlichen, keine bis in die frühen Morgenstunden dauernden Discobesuche und keine Loveparaden oder Christopher Street Day Events in großen Städten Deutschlands ohne das erlebnisvertiefende und das Durchhaltevermögen steigernde Ecstasy ab. Auch hier gilt, ähnlich wie beim Alkoholkonsum, dass Jugendliche die Hemmungen abbauende Wirkung und den dadurch erleichterten Zugang zu Gleichaltrigen des anderen Geschlechts schätzen. Parties und Discos sind die Orte, an denen Kontakte geknüpft und gefestigt werden. Die jugendlichen Ecstasy-Konsumenten wollen sich mithilfe der Droge „ausleben", auch einmal „ausrasten" dürfen, wobei sie darin durch Techno-Musik unterstützt werden. Von dieser Musik, durch einen speziellen Einsatz von Rhythmus und Frequenz, geht eine starke psychoaktive und aufputschende Wirkung aus und vermittelt ein alle Grenzen sprengendes Lebensgefühl, das Jugendliche so sehr lieben. Sie „pushen" ihren Kreislauf innerhalb kürzester Zeit auf Hochtouren, gelangen so zu neuartigen Erlebnisqualitäten und entfliehen gleichzeitig der subjektiv erlebten Eintönigkeit und Langeweile ihres Alltagslebens. Bedauerlicherweise gibt es einen schwungvollen Handel mit Drogen auf fast allen Schulhöfen. Jugendliche haben offensichtlich keine Schwierigkeiten, an Drogen heranzukommen (Hurrelmann und Bründel 1997).

Die Folgen des illegalen Drogengenusses, vor allem dann, wenn er längerfristig betrieben wird, können für die Gesundheit der Jugendlichen gravierend sein, insbesondere durch die mögliche Abhängigkeitserkrankung, aber auch durch die höhere Wahrscheinlichkeit, in die Beschaffungskriminalität und Prostitution abzuleiten und/oder durch Infektionen an AIDS zu erkranken.

Sexuelles Risikoverhalten

Nach Neubauer (2001) machen Jugendliche um das zwölfte Lebensjahr herum ihre ersten heterosexuellen Erfahrungen. Das Tabu vorehelichen Geschlechtsverkehrs gibt es nicht mehr, und es ist heute auch für Jugendliche selbstverständlich, sexuelle Beziehungen zu haben (Raithel 2003a). Obwohl in Familien und im Sexualunterricht der Schulen über den Gebrauch von Verhütungsmitteln gesprochen wird, verhüten doch ca. ein Sechstel der Jugendlichen aus den unterschiedlichsten Gründen nicht. Sie haben entweder keine Verhütungsmittel dabei oder denken, dass schon nichts passieren wird oder scheuen sich, den jeweiligen Partner oder die Partnerin daraufhin anzusprechen. Manche Mädchen legen es sogar bewusst darauf an, schwanger zu werden. Sowohl bei weiblichen als auch bei männlichen Jugendlichen ist die Tendenz zur Verwendung unsicherer Verhütungsmethoden zu beobachten, da ihnen die sicheren entweder lästig sind oder ihr Wohlgefühl beeinträchtigen. Unabhängig davon ist jedoch die Angst vor ungewollten Schwangerschaften sehr groß. Hinzu gesellt sich die Angst vor einer AIDS-Infektion. Im Allgemeinen sind Jugendliche heute über das AIDS-Risiko gut aufgeklärt und wissen auch über Möglichkeiten des Schutzes Bescheid (Neubauer 2001). Die AIDS-Gefahr hat zwar die Akzeptanz von Kondomen beim Geschlechtsverkehr steigen lassen, aber es gibt immer noch zu viele Jugendliche, die sich darauf verlassen, dass der Partner Vorsichtsmaßnahmen ergreift und daher auf eigene verzichten. Von vielen Jugendlichen wird einerseits der Wert der Treue und der festen Partnerbindung hochgehalten, was andererseits jedoch auch wieder zur Sorglosigkeit und Fahrlässigkeit im sexuellen Umgang miteinander führt (Raithel 2003a).

Risikoverhalten im Straßenverkehr

Mit zunehmendem Alter werden Kinder und Jugendliche immer mobiler und steigen vom Fahrrad auf das Moped, dann auf das Motorrad und später auf das Auto um. Gerade als Anfänger im Straßenverkehr, egal mit welchem Fahrzeug, verursachen sie häufig Unfälle. Verkehrsunfälle stellen die häufigste Todesursache im Jugendalter dar (Limbourg/Raithel und Reiter 2001). Sie sind durch typisch jugendspezifisches Risikoverhalten bedingt: durch offensiv-riskantes Fahren, durch Missachten der Verkehrsregeln, durch gruppendynamisch bedingtes Imponiergehabe, durch überhöhte Geschwindigkeit und sehr oft durch Alkoholeinfluss. Die meisten Unfälle kommen bei männlichen Jugendlichen durch Selbstüberschätzung, mangelnde Fahrerfahrung und ein falsches Sicherheitsgefühl zu Stande. Die so genannten nächtlichen „Disco-Fahrten" sind geradezu sprichwörtlich und stehen für eine hohe Unfallgefährdung. Die laute Musik im Auto, das Imponiergehabe des jugendlichen Fahrers, vor allem auch bei Anwesenheit von weiblichen Mitfahrern und die starke emotionale Verhaltenssteuerung erhöhen das Unfallrisiko. Im Verkehrszentralregister sind die achtzehn- bis zwanzigjährigen Jugendlichen nach Limbourg et al. (2001) am häufigsten vertreten, darunter weit mehr männliche Jugendliche als weibliche. Viele Jugendliche frisieren ihre Motorräder, um die Geschwindigkeitsgrenze herauf zu setzen. Sie setzen sich damit zwar über geltende Verkehrsvorschriften hinweg, aber es gehört häufig zur Gruppennorm, dies zu tun und wird von ihnen kaum als delinquentes Verhalten im Straßenverkehr aufgefasst.

Eine andere Art von Unfallgefahr stellt das Inline-Skating dar (Limbourg und Reiter 2003). Inliner sind eigentlich ein Sportartikel, aber dennoch nehmen die Skater häufig und auch verbotenerweise am Straßenverkehr teil, fahren auf Straßen, erreichen Spitzengeschwindigkeiten von bis zu 50 km/h, fahren auf öffentlichen Plätzen, springen über Treppen, Bordsteinkanten, Mauern und ziehen sich dabei oft erhebliche Verletzungen zu.

Diesen und anderen sportlichen Aktivitäten wie Mountainbiking, Sky-Surfen, Free Climbing, Tiefseetauchen ist das „Sensation Seeking" gemeinsam, die Lust am Abenteuer, der Nervenkitzel, der ultimative „Kick", die Grenzerfahrung und auch die Selbstdarstellung vor anderen. Sie beinhalten eine spektakuläre Form der Risikoexposition, die in den traditionellen Schul- und Vereinssportarten nicht gegeben ist. Auch hier sind wieder männliche Jugendliche überrepräsentiert (Rittner 2001).

Mutproben

Zu den riskanten Verhaltensweisen, die Unfälle und Gesundheitsschäden nach sich ziehen können, gehören auch die Mutproben, die im ausgehenden Kindesalter und beginnenden Jugendalter sehr beliebt sind. Es sind dies Sprung- und Höhemutproben, Balance- und Klettermutproben, Verkehrsmutproben, Schmerzmutproben (Raithel 2003b). Sie lassen sich in zwei Arten einteilen: in gesundheitsgefährdende und in normbrechende Mutproben. In beiden stellt die Selbstüberwindung eine wichtige Komponente dar. Bei den ersteren spielt das eingegangene Risiko der Gesundheitsgefährdung (Lebensbedrohung, Unfall, Verletzung, Krankheit, Tod) eine Rolle, bei den zweiteren eher das Risiko des Rechtsverstoßes, der nachfolgenden Sanktion und Bestrafung. Sie werden auch als „riskante Mutproben" und als „konventionsbrechende Mutproben" bezeichnet (Raithel 2003b). Bei den riskanten Mutproben muss die Angst, sich zu verletzen oder gar zu sterben, überwunden werden, bei den konventionsbrechenden die Angst vor der Strafe. Die Angst, welcher Art sie auch ist, überwunden zu haben und den „Thrill" zu spüren, der damit verbunden ist, bereitet Jugendlichen ein hohes Vergnügen, stärkt ihr Selbstbewusstsein und verschafft ihnen Anerkennung und Bewunderung. Mutproben stellen häufig ein Eingangsritual dar, um in eine Gruppe aufgenommen zu werden. Ihnen wohnt eine gruppenkonsolidierende Funktion inne, und sie dienen außerdem als Selbstbeweis und Selbstbestätigung. Jugendliche demonstrieren sich selbst und anderen damit ihr Können, ihren Wagemut und ihre Einsatz- und häufig auch ihre Opferbereitschaft. Mit letzterer unterwerfen sich Jugendliche einem nicht ungefährlichen Gruppenzwang, um nicht ausgeschlossen und isoliert zu werden. Die Hauptursache für die Ausübung von Mutproben ist jedoch die Suche nach Spaß,

Spannung, Abwechselung und Grenzerfahrung, aber auch die Überwindung von Angst bzw. die Suche nach der Angstlust (Raithel 2001). Nicht überraschend ist die geschlechtsspezifische Verteilung der Mutproben zu Gunsten der Jungen und die alterspezifische Häufung im Übergang vom Kindes- ins Jugendalter. Ca. ab dem siebzehnten Lebensjahr verlieren die Mutproben an Bedeutung (Raithel 2003b).

Riskantes Ernährungsverhalten

Bedingt durch die anabole Phase des Wachstums und die physiologischen Veränderungen haben Jugendliche einen erhöhten Energie- und Nährstoffbedarf (Trapp und Neuhäuser-Berthold 2001). Bei Unter- und Überschreiten des Bedarfs kommt es zu gefährlichen Gesundheitsbeeinträchtigungen. Viele Jugendliche zeigen ein riskantes Essverhalten, das beide Extreme enthält: ein Zuviel und ein Zuwenig an Nahrungsaufnahme.

Zu einem riskanten Ernährungsverhalten zählen vor allem die Völlerei, d. h. es wird von allem zuviel gegessen oder auch die einseitige und übermäßige Ernährung durch zu süße und zu fette Speisen (Fastfood). Das Risiko dabei ist die Entstehung von Übergewicht und Adipositas. Unter Adipositas versteht man ein ausgeprägtes Übergewicht mit einer hohen Ansammlung von Fettgewebe. Nach einer Untersuchung von Thefeld (2000) gibt es ca. 17 % übergewichtige und 5 % an Adipositas leidende weibliche Jugendliche von achtzehn bis neunzehn Jahren sowie 20 % übergewichtige und 8 % an Adipositas leidende männliche Jugendliche. Die Persistenz der Fettsucht ist bis ins Erwachsenenalter hinein gegeben mit allen Gefahren späterer Erkrankungen wie Hypertonie, Diabetes, Fettstoffwechselstörungen und Herz-Kreislauf-Erkrankungen sowie Schäden am Bewegungsapparat.

Adipöse Jugendliche sind stark von Bezugspersonen abhängig und in ihrer Selbstständigkeitsentwicklung gehemmt. Sie haben es in der Schule und im Freizeitbereich schwerer als andere, sie suchen Kontakt und werden seltener von gegengeschlechtlichen Jugendlichen als Freunde akzeptiert. Sie sind weniger gut im Sportunterricht und werden öfter von Klassenkameraden gemobbt und gehänselt. Sie sind durch ihr äußeres Erscheinungsbild verschiedenen Arten von Diskriminierung ausgesetzt, entwickeln ein geringes Selbstbewusstsein, fühlen sich im Kreis der Gleichaltrigen als Außenseiter und entwickeln emotionale und soziale Verhaltensprobleme (Zubrägel und Settertobulte 2003).

Ihr Ernährungsverhalten steht im deutlichen Widerspruch zu ihrem Ernährungswissen. Sie scheinen gut informiert zu sein, wissen über die Bedeutung einer Vollwertkost Bescheid, erkennen den Nutzen einer obst- und gemüsereichen Ernährung und setzen doch ihre Kenntnisse in ihrem alltäglichen Ernährungsverhalten nicht um. Ihre Appetitregulation scheint gestört zu sein, sie haben ein vermindertes Sättigungsgefühl und/oder essen aus Langeweile. Die Angewohnheit, bei Frust oder Ärger zu Süßigkeiten zu greifen, wird oftmals schon in der Kindheit gebildet und findet ihr Vorbild auch im Erwachsenenverhalten.

Übergewicht, das vor allem bei fünfzehn- bis sechzehnjährigen Jungen zu finden ist, kann auch mit körperlichen Veränderungen bedingt durch die Pubertät zusammen hängen und mit zunehmendem Alter zurückgehen. Bei der Adipositas gibt es eine genetische Komponente, sie kann jedoch auch eine Folge von Erziehungsfehlern der Eltern und falschen Ernährungsgewohnheiten sein. Adipositas kann auch mit den veränderten Lebensrhythmen der Familien zusammen hängen. Nur noch in etwa der Hälfte der Familienhaushalte wird regelmäßig gekocht und gemeinsam gegessen. Dies hat zur Folge, dass viele Jugendliche mittags auf sich gestellt sind und lieber in Schnellrestaurants oder in Imbissbuden gehen, als sich selbst etwas zu kochen. Hinzu kommt der Bewegungsmangel. Viele Jugendliche sitzen nachmittags und abends vor dem Fernseher, dem Videogerät oder dem Computer. Beides zusammen – Fehlernährung und geringe körperliche Aktivität – führen nicht nur zu den oben erwähnten Krankheitsbildern, sondern langfristig gesehen auch zu Konzentrationsmängeln, Aggressionsstaus und Unzufriedenheit mit sich selbst (Hurrelmann und Bründel 2003; Zubrägel und Settertobulte 2003).

Dies ist umso erstaunlicher, als Jugendliche sich im Allgemeinen sehr um ihr Körperbild sorgen und einem durch die Medien vermittelten Schlankheitsideal huldigen. Dies trifft sowohl für über- als auch für normalgewichtige Jugendliche zu. Strenges Fasten, Einhalten von Diäten und das Auslassen von Mahlzeiten sind für beide Gruppen von Jugendlichen typisch.

Manche Jugendliche leben zwar sehr körperbewusst und achten auf ihr Gewicht, sind aber auch oft mit ihrem Körper unzufrieden. Ihr subjektives Körperempfinden in Bezug auf das eigene Körpergewicht weicht erheblich von ihrem objektiv erhobenen Gewichtsstatus ab. Sie finden sich selbst bei Normal- und sogar bei Untergewicht zu dick und streben ständig nach weiterer Gewichtsreduktion. Sie identifizieren sich mit einem superschlanken Körperideal, reduzieren ihre Nahrungsaufnahme, was bis zu einer vollständigen Verweigerung gehen kann. Magersüchtige Jugendliche beschäftigen sich übermäßig mit ihrem Körper und definieren ihren Selbstwert über Figur, Gewicht und Leistung. Das häufige, ja fast ununterbrochene Fasten und Einhalten von Diäten ist eine „Eintrittskarte" für die Entwicklung einer schweren Essstörung, wie sie die Magersucht darstellt (Fichter 2004). Die Bezeichnung Magersucht (Anorexia nervosa) verrät, dass es sich dabei um ein Suchtverhalten handelt, in das sich vor allem weibliche Jugendliche hineinmanövrieren und auch ohne fremde Hilfe nicht mehr herausfinden. Selbst mit professioneller Hilfe gelingt es nur wenigen Jugendlichen, ein normales Essverhalten zurück zu gewinnen. Es handelt sich dabei um eine schwere psychosomatische Erkrankung, bei deren Entstehung die allmähliche und immer drastischere Nahrungsreduktion am Anfang stehen kann, aber häufiger auf gestörte, innerhalb der Familie bestehende Kommunikationsmuster hinweist. Der Erkrankungsbeginn liegt im Durchschnitt bei sechzehn Jahren, die Erkrankungsdauer kann sich mehrere Jahre bis zu Jahrzehnten hinziehen, ohne dass es eine wirkliche Heilungschance gibt. Die Anorexia endet nicht selten mit dem Tod und kann daher auch als „chronischer Suizid" bezeichnet werden (Fichter 2004).

Die Faszination des Todes

Jugendliche wollen zwar einerseits leben, ihr Leben genießen und selbst gestalten, aber sie zeigen andererseits auch häufig ein philosophisch orientiertes Interesse an den Themen „Sinn des Lebens" „Leben nach dem Tod" und „Sterben". Tod und Sterben üben auf Jugendliche eine hohe Faszination aus. Sie sind häufig von Selbstzweifeln geplagt und unzufrieden mit ihrem augenblicklichen Leben. Vorbilder in der medialen Szene, der Rock- und Popwelt zeigen ihnen, dass das Leben selbsttätig beendet werden kann. Die gedankliche Beschäftigung mit der Möglichkeit, „freiwillig aus dem Leben zu gehen" bereitet den Boden für einen nachfolgenden Entschluss, es zu tun. Die Gedanken kreisen um lebenserhaltende und lebensvernichtende Handlungsmöglichkeiten. Jugendliche neigen dazu, extrem und spontan zu reagieren. Es müssen nur noch auslösende Ereignisse hinzu kommen, die sie dazu bringen, das „Handtuch zu werfen". Belastungen wie Liebeskummer, Freundschaftsabbrüche und Kränkungen lassen sie schnell psychisch zusammenbrechen, ohne dass sie sich um Hilfe und Unterstützung bemühen. Suizidverhalten ist extremes Risikoverhalten, der Ausgang hängt von der Ernsthaftigkeit des Entschlusses, von der Wahl der Methode, des Ortes und aller Begleitumstände ab. Es gibt Jugendliche, die den Ausgang der suizidalen Handlung bewusst offen lassen, deren Sterbewille und Überlebenswille sich die Balance halten. Sie „spielen" mit ihrem Leben" und nehmen den Tod in Kauf (Bründel 2001, 2002, 2003).

Zusammenfassung

Die Lebensphase Jugend ist eine Zeit höchster Anforderungen an die Bewältigungskapazitäten Jugendlicher. Jugendliche haben eine Vielzahl von Entwicklungsaufgaben zu bewältigen. Sie setzen sich dabei mit sich selbst und ihrer Umwelt aktiv auseinander. Offen bleibt, ob die Jugendzeit als eher eigenständige Phase mit eigenem jugendspezifischen Lebensrhythmus, Lebensstil und eigener Jugendkultur angesehen werden kann oder als ungeduldig erwartete Übergangszeit mit schnellem Zutritt in das Erwachsenenleben. Sie ist geprägt vom Widerspruch zwischen Integration und Individuation, zwischen Allein-Sein und Dabei-Sein. Die Suche nach einer eigenen Identität kann zu übergroßen Anpassungsversuchen an die Normen Gleichaltriger, aber auch zu starken Abgrenzungsbemühungen gegenüber den Werten Erwachsener führen und geht nicht ohne Konflikte und Auseinandersetzungen und häufig auch mit intensiven Selbstzweifeln einher. Jugendliche lieben das Risiko und verhalten sich daher äußerst gesundheitsgefährdend. Dies zeigt sich beim Genuss legaler und illegaler Drogen, in ihrem Sexualverhalten, im Straßenverkehr und in ihrem Essverhalten. In all diesen Bereichen leben sie stark gegenwartsorientiert, denken wenig an eventuelle Folgen, wollen das Leben genießen und weisen Gedanken an Krankheit oder Tod weit von sich, wenn auch von letzterem geradezu eine Faszination ausgeht, die sie dazu bringt, ihr Leben durch ihre riskanten Verhaltensweisen bewusst oder unbewusst „auf's Spiel zu setzen".

II. Suizidalität

Ein Hund

Ein Hund,
der stirbt
und der weiß,
dass er stirbt wie ein Hund,
und der sagen kann,
dass er weiß,
dass er stirbt wie ein Hund,
ist ein Mensch.

Erich Fried

1. Suizidalität

„Suizidal ist, wer von Selbstmord spricht" (Rupp 2003). Diese Definition drückt aus, dass das Aussprechen von Suizidgedanken auf die hohe Gefährdung hinweist, in der sich ein Mensch befindet, nämlich auf Suizidalität. Suizidgedanken haben für sich alleine genommen zunächst nur einen schwachen Hinweischarakter, aber diese auszusprechen, zeigt, dass der Betreffende sich in einem bestimmten vorgerückten Stadium der Suizidalität befindet (Abb. 4):

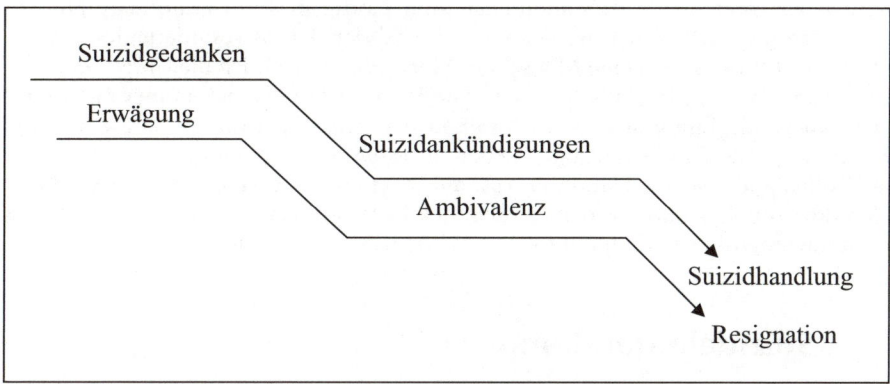

Abb. 4: Stadien der suizidalen Entwicklung (nach Pöldinger 1968)

Eine Definition von Suizidalität erweist sich deshalb als etwas schwierig, weil es Grenzüberschreitungen zu nicht-suizidalen Risikoverhaltensweisen und nicht suizidalem autodestruktivem Verhalten gibt, das gerade in der Jugendphase häufig anzutreffen ist (Faust und Wolfersdorf 1984; Felber und Reimer 1991).

Suizidalität ist keine Krankheit, sondern ein Symptom (Deutsche Gesellschaft für Kinder- und Jugendpsychiatrie und Psychotherapie 2003). Es weist darauf hin, dass ein betreffender Mensch sich in einem Zustand „subjektiven und/oder ob-

35

jektiven Leidens" und „krisenhafter Zuspitzung von Erleben und Wahrnehmung" befindet. Suizidales Denken und Handeln hat es in der Geschichte der Menschheit, in allen Kulturen und Gesellschaftsformen immer schon gegeben (Farberow 1975). Menschen haben im Unterschied zu Tieren ein Bewusstsein ihrer Existenz und damit auch grundsätzlich die Handhabe, diese zu beenden. Ihre Einstellung zu Leben und Tod wird von der Möglichkeit zum Suizid beeinflusst. Suizidalität ist ein Denken, Fühlen und Handeln, das allen Menschen prinzipiell möglich ist. Auch wenn sie nicht als Krankheit im eigentlichen Sinne, und schon gar nicht als Geisteskrankheit, bezeichnet werden kann, so doch als eine psychische Erkrankung, als ein Zustand extremen Leidens, als Ausdruck größter Einengung und krisenhafter Zuspitzung (Wolfersdorf 2000, 2004).

Kind (1992) unterscheidet zwischen basaler und aktueller Suizidalität. Erstere beschreibt das suizidale Grundrisiko, das auf Jugendliche bezogen in Form psychiatrischer Grunderkrankungen, andauernder und mit der familiären Situation zusammenhängender Lebenskrisen, vorausgegangener Suizidversuche und in Form von Alkohol-, Medikamenten- und Drogenabusus bestehen kann. Eine basale Suizidalität kann dann in eine aktuelle übergehen, wenn auslösende Faktoren hinzukommen wie Verlust einer geliebten Person, schwere Kränkungen oder Bloßstellungen. Die aktuelle Suizidalität manifestiert sich innerhalb einer Beziehung und richtet sich auf eine Zielperson, den so genannten „signifikanten Anderen". Zwischen basaler und aktueller Suizidalität gibt es Zusammenhänge, die auf frühkindliche Objekterfahrungen und Beziehungsmuster zurückgehen und die Psyche der betreffenden Jugendlichen wesentlich mit beeinflussen. Hinter fast allen suizidalen Manifestationsformen stehen konflikthafte und oftmals bis in die Kindheit zurückreichende gestörte Objektbeziehungen (a.a.O., 14). Die prädisponierenden Faktoren für Suizidhandlungen sind häufig in der Psychobiographie zu finden, in der speziellen Familiendynamik und der daraus resultierenden psychischen Struktur des einzelnen Menschen. Man könnte hier auch die Unterscheidung zwischen Ursache und Anlass treffen. Die Ursache bezieht sich immer auf weiter zurückliegende Einflussfaktoren, während der Anlass ein oder mehrere aktuelle Ereignisse sind, die das Suizidgeschehen auslösen. Der Anlass bringt eine Lawine ins Rollen und löst eine Handlung aus, die lange vorher angedacht war. Sie scheint spontan, impulsiv und aus dem Augenblick heraus geschehen zu sein, aber sie ist eben auch häufig der Endpunkt einer langen psychischen Entwicklung.

2. Suizidale Handlung

Als suizidale Handlungen werden alle Handlungen bezeichnet, die mit dem Ziel durchgeführt werden, sich das Leben zu nehmen, auch wenn dies im Resultat nicht gelingt. Schon der Versuch wird als solche gewertet, und darunter fallen auch die begonnenen, aber unterbrochenen Handlungen. Entscheidend dabei ist, dass der Tod bewusst intendiert wird. Ist der Ausgang tödlich, spricht man von Suizid, wird die Handlung überlebt, von Suizidversuch oder auch Parasuizid (Wolfersdorf 2004).

3. Suizid

a) Terminologie

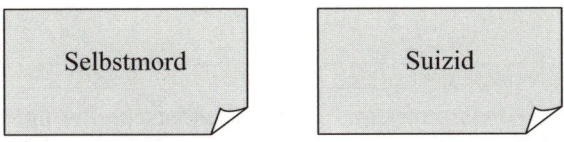

In der älteren Literatur findet man überwiegend den Begriff „Selbstmord" (Baer 1901; Gaupp 1905; Budde 1908; Gurlitt 1908; Adler 1910; Freud 1917/1946; Geisler 1953; Ringel 1953, 1969, 1981, 1986, 1989; Biener et al. 1976, Biener 1984; Alvarez 1985; Durkheim 1879/1987; Holyst 1986), in der jüngeren Literatur bis heute dagegen fast nur noch den Begriff „Suizid" (Holderegger 1979; Jörns 1986; Schmidtke 1984, 1988, 1992; Haenel 1989, 2001; Welz 1992; Wedler, Wolfersdorf und Welz 1992; Kind 1992, 2000; Bründel 1993, 2001, 2002, 2003; Fiedler und Lindner 1999, Giernalczyk 1995, 1997; Giernalczyk und Frick 1993; Bronisch 1995; Gerisch 1998, 2001, Gerisch und Gans 2001; Götze und Richter 2000; Bronisch, Felber und Wolfersdorf 2001; Wolfersdorf 2000, 2004).

Wie Aebischer-Crettol (2000) betont, sagt man von einem Menschen, der sich selbst umgebracht hat, dass er sich „das Leben genommen" habe. Niemand käme auf die Idee zu sagen, er habe sich „ermordet". Der Begriff des Selbstmordes jedoch enthält die Vorstellung, dass sich jemand selbst „mordet", also aus niedrigen Beweggründen handelt. Dass ist jedoch aus zweierlei Gründen nicht der Fall. Derjenige, der seinem Leben ein Ende setzt, hat erstens subjektiv triftige Gründe dafür, und zweitens will er nicht wirklich sterben, sondern ein anderes Leben führen. Farberow und Shneidman (1961) bezeichnen aus diesem Grund den Begriff Selbstmord als „psychosemantischen Irrtum", d. h. einen Irrtum in zweierlei Hinsicht: in psychischer und semantischer. Auf der psychischen Ebene wird der Begriff Selbstmord der Ambivalenz desjenigen, der sich umbringen will, nicht gerecht, denn wie noch zu zeigen sein wird, ist der Selbstmord, so paradox es auch klingen mag, ein verzweifelter Versuch zu überleben. Auf der semantischen Ebene handelt es sich keineswegs um einen Mord, d. h. um eine Tat aus niedrigen und verwerflichen Beweggründen, sondern immer und ausschließlich um eine Handlung, die entweder nach reiflicher Überlegung, weil kein anderer Ausweg mehr gesehen wurde, oder aber spontan und aus dem Augenblick heraus geschieht. Die Tat beruht fast immer auf heftigen Gefühlen der Verzweiflung, Hoffnungslosigkeit und Resignation.

Der wissenschaftliche Begriff „Suizid" enthält keine Wertung. Er leitet sich aus dem Lateinischen ab: sui cadere (sich töten) und sui cidium (Selbsttötung).

In der deutschen Literatur wurde in den achtziger bis neunziger Jahren in bewusster Absetzung zum Begriff Selbstmord von Selbstzerstörung (Menninger 1938/1978), Selbstvernichtung (Zwingmann 1965), Selbsttötung (Dubitscher 1965, 1971), Selbstaggression (Braun 1985), Selbstschädigung (Schmidtchen 1989) und von Freitod (Améry 1976) geschrieben.

Alle genannten Bezeichnungen für ein und dasselbe Geschehen bieten Interpretationsmöglichkeiten, die je nach Betrachtungsweise, Grundhaltung und Weltanschauung eine eher verurteilende (Selbstmord), neutrale (Suizid, Selbsttötung), eher verbietende (Selbstvernichtung, Selbstzerstörung, Selbstaggression) oder glorifizierende Haltung (Freitod) einnehmen.

Stellt der Suizid einen souveränen Akt der Befreiung dar? Nach Machleidt (1991) handelt es sich dabei um eine Freiheit, die nicht mehr gelebt werden kann und deshalb auch keine ist. Der Ausdruck Freitod ist problematisch, da er etwas Heroisierendes und Faszinierendes beinhaltet und die freie Entscheidung eines Menschen suggeriert. Suizidexperten wie Farberow und Shneidman (1961), Diekstra und Hawton (1987), Diekstra (1991), Ringel (1953, 1969, 1986, 1989) und Wolfersdorf (2000, 2004) haben jedoch darauf hingewiesen, dass es eben nicht um eine „freie Entscheidung" geht, sondern dass dem Entschluss, sein Leben zu beenden, fast immer eine depressive Erkrankung vorausgeht, dass derjenige, der die Tat plant, eine psychische Krise durchmacht, sich in einer fortschreitenden Isolierung befindet und dabei in seiner Entscheidung stark eingeschränkt ist und keine Alternativen mehr sieht. Ringel (1953) spricht ausdrücklich davon, dass der Suizid (bei Ringel: Selbstmord) den „Abschluss einer krankhaften Entwicklung" darstellt. Er weist damit auf die psychosoziale Not des Betreffenden hin, die den Begriff des Freitods nicht rechtfertigt.

Unabhängig von diesen Erkenntnissen wird bei einem Suizid von bekannten Personen des öffentlichen Lebens und prominenten Zeitgenossen in der Presse häufig von „Freitod" gesprochen, und in vielen Kulturen wurde und wird der Freitod immer noch als allseits akzeptierte Maßnahme zur eigenen Ehrenrettung in einer „ausweglosen Situation" angesehen. Doch gerade diese zuletzt genannte Beschreibung unterstützt die These, dass die Entscheidung nicht wirklich „frei" ist, sondern von den Lebensumständen und häufig von der sozialen Lage „diktiert" wird. Aber, wie auch immer man die Entscheidung beurteilt, ob frei oder nicht frei, ihr geht in jedem Fall eine „Wahl" voraus, die wie bei „jeder menschlichen Handlung unter bestimmten Bedingungen und Zwängen erfolgt" (Baumann 2001, 386).

Bilanzsuizid

Dies trifft auch für den Bilanzsuizid zu. Der Begriff „Bilanzsuizid" ist dem Begriff Freitod sehr ähnlich, suggeriert er doch auch den „freien" Willen und die Entscheidungsfähigkeit. Bilanzsuizide werden häufig von älteren Menschen durchgeführt, die nach reiflicher Überlegung und Abwägung ihres bisherigen Lebens in einer weiteren Lebensführung keinen Sinn mehr sehen. Dörner (1993, 7 ff) kommt jedoch auch bei der psychologischen Betrachtung der Bilanzsuizide zu dem Ergebnis, dass es einen Bilanzsuizid „fast nicht" gibt. Für ihn stellt jeder Suizid eine soziale und psychologisch-psychiatrische Katastrophe dar, und in bewusster Abgrenzung von Jean Améry (1976) bezeichnet er auch den Bilanzsuizid als „Sieg der Umstände" und nicht als Sieg der Freiheit.

Erweiterter Suizid:

Doppelsuizid
Massensuizid
Amoklauf

Selbstmordangriff
bzw.
Selbstmordattentat

Bei dem Begriff „erweiterter Suizid" kommt es darauf an, ob der erweiterte Suizid mit oder ohne Zustimmung des jeweils anderen bzw. der jeweils anderen geschieht. Erfolgt er mit Zustimmung der Beteiligten, wie zum Beispiel bei den von Haenel (2001) geschilderten Beispielen aus der Literatur (u. a. Heinrich v. Kleist und Henriette Vogel, Stefan und Lotte Zweig), so spricht man von Doppelsuiziden. Sie können zeitgleich oder auch zeitlich kurz hintereinander ausgeführt werden. Beim Doppelsuizid steht der gemeinsame Wille und das Einverständnis beider im Vordergrund. Vom erweiterten Suizid ist immer dann die Rede, wenn das Einverständnis nicht bei allen Beteiligten vorliegt. Interessanterweise spricht man hier wieder von Mord, und zwar von „Mitnahmeselbstmord" (a.a.O., 42). Bei dem erweiterten Suizid des gemeinsam lebenden Paares Kelly/Bastian, der Politikerin Petra Kelly und des ehemaligen Bundeswehrgenerals Gert Bastian, im Jahre 1992 konnte nie richtig geklärt werden, ob es sich um einen geplanten Doppelselbstmord oder um einen Mord mit nachfolgendem Suizid gehandelt hat.

Zum erweiterten Suizid gehört auch der Massensuizid. Massensuizide hat es in der Geschichte der Menschheit immer schon gegeben. Darunter versteht man die Selbsttötung ganzer Gruppen in Situationen existenzieller Bedrohung, z. B. die der Festungsbewohner in Massada im Jahre 73 n. Chr. oder, allgemein gesprochen, von Soldaten in ausweglose Situation, um nicht in die Hände der Feinde zu gelangen oder auch die gemeinsame Selbsttötung von Sektenmitgliedern in Situationen aufgeschaukelter pseudoreligiöser und wahnhafter Vorstellungen auf mehr oder weniger freiwilliger Basis.

Bei einem Amoklauf, der ebenfalls zum erweiterten Suizid gehört, handelt es sich um Mord mit anschließendem Suizid. Dabei ist der Wille zur Fremdvernichtung zentral. Ein Amokläufer weiht sich und andere dem Tod und begeht eine Form des erweiterten Suizids (Haenel 2001). Im Jahre 2002 ereignete sich in Deutschland ein solcher Amoklauf: ein Schüler eines Erfurter Gymnasiums erschoss sowohl einige Mitschüler als auch Lehrer und anschließend sich selbst. Die Motivation zu dieser Tat ist nie ganz geklärt worden, jedoch werden als Ursache und Anlass bei dem jungen Mann eine unheilvolle Verquickung von Einsamkeit, familiären Auseinanderlebens und schulischem Misserfolg gepaart mit aufgestautem Hass auf Mitschüler und Lehrer angenommen.

Der Begriff „Selbstmordangriff" bzw. „-attentat" enthält im Unterschied zum erweiterten Suizid wiederum den Begriff Mord, da es sich dabei bewusst und in erster Linie um Fremdtötung handelt. Selbstmordangriffe haben eine lange Tradition und wurden z. B. von den japanischen Kamikazefliegern im Zweiten Weltkrieg systematisch durchgeführt. Während diese jedoch als Soldaten ihre Angriffe überwiegend gegen militärische Ziele und feindliche Soldaten richteten, dehnten nachfolgende Selbstmordattentäter ihre Ziele auch auf unschuldige Zivilpersonen aus. In den Brennpunkten der Welt gab es in den letzten fünfzig bis sechzig Jahren immer wieder Selbstmordattentate, die sich in steigender Frequenz bis heute ereignen. Den absoluten Schreckenshöhepunkt bildeten die von der islamistischen Terrorgruppe Al-Qaida gesteuerten Selbstmordattentate vom 11. September 2001 auf das World Trade Center in New York, bei dem 3000 Zivilpersonen, Menschen aus mehr als 50 Nationen, starben sowie die weiteren damit in Zusammenhang stehenden Flugzeugattentate. Dadurch gerieten die Selbstmordattentate vergangener Jahrzehnte schlagartig wieder in den Blickpunkt der Öffentlichkeit (Reuter 2002; Croitoru 2003). Die nachfolgenden Jahre weisen bis heute folgende Schreckensbilanz an Bomben- und Selbstmordattentaten auf:

- 19 Tote in Djerba am 11. April 2002
- 202 Tote auf Bali am 12. Oktober 2002
- 32 Tote in Casablanca am 16. Mai 2003
- 53 Tote in Riad am 12. Mai und 8. November 2003
- 57 Tote in Istanbul am 15. und 20. November 2003
- 41 Tote in Moskau am 6. Februar 2004
- 200 Tote in Madrid am 11. März 2004

Fast schon zur Gewohnheit sind die täglichen Pressemeldungen über Selbstmordanschläge in Afghanistan, im Irak und in Israel geworden. Bislang wähnten sich die Menschen in Europa vor Selbstmordattentaten sicher, doch dieses Gefühl der Sicherheit wurde jählings durch die Anschläge in Madrid am 11. März 2004 zerstört, bei denen ca. 200 Menschen starben. Der Bombenterror rückt näher, und es wird deutlich, dass sich auch in Europa kein Land hundertprozentig vor Terrorangriffen schützen kann.

Selbstmordattentate erfolgen durch „lebende Bomben", d. h. durch Sprengstoff, der am Körper der Täter (und gleichzeitig Opfer) befestigt oder in einem Fahrzeug gelagert ist und vom Attentäter gezündet wird (Croitoru 2003). Bei einem Selbstmordattentat wird ein Anschlag auf eine oder mehrere Personen oder auch auf Objekte geführt mit der Absicht und dem festen Willen, diese zu vernichten oder zu zerstören und dabei den eigenen in Tod in Kauf zu nehmen. Selbstmordattentäter wollen nicht in erster Linie sich selbst umbringen, sondern ihre Tat ist vor allem gegen das Leben anderer Menschen oder auf die Zerstörung spektakulärer Gebäudeziele gerichtet. Es ist eine Art psychologischer Kriegsführung mit großer medialer Wirkung. Je mehr Menschen dabei ums Leben kommen, je größer die destruktive Kraft der Bomben ist, desto nachhaltiger ist der Effekt, den die Attentäter erzielen (Croitoru 2003).

Selbstmordattentäter führen einen Dschihad, einen „Heiligen Krieg" und sehen sich als „Gotteskrieger". Sie hoffen nicht auf ein Überleben, sondern wollen durch Selbstaufopferung als Märtyrer in die Geschichte einzugehen. Der erhoffte und von ihrer Gemeinschaft versprochene Märtyrerstatus ist ein wichtiges Motiv, ein Selbstmordattentat zu begehen. Sie stoßen mit ihren Selbstmordanschlägen bei ihren eigenen Eltern und Verwandten, neben aller Trauer um ihren Tod, auf Stolz und Freude über die Tat, finden in ihrem Volk oder ihrer Gemeinschaft eine starke positive Resonanz und werden als Helden verehrt. Respekt, Ehre und ein hoher sicherer Stellenwert in ihrer Glaubensgemeinschaft ist ihnen gewiss (Reuter 2002).

Die islamische Religion und der nationale Befreiungskampf, der gegen einen militärisch weit überlegenen Gegner geführt wird, bilden den Nährboden für die „Gotteskrieger". Ihre Anschläge sind politisch und/oder religiös motiviert, ihre Einstellung zur Religion ist fundamentalistisch, radikal und dogmatisch. Die Religion spielt in der Motivation der Täter zwar eine wichtige Rolle, aber sie ist nicht die alleinige Ursache. Sie stellt allerdings für die Attentäter eine Rechtfertigung dar und lässt die Tat moralisch vertretbar erscheinen. Zu den Ursachen gehören auch die vermeintliche Unterdrückung sowie Auflehnung gegen Besatzungsmächte, gegen nationale Abhängigkeit und aufgezwungene Regierungs- und Lebensformen.

Besonders makaber ist, dass schon zwölfjährige Kinder davon träumen, sich einmal den Sprengstoffgürtel umzuschnallen und Selbstmordattentäter zu werden. Terrororganisationen schüren die Begeisterungsfähigkeit und Opferbereitschaft speziell von Kindern und Jugendlichen und rekrutieren ihren Nachwuchs aus immer jüngeren Männern und – in jüngster Zeit – auch unter Frauen. Die Rekrutierungsmethoden der unterschiedlichen Organisationen ähneln einander: Sie machen sich die Begeisterungsfähigkeit der jungen Menschen zu Nutze, erzählen ihnen von Helden- und Märtyrertum und unterstützen ihre Familien finanziell. Die Motivation für die Durchführung der Attentate lässt sich nicht allein aus den Einzelbiographien der Täter ableiten, sondern aus den jeweiligen Traditionsbedingungen, vor allem dem Einstehen für die staatliche und nationale Gemeinschaft (Reuter 2002). Hier klingt das an, was Durkheim (1987) schon 1897 als „altruistischen Selbstmord" bezeichnet hat, nämlich die starke Abhängigkeit von der Gruppe bzw. die starke Idealisierung der Opferbereitschaft des Einzelnen für die Gemeinschaft, mit dem großen Unterschied allerdings, dass beim Selbstmordattentat viele andere unschuldige Menschen mit in den Tod gerissen werden.

b) Einstellung zum Suizid über die Jahrhunderte

Die Einstellung zum Suizid änderte sich in Pendelbewegungen über die Jahrhunderte hindurch (Haenel 1983b; Höffe 1997, 262 ff). Die Frage, ob der Mensch über sein Lebensende selbst bestimmen darf, gehörte und gehört zu den klassischen Themen der Religion und Ethik von der Antike über das Mittelalter bis in die Neuzeit und Gegenwart hinein (Ritter und Gründer 1995). Der Suizid stellt ein ethisches Problem dar, das je nach Einstellung zum Wert des Lebens ganz unterschiedlich gelöst wurde und wird. Hat der Mensch die Verfügungsgewalt über sein Leben? Darf er seinem Leben selbst ein Ende setzen?

Die griechischen Philosophen Sokrates (470–399 v. Chr.), Platon (424–348 v. Chr.) und Aristoteles (384–322 v. Chr.) hielten die Selbsttötung für unerlaubt und sahen in ihr vor allem einen Verstoß gegen die Gemeinschaft und gegen den Staat. Die Kirchenlehrer Augustinus (354–450 n. Chr.) und Thomas v. Aquin (1224–1274) argumentierten aus dem christlichen Glauben heraus und sahen in der Selbsttötung einen Verstoß gegen das Tötungsverbot und gegen das alleinige Recht Gottes, über Leben und Tod eines Menschen zu bestimmen. In der Aufklärung wurde die christliche Position des Verbots der Selbsttötung durch französische und englische Philosophen wie Montaigne (1533–1992), Montesquieu (1689–1755), Voltaire (1694–1778) und Hume (1711–1776) in Frage gestellt. Philosophen des 16., 17. und 18. Jahrhunderts wie Hobbes (1588–1679), Spinoza (1632–1677), Kant (1724–1804) und Hegel (1770–1831) legten den Menschen jedoch weiterhin auf das Generalziel der Selbsterhaltung hin fest und sprachen dem Menschen jegliches Verfügungsrecht über seinen Körper ab. Kant argumentierte mit der Autonomie der reinen praktischen Vernunft und sah gerade in der Selbstgesetzgebung der Freiheit eines Menschen die Unverträglichkeit mit dem selbstgesetzten Tod. Für ihn war die Selbsttötung ein Verbrechen sowie ein Verstoß gegen das Prinzip der kategorischen Pflichterfüllung. Eine völlig entgegengesetzte Ansicht vertrat Schopenhauer (1788–1860), auf den die Bezeichnung „Freitod" zurückgeht. Im Freitod sah er den Triumph des Willens, seine Verneinung zum Leben und Bejahung zugleich (Ritter und Gründer 1995).

Es gibt keine allgemeingültige und von allen akzeptierte Stellungnahme (Kuitert 1990). Die Argumente von Gegnern und Befürwortern unterscheiden sich in dem Maße, wie sie dem Staat, der Gesellschaft, der Gemeinschaft das Recht zubilligen, über den einzelnen Menschen zu verfügen bzw. wie sehr sie dem Einzelnen das Recht zusprechen, über das eigene Leben selbst zu entscheiden. Jean Améry (1976) und Wilhelm Kamlah (1976) haben letztere Position vehement vertreten und konsequent ihrem Leben selbst ein Ende bereitet, während Emile Durkheim (zuerst 1897/1987), der die erste große Monographie zum Thema verfasste, zu dem Schluss kam, dass der Einzelne nicht das Recht habe, über sein Leben selbst zu entscheiden. Er sah im vollzogenen Suizid eine Abkehr von der Gesellschaft und

Gemeinschaft, also eine antisoziale Tat. Die Ursachen dafür sah Durkheim unter anderem entweder in zu starken oder zu schwachen Bindungen des Einzelnen an die Gesellschaft. Diese Ansicht hielt sich noch Jahrzehnte später und führte zu einer starken Tabuisierung des Suizids, zum Beispiel in der ehemaligen DDR. Dort wurde politisch und ideologisch argumentiert und in der Suizidhandlung des Einzelnen vor allem der Affront gegen die Gesellschaft und die Kränkung der Gemeinschaft gesehen. Ein Suizid wurde „als Makel in einer ansonsten gesunden Gesellschaft" empfunden (Belau 1991, 273).

Pohlmeier (1984) beschreibt die Geschichte der Suizidverhütung im Wandel der Zeit, die mit Erwin Ringel (1953) ihren Ausgang genommen hat und mit der Konzeption verbunden war, dass Suizid einer psychischen Erkrankung gleichkomme, deren tödliches Ende verhindert werden könnte, wenn die Umwelt nur aufmerksam genug wäre. Krisenintervention und verschiedene Psychotherapieformen standen und stehen seither im Mittelpunkt der Suizidverhütung bzw. Suizidprävention, in der sich Ärzte und Psychologen in den Folgejahren engagiert haben. Die Gründung der deutschen Gesellschaft für Suizidprävention (DGS) im Jahre 1972 sowie die Assoziation mit der Internationalen Gesellschaft (IASP) stellten entscheidende Meilensteine auf dem Wege zu einer veränderten Einstellung zum Suizid dar. Allerdings verdrängten diese Aktivitäten für eine Weile den Diskurs über die Berechtigung des Menschen, über sein Leben selbst zu bestimmen.

Decher (1999) sowie Decher und Schramm (2001) bedauern, dass die philosophische Erörterung der existenziell so wichtigen Frage, ob der Freitod ethisch zu rechtfertigen ist, in der philosophischen Literatur der letzten Jahrzehnte in den Hintergrund getreten sei. Sie suchen die Gründe für das Ausblenden des Freitods aus dem ethisch-philosophischen Diskurs und finden sie in den ihrer Meinung nach auch heute noch andauernden Tabuisierungstendenzen der „sich aufgeklärt gebenden und rationalitätsgläubigen Philosophen" der Gegenwart. Wer dafür eintritt, dass der Suizid ethisch erlaubt sei, umgebe sich mit dem Makel des Unmoralischen.

Für diese Ansicht spricht die Empörung und Entrüstung, die mit dem Erscheinen so genannter Anleitungen zum Selbstmord von Guillon und Le Bonniec (1982) und auch von Humphry (1991) verbunden war. Die Autoren vertreten die Ansicht, dass der Mensch darüber selbst entscheiden solle, wann er sein Leben beenden möchte und geben in ihren Büchern konkrete praktische Hinweise zur perfekten Durchführung, mit genauer Angabe der Wirksamkeit verschiedener Methoden, Mittel und Medikamente.

Eine ähnliche Debatte, vor allem unter Medizinern, lösten die Befürworter einer aktiven und passiven Sterbehilfe und Sterbebegleitung aus sowie die Gründung der Deutschen Gesellschaft für Humanes Sterben (DGHS) durch den Psychiater Hermann Pohlmeier, einen ehemals starken Verfechter der Suizidprävention, der dann allerdings aus der DGS austrat. Die Diskussion kreiste um die Frage der Zulässigkeit des Freitodes bzw. des Todes auf Verlangen, aber mit einem anderen Fokus.

Die DGHS tritt dafür ein, dass unheilbar Kranke das gesetzlich verbriefte Recht erhalten sollen, ihr Leben selbst zu beenden oder auch einen anderen damit beauftragen können, dies zu tun. Die Befürworter der passiven Sterbehilfe treten damit dem Absolutheitsanspruch auf Verlängerung des Lebens um jeden Preis entgegen und fordern das freie Selbstbestimmungsrecht des Einzelnen bis zur letzten Lebensminute. Sie beziehen sich dabei auf Gedanken der Aufklärung und des Humanismus, möchten Leiden verkürzen, treten für humanes Sterben und Sterbebegleitung ein. Damit brechen wieder ethische Zweifel auf, wann, von wem und unter welchen Umständen bei Menschen welchen Alters und welcher unheilbaren Krankheit lebensverlängernde Maßnahmen abgebrochen werden dürfen. Die Frage, ob ein Arzt berechtigt sei, durch einen direkt tötenden Eingriff das Leben eines schwerstbehinderten Neugeborenen, schwerstkranken jungen, älteren oder alten Menschen zu beenden, berührt die aktive Sterbehilfe, die in den Niederlanden seit zwei Jahren legal durchgeführt wird, allerdings auch dort zunehmend Zweifel an der Richtigkeit dieses Tuns aufkommen lässt. Befürworter berufen sich auf den erklärten Willen der betreffenden Patienten und auf die ärztliche Sorgfaltspflicht und Abwägung, Kritiker dagegen auf die Aushöhlung eines ärztlichen Wertekonsenses, der darin besteht, Leben zu erhalten und nicht zu beenden. Das Dilemma besteht in der nicht befriedigend zu beantwortenden Frage, wann der Tod menschlich und wann das Leben unmenschlich sei.

Unter dem Begriff „Suizid auf Verlangen" wird die Frage diskutiert, dem Kranken die Möglichkeit zu geben, sein Ende selbst herbei zu führen. Bezüglich des Rechts auf den eigenen Tod, vertritt Dörner (1993) eine dialektische Sichtweise. Er spricht dem suizidalen Patienten ein subjektives und situatives Recht zu, sich zu töten, dies jedoch in der Absicht, ihm damit den Rechtfertigungsdruck zu nehmen, aus dem heraus sich häufig erst die suizidale Energie ergäbe. Indem er den Patienten darin bestärkt, etwas für die Lösung seines Problems zu tun, um endlich aus dem Zustand der Lähmung herauszukommen, aber zugleich betont, dass es seine – des Patienten – Entscheidung ist, gibt er ihm die Möglichkeit zurück zu wählen. Es ist der Gedanke des „Rechts auf den Tod", der die Patienten, so Dörner, oft das Leben wieder wählen lässt.

Die diese drei Fragestellungen (aktive, passive Sterbehilfe und Suizid auf Verlangen) beinhaltende medizinisch-ethisch geführte Debatte führt in neue Dimensionen und ist zur Zeit keineswegs beendet (Kreß 2003).

In den letzten fünfzig Jahren verschob sich die überwiegend religiös-philosophische Betrachtung und Einstellung zum Suizid zu Gunsten eines medizinisch-psychologisch und psychosozialen Paradigmas (Wolfersdorf 2000). Es geht nicht mehr um Fragen der Legitimität des Suizids, auch nicht mehr um die Bewertung des Suizids„ um „Verachtung" oder „Heroisierung" (Baumann 2001), um die Bezeichnungen „gemein" oder „edel", und „feige" oder „tapfer" um „schwachsinnig" oder „vernünftig" (Müller-Küppers 1982, 3), sondern eher um Fragen der Diagnostik, Therapie und Prävention. Hierzu haben sich überwiegend Mediziner, speziell Psychiater wie Ringel (1953, 1986, 1989), Haenel (1983a, 1983b, 1989), Kind (1992), Wedler, Wolfersdorf und Welz (1992), Bronisch (1995) und Wolfersdorf (2000, 2004) aber auch Psychologen und Psychotherapeuten, Pädagogen und Soziologen (Bründel 1988, 1993a,b, 2001, 2002, 2003; Fiedler und Lindner 1999; Gerisch 1998, Gerisch und Gans 2001; Giernalczyk 1997, Giernalczyk und Frick 1993; Ide 1992; Käsler und Nikoderm 1996; Knapp 1995; Rauchfleisch 2000; Rausch 1985, 1991; Schmidtke 1984, 1988; Schmidtke, Schaller und Kruse 2003; Schroer 1995, 1999; Schütz 1996; Witte 1997) geäußert.

44

4. Suizid versus Suizidversuch

Suizid und Suizidversuch unterscheiden sich durch den Ausgang der Handlung. Beim Suizid stirbt der Handelnde in Folge der suizidalen Tat. Beim Suizidversuch überlebt der Betreffende aus welchen Gründen auch immer. Gibt es qualitative Unterschiede in der Motivation zwischen Suizid und Parasuizid? Sind es Handlungsausgänge, die gewollt und genauestens geplant sind, oder ergeben sie sich auch ungewollt und ungeplant? In der Literatur der sechziger bis neunziger Jahre wurde diese Frage heftig und kontrovers diskutiert. Die einen sehen im Suizid und Parasuizid eine völlig unterschiedliche Motivationslage, die sie vor allem an der Entschlossenheit zur Abkehr vom Leben festmachen und daher in beiden abgrenzbare „Syndrome" erblicken. Sie gehen davon aus, dass dem Parasuizid ein größerer Appell an den „signifikanten Anderen", zum Beispiel die Familie, den Freund, die Freundin innewohnt, um diese mithilfe der Suizidhandlung zum handelnden Eingreifen aufzufordern. Im Vordergrund steht dabei, so wird angenommen, nicht so sehr der Wunsch zu sterben, sondern Hilfe und Unterstützung zu erhalten. Häufig enthalten Suizidversuche, und darauf verweisen die Autoren, ein geringeres autoaggressives Potenzial, was sich auch in der Wahl der Methode, des Ortes und der Ankündigungen, der versteckten und offenen Botschaften wie Tagebuchnotizen, Briefen an die Eltern etc. zeigt (Farberow und Shneidman 1961; Stengel 1969; Feuerlein 1973; Kreitman 1977, 1980; Shneidman 1980, 1985, 1988; Gappmeyer 1987; Rausch 1985, 1991).

Andere Suizidforscher dagegen sehen zwischen Suizid und Parasuizid nicht qualitative, sondern eher quantitative Unterschiede. Sie verweisen zwar ebenfalls auf die unterschiedlich ausgeprägten Selbsttötungsabsichten und auf das Vorhandensein verschiedener Intensitäten des Todeswunsches, aber sie halten dennoch Suizid und Suizidversuch für ein und dieselbe suizidale Handlung. Ihrer Ansicht nach ist entscheidend, dass mit der suizidalen Handlung und einer bestimmten angewandten Methode der Tod erreicht werden soll, unabhängig von der funktionalen Absicht, die dahintersteht (Nissen 1971, 1975; Nissen und Trott 1989; Wellhöfer 1981; Ringel 1989; Orbach 1990).

Suizidforscher sind sich darin einig, dass eine Bewertung in ernsthaft und weniger ernsthaft, erpresserisch oder demonstrativ problematisch und therapeutisch auch nicht sinnvoll ist. Sie kann dazu führen, dass die jeder Suizidhandlung zu Grunde liegende Verzweiflung und Hilflosigkeit übersehen wird. Der Ausgang einer Suizidhandlung ist oft vom reinen Zufall abhängig. Die Grenzen zwischen Suizid und Suizidversuch sind fließend. Beides sind Handlungen mit komplexer Motivation, die fast immer unterschiedliche Intentionen verfolgen. Der tödliche Ausgang ist „in der Regel eine zwar mitgedachte, aber nicht immer gewünschte" Handlungsfolge (Malchau 1987, 11).

Gerade bei jüngeren Jugendlichen wird, in Verkennung der Wirksamkeit der Mittel, aus einem eventuell angedachten Suizidversuch ein vollendeter Suizid. Im Hintergrund einer Suizidhandlung, ob Suizid oder Suizidversuch, steht immer auch der Wunsch, etwas zu verändern, also etwas zu bewirken, Einfluss zu nehmen auf die eigene Lebenssituation oder auf das Verhalten anderer. Bei Jugendlichen geht dieser Wunsch mit heftigen Gefühlen einher, die Eltern, den Freund oder die Freundin in einen Alarmzustand zu versetzen, sie aufzurütteln, in Angst und Schrecken zu versetzen, sie zu beschämen und zu demütigen, vielleicht auch Rache

45

an ihnen für erlittene Schmach und Verletzungen zu verüben. Das dahinterstehende Bestreben ist die Veränderung der eigenen als unerträglich empfundenen Lebenssituation. Jugendliche empfinden nicht die Widersprüchlichkeit ihres Tuns. Die Paradoxie kommt in der unterschiedlichen Betonung des Satzes

„sich das **Leben** nehmen"

oder

„sich das Leben **nehmen**"

zum Ausdruck. Malchau (1987) geht sogar so weit, die suizidale Handlung als „Überlebensoption" zu bezeichnen, als verzweifelten Versuch, dem Leben eine Kehrtwendung zu geben. Suizidale Jugendliche wollen nicht wirklich sterben, sie wollen nur so wie bisher nicht mehr weiterleben. Ähnlich sieht es auch Kind (2000), wenn er in der Suizidalität nicht etwas Pathologisches (1992, 13) und auch nicht eine „psychische Dekompensation" sieht, sondern einen „psychischen Reorganisationsvorgang" (2000, 116), der das Ziel hat, eine Verschärfung der Krise zu verhindern. Jede Suizidhandlung steht zwar für destruktives Verhalten, beinhaltet aber auch einen konstruktiven Anteil. Es ist ein „Schrei nach Hilfe", den Jugendliche aussenden (Shneidman 1985, 1988) und der sie erst zur Tat schreiten lässt, wenn er nicht gehört wird (Schütz 1996).

5. Suizidhäufigkeit bei Jugendlichen

Laut WHO (2003) gibt es bei der Suizidanzahl eine Verschiebung der Altersverteilung in Richtung der Jüngeren. Während um 1950 herum der Anteil der Älteren, die Suizid begingen, größer war als der Anteil der Jüngeren, scheint es jetzt seit 1998 anders zu sein. Immer mehr jüngere Menschen nehmen sich das Leben (Abb. 5).

Unter den jüngeren, d. h. fünf bis vierundvierzig Jahre alten Menschen, ist vor allem der hohe Anteil der Jugendlichen zwischen zehn und zwanzig Jahren, die sich das Leben genommen haben, hervorzuheben. Die Anzahl der Jugendlichen, die sich jährlich auf der ganzen Welt, in Europa und in Deutschland das Leben nehmen, ist erschreckend hoch.

Europäische Union

In der Europäischen Union sterben in jedem Jahr ca. 29.000 junge Menschen im Alter von fünfzehn bis vierundzwanzig Jahren. Der Suizid unter jungen Menschen und speziell unter Jugendlichen zählt in Europa zu der zweithäufigsten Todesart nach den Verkehrsunfällen, wobei in Finnland die Wahrscheinlichkeit für junge Menschen, durch Suizid zu sterben, sogar noch höher ist als die, im Straßenverkehr umzukommen. Finnland, so zeigt die Suizid-Statistik für den Zeitraum 1994 bis

1997, hat die höchsten Suizidraten aller fünfzehn europäischen Länder. Weitere Länder mit einer vergleichsweise hohen Suizidrate bei männlichen Jugendlichen sind Belgien, Irland, Österreich und die Schweiz. Am niedrigsten ist die Rate für beide Geschlechter in den vier südlichen Mitgliedstaaten Griechenland, Spanien, Italien und Portugal. Die Bundesrepublik Deutschland befindet sich im Mittelfeld. Allerdings müssen bei internationalen Vergleichen stets die unterschiedlichen Gepflogenheiten bei der Meldung und Kodierung der Todesursachen berücksichtigt werden (Eurostat 2003).

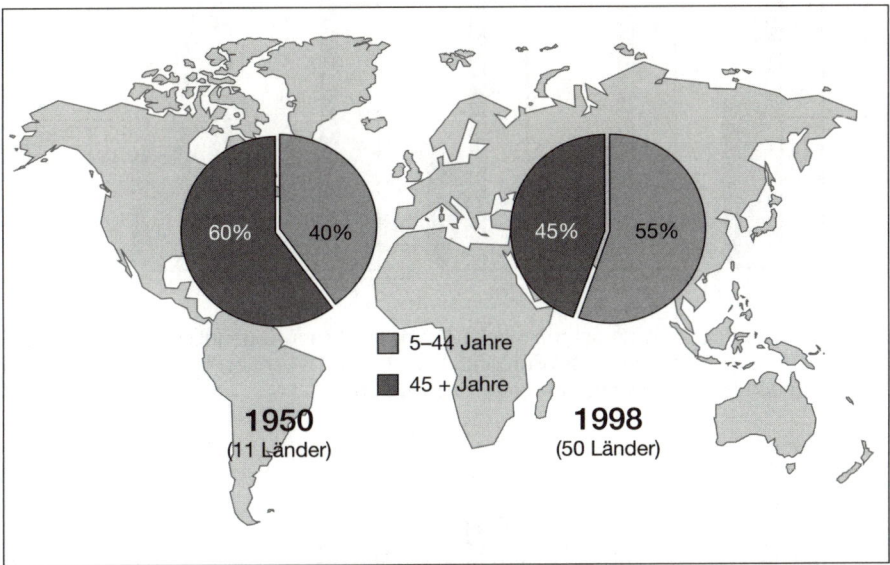

Abb. 5: Verschiebung der Suizidhäufigkeit in Richtung der Jüngeren
Quelle: In Anlehnung an WHO 2003

Für die Europäische Union (15 Länder) liegen Daten für den Zeitraum 1998 bis 2002 vor, und zwar getrennt für die Altersgruppen 10 bis < 15 und 15 bis < 20 Jahren. Die Abbildungen 6 und 7 zeigen die Suizidhäufigkeit von Jugendlichen in der Europäischen Union in absoluten Zahlen.

Sowohl Abbildung 6 als auch Abbildung 7 zeigen einen leichten Abstieg in der Anzahl der absoluten Suizidzahlen, was jedoch auch mit einem Rückgang der Anzahl der Geburten in der jeweiligen Bevölkerungsgruppe zusammenhängen mag (die relativen Zahlen d. h. die absoluten Zahlen bezogen auf 100.000 der jeweiligen Bevölkerungsgruppe standen nicht zur Verfügung).

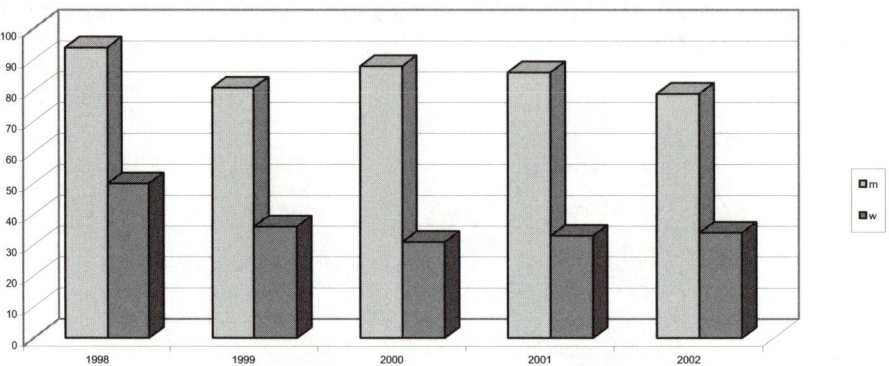

Abb. 6: Anzahl der Suizide bei männlichen und weiblichen Jugendlichen im Alter von 10 bis < 15 Jahren in der Europäischen Union (15 Länder) (in absoluten Zahlen) (nach Eurostat Datenbank New Cronos 2003)

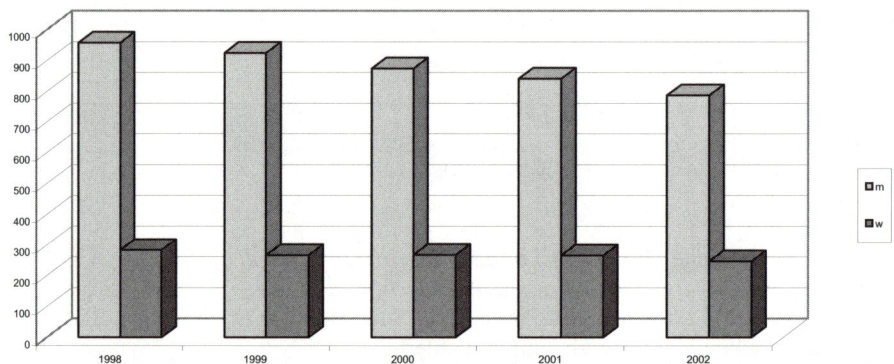

Abb. 7: Anzahl der Suizide bei männlichen und weiblichen Jugendlichen im Alter von 15 bis < 20 Jahren in der Europäischen Union (15 Länder) (in absoluten Zahlen) (nach Eurostat Datenbank New Cronos 2003)

Bundesrepublik Deutschland

Für die Bundesrepublik Deutschland liegen Daten für die Anzahl der Suizide bei Jugendlichen für die Jahre 1990 bis 2002, getrennt nach Geschlechtern in relativen Zahlen vor (Abb. 8 bis 11) vor.

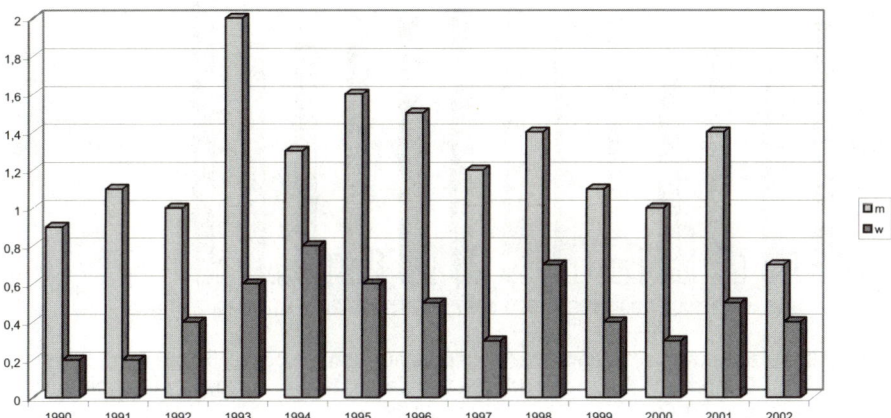

Abb. 8: Anzahl der Suizide bei männlichen und weiblichen Jugendlichen im Alter von 10 bis < 15 Jahren in Deutschland (relative Zahlen) (nach Eurostat Datenbank New Cronos 2003)

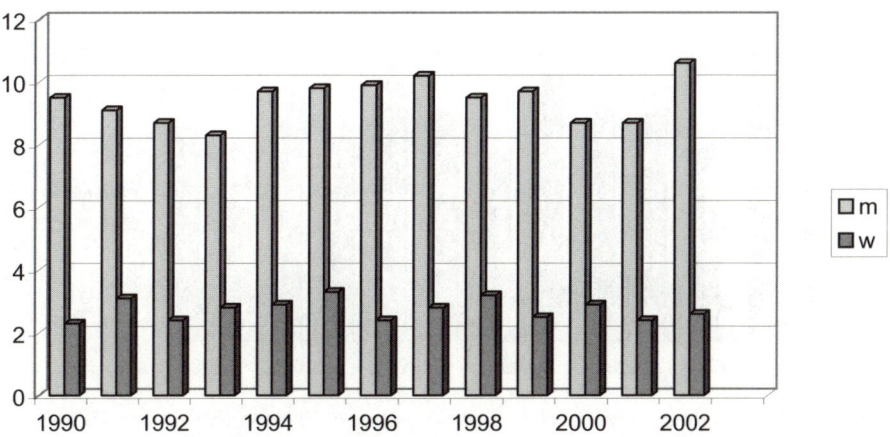

Abb. 9: Anzahl der Suizide bei männlichen und weiblichen Jugendlichen im Alter von 15 bis < 20 Jahren in Deutschland (relative Zahlen) (nach Eurostat Datenbank New Cronos 2003)

Die Abbildungen 8 und 9 verdeutlichen, dass die Suizidhäufigkeit von Jugendlichen zwischen 10 bis < 15 sowie zwischen 15 bis < 20 Jahren über die Jahre hinweg zwar unterschiedlich hoch ist, mit Spitzenwerten für 10 bis < 15 Jahre alte

49

männliche Jugendliche im Jahr 1993, aber weder beträchtlich nachgelassen noch zugenommen hat. Dies trifft auch für die 15 bis < 20 Jahre alten Jugendlichen zu.

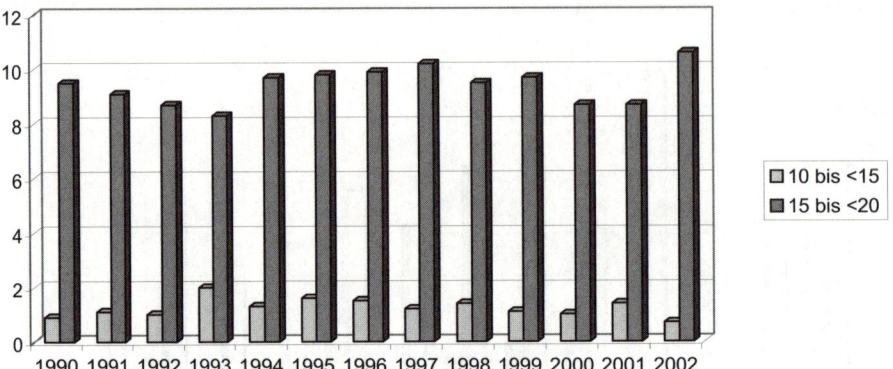

Abb. 10: Suizidhäufigkeit männlicher Jugendlicher von 10 bis < 15 und von 15 bis < 20 Jahren in Deutschland (relative Zahlen) (nach Eurostat Datenbank New Cronos 2003)

Abb. 10 zeigt, dass 15- bis 20jährige männliche Jugendliche noch eine weit höhere Suizidhäufigkeit aufweisen als 10- bis 15jährige. Dasselbe trifft auch für weibliche Jugendliche zu, wenn auch auf einem weit niedrigeren Niveau (Abb. 11):

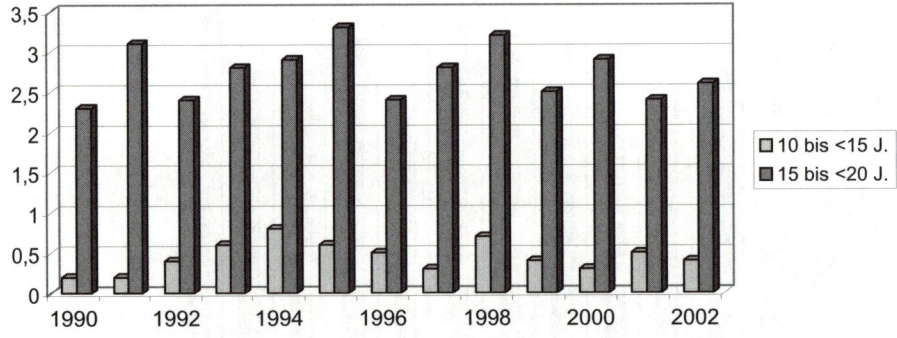

Abb. 11: Suizidhäufigkeit weiblicher Jugendlicher von 10 bis < 15 und von 15 bis < 20 Jahren in Deutschland (relative Zahlen) (nach Eurostat Datenbank New Cronos 2003)

Der hohe Anstieg zwischen den jeweiligen beiden Altersgruppen entspricht dem in Kapitel I geschilderten Risikoverhalten Jugendlicher, wonach Jugendliche die Tendenz haben, mit ihrer Gesundheit eher sorglos und auch fahrlässig umzugehen. Sie denken nicht an die Folgen ihres Tuns, wenn sie zum Beispiel ihre Gesundheit schädigen, indem sie Tabak und Alkohol und illegale Drogen konsumieren, sich

50

einseitig ernähren, zu viel essen oder gar die Nahrungsaufnahme vollkommen einschränken. Jugendliche halten sich wie oben dargestellt, für unverwundbar und sehen Gefahrensituationen häufig als Herausforderungen an. Sie wollen das Leben genießen, sich spüren und dabei Spannung und Nervenkitzel erleben. Viele ihrer Verhaltensweisen kommen einem chronischen Suizid gleich.

Kindesalter

Im Kindesalter ist das Suizidrisiko gering.

	1997	1998	1999	2000	2001
m	1	0	0	0	0
w	1	0	0	0	0

Abb. 12: Suizidhäufigkeit bei Kindern unter 10 Jahren in den Jahren 1997–2001 in Deutschland (absolute Zahlen) (m = männlich, w = weiblich) (nach Statistischem Bundesamt 2003)

Die geringe Anzahl der Suizide bei Kindern lässt folgende Ursachen vermuten (Deutsche Gesellschaft für Kinder- und Jugendpsychiatrie und Psychotherapie 2003):

- Engere Beziehung und größeres Vertrauen zu den Eltern: Die meisten Kinder, und besonders jüngere Kinder, vertrauen ihren Eltern. Selbst wenn sie sehr traurig und verzweifelt sind, hoffen sie, dass ihre Eltern ihre Lebenssituation ändern und dazu beitragen werden, dass sie sich besser fühlen.
- Größere Ausdrucksbereitschaft, was ihre Gefühle anbetrifft: Wenn es Kindern schlecht geht und sie traurig sind, erzählen sie meistens spontan darüber und behalten ihre Gefühle seltener für sich.
- Größere Unfähigkeit, langfristig zu planen.
- Größere Unfähigkeit, geplante Handlungen für sich zu behalten.
- Größere Unfähigkeit, geplante Handlungen zielstrebig auszuführen.
- Unsicherheit, zwischen gefährlichen und ungefährlichen Methoden zu entscheiden.
- Geringere Kompetenz zur Ich-Reflexion
- Geringere Neigung zur Selbstentwertung.
- Entwicklungspsychologisch bedingte andere Vorstellung vom Tod: Ihr Todesbewusstseins ist noch nicht so weit entwickelt, dass sie den Tod als irreversibles und endgültiges Geschehen auffassen.

Eine realistische Todesvorstellung stellt sich erst an der Schwelle zum Jugendalter ein, nämlich dann, wenn der Tod wirklich als Erlöschen aller Lebensfunktionen begriffen wird und wenn Kinder/Jugendliche erkannt haben, dass sich der Tod willentlich herbeiführen lässt. Dies heißt aber nicht, dass Kinde nicht schon Todeswünsche haben können, vor allem dann, wenn ihr Leben von Todesthemen gezeichnet ist wie Krankheit, Trennung, Verlust, Krieg und Zerstörung (Geisler 1953). In seltenen Fällen sind auch schon Kinder psychiatrisch krank. Damit erhöht sich ihr Suizidrisiko in den Folgejahren. Streek-Fischer (2002) berichtet von einem zehnjährigen Jungen, der an einem Borderline-Syndrom leidet und mit Suizid droht. Es gibt verzweifelte Kinder, die schon in diesem jungen Alter nicht mehr länger leben wollen, dies auch sagen, aber es dennoch nicht tun. Sie harren aus, bis sie den Mut und die Kraft, vor allem aber auch die Mittel finden, es zu tun, und das geschieht dann häufig, wenn sie das Jugendalter erreicht haben.

6. Geschlechtsspezifität des Suizidgeschehens

Aus den Abbildungen 6 bis 11 wird deutlich, dass es bei Jugendlichen nicht nur Unterschiede in der Suizidrate zwischen den beiden Altersgruppen (10 bis < 15 und 15 bis < 20 Jahren) gibt, sondern auch erhebliche Unterschiede zwischen männlichen und weiblichen Jugendlichen. Es bringen sich absolut gesehen dreimal so viele Jungen unter 15 Jahren im Vergleich zu Mädchen und in der Altersgruppe der bis Zwanzigjährigen fast viermal so viele männliche im Vergleich zu weiblichen Jugendlichen um. Es ist vielfach belegt, dass Jungen und Mädchen über unterschiedliche Temperamente und damit auch über unterschiedliche Konfliktlösungsstile verfügen: Mädchen wird eine geringere nach außen gerichtete Aggressionsbereitschaft und eine größere Empathiefähigkeit zugesprochen. Sie neigen eher zu depressiven Symptomen und zu einer manchmal auch zerstörerischen Selbstkritik (Hurrelmann und Bründel 2003; Hurrelmann et al. 2003). Wechselwirkungen aus Anlage und Umwelt werden hier deutlich: Mädchen und Jungen erfahren auch heute noch eine andere Art der Erziehung, selbst wenn Eltern immer wieder das Gegenteil behaupten und sagen, sie würden ihre Söhne und Töchter völlig gleich erziehen. Bei genauerem Nachfragen stellt man fest, dass sie beim weiblichen Geschlecht doch eher Erziehungsziele wie Anpassung, Hilfsbereitschaft und Toleranz und beim männlichen Geschlecht eher Durchsetzungsfähigkeit und Zielstrebigkeit erreichen wollen.

Geschlechtsspezifische Sozialisationseinflüsse führen zu einem spezifisch weiblichen und männlichen Rollenverhalten. Jungen und Männer neigen eher zu externalisierenden Formen der Konfliktbearbeitung und sind schneller als Mädchen und Frauen bereit, körperliche Gewalt gegen sich und andere anzuwenden. Jungen und Männer gehen Handlungsimpulsen mit größerer Intensität und Kompromisslosigkeit nach, so auch in der Ausführung der Suizidhandlung (Hurrelmann und Bründel 1999, 2003).

Die Motive zum Suizid sind bei Mädchen und Jungen ähnlich. Sie erwachsen oftmals aus ungelösten Beziehungskonflikten, die heftige Gefühle der Enttäuschung und Kränkung, der Beschämung, und Verzweiflung, zum Beispiel nach Freundschaftsabbrüchen nach sich ziehen. Es ist häufig die Angst vor Liebesverlust, die bei beiden Geschlechtern eine Rolle spielt. Es können auch Versagensängste, Leistungseinbrüche, Schulversagen sowie Gefühle der Abwertung sein.

Der Ausgang einer Suizidhandlung, ob tödlich oder nicht tödlich, hängt u. a. auch von der Wahl der Methode und des Ortes ab, an dem die Tat ausgeführt wird. Mädchen und Jungen unterscheiden sich in beidem voneinander. Jungen greifen eher zu „harten" Methoden wie Erschießen, Erhängen, sich vor den Zug werfen, während Mädchen und Frauen überwiegend die „weichen" Methoden bevorzugen wie Tabletteneinnahme, sich schneiden, ritzen etc. Die gewählten Methoden stehen in einem Zusammenhang zur Anzahl der Parasuizide, bei denen es ein Überleben gibt. Mädchen und Frauen üben weit mehr Suizidversuche aus als Jungen und Männer und bringen sich oftmals in der Nähe des Elternhauses bzw. ihrer Wohnung um, sodass die Wahrscheinlichkeit des Auffindens größer ist als bei Jungen und Männern, die vielfach entfernter liegende Orte wählen (Israel, Felber und Winiecki 2001).

Einer Suizidhandlung kann mehr oder weniger ein Appell an die Mitwelt innewohnen, sie kann einen Versuch darstellen, auf sich aufmerksam zu machen, in der Hoffnung, damit bestehende Strukturen zu verändern. Dies spielt ganz besonders bei Mädchen eine Rolle, die den Suizid häufig mit der Wahl der Methode und des Ortes so planen, dass es noch eine Überlebenschance gibt. Die Suizidhandlung von Jungen gleicht demgegenüber oftmals einer bewussten Abwendung, einer radikalen Abkehr vom Leben, was sich dann sowohl in der Wahl der Methode als auch des Ortes zeigt. Suizide und Parasuizide stehen, was die Anzahl bei Mädchen und Jungen anbetrifft, jeweils in einem reziproken Verhältnis zueinander: Beim vollendeten Suizid überwiegen jeweils die Jungen und Männer, beim Suizidversuch die Mädchen und Frauen (Rachor 2001).

Suizide und Suizidversuche können als Grenzgänge zwischen Selbstzerstörung und Selbstbewahrung aufgefasst werden (Freytag 1990). Ob das eine oder andere überwiegt, hängt von vielen verschiedenen Faktoren ab, nicht zuletzt auch davon, ob es sich um einen weiblichen oder einen männlichen Jugendlichen handelt, der die Tat ausführt. In einer schon älteren Untersuchung, in der Jugendliche zu ihrer Einstellung zum Suizid befragt wurden, haben Biener und Bückert (1973) festgestellt, dass männliche Jugendliche dem Suizid generell ablehnender gegenüber stehen als weibliche Jugendliche. Dies erstaunt insofern, als es erwiesenermaßen mehr männliche Jugendliche sind, die sich das Leben nehmen. Erstaunlich ist ebenfalls, dass weit weniger männliche als weibliche Jugendliche angeben, schon einmal an Suizid gedacht zu haben (a.a.O., 76). Die Verbindung zwischen (negativer) Einstellung zum Suizid, (geringen) Suizidgedanken und der tatsächlichen Häufigkeit von Suiziden bei männlichen Jugendlichen kann nur mit ihrem typisch männlichen Bild von sich als starkem Mann erklärt werden, der Schwäche nicht zugibt und Stärke nach außen demonstriert. Die Tatsache, dass männliche Jugendliche seltener als weibliche einen Suizidversuch und statt dessen weit häufiger einen Suizid unternehmen, weist auf ihre größere Entschlossenheit hin, die sicherlich auch wiederum etwas mit ihrer Männlichkeit zu tun hat: Wenn du es schon machst, dann mach es richtig. Handle wie ein Mann und bringe dich um! (Diekstra 1989, 17: in eigener Übersetzung).

Der Frage nach den Unterschieden zwischen weiblicher und männlicher Suizidalität und parasuizidalen Handlungen widmen sich Freytag und Giernalczyk (2001) als Herausgeber. Sie und ihre Mitautoren kommen dabei zu interessanten Unterschieden zwischen Frauen und Männern sowohl in der Suizidmotivation als auch in der Handlungsausführung und der nachfolgenden Akzeptanz der Krisenhilfe.

a) Der „weibliche Suizidversuch"

Warum machen Mädchen und Frauen häufiger Suizidversuche als Jungen und Männer? Rachor (2001) stellt als Antwort auf diese Frage einen sehr bemerkenswerten Erklärungsansatz vor. Sie spricht vom „weiblichen Suizidversuch", bringt ihn in Verbindung mit der weiblichen Rolle sowie dem gängigen Weiblichkeitsstereotyp und interpretiert ihn als Zuspitzung der sozialen Situation, in der Mädchen und Frauen leben. Im Suizidversuch sieht Rachor einen kommunikativen Ansatz, der vor allem Frauen eigen ist. Sie sieht in ihm Autonomie- und Abhängigkeitswünsche, die auch heute noch trotz aller Emanzipationsbestrebungen strukturelle Merkmale der weiblichen Existenz sind. Im Suizidversuch kommt die weibliche Beziehungsneigung zum Ausdruck, der Appell an die Hilfe, Aufmerksamkeit und Zuwendung anderer, aber auch ein manipulativer Ansatz, ein fast männlicher Anspruch, die Welt zu verändern und im Suizidversuch das im Handumdrehen erreichen zu wollen, was ihnen vorher nicht vergönnt war. In diesem Sinn birgt der Suizidversuch männliche und weibliche Züge in sich, männliche im Sinne der Durchsetzung eigener Wünsche, der durchaus autonomen Handlung und gewaltsamen Durchführung, weibliche in dem Sinne der „verdeckten Handlung", der nicht ausgesprochenen Wünsche, der Halbherzigkeit und Unvollständigkeit im Vergleich zum „gelungenen" Suizid. Im Suizidversuch, so Rachor, wiederholen sich die „Widersprüche und Unvereinbarkeiten" der psychischen Befindlichkeiten von jungen Mädchen und Frauen, die hin und her gerissen sind zwischen Gehen und Bleiben, Autonomie und Gebundenheit, Bezogenheit und Selbstbehauptung (Rachor 2001, 55).

Auch Gerisch (1998, 2001, 71 ff) sieht den Suizidversuch als soziokulturell determinierte frauenspezifische Artikulationsweise und sieht im Sozialisationsprozess der Mädchen und Frauen genau die Faktoren, die die suizidale Persönlichkeit ausmachen: geringes Selbstwertgefühl, instabiles Identitätsgefühl, verunsicherte sexuelle Identität und Aggressionshemmung. Sie spricht sich jedoch vehement gegen biologisch orientierte und mit der Natur der Frau und dem weiblichen Körper argumentierende Verursachungszuschreibungen aus, die sie auf die Tradition einer männlichen Wissenschaftsgeschichte, auf Debatten überwiegend männlicher Suizidologen (zusammenfassend Schmidtke 1988) und in Verbindung damit auf androzentrische Vorurteile zurückführt. Gerisch verwirft wie auch schon Canetto (1992) die einfache Formel: „She died for love and he for glory" und tritt für eine soziokulturell begründete Unterscheidung zwischen den Entstehungsbedingungen der Suizidalität bei Mädchen und Frauen sowie Jungen und Männern ein.

b) Der „männliche Suizid"

In dieser Bezeichnung steckt im Unterschied zum „weiblichen Suizidversuch" etwas Entschlossenes, Mutiges, Endgültiges. Derjenige, der die Tat plante, so wird angenommen, hat sie gründlich vorbereitet, minutiös durchdacht und ist bis zum Schluss konsequent seinen Weg gegangen. Dies hat im hohen Maße etwas mit dem gesellschaftlichen Männerbild zu tun, das von Männern und Frauen immer wieder reproduziert wird und das sich der einzelne Mann im Laufe seiner Sozialisation angeeignet hat: Ein Mann muss stark sein. Ein Mann darf keine Schwäche zeigen. Ein Mann bittet nicht um Hilfe. Ein Mann darf keine Hilfe erwarten. Ein Mann bekommt keine Hilfe. Ein Mann macht keine halben Sachen.

Kind (2001) verbindet die Erklärung für eine geschlechtertypische Suizidmotivation mit der Narzissmustheorie von Kohut (1973). Nach dieser Theorie sehen

Männer mehr ihr eigenes Selbst im Mittelpunkt und Frauen mehr das Objekt, also den „signifikanten Anderen". Bei Männern vollziehen sich Trennungskrisen im Bereich des grandiosen Selbst, sie empfinden Trennungen als Kränkung. Frauen empfinden Trennungen eher als Verlust von Zugehörigkeit und reagieren mit Ängsten und Gefühlen der Verlassenheit (Kind 2001, 98).

Suizide werden drei- bis vierfach öfter von Männern ausgeführt als von Frauen. Die Methoden, die sie anwenden, sind eindeutig und zählen zu den harten, die kein Überleben zulassen. Folgt der Mann nicht auch in der Suizidplanung und -handlung einem männlichen Geschlechtsstereotyp und reagiert die Außenwelt bei ihm nicht eher mit Heroisierung als mit Abwertung? Männlicher Suizid ist häufig ein Mittel zur Ehrenrettung, zur Rettung aus einer ausweglosen Situation, zur Flucht vor der Verantwortung, vor dem Ruin, vor Strafverfolgung. Eine solche Handlung wird von vielen oft mit einer Mischung von Bedauern, aber auch Erleichterung quittiert: „Wenn er das wirklich getan hat, war seine Handlung nur folgerichtig", mag so mancher denken, wenn er von einem Suizid bekannter Personen des öffentlichen Lebens hört oder auch „Das war das Klügste, was er tun konnte, er wäre sowieso erledigt". Der suizidalen Handlung von Männern wird eine große Ernsthaftigkeit und Entschlusskraft zugeschrieben, die dem weiblichen Suizidversuch in dem Ausmaß nicht nachgesagt wird. Kränkungs- und Einsamkeitsgefühle sowie Sprachlosigkeit werden dem Mann zugebilligt, selten aber werden ihm Absichten unterstellt, sich mit seiner suizidalen Handlung wichtig machen oder sich in den Mittelpunkt stellen zu wollen. Kränkungen im Berufsleben, Karriereknicks und Arbeitslosigkeit scheinen eine anders bewertete Qualität zu haben als Kränkungen in der Beziehung, Enttäuschungen oder Angst vor Trennungsverlusten.

Die Gesellschaft reagiert in ihren Nachrufen auf „männliche Suizide" von bekannten Personen gewöhnlich mit großem Schock und Entsetzen, gleichzeitig wird aber auch häufig der Lebensweg dieser Personen detailliert aufgeführt und aufgezeichnet, ihre Verdienste herausgestellt, ihr Engagement und ihre Aktivitäten unterstrichen, sodass sich der Eindruck aufdrängen könnte: „They died for glory". Es wird weniger von Selbstmord noch von Suizid geschrieben, sondern sehr oft von Freitod und damit suggeriert, dass es eine freie Entscheidung gewesen sei. Nicht selten wird um den Suizid bekannter Männer aber auch ein Tabu aufgebaut, die Umstände ihrer Tat verbleiben im Dunkeln, Mordhypothesen werden diskutiert, sodass letzten Endes ihre Namen mit einem Mythos umgeben werden, der gerade auf jüngere Menschen eine Faszination ausüben und zur Nachahmung reizen kann.

Zusammenfassung

Suizidalität ist die Bezeichnung für eine Befindlichkeit subjektiven Leidens, die durch Suizidgedanken und durch Suizidankündigungen gekennzeichnet ist und oftmals durch die suizidale Handlung, den Suizid oder auch Suizidversuch, ihren Abschluss findet. Entscheidend ist, dass der Tod bewusst intendiert wird. Von den unterschiedlichsten Bezeichnungen für das suizidale Geschehen erweist sich der Begriff „Suizid" als der wertfreieste und neutralste, der weder eine verbietende noch eine glorifizierende Einstellung erkennen lässt.

Die Einstellung zum Suizid unterlag im Laufe der zurückliegenden Jahrhunderte bis heute einem ständigen Wandel, vom absoluten Selbsttötungsverbot, ethischer Rechtfertigung, starker Tabuisierung und moralischer Verwerfung bis hin zur Verteidigung des Rechts auf den eigenen Tod, der aktiven sowie passiven Sterbehilfe und des Suizids auf Verlangen. Unter Suizidologen sind allerdings Fragen der Prävention, Diagnostik und Therapie vorrangig, denn immer noch gibt es viel zu viele Menschen, und darunter sehr viele Jugendliche, die sich das Leben nehmen. Die Suizidstatistik zeigt bezogen auf das letzte Jahrzehnt leichte Schwankungen in der Suizidhäufigkeit von Jugendlichen, allerdings weder eine abnehmende noch eine steigende Tendenz.

Im Vergleich zu den zehn- bis fünfzehnjährigen weist die Statistik einen starken Anstieg bei den fünfzehn bis zwanzigjährigen Jugendlichen auf, wobei männliche Jugendliche drei- bis viermal stärker als weibliche vertreten sind. Im Gegensatz dazu führen weibliche Jugendliche bis zu zehnmal häufiger einen Suizidversuch durch, was in der Literatur dazu geführt hat, von einem „weiblichen Suizidversuch" und einem „männlichen Suizid" zu sprechen und Erklärungshypothesen dafür in der weiblichen und männlichen Sozialisation zu finden. Weibliche Gebundenheit und Bezogenheit sowie männliche Autonomie und Entschlossenheit kennzeichnen die unterschiedlichen Herangehensweisen an Suizid sowie die unterschiedlichsten Durchführungsmethoden von weiblichen und männlichen Jugendlichen.

III. Risikofaktoren für die Entwicklung von Suizidalität

Abschied

Dieses Leben ist nichts für mich,
Denn ich stelle zu hohe Ansprüche.
Zu viel Glück
Und zu viel Wärme.
Und diese Welt ist mir zu kalt
Und die Menschen sind mir zu grausam
Und das Leben zu traurig.

Zitiert nach Ringel 1986, 35

Im Leben von Jugendlichen gibt es viele Klippen und Gefahren. Sie müssen mit akuten bzw. chronischen Belastungen fertig werden, erleben täglich mehr oder weniger große Beeinträchtigungen, so genannte Mikrostressoren, und müssen Krisen und schwere oder minderschwere Lebensereignisse bewältigen. Als größten Risikofaktor für die Entwicklung Jugendlicher sehen Aro, Hänninen und Paronen (1989) fehlende soziale und emotionale Beziehungen und zeigen, wie stark negativ sich fehlende soziale Unterstützung bei der Bewältigung von Belastungen aus-wirken und wie sehr Jugendliche zu psychosomatischen Symptomen neigen, die keine oder nur wenig emotionale Unterstützung erhalten. Dies alles sind Risiko-faktoren für die Entwicklung von Suizidalität, die im Folgenden geschildert werden sollen. Dabei werden vor allem die Lebensbereiche Familie, Schule sowie die Freundschaftsbeziehungen von Jugendlichen beleuchtet und die stressenden Fak-toren aufgezeigt, die in ihnen zu finden sind und die, wenn sie sich gegenseitig potenzieren und in ihrer Wirkung nicht von Schutzfaktoren abgemildert werden, den Weg in die Suizidalität weisen können. Hinzu kommen als Risikofaktoren ein negatives Selbstkonzept und eine von der Umwelt nicht akzeptierte Geschlechtsi-dentität sowie ein unheilvoller Einflusses alter und neuer Medien, die in Jugend-lichen suizidale Tendenzen entstehen lassen können.

1. Familie

Die Familie ist eine elementare Sozialisationsinstanz und für die körperliche und psychische Entwicklung für Kinder und Jugendliche von entscheidender Bedeu-tung. In der Familie werden die Bedürfnisse der Kinder nach Erhaltung der Exis-tenz, nach Pflege, Fürsorge, Schutz, Liebe, Achtung und Selbstverwirklichung erfüllt. Die ersten Lebensjahre stellen die Weichen für Lebensbejahung oder Le-bensverneinung, sie entscheiden darüber, ob ein Mensch sich in Richtung Urver-trauen oder Urmisstrauen entwickelt. Die Bedeutung der Familie bzw. der Bezugs-personen für das Aufwachsen von Kindern und Jugendlichen ist sehr groß. Für viele ist die Familie bis ins Jugendalter hinein und oft auch noch weit darüber hinaus der wichtigste Lebensbereich. Auch wenn die Anzahl der Klein- und Kleinstfamilien immer mehr zunimmt und die Familienmitglieder nicht immer zusammen wohnen, so zählen jüngere Kinder neben ihren Eltern, Geschwistern, Großeltern doch immer auch noch Onkel und Tanten sowie Cousinen und Cousins zu ihrer „Familie". Dies steht in Kontrast zur neueren Definition von Familie, nach der dann von „Familie" gesprochen wird, wenn es eine feste Beziehung zwischen mindestens einem Elternteil und mindestens einem Kind gibt (Schnabel 2001).

Familienformen

Die neue Definition von Familie trägt der Entwicklung Rechnung, dass es die Großfamilie, in der mehr als zwei Generationen zusammenleben, nur noch sehr selten gibt. Nach der neuesten Studie von Engstler und Menning (2003) ist zwar der Anteil der Familien mit Kindern rückläufig – Deutschland zählt in Europa zu den Ländern mit den niedrigsten Geburtenziffern –, aber dennoch lebten 54 % der Bevölkerung Deutschlands in Familien mit Kindern, wobei die häufigste Kinderanzahl zwei und mehr beträgt. Es wachsen nur ca. 19 % der Kinder während ihrer gesamten Kindheit als Einzelkinder auf. Der Tenor des Berichts von Engstler und Menning, im Auftrag des Bundesministeriums für Familie, Senioren, Frauen und Jugend erstellt, ist positiv, unterstreicht die Lebendigkeit und Zukunftsorientierung der Lebensform „Familie" und straft alle diejenigen Lügen, die meinen, dass die „Normalfamilie" ausgedient habe und Deutschland ein Land der „Lebensabschnittspartner" und der „Einzelkinder" geworden sei.

Familienformen und Suizid

Familienformen, wie immer sie auch aussehen, sagen nichts über die ihnen innewohnenden Beziehungsstrukturen oder über das Beziehungsklima aus. Suizide von Jugendlichen kommen in allen Familienformen vor: in so genannten Normalfamilien, mit und ohne Geschwister, in Einelternfamilien und in Stiefelternfamilien. Dennoch hielt sich lange die Meinung, dass Suizide von Jugendlichen öfter in so genannten „broken-home-Familien" vorkämen, also in Familien, die durch Scheidung der Eltern oder durch Tod eines Elternteils auseinanderbrechen.

Schaller und Schmidtke (1983, 1988) unterzogen die bis dahin erschienenen Arbeiten zu diesem Thema einer kritischen Analyse, zeigten die methodischen Schwierigkeiten auf, die mit solchen Untersuchungen verbunden sind, wiesen auf die sehr unterschiedlichen Definitionen von „broken-home" hin, die den Untersuchungen zu Grunde lagen, und kamen zu dem Ergebnis, dass es unmöglich ist, einen solchen Zusammenhang zu postulieren. Wenn unter „broken-home" die Scheidung bzw. Trennung und damit das Auseinanderfallen der bestehenden Familienstruktur verstanden wird, dann kann dies für den Jugendlichen eine zusätzliche Erschwernis und starke emotionale Belastung darstellen oder aber auch das ersehnte Ende eines langandauernden Konflikts. Die Folgen einer durch Tod eines Elternteils reduzierten und ehemals harmonischen Familie kann ganz andere psychische Auswirkungen auf den Jugendlichen haben als eine durch Scheidung bzw. Trennung auseinandergerissene Kernfamilie. Aber auch diese kann zu starken psychischen und sozialen Belastungen der Kinder führen. Schnabel (2001) betont, wie schwierig es sei, zwischen Normal- und Risikofamilie zu unterscheiden. Es gäbe zu viele unabhängige Variablen, die darüber mit entscheiden würden, ob und zu welchem Zeitpunkt ein Familiensystem zusammenbreche bzw. wann sich eine

Trennung der Eltern in körperlichen und seelisch krankmachenden Symptomen der Kinder und Jugendlichen niederschlage. Welche Auswirkungen ein bestehendes oder auseinanderbrechendes Familiengefüge auf das einzelne Familienmitglied hat, hänge auch immer von dessen Kompensationsmöglichkeiten ab.

Die Auswirkungen von Trennung und Scheidung

Die Auswirkungen von Trennung und Scheidung der Eltern sind umso stärker, je weniger Kinder und Jugendliche die Gründe für die Trennung nachvollziehen und auch je weniger sie von den Eltern vorher über die bevorstehende Trennung informiert worden sind, sodass sie keine vorbereitenden Verarbeitungsmechanismen aufbauen konnten. Oftmals werden sie in den Beziehungskampf der Eltern mit einbezogen und geraten in starke Solidaritätskonflikte. Kommt es zur Trennung der Eltern, beginnt für die Kinder und Jugendlichen eine Neuordnung der Beziehungen. Meistens erlischt langfristig gesehen die Beziehung zum getrennt lebenden Elternteil bzw. schwächt sich ab und intensiviert sich die Beziehung zum weiterhin erziehenden Elternteil. Dieser ist in 80 % der Fälle die Mutter, die oft genug sozial und finanziell in große Bedrängnis kommt, worunter auch die Kinder leiden. Mit der veränderten Lebenssituation ist häufig ein Umzug aus der vertrauten Umgebung verbunden, eine Veränderung in den Nachbarschaftskontakten, und für die Kinder und Jugendlichen ergibt sich die Notwendigkeit, neue Freundschaftskontakte aufzubauen. Ganz schwierig kann es für sie werden, wenn ihre Mütter oder auch ihre Väter neue Partnerbindungen eingehen und sie mit Stiefgeschwistern auskommen müssen.

In jedem Fall stellen Scheidung und Trennung für Kinder und Jugendliche eine Belastung dar, unter der sie ein Leben lang leiden. Hierbei spielt jedoch auch ihr Alter eine Rolle sowie die Art und Weise der von den Eltern vollzogenen Trennung. Der einzelne Faktor „broken-home" sagt nichts über eine zukünftige suizidale Gefährdung von Kindern und Jugendlichen aus. Er kann nur als einer unter mehreren Faktoren angesehen werden, die für die Entstehung von Verzweiflungs- und Hilflosigkeitsgefühlen sowie für die Ausprägung inadäquater Bewältigungsstrategien verantwortlich sind (siehe auch Bründel 1993a).

Beziehungsstrukturen und Familienklima

Im gesamten Suizidgeschehen gibt es keinen einzelnen, an eine Familienform gebundenen Faktor, der für sich genommen direkt und zwingend die Tat verursacht. Suizide sind nicht auf bestimmte Familienformen zurückzuführen, wohl aber an bestimmte Beziehungsstrukturen innerhalb der Familienform und an ein bestimmtes Familienklima gebunden (Pfeffer 1987; Farberow 1987). Es ist der prozesshafte Verlust von Vertrauen, Liebe und Anerkennung, das schleichende Gefühl, nicht wichtig zu sein, die leidvolle Erfahrung, ein primär ungeliebtes Kind zu sein, das Jugendliche dazu bringen kann, ihrem Leben ein Ende zu setzen. Ringel (1986) sieht einen direkten Zusammenhang zwischen Suizidneigung und einer gestörten Mutter-Kind-Beziehung, und zwar über die Stufen geringes Selbstwertgefühl, Selbstschädigung und Selbstvernichtung.

Orbach (1990) beschreibt die Familiendynamik unglücklicher Kinder, deren Kindheit einer langandauernden Problemgeschichte gleicht, die in der Jugendzeit eskaliert, dann nicht länger ertragen wird und im Suizid ihr Ende findet. Ein

59

wesentliches Charakteristikum eines gestörten Familienklimas ist die Disharmonie zwischen leiblichen oder auch nicht leiblichen Elternteilen, ihre Streitigkeiten und „kriegsähnlichen" Auseinandersetzungen, ihre emotionale Indifferenz gegenüber ihren Kindern und die daraus resultierende physische und psychische Vernachlässigung. Ein solches feindliches Klima kann den Nährboden bereiten für Fehlentwicklungen, die in der Kindheit entstehen und in der Jugendzeit in deviantem oder auch suizidalem Verhalten mit aller Deutlichkeit zum Vorschein kommen.

Orbach (1990) weist ebenfalls darauf hin, dass die Familiendynamik manchmal geprägt ist von versteckter elterlicher Ablehnung gegenüber dem Kind oder dem Jugendlichen, die sich indirekt oder direkt in Worten äußert: „Wenn du nicht wärst, könnten wir uns das oder das leisten" oder auch „Vielleicht hätten wir keine Kinder haben sollen". Solche Äußerungen führen bei Kindern und Jugendlichen, egal welchen Alters, zu der quälenden Gewissheit, überflüssig zu sein und den Eltern zur Last zu fallen. Die Gefahr besteht, dass sie sich gedanklich mehr und mehr damit beschäftigen, wie sie es schaffen könnten, die Last von den Eltern zu nehmen, d. h. sich selbst zu entfernen. Ihre gedankliche Beschäftigung ist auf den eigenen Tod gerichtet, in dem Glauben, damit den Eltern einen Gefallen zu tun. Je älter sie sind und je mehr belastende Ereignisse hinzukommen, desto größer ist die Gefahr und das Risiko, dass sie anfangen, den Suizid zu planen.

In der Familie lernt ein Kind sowohl Anpassungs- als auch Überlebensstrategien, es lernt Formen der Auseinandersetzungen mit Geschwistern, Konfliktlösungsstrategien und auf der Basis von Vertrauen in die Familie und in die eigenen Fähigkeiten schwierige Situationen zu bestehen. Es gibt aber auch Familien, in denen das Selbstbewusstsein von Kindern durch kleinste Andeutungen, Anspielungen und Handlungen der Eltern sukzessiv zerstört wird. Davon sind häufig Mädchen betroffen, deren Väter ihnen nichts zutrauen und sie ständig abwerten. Diese Kinder entwickeln weder Vertrauen zu ihrer Familie noch zu sich selbst, sie lernen Konflikte nicht zu lösen, sondern sie zu vermeiden, zu verleugnen und zu verdrängen. Sie entwickeln nicht die notwendigen Gesprächskompetenzen, sondern ziehen sich in sich zurück und schweigen. Ihre Lebensfreude erstickt, ihr in der Kindheit verletztes Ich bleibt in der Jugend erhalten, eine unterschwellige Suizidneigung nimmt zu, und sie sind nicht mehr fähig, in ihrem Leben einen Sinn zu sehen (Farberow 1987).

Familie als Ort von Belastungen

In jeder Familie gibt es Streit und Konflikte. Diese gehören zum täglichen Leben und sind für sich genommen nicht suizidogen. Sie können es dann jedoch werden, wenn es zu einer Ansammlung ungelöster Konflikte kommt. Pfeffer (1987) betont, dass Familienkonflikte zu den wichtigsten und einflussreichsten Faktoren gehören, die zur Suizidalität führen können. Der Ablösungsprozess der Jugendlichen von den Eltern birgt nach Mansel und Hurrelmann (1991, 149) ein „hohes Verunsicherungs- und Risikopotenzial", vor allem dann, wenn er aus unterschiedlichen Gründen, z. B. fehlenden finanziellen Ressourcen oder Verbot der Eltern, nicht realisiert werden kann und die Jugendlichen dadurch gezwungen werden, in einer unerwünschten Abhängigkeit zu verharren. Innerhalb der Familie sehen Mansel und Hurrelmann (1991, 146) vor allem folgende Belastungsfaktoren:

- Störungen der Beziehungen zu den Eltern
- Konfliktdichte der familiären Interaktion
- Restriktivität im elterlichen Erziehungsverhalten
- unrealisierte Auszugswünsche
- elterliche Sorge, dass die Jugendlichen die schulischen oder beruflichen Ziele nicht erreichen könnten
- Tod eines Elternteils und andere familiale Krisenereignisse wie Scheidung oder Trennung der Eltern

Zu den häufigsten Konfliktthemen zwischen Eltern und Jugendlichen zählen (a.a.O., 147):

- das abendliche Ausgehen bzw. das Nachhausekommen
- Freund/ Freundin
- Unordentlichkeit
- mangelnde Bereitschaft, zu Hause zu helfen
- Kleidung oder Frisur der Jugendlichen
- private Pläne wie Auszug, Heirat, Urlaub
- Kleinigkeiten ohne eigentlichen Anlass

Bei starken Konflikten holen sich Eltern häufig Rat in Beratungsstellen. Im Folgenden sei der Wortlaut einer telefonischen Anmeldung einer Mutter in einer schulpsychologischen Beratungsstelle wiedergegeben. Sie schildert die vierzehn Jahre alte Tochter folgendermaßen: Sie

- lässt sich nichts sagen
- ist unendlich frech
- isst bei Tisch nicht
- geht auf ihr Zimmer und dreht die Musik laut auf
- springt aus der Spur
- ist renitent
- lehnt Zärtlichkeiten ab
- bringt schlechte Leistungen in der Schule
- hat Nachhilfeunterricht, der jedoch nichts bringt
- will Weihnachten nicht mit den Eltern auf Mallorca verbringen
- hat einen eiskalten Blick („Killerblick")
- droht mit Weglaufen und Suizid

Eine solche inhaltlich konfliktgeladene Anmeldung ist jedoch eher selten. Sie deutet auf ein total zerstörtes Familienklima hin, auf eine gestörte Kommunikation und Entfremdung zwischen Mutter und Tochter. Die Mutter ist hilflos, kann sich nicht durchsetzen und hat sogar Angst vor ihrer Tochter („Killerblick"). Sie erhält kaum Hilfe von ihrem Ehemann, der nur am Wochenende nach Hause kommt und fühlt sich mit der Erziehung ihrer Tochter überfordert. Diese scheint ihr mehr und mehr zu entgleiten, die Mutter scheint nur noch wenig Einflussmöglichkeiten zu haben.

Symbiotische Familien

Viele Familien sind nach außen hin völlig unauffällig und gelten als harmonisch und intakt. Sie erweisen sich jedoch bei genauerem Hinsehen als pathologisch und selbstzerstörerisch. Symbiotische Familien sagen von sich, dass sie keinerlei Probleme hätten. Sie sind gekennzeichnet durch starke symbiotische Beziehungen zueinander, durch Anklammerungs- und Eingrenzungsversuche. Manche Eltern lassen ihren Kindern keine Luft, um selbstständig zu werden. Es ist häufig die Mutter, die für ihre Tochter die beste Freundin sein möchte und nicht bemerkt, dass sie dies nicht sein kann, eben weil sie die Mutter ist. In einer symbiotischen Familie besitzen die einzelnen Familienmitglieder keine eigene Identität, sondern werden als Teil eines übergeordneten Ganzen betrachtet, dem sie sich unterzuordnen haben. Den Kindern wird kein eigenes Leben zugestanden, alles muss geteilt, mitgeteilt, erzählt werden, es darf keine Geheimnisse geben. Es gibt auch keine Intimsphäre, alle Räume stehen für alle jederzeit offen, und es ist das Recht der Eltern, über das Eigentum der Kinder verfügen zu können. Die Beziehungen sind asymmetrisch, d. h. Eltern haben Verfügungsgewalt und Macht über ihre Kinder. Der Suizid kann als Ausbruch aus den erdrückenden Fesseln dieser Familien, als Flucht in die Freiheit gesehen werden (Farberow 1987).

Kinder als Symptomträger

Eine andere Variante ist die, dass Kinder Symptomträger der Persönlichkeitsanteile ihrer Eltern sind. Richter (1963, 1970) hat die verschiedenen Rollen geschildert, die Eltern ihren Kindern zuweisen und damit über die eigene Persönlichkeit ihrer Kinder hinweggehen, sie nach ihren Wünschen oder Abneigungen formen. Kinder lernen dadurch, ihre eigenen Wünsche und Bedürfnisse zu verleugnen, sich selbst aufzugeben und sich anderen zu unterwerfen. Richter hat mit seinen Publikationen Standardwerke geschaffen und darin die psychopathologischen Beziehungsmuster innerhalb von Familien aufgedeckt, die auch heute noch gültig sind. Angepasste Kinder und Jugendliche, die keine eigene Persönlichkeit besitzen, sind anfällig für Machtmissbrauch, z. B. den sexuellen Missbrauch.

Sexueller Missbrauch

Sexueller Missbrauch gehört mit zu den stärksten Belastungen und Traumata, die ein Kind oder Jugendlicher ertragen kann, und sehr häufig führt er im Laufe der weiteren Entwicklung zu Selbstverletzungen, chronischem Suizid und Suizidversuchen bzw. Suizid (Pfeffer 1987). Sexueller Missbrauch liegt immer dann vor, wenn Erwachsene oder auch Jugendliche ihre Machtposition gegenüber einem Jüngeren einsetzen, um ihn sich gefügig zu machen und dabei ihre eigenen sexuellen Bedürfnisse zu befriedigen (Enders 1990). Bei Mädchen wird der sexuelle Missbrauch fast immer von Angehörigen der Familie verübt, von Vätern, Großvätern, Onkel oder Brüdern. Bei Jungen kommen die Täter sehr häufig aus dem professionellen Umfeld: Lehrer, Pfarrer, Chorleiter, Sportwarte etc. Sexueller Missbrauch ist immer zugleich Machtmissbrauch und wird unter dem Begriff „sexualisierte Gewalt" geführt. Es ist physische und psychische Gewalt zugleich, die den Kindern und Jugendlichen angetan wird. Dabei wird ihnen suggeriert, dass sie ja eigentlich gar nichts gegen den sexuellen Kontakt hätten und ihn ja eigentlich auch wollten. Die Infamie dieses Vorgehens besteht darin, dass die Opfer sich dadurch in einer dermaßen starken Gefühls- und Wahrnehmungsverwirrung befinden, dass sie hinterher nicht mehr wissen, was eigentlich geschehen ist. Viele fühlen sich beschmutzt, beschämt, erniedrigt und beginnen, an sich selbst zu zweifeln und ihrer eigenen Wahrnehmung zu misstrauen. Hinzu kommt, dass ihnen gedroht wird, wenn sie etwas verraten würden. Der Anteil der sexuell Missbrauchten unter denjenigen, die sich später das Leben nehmen, ist hoch. Sie kommen über das Erlebte nicht hinweg, vermögen sich niemandem anzuvertrauen und sehen nur noch die Möglichkeit des Suizids. Diesen Aspekt betonen auch Canetto (1992) und Gerisch (1998). Sie zeigen, dass suizidale Reaktionen besonders bei Mädchen und Frauen vorkommen, die schwere Traumatisierungen in ihren Familien wie sexuellen Missbrauch und Misshandlung erlitten haben.

Misshandlung

Auch elterliche Misshandlungen führen bei Kindern und Jugendlichen zu starken Ohnmachts- und Hassgefühlen, die sich gegen die eigene Person wenden können und in suizidalen Handlungen zum Ausdruck kommen. Diese Kinder und Jugendlichen sehen oft keine andere Möglichkeit, als aus der für sie schrecklichen Situation durch Suizid zu entfliehen. Durch Suizid aus dem Leben zu gehen, ist für sie immer noch besser, als dieses Leben weiter zu führen, in dem sie gedemütigt, misshandelt und geschlagen werden (Pfeffer 1987).

Gewaltanwendung gegen Kinder geschieht selten als absolute Ausnahmesituation, sondern eher aus der Normalität des Erziehungsalltags und des Beziehungsgeflechts zwischen den Familienmitgliedern. Sie wird von den Eltern meistens nicht als „Gewalt" angesehen, sondern eher als wirksames Erziehungsmittel. Kinder und Jugendliche erfahren auf diese Weise eine ständige Demütigung und Erniedrigung, und sie spüren, dass sie wehr- und hilflos sind. Obwohl schwere Formen von Gewaltausübung wie körperliche Züchtigung von Kindern und entwürdigende Erziehungsmethoden seit ca. Mitte 2000 verboten sind, werden sie immer noch von vielen Eltern praktiziert. Geschlagene Kinder und weit schlimmer noch schwer misshandelte Kinder, die das ganze Spektrum von körperlichen Schlägen, absichtlichen Verbrennungen, Verbrühungen, Quetschungen, Stichen und Schütteln als Strafmaßnahmen erfahren, entwickeln nicht nur Gefühle der Wehr- und Hilflosigkeit, sondern auch Gefühle der Wut und des Hasses auf die Täter oder auch auf Erwachsene generell, die sich in Gefühle der eigenen Minderwertigkeit und des Selbsthasses wandeln können. Misshandelte Kinder und Jugendliche internalisieren oft die erlebten Wutausbrüche und die Aggressionen ihrer Eltern und richten diese – im Sinne einer Aggressionsumkehr – gegen sich selbst (Orbach 1990, 93). In misshandelten und/oder missbrauchten Kindern entsteht das Gefühl, vollkommen überflüssig, wert- und bedeutungslos und hassenswert zu sein. Auf diesem Nährboden erwachsen suizidale Tendenzen (Gerisch 1998).

Depression und suizidale Tendenzen von Familienangehörigen

Elterliche psychische Erkrankungen und depressive Neigungen können zur Ausbildung suizidaler Tendenzen bei Kindern und Jugendlichen führen. Eltern, die unter Depressionen leiden, vermitteln dem Kind weder Lebensfreude noch Vertrauen zu sich selbst und in die Zukunft. Sie sind oft handlungsinaktiv, leistungsunfähig und beziehungsgehemmt. Die Kommunikation eines depressiven Elternteils mit dem Ehepartner und/oder mit den Kindern ist eingeschränkt. Kinder leiden sehr unter psychischen Erkrankungen ihrer Mütter oder Väter, weil sie sie nicht verstehen und sich abgewiesen, allein gelassen und ihrerseits nicht geliebt fühlen. Kinder entwickeln oft Schuldgefühle und glauben, dass sie daran Schuld seien, dass es dem Elternteil so schlecht geht, dass er so traurig ist. Sie leben in einer großen Gefühlsverwirrung, haben Angst um die Mutter oder den Vater und fühlen sich gleichzeitig von ihr oder ihm vernachlässigt, verletzt und gekränkt. Schuldgefühle und Hoffnungslosigkeit ergeben zusammen eine gefährliche Verbindung, die, wenn auch nicht sofort, jedoch langfristig zum Suizid führen kann (Wolfersdorf 2002).

Ist einer der beiden Eltern selbst suizidal und spricht davon, nicht mehr leben zu wollen, selbst wenn er diese Tat nie ausführt, führt das bei Kindern oder auch Jugendlichen nicht nur zu starken Ängsten vor dem Verlassenwerden, sondern auch zu einer pessimistischen Grundstimmung und einer resignativen Grundhaltung. Ihre Lebenseinstellung wird von dem Bewusstsein geprägt, dem Leben selbst ein Ende setzen zu können und später das vielleicht einmal zu tun, wovon einer der beiden Eltern so oft gesprochen hat. Diese Kinder und Jugendlichen haben kein Vertrauen in eigene Bewältigungsmechanismen und halten sich „ein Türchen offen", nämlich die suizidale Tat.

Hat ein Elternteil oder auch ein naher oder gar entfernter Verwandter Suizid begangen, ist die Gefahr für Kinder und Jugendliche besonders groß, denn nun erfahren sie, dass dies ein möglicher Weg ist, Konflikten aus dem Wege zu gehen. Sie erleben, dass andere, ihnen nahestehende Menschen belastende Situationen auch nicht aktiv bewältigt haben, und es eröffnen sich ihnen damit Bewältigungsstile, an die sie vielleicht sonst nicht gedacht hätten. Durch Identifikation mit dem geliebten Menschen übernehmen sie dessen Verhaltensweisen, und sie sind umso geneigter dazu, je unglücklicher, je abhängiger und je unselbstständiger sie sind.

Es gibt nicht die „Suizidfamilie", sondern eine komplexe Vielfalt von familiären Bedingungen, die Suizidtendenzen in Kindern und Jugendlichen entstehen lassen. Nicht das einzelne, singuläre Ereignis wirkt suizidfördernd, sondern eine langandauernde Problemgeschichte, deren Hauptthemen sowohl liebevollste Fürsorge als auch Lieblosigkeit sein kann, sowohl symbiotische Verstrickung als auch Indifferenz und Gewährenlassen. Psychische und physische Vernachlässigung, sexualisierte Gewalt und Misshandlungen verschiedenster Schwere tragen nicht unerheblich dazu bei, dass Lebensmut und Lebenswille zerbrechen und Jugendliche immer stärker in die Isolierung geraten. Suizidalität stellt die „Kulmination eines Entwicklungsprozesses" dar, der in der Kindheit beginnt und in der Jugendzeit zu akuten suizidalen Verhaltensweisen führen kann. Suizidales Verhalten ist wie ein Muster, das in der Familie erlernt wird und sich als „suizidogener Faktor" auswirkt (Stober 1978; Stober und Busch (1983).

2. Schule

Die Verantwortung der Schule

Die Frage, inwieweit die Schule mit dazu beiträgt oder sogar ursächlich dafür verantwortlich ist, dass Jugendliche sich das Leben nehmen, wurde schon seit Anfang des vorigen Jahrhunderts heftig und kontrovers diskutiert (Stark 1901; Budde 1908; Gurlitt 1908). Auffallend ist dabei die Emotionalität, mit der Argumente für oder gegen eine solche Mitverantwortung vorgetragen werden. Stark (1901, 9, 15) verteilt die auslösenden Faktoren anteilsmäßig auf eine „erbliche

Beanlagung", eine „verkehrte Erziehung im Elternhaus", und auf die „Überbürdung in der Schule". Damit hat er einige der wichtigsten Einflussfaktoren genannt, die in der Literatur auch noch 80 Jahre später diskutiert wurden (Dusolt 1980; Remschmidt 1983; Faust und Wolf 1984; Lubrich 1985; Fatke 1986; Smith und Crawford 1986; Ross 1987). Dem Begriff „Schülerselbstmord", den viele Autoren der siebziger und achtziger Jahre verwenden, kann nicht zugestimmt werden, denn er präjudiziert einen ursächlichen Zusammenhang zwischen Schule und Suizid. Ein Jugendlicher ist fast immer zugleich auch Schüler, und die Tatsache, dass er sich umbringt, sagt noch nichts über einen Zusammenhang mit Schule aus.

Zu Beginn des vorigen Jahrhunderts spalteten sich die Wissenschaftler in zwei konträre Lager (Gurlitt 1908; Budde 1908). Gurlitt und Budde sprechen beide von „Schülerselbstmorden" und suggerieren damit schon in der Wahl ihrer Buchtitel die Verbindung zwischen Schule und Suizid von Jugendlichen, aber beide sind doch vehemente Verfechter entgegengesetzter Thesen. Sie nehmen in ihren Veröffentlichungen Bezug aufeinander und versuchen, die Argumente des jeweils anderen zu entkräften. Gurlitt sieht die Ursachen für die vielen Suizide von Jugendlichen der damaligen Zeit im Schulsystem, in seiner Nüchternheit und Sachlichkeit, in „Pensenzwang", den „Examensnöten", im „Kommisston" und „Kasernengeist". Er kritisiert damit Charakteristika von Schule, die mit anderen Worten und etwas abgeschwächt auch heute noch zutreffen. Die Klage einer Gymnasiastin nach einem Suizidversuch wird sicherlich auch heute noch von machen Schülerinnen und Schülern so erlebt (Bron 1976, 44):

> „Ein anderer Punkt meiner Resignation ist die schreckliche Angst vor der Schule. Warum? Ich weiß es auch nicht, zermürbend ist die unpersönliche Atmosphäre. Sollte es nicht auch Aufgabe der Lehrer sein, den Schülern bei ihren Problemen zu helfen? Aber sie sind nur bestrebt, ihren Lehrstoff einzuhalten und vergessen ganz, dass dort viele sitzen, die menschliche Anteilnahme bitter nötig haben und an der Welt verzweifeln."

Budde dagegen verteidigt die Schule und weist statt dessen eher auf die „erbliche Belastung", die „häusliche Erziehung" und die „Lebensweise" der damaligen Jugendlichen hin (siehe auch Bründel 1993a).

Unterscheidung von Anlass und Ursache

In den folgenden siebzig bis achtzig Jahren wurde nicht mehr so polarisierend argumentiert, sondern statt dessen die Unterscheidung von Anlass und Ursache bzw. bewussten und unbewussten Motiven getroffen. Schule habe insofern eine Mitverantwortung am Geschehen, als sie häufig die die Tat auslösenden Anlässe bietet wie Tadel, schlechte Noten, Klassenwiederholungen bzw. Schulversagen. Biermann (1977a,b) spricht von der „Schulkrankheit" und von Kindern „im Schulstress" und weist damit auf stressende Faktoren hin, die von der Schule ausgehen und einen Suizid auslösen können. Bohnsack (1984) argumentiert mit der vielfach von Jugendlichen empfundenen Sinnlosigkeit von Schule und stellt die Frage nach der Sinnperspektive. Dusolt (1980) sieht die unmittelbar der Tat vorhergehenden Anlässe in Disziplinarmaßnahmen der Lehrer und/oder den schlechten Zensuren und Zeugnissen. Er räumt jedoch auch ein, dass diese häufig erst eine gewisse Valenz im Sinne einer zusätzlichen Belastung durch die Reaktionen der Eltern erhalten. Angst vor elterlichen Strafen, auch vor elterlicher Enttäuschung zusätzlich zur eigenen Niedergeschlagenheit und Angst vor Liebesentzug können Jugendliche dazubringen, die schlechte Note über zu bewerten. Ringel (1986, 28) zitiert einen Jugendlichen:

> „Es ist die Angst, die Angst vor dem Versagen, die Angst, nicht anerkannt zu werden, die Angst, als minderwertig zu gelten, die Angst vor den Eltern, die Angst vor dem Erwachsenwerden, die Angst vor der Zukunft, die Angst vor der Welt"

Normalerweise kann man davon ausgehen, dass Schülerinnen und Schüler schulische Misserfolge bewältigen, aber wenn diese auf einen bestimmten negativ getönten psychischen Nährboden fallen, können sie schlagartig eine suizidale Handlung auslösen, die Außenstehenden völlig unvorbereitet und überraschend erscheint, die jedoch schon lange vorher von den betreffenden Schülerinnen und Schülern angedacht war. Ringel (1969) vergleicht das psychische Geschehen mit einer Lawine, die ins Rollen gebracht wird oder mit einem Fass, bei dem ein einziger Tropfen genügt, um es zum Überlaufen zu bringen.

Nicht nur schlechte Noten oder Misserfolge können den Suizid auslösen, selbst schulische Erfolge vermögen dies. Ringel bringt das Beispiel eines jungen Mannes, der unmittelbar in dem Moment, als er die mündliche Abiturprüfung bestanden hat, aus dem Fenster des Prüfungsraumes springt. Auf diesen Erfolg hatte er hingearbeitet, eingedenk der Worte seiner Eltern: „Junge, mach uns keine Schande". Mit Schande meinten die Eltern Leistungsversagen und nicht bestandenes Abitur. Für sie war der schulische Abschluss ihres Sohnes von allergrößter Bedeutung, die familiären Gespräche drehten sich ausschließlich um Schule, Leistung und Noten, und sie bemerkten nicht, dass ihr Sohn sich innerlich von diesem Ziel längst gelöst hatte, es zwar noch anstrebte, dass es ihm aber nichts mehr bedeutete. Er hatte sich, ohne dass es die Eltern bemerkten, schon lange vorher vom Leben verabschiedet, wartete nur noch auf den Moment der Zielerreichung, um den Eltern keine „Schande" zu bereiten. Die brillante Prüfung, der Schulabschluss, die gute Note im Abitur, all dies bedeutete ihm gar nichts, sondern waren sinn- und wertlos geworden. Mit dem bestandenen Abitur war er ein folgsamer Sohn, hatte er seinen Eltern nach deren Auffassung keine Schande bereitet, mit seinem Suizid jedoch bereitete er ihnen mehr oder weniger bewusst eine andere Art von „Schande", nämlich die, die Verzweiflung ihres Sohnes nicht bemerkt zu haben.

Aus diesem Beispiel geht hervor, dass Suizidhandlungen sich manchmal in der Schule selbst ereignen, dass sie indirekt mit den Anforderungen der Schule und der Eltern zusammen hängen, dass aber andere Faktoren eine Rolle spielen, wie Entfremdung von den Eltern, Isolation im Gleichaltrigenkreis und vieles andere mehr. Der schulische Leistungsdruck allein spielt keine ursächliche Rolle, er mag vielleicht die Spitze eines Eisbergs sein, aber das, was unter der Wasseroberfläche ist, z. B. die elterliche Erwartungshaltung, Angst des Schülers vor Versagen und Misserfolg, gestörte Kommunikationsstrukturen in der Familie, Isolation unter Gleichaltrigen, geringes Selbstbewusstsein etc., das formt den Eisberg mit (Stober und Busch 1983).

Schule als Stressor

Suizidalität bei Schülerinnen und Schülern muss immer im Gesamtkontext gesehen werden. Schule ist und bleibt ein krisenanfälliger Bereich und ist mit Krisen anderer Provenienz austauschbar. Damit ist Schule nicht alleinverantwortlich, jedoch mitverantwortlich für ein Geschehen, das sie zwar nicht verursacht hat, jedoch auslösen kann (Rosemann 1978). Es besteht Einigkeit darüber, dass „Schulstress alleine keine Selbstmordgedanken" weckt (Biener 1976), dass Schule jedoch bestehende psychopathologische Verhaltensweisen verstärken kann. Rosemann (1978) spricht von der „Krankheit, die Schule heißt" und damit meint er, dass Schule durch ihre institutionellen Bedingungen wie hohe Schülerzahlen, starke Klassenfrequenzen, überladene Stoffpläne, Lehrermangel und häufig schlecht in Pädagogik und Psychologie ausgebildete Lehrerinnen und Lehrer einen krankmachenden Faktor für Schülerinnen und Schüler darstellt. Versagens-, Misserfolgserlebnisse und Überforderungssituationen gehörten damals schon und gehören auch heute noch für Schüler zu den größten Stressoren. Sie sind vielleicht sogar noch größer als in den siebziger und achtziger Jahren, weil die Erwartungshaltung von Eltern eine andere ist und weil die Bedeutung von guten Schulabschlüssen für Studienplätze und Lehrstellen größer geworden ist. In den neunziger Jahren bis zur Jahrtausendwende erschienen viele Publikationen über Stress, insbesondere auch über Schulstress und Aspekte einer gesunden Schule, die diesen Gesichtspunkt unterstrichen (Engel und Hurrelmann 1989; Nordlohne, Hurrelmann und Holler 1989; Hurrelmann 1990; Mansel und Hurrelmann 1991; Priebe, Israel und Hurrelmann 1993; Krappmann und Oswald 1995; Mansel und Klocke 1996; Palentien 1997).

Die oben genannten Autorinnen und Autoren haben sich unter Berücksichtigung unterschiedlicher Schwerpunkte besonders mit den schulleistungsbezogenen Belastungsfaktoren und ihren Ausstrahlungseffekten auf das psychophysische Gesundheitsempfinden von Jugendlichen befasst. Es interessierte dabei speziell die Beziehung zwischen schulischen Erlebnissen des Scheiterns und des Misserfolgs auf der einen Seite und z. B. des Arzneimittelkonsums auf der anderen Seite. Ihre Ergebnisse zeigen, dass Versagen in der Schule und Nicht-Erfüllen elterlicher schulleistungsbezogener Erwartungen unmittelbar über die intervenierenden Variablen „Häufigkeit gesundheitlicher Beschwerden" und „subjektive Einschätzung des eigenen Gesundheitszustandes" zu einem verstärkten Arzneimittelgebrauch führt (Nordlohne, Hurrelmann und Holler 1989). Diekstra (1989, 33) sieht diesen Zusammenhang ebenfalls und stellt den Bezug zum Suizid her:

> „A group of adolescents that are of particular concern both from a social and health perspective are those who have dropped out of school or who are not attending school at all. Several studies have indicated that these adolescents carry the highest risk for psychoactive substance use/abuse... and for suicidal behavior."

Man muss hierbei jedoch berücksichtigen, dass sowohl die „pharmakologische Reaktion" (Nordlohne et al. 1989, 52) als auch die suizidale außerdem von vorhandener oder nicht vorhandener sozialer Unterstützung und vom Ressourcenpotenzial abhängt.

Schule als dominierende Sozialisationsinstanz

Die Schule ist und bleibt neben der Familie die dominierende Sozialisationsinstanz (Hurrelmann 2002). In der Schule, besonders in Ganztagsschulen, verbringen Schülerinnen und Schüler den größten Teil des Tages. In der Schule üben sie Verhaltens-, Interaktions- und Kommunikationsstrategien ein, Freundschaften werden geschlossen und auch wieder gelöst. In der Schule werden Verabredungen getroffen, Meinungen ausgetauscht und Freizeitaktivitäten geplant. Parallel zum Leistungserwerb findet das „gesellschaftliche Leben" der Jugendlichen überwiegend in der Schule statt. Lehrerinnen und Lehrer werden häufig kritisch gesehen und nicht nur auf ihre didaktischen und methodischen, sondern auch auf ihre menschlichen Qualitäten hin hinterfragt. Die Beziehung zu ihnen ist oft angespannt.

In der Schule laufen neben der Vermittlung von Wissen und Fertigkeiten Erziehungsprozesse zwischen Lehrern und Schülern ab, die von einem sichtbaren und unsichtbaren Lehrplan diktiert und von emotionalen, sozialen und gruppendynamischen Prozessen der Lehrer-Schüler-Interaktion beeinflusst werden. Jugendliche bauen in der Schule ihre eigene „soziale Kontaktwelt" auf, die sie vor den Lehrern versuchen abzuschirmen. Schulen stellen einen „sozialen Mikrokosmos" dar, der für Jugendliche bei der Verarbeitung von Alltagsanforderungen von höchster Bedeutung ist (Hurrelmann 2002, 202). In der Schule erfahren sie Anerkennung und/oder Ablehnung von Gleichaltrigen. Gruppenstrukturen mit sozialen Hierarchien führen zu bestimmten Positionierungen der Jugendlichen, die zur Erhöhung oder auch Reduktion der Selbst- und Fremdachtung führen.

Die Bewältigung schulischer Leistungsanforderungen ist in unserer Gesellschaft wohl eine der anspruchsvollsten und für die Zukunft folgenreichste Entwicklungsaufgabe im Leben eines Kindes und Jugendlichen. Schulische Erfolge bzw. Misserfolge entscheiden darüber, welche Position, gesellschaftliche und berufliche Stellung ein junger Mensch später einmal in seinem Leben einnehmen wird. Jugendliche wissen um die Bedeutung schulischer Abschlüsse, aber sie empfinden das Lernen oft als von außen vorgegeben und nicht mit ihrer Alltagswelt in Übereinstimmung zu bringen. In der Lebensphase Jugend fühlen sich Schülerinnen und Schüler häufig schulmüde und sind der Schule überdrüssig. Ihre Leistungen erreichen einen Tiefpunkt und nicht wenige Jugendliche träumen davon, die Schule vorzeitig verlassen zu können. Was sie daran hindert, ist die zur Zeit sehr schwierige Arbeitsmarkt- und Lehrstellensituation.

Schule beeinflusst das Familienklima

Schule verlässt sich häufig auf die Mithilfe der Eltern oder auch auf externe Nachhilfeinstitute, die finanziell zu Lasten der Eltern gehen. Damit stehen Eltern unter einem doppelten Druck, den sie bewusst oder auch unbewusst an ihre Kinder weitergeben. Eltern sind häufig fachlich und methodisch überfordert, den Stoff der Schule mit ihren Kindern nach- oder auch aufzuarbeiten. Sie sind – meistens die Mütter – auch häufig nervlich am Ende und der ewigen Auseinandersetzungen mit ihren Kindern müde. Selbst die Mütter, die fachlich in der Lage wären, ihre Kinder bei den Hausaufgaben zu unterstützen, verstricken sich in emotionale Verhandlungen und Konfrontationen. Schule, Klassenarbeiten, Noten, erledigte oder nicht erledigte Hausaufgaben werden zum Hauptthema in der Familie, zerstören das Familienklima und beeinträchtigen die Familienatmosphäre (Fend und Helmke 1988). Viele Eltern klagen: „Wenn nur die Schule nicht wäre, wir würden uns so gut verstehen". In den Ferien gibt es viel weniger Reibungspunkte, das heißt, Schule trägt zu massiven Streitpunkten zwischen Eltern, Kindern und Jugendlichen bei. „Schulstress" ist ein Faktor, der im Leben von Schülerinnen und Schülern nicht zu unterschätzen ist (Engel und Hurrelmann 1989; Hurrelmann 1990).

Gesellschaftliche Rahmenbedingungen verstärken den Schulstress

Die augenblicklichen gesellschaftlichen Bedingungen: Mangel an Ausbildungsplätzen und fehlende Lehrstellen erhöhen den Druck auf Jugendliche, einen guten Schulabschluss zu erwerben (Mansel und Hurrelmann 1991; Mansel und Klocke 1996). Rückschläge und Rückstufungen in der Schulkarriere werden im Vergleich zu früher als wesentlich bedrohlicher wahrgenommen, weil damit die Wahrscheinlichkeit schwindet, im Wettbewerb um die wenigen guten Positionen mithalten zu können. Kinder und Jugendliche spüren den Druck schon in der Grundschule, ein Versagen dort wird von den Eltern schon als schwerwiegende Gefährdung der Zukunftschancen wahrgenommen. Eltern üben nicht nur Druck auf ihre Kinder aus und projizieren ihre eigenen Vorstellungen und Lebensplanungen in sie hinein, sondern sie üben auch noch Druck auf Lehrerinnen und Lehrer aus, wenn sie glauben, dass die Leistungsanforderungen nicht hoch genug und/oder der Leistungsstand der Kinder zu niedrig seien. Sie tun dies aus Angst und Sorge heraus, ihre Kinder könnten den Leistungsansprüchen in der heutigen Gesellschaft nicht genügen. Dies führt jedoch dazu, dass auch schon Grundschulkinder hohe Belastungen verspüren. Sie haben Angst vor schlechten Noten, vor Klassenarbeiten und vor Klassenwiederholungen, die sich noch steigert, wenn sie auf der weiterführenden Schule sind und Angst vor einem Schulwechsel haben (Hurrelmann und Bründel 2003).

Stress durch Fehlverhalten von Klassenkameraden

Gegenwärtig wird die Aufmerksamkeit wieder auf ein Phänomen gelenkt, das als „Bullying" (Olweus 2002) oder auch „Mobbing" in die Literatur eingegangen ist: Schüler hänseln, verspotten, beschimpfen, bedrohen und quälen Schüler. Aufgeschreckt wurde die Öffentlichkeit Anfang Februar 2004 durch Ereignisse unter Schülern, die sich in der Berufsvorbereitungsklasse einer niedersächsischen Berufsschule dramatisch zugespitzt hatten. Monatelang wurde ein Schüler von Mitschülern im Materialraum der Schule gequält, gefoltert, misshandelt und dabei per Video aufgenommen, um später die Bilder seines von Wundmalen übersäten Körpers per E-Mail zu verschicken, an Medien zu verkaufen und ins Internet zu stellen. Eine solche Perfidie, gepaart mit unvorstellbarer Grausamkeit der Täter und Demütigung des Opfers hat es wohl bislang an deutschen Schulen nicht gegeben. Viele Klassenkameraden schauten tatenlos zu, Lehrerinnen und Lehrer hatten nichts bemerkt. Das Martyrium des Opfers dauerte so lange, bis er sich endlich an die Sozialarbeiterin der Schule wandte, die umgehend die Polizei alarmierte. Die gesamte Klasse wurde von der Polizei verhört, ein Vorgang, der sich so noch nie in Schulen ereignet hat und in der Tat höchst bedrückend ist. Nur einige Tage später wurde in der Presse auch von anderen Schulen berichtet, so von einer Hauptschule im oberbayrischen Landkreis Erding, in der drei Hauptschüler einen Klassenkameraden bis zur Bewusstlosigkeit gequält hatten. Ähnlich wie in Niedersachsen filmten auch sie das Opfer und brannten die Aufnahmen auf CD. Diese Vorkommnisse weisen auf eine Eskalation des oft als harmlos angesehenen Mobbingverhaltens unter Schülern hin. Schulleiterinnen und Schulleiter stellen sich die Frage, ob sie ihre Schulen videoüberwachen lassen sollten. Einige Schulen in Mecklenburg haben dies schon eingeführt und gute Erfahrungen damit gemacht. Der Ruf nach mehr Sicherheit in Schulen wird laut.

Auch wenn sich Mobbing bis zu diesem Zeitpunkt an deutschen Schulen in der geschilderten Intensität noch nicht ereignet hat bzw. bisher nicht bekannt geworden ist, ist das Phänomen doch schon seit Jahren bekannt. Der norwegische Gewaltexperte Olweus hat in den achtziger und neunziger Jahren des vorigen Jahrhunderts erstmalig darauf aufmerksam gemacht und aufgezeigt, was Lehrer und Eltern dagegen tun können. Der Anlass zur Entwicklung eines Anti-Gewalt-Programms war der Suizid eines norwegischen Schülers nach anhaltendem Mobbing durch Gleichaltrige.

Was versteht man unter Mobbing? Unter Mobbing werden feindselige Handlungen von Schülerinnen und Schülern untereinander verstanden, die über einen längeren Zeitraum ausgeübt werden und von Demütigungen, wie die oben genannten, geprägt sind. Mobbingopfer werden aus der Gruppe ausgeschlossen, lächerlich gemacht, ihnen werden Sachen weggenommen und versteckt, sie sind Zielscheibe für Schabernack und Hänseleien. Dies sind jedoch noch harmlose Beispiele für ein Verhalten, das sich, wie die Beispiele aus allerletzter Zeit zeigen, zu höchster Brutalität und seelischer Grausamkeit steigern kann (Kasper 2002; Kindler 2002; Krowatschek und Krowatschek 2003).

Mobbing findet schon in Grundschulklassen statt, erstreckt sich jedoch auch auf weiterführende Schulen, mit einem bisher angenommenen Höhepunkt in den sechsten bis achten Klassen. Nach neueren Untersuchungen in der Sekundarstufe I lässt sich der harte Kern der Tätergruppe mit etwa drei bis vier Prozent und die Gruppe der Opfer mit sieben bis zehn Prozent beziffern. Täter- und Opfer lassen sich jedoch nicht genau voneinander trennen, da viele Täter auch zugleich Opfer sind und umgekehrt. Es sind besonders viele männliche Jugendliche sowohl unter den Tätern als auch unter den Opfern zu finden (Kindler 2002).

Mobbing kann als eine Art Psychoterror bei Jugendlichen zu schwerwiegenden gesundheitlichen Beeinträchtigungen bis hin zum Suizid führen (Kasper 2002). In der Mobbingsituation erfahren sich die Opfer als hilf- und wehrlos, ihr Selbstwertgefühl sinkt immer mehr und erreicht schließlich einen Tiefstand (Flammer und Alsaker 2002). Die psychischen Folgen bei Schülerinnen und Schülern sind vielfältig, reichen von Konzentrations- und Lernstörungen, psychosomatischen Erkrankungen, Bauch- und Kopfschmerzen, Erbrechen vor der Schule bis hin zu starken Depressionen, Niedergeschlagenheit, Schulunlust und Schulphobien. Gemobbte Jugendliche sind suizidgefährdet, darauf weisen auch Kaltiala-Heino et al. (1999) hin.

Beim Mobbing gibt es häufig gut zu identifizierende Täter. Im Gegensatz zu den Opfern, die häufig ein niedriges Selbstbewusstsein haben, verstehen es die Täter, sich in der Klasse eine gute Position zu erobern. Sie sind häufig tonangebend und verfügen über ein ausgeprägtes Selbstbewusstsein. Ein Charakteristikum ist ihre Überlegenheit, gegen die die Opfer kaum eine Chance haben (Forschungsgruppe Schulevaluation 1998).

Mobbing hat sehr viel mit Gruppenprozessen und Gruppendynamik zu tun. In fast jeder Gruppe gibt es Gruppen- und Meinungsführer und Mitglieder, die sich anpassen und unterwerfen, so genannte Mitläufer. Mobbingopfer sind häufig Außenseiter oder auch Einzelgänger, die nicht in die Gruppe integriert sind und wenig Anerkennung von anderen erhalten. Sie leiden unter ihrem Status, möchten dazugehören, schaffen es jedoch nicht, sich Eingang in die Gruppe zu verschaffen. Sie schämen sich ihres Außenseitertums und vertrauen sich nur selten jemandem an. Wenn sie es dennoch tun, finden sie bei ihren Lehrerinnen und Lehrern nicht immer

Gehör. Nur ein Bruchteil von Mobbingfällen wird von Lehrern als solche erkannt. Schweigen, Nichtstun und Übergehen der Mobbing-Aktionen heißt zum Mittäter werden. Es ist sowohl für Mobbing-Täter als auch für Mobbing-Opfer wichtig zu wissen, dass Mobbing in der Schule nicht geduldet wird und dass die Täter zur Rechenschaft gezogen werden (Dambach 2002).

Stress durch Fehlverhalten der Lehrer und Lehrerinnen

Schülerinnen und Schüler jeglichen Alters beklagen häufig fehlendes Eingreifen und Zivilcourage ihrer Lehrerinnen und Lehrer bei Gewalttaten kleineren und größeren Ausmaßes. Lehrerinnen und Lehrer sehen bei Fehlverhalten von Schülerinnen und Schülern häufig weg und scheuen sich, Position zu beziehen. Sie überlassen es den Schülern, ihre Streitigkeiten und Konflikte selbst zu lösen und bieten wenig Hilfestellung. Dies ist vielleicht ein Grund dafür, dass sich Schüler in Not so selten an ihre Lehrer wenden, weil sie die Erfahrung gemacht haben, dass sie keine wirkliche Unterstützung erhalten.

Wenn es um Disziplinarmaßnahmen im Unterricht geht, dann erleben die Schüler bei ihren Lehrern oftmals die ganze Bandbreite emotionaler Verhaltensweisen und auch hilflosen Agierens. Die Palette der verbalen und nonverbalen Reaktionen von Lehrern auf Unterrichtsstörungen reicht von geduldigem und freundlichem Ermahnen über wiederholte und in der Stimme schon etwas lauter vorgetragene Ermahnungen. Gleichzeitig steigt der Adrenalinspiegel bei ihnen, und es kommen Gefühle des Ärgers und des Frustes auf bis hin zu Zorn und Wut, die sich Ausdruck verschaffen. Nicht wenige Lehrerinnen und Lehrer lassen sich zu emotionalen Ausbrüchen hinreißen oder greifen zu ironischen, zynischen und sarkastischen Bemerkungen, die sehr oft die Schülerpersönlichkeit entwerten (Bründel und Simon 2003). Singer (2002) beschreibt eindrucksvoll, in welchem Ausmaß Lehrer Schüler in ihrer Würde verletzen können Dies kann der „Tropfen auf dem heißen Stein" sein, der die „Lawine ins Rollen" bringt, die dann bei Vorhandensein eines bestimmten „psychischen Nährbodens" zur suizidalen Handlung des Schülers oder der Schülerin führt (Ringel 1981, 1986, 1989).

3. Freundschaftsbeziehungen

Cliquen, soziale Netze und Freundschaftsbeziehungen unter Gleichaltrigen sind für Jugendliche von größter Bedeutung. Jugendliche pflegen diese Beziehungen sowohl in der Schule als auch in der Freizeit. Unter Gleichaltrigen fühlen sie sich wohl, werden anerkannt und geschätzt. Die Clique ist ein fester Kreis von männlichen und weiblichen Jugendlichen, die sich regelmäßig treffen und sich zusammengehörig fühlen (Fend 2003). Die Clique vermittelt Gefühle der emotionalen Geborgenheit, Sicherheit und Orientierung. Sie stellt auch einen Freiraum dar für neue und andere Aktivitäten, die im Elternhaus nicht toleriert werden (Oerter und Montada 2002). In der Clique können die Jugendlichen ihre sozialen Beziehungen und ihre Unternehmungen selbstständig organisieren.

Die Clique ist ein Lernfeld für soziale Kompetenzen. Jugendliche erfahren ständig und kontinuierlich Akzeptanz und/oder Ablehnung, je nachdem, wie sie sich verhalten: sie können ihr Verhalten beibehalten, dann riskieren sie den Ausschluss aus der Clique, sie können ihr Verhalten ändern, dann verbleiben sie in der Clique. Unangenehm und auch gefährlich kann es werden, wenn sich in der Clique Meinungsführer herausbilden, die das Sagen haben, tonangebend sind und andere unterdrücken wollen. Ist der einzelne Jugendliche stark und stabil, kann er sich dem Einfluss widersetzen, ist er schwach und labil, unterwirft er sich wider Willen, nur um in der Clique zu bleiben. Es gibt Jugendliche, die sehr unter den Wortführern oder einzelnen Mitgliedern der Clique leiden, sich aber nicht trauen, die Clique zu verlassen. Fend (2003) betont, dass viele Beziehungen Leidensbeziehungen sind mit Zügen von Ausbeutung und Ausnutzung. Jedoch alleine da zu stehen, ohne Unterstützung, isoliert und ausgeschlossen zu sein, kann für Jugendliche sehr bedrückend sein. Es ist für sie eine sehr große psychische Belastung, nicht dazu zu gehören, an den gemeinsamen Aktivitäten nicht teilnehmen zu können und mit ansehen zu müssen, dass die Clique ohne sie Spaß hat und viel unternimmt. Die Erfahrung von sozialer Ablehnung, von Ausschluss, von Einsamkeit und Rückzug kann ein Trauma sein, das bis ins Erwachsenenleben hinein wirkt. Alle Suizidforscher, die sich mit Suizid von Kindern und Jugendlichen befasst haben, betonen die Bedeutung der Einengung zwischenmenschlicher Beziehungen, das heißt das Zerbrechen von Freundschaftsbeziehungen, den nicht gewollten Ausschluss oder den selbst gewählten Rückzug aus dem Freundeskreis. Isolation, Einsamkeitsgefühle und Gefühle, abgelehnt zu sein, können dann bei gefährdeten Schülerinnen und Schülern zum Suizid führen.

Die Gefahr besteht, dass Jugendliche, nur um überhaupt in einer Clique zu sein, sich einer Gruppe anschließen, in der abweichendes Verhalten, Delinquenz, Drogeneinnahme etc. eine zentrale Rolle spielen. Dort wieder auszusteigen, ist sehr schwer, zumal ein starker Gruppendruck ausgeübt und Unterwerfung unter die in der Gruppe bestehenden Normen verlangt wird. Die mögliche negative Beeinflussung von Jugendlichen durch die Gruppe zeigt sich dann, wenn die Gruppe Drogen konsumiert und einzelne Jugendliche dazu bringt, mitzumachen und gleichzuziehen, auch wenn diese das vielleicht ursprünglich nicht wollten. Den Zusammenhang zwischen Drogeneinnahme, Drogenkarriere, Sucht, Abhängigkeit und Suizid beschreibt Lettieri (1987) eindrucksvoll.

Neben der Clique gibt es Mädchen- und Jungenfreundschaften, die ebenfalls eine wichtige Funktion erfüllen. Schon in der Grundschule werden erste gleichgeschlechtliche Freundschaften gebildet, die häufig in der Jugendzeit weiter gepflegt oder auch neu geknüpft werden. Eine beste Freundin bzw. einen guten Freund zu haben, ist für Mädchen und Jungen gleich wichtig, wenn auch die Mädchenfreundschaften sowohl intensiver als auch exklusiver sind im Vergleich zu Jungenfreundschaften. Die beliebtesten gemeinsamen Aktivitäten bestehen für weibliche Jugendliche im gemeinsamen Ausgehen, Kino- oder Partybesuch und im gemeinsamen Reden, während Jungen eher sportliche Aktivitäten, riskante Unternehmungen und solche in Verbindung mit Alkohol und anderen Drogen bevorzugen. Mädchenfreundschaften sind oft recht intime Zweierbeziehungen, während Jungenfreundschaften lockerer sind und sich eher auf Gruppenbeziehungen stützen (Flammer und Alsaker 2002). Die Gespräche in Mädchenfreundschaften haben Themen über Eltern, Familie und Jungen zum Inhalt, während in Jungenfreundschaften die Aktivitäten dominieren. Mädchen entwickeln in diesen Gesprächen eine Kultur, die dem Austausch von Alltagsbelastungen dient und konkrete Hilfen bei der Bewältigung von Krisen und Problemen gibt. Ganz allgemein vermitteln

Freundschaften mehr noch als das Zusammensein in Cliquen emotionale Unterstützung und ein enges Zusammengehörigkeitsgefühl, das sich auf Gleichheit der Interessen und Aktivitäten aufbaut (Kolip 1993).

Flammer und Alsaker (2002) berichten von einer eigenen Studie in der Schweiz und in Norwegen, aus der hervorgeht, dass von ihrer Stichprobe, bestehend aus 10- bis 16jährigen Schülerinnen und Schülern, 13,7 % sagten, sie hätten keine „beste Freundin" oder keinen „besten Freund". Bei diesen Jugendlichen wurden signifikant mehr depressive Tendenzen, ein sehr viel geringeres Wohlgefühl und stark erhöhte negative Selbstbewertungen gefunden. Diese Jugendlichen litten unter dem Gefühl „anders" zu sein als die anderen, fühlten sich ausgeschlossen und zogen sich immer mehr aus dem Kreis der Gleichaltrigen zurück.

Wenn Freundschaften zerbrechen

Wenn Freundschaften zerbrechen, stürzt für viele Jugendliche die Welt zusammen. Es trifft sie hart und manchmal völlig unvorbereitet, wenn die beste Freundin sich abwendet und sich eventuell einer anderen zuwendet. Dann entwickeln sich häufig Eifersucht, Neid und Konkurrenz, und aus der ehemals sehr engen Freundschaftsbeziehung wird Feindschaft. Die beiden Jugendlichen sprechen nicht mehr miteinander, wobei sehr häufig eine von beiden mehr leidet als die andere und einsam und isoliert zurückbleibt. Ganz besonders enttäuschend ist es, wenn eine der beiden Freundinnen Geheimnisse aus der Beziehung ausplaudert und sich sogar gehässig über die andere äußert. Wenn die ehemals beste Freundin sich nicht nur abwendet, sondern auch noch den eigenen Freund wegnimmt, ist es für das andere Mädchen ganz besonders schlimm, nun steht sie völlig isoliert da. Zum Verlust der besten Freundin gesellt sich der Verlust des eigenen Freundes und Liebespartners. Diese Konstellation ist im Sinne einer Suizidgefährdung von allerhöchster Brisanz.

Eine heterosexuelle Freundschafts- und Liebesbeziehung zu haben, hat für Jugendliche einen hohen Prestigewert und ist für viele Jugendlichen erstrebenswert. Die Aufnahme sexueller Beziehungen führt zu ganz neuen Erfahrungen. Der erste Geschlechtsverkehr ist heute nicht nur bei Mädchen, sondern auch bei Jungen überwiegend in feste Liebesbeziehungen eingebettet (Fend 2003). Alle Suizidforscher, die sich mit den Anlässen für Suizidversuche oder Suizide befassen, sind sich darin einig, dass auseinanderbrechende Freundschaften und Liebesbeziehungen für beide Geschlechter sehr häufig ein Grund sind, sich das Leben nehmen zu wollen. Dies geschieht dann oft sehr spontan und ohne vorherige Ankündigung. Freundschaftsabbrüche und Liebesenttäuschungen zählen bei Jugendlichen zu den größten psychosozialen Belastungen, die Kurzschlussreaktionen nach sich ziehen können.

Ob diese aber wirklich Ursache des Suizids sind, bleibt häufig im Dunkeln und ungeklärt, wie das Beispiel eines 16jährigen Hauptschülers zeigt, der sich angeblich aus Liebeskummer das Leben genommen hat, weil seine Freundin mit ihm Schluss gemacht hatte. Hier sei die Chronologie der Ereignisse geschildert:

Die Familie meldet den Jungen bei der Polizei als vermisst, da er in der Nacht zuvor nicht nach Hause gekommen ist. Die Polizei rät dazu, abzuwarten und sich nicht zu beunruhigen. Die Eltern suchen ihn dennoch, die Mutter geht intuitiv zum Schuppen und findet dort ihren Jungen erhängt. Der Notdienst wird eingeschaltet, der Pfarrer hinzugezogen, die Klassenlehrerin benachrichtigt. Der Junge hat keinen Abschiedsbrief hinterlassen, die Eltern können die Gründe für seinen Suizid nur mutmaßen. Sie verständigten sich auf Trennungsschmerz und Freundschaftsabbruch durch die Freundin. Was sie nicht wissen konnten, war, dass ihr Sohn mit Freunden schon lange vorher über das Sterben gesprochen hat und ganz konkret auch darüber, wie man es „am besten" machen kann. Er hatte sich selbst das Seil besorgt, mit dem er die Tat ausführen wollte. Was sie auch nicht bemerkt hatten, war, dass ihr Sohn sich schon eine längere Zeit vorher mit einer Rasierklinge Schnitte am Handgelenk beigebracht hatte sowie Brandflecken am ganzen Körper. In der Schule war aufgefallen, dass er des öfteren einen Verband um das Handgelenk trug, aber niemand dachte sich etwas dabei. Unmittelbar vor der Tat hat der Junge alle CD's, die er sich ausgeliehen hatte, zurück gegeben und sich am Abend vorher bei einem Treffen mit Freunden mit den Worten frühzeitig verabschiedet: „Ich hab noch was vor."

Typisch an diesem Beispiel ist der auslösende Anlass, nämlich der Freundschaftsabbruch. Ebenso typisch ist aber auch die vorherige Beschäftigung mit dem Thema: „Sich das Leben nehmen" sowie die Vorbereitung der Tat. Auch das Zurückbringen der Gegenstände, die ihm nicht gehörten, zählt oft zu den Handlungen vor Ausführung der Tat. Die wahren Ursachen für seinen Suizid können im Nachhinein nicht mehr geklärt werden, sie können mit vielen anderen Faktoren in Zusammenhang stehen, mit einem gestörten Selbstkonzept, mit Identitätsproblemen und eventuell auch mit dem Bewusstsein, homosexuell zu sein und der Sorge und Angst, dass diese im Familien- und Freundeskreis nicht akzeptiert würde. Das Eingehen einer heterosexuellen Freundschaft im Jugendalter spricht nicht gegen eine bestehende Homosexualität, insofern muss dem Zerbrechen der Freundschaft mit dem Mädchen nicht die Bedeutung zukommen, die die Eltern ihm gegeben haben.

4. Selbstkonzept und Identität

Selbst, Selbstkonzept, Selbstwert und Identität sind für alle Menschen wichtig, stellen aber speziell für Jugendliche zentrale Bedeutungsinhalte dar. Die körperlichen, sozialen und kognitiven Veränderungen führen dazu, dass sie ihre bisherigen Selbstdefinitionen in Frage stellen (Pinquart und Silbereisen 2000). Im Jugendalter erlangen Jugendliche die kognitive Fähigkeit, differenzierter als vorher über sich nachzudenken, abstraktere Selbstbeschreibungen zu geben und sich intensiv mit Fragen zu beschäftigen, wer sie wirklich sind, woher sie kommen und wie andere Menschen sie wahrnehmen. Der Terminus des „looking-glass-self" beschreibt die Tatsache, dass die Selbstwahrnehmung durch die vermutete Fremdwahrnehmung geprägt ist. Für Jugendliche ist die Meinung anderer von hoher Bedeutung, weil mit ihr das Selbstkonzept und der Selbstwert steigt oder fällt (Flammer und Alsaker 2002). Allgemein unterliegt die Selbstachtung erhöhten Unsicherheiten und situativen Fluktuationen. Dies kann durch hormonelle Schwankungen bedingt sein, aber auch durch einander widersprechende Bewertungen von Gleichaltrigen und auch Erwachsenen, wobei der Einschätzung der ersteren eine größere Bedeutung zugemessen wird. Das Jugendalter ist eine Zeit des Ausprobierens und Aushandelns. Es werden wichtige Entscheidungen für das spätere Berufsleben getroffen, aus denen Unsicherheiten erwachsen können, ob man sich richtig entschieden hat. Jugendliche erkennen Stärken und Schwächen, die in ihnen selbst liegen. Vor allem die letzteren zu akzeptieren, kann ebenfalls zu vorübergehenden oder auch andauernden Beeinträchtigungen des Selbstwertes führen (Pinquart und Silbereisen 2000).

Selbstkonzept

Nach Rosenberg (1979) besteht das Selbstkonzept aus drei Hauptkomponenten, die jeweils wieder in Unterkomponenten zerfallen (Abb. 13).

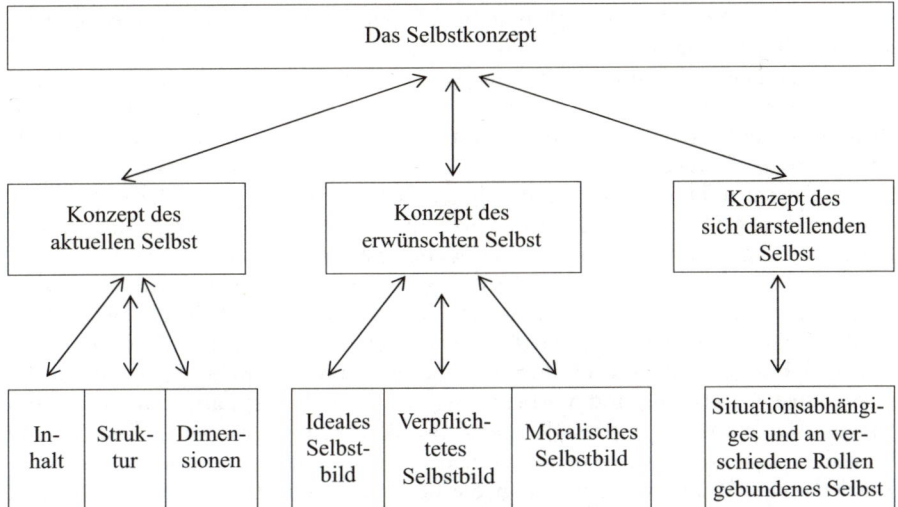

Abb. 13: Das Selbstkonzept nach Rosenberg 1979 (nach Flammer und Alsaker 2002)

Das Konzept des „aktuellen Selbst" drückt aus, wie eine Person sich selbst wahrnimmt, das Konzept des „erwünschten Selbst", wie eine Person sein will und das Konzept des sich „darstellenden Selbst", wie eine Person sich anderen gegenüber verhält. Ersteres kann in drei weitere unterteilt werden, wobei der „Inhalt" für soziale Identität, für Geschlecht, Alter, ethnische Herkunft, Religion etc. steht sowie für Dispositionen und physische Merkmale. Die „Struktur" gibt die hierarchische Ordnung und die psychologische Zentralität der Bereiche an und die „Dimensionen" geben die Einstellungen und Überzeugungen der betreffenden Person wieder. Das erwünschte Selbstkonzept gliedert sich seinerseits in drei Bereiche: das „Idealselbst" enthält die idealisierten Vorstellungen, die jedoch nie realisiert werden können und häufig nur Stress verursachen, das „verpflichtete Selbst" beinhaltet die wünschenswerten und realistischen Vorstellungen über sich selbst und das „moralische Selbstbild" alle die Vorstellungen, die verwirklicht werden *sollten*. Das Konzept des sich darstellenden Selbst ist situations- und kontextabhängig und an verschiedene Rollen gebunden, die der Jugendliche einnimmt (Flammer und Alsaker 2002).

Es gibt ein generelles Selbstkonzept, das sich aus mehreren bereichspezifischen Selbstkonzepten zusammensetzt. So verfügen Jugendliche z. B. über ein schulisches

Selbstkonzept, ein Körperselbstkonzept, ein soziales Selbstkonzept. Es ist von der Bewertung und den Prioritäten des einzelnen Jugendlichen abhängig und zudem noch intraindividuell unterschiedlich, welches der Teilselbstkonzepte in welchem Ausmaß zum generellen Selbstkonzept beiträgt. So können für den einen Jugendlichen die schulischen Leistungen sehr wichtig sein, die generell für ein hohes Selbstwertgefühl sorgen, für einen anderen jedoch sein Körperbild, für einen dritten seine Beziehungen zu Gleichaltrigen, für einen vierten die Familienbeziehungen.

Schulleistungen tragen zum fähigkeitsbezogenen Selbstkonzept bei, welches jedoch nur dann das globale Selbstkonzept beeinflusst, wenn es als wichtig erachtet wird. Jugendliche erhalten sich manchmal eine positive Selbstbewertung trotz mangelhafter Schulleistungen, indem sie eine Umbewertung vornehmen und der Schule weniger Bedeutung beimessen. Sie schützen damit ihren Selbstwert und regulieren für sich den Leistungsdruck. Aber dies schaffen nicht alle Jugendlichen. Viele leiden unter der Schule, ihren mangelhaften Leistungen und halten sich für weniger wert als andere.

Das Körperbild hat für die meisten Jugendlichen eine sehr große Bedeutung, aus ihm speist sich in hohem Maße das Selbstbild und der Selbstwert. Körperliche Reifungsvorgänge und die damit verbundenen Veränderungen können den Selbstwert erhöhen, aber auch abschwächen, je nachdem, zu welchem Zeitpunkt und in welcher zeitlichen Übereinstimmung mit anderen sie sich vollziehen, ob zu früh oder zu spät. Früh- oder auch Spätpubertierende schämen sich oft ihres Körpers, fühlen sich ausgeschlossen und/oder reagieren mit sozialem Rückzug. Auch die rechtzeitige Aufklärung und Vorbereitung auf die Pubertät haben einen Einfluss auf die Akzeptanz des eigenen Körpers. Die Bewertung der eigenen Erscheinung korreliert, besonders bei Mädchen, mit dem Wohlbefinden und der allgemeinen Zufriedenheit. Zum Körperbild trägt die Beschaffenheit der Haare, das Gewicht, die Kleider und die Figur bei. Fast alle Jugendlichen setzen sich mit einer jeweiligen von der Mode diktierten Idealfigur auseinander, mit der sie sich und andere vergleichen. Über die körperliche Attraktivitätseinschätzung von anderen Personen laufen Prozesse wie Sympathie und Antipathie, die wiederum einen Einfluss auf das Netzwerk sozialer Beziehungen haben. Sozialbeziehungen sind für Jugendliche besonders wichtig und haben einen hohen Stellenwert für ihr Selbstwertbewusstsein. Dabei ist die Akzeptanz in öffentlichen Settings, wie z. B. Schule und Freizeitorganisationen, fast noch wichtiger als die von Freunden. Jugendliche möchten in der Gruppe integriert sein und dazugehören (Flammer und Alsaker 2002).

In Jugendgruppen, und besonders unter Jungen, gibt es viele Gewaltbeziehungen, die bei Tätern und Opfern das Selbstbewusstsein unterschiedlich beeinflussen. In neuesten Untersuchungen zur Gewalt in Schulen wird das hohe Selbstbewusstsein der Täter hervorgehoben. In der Selbsteinschätzung attribuieren sich die Täter-Jugendlichen eine hohe Selbstwirksamkeit und ebenfalls eine hohe Schulkompetenz, aber ob sie diese nicht auch gerade erst durch das Mobben anderer erlangen, bleibt letztlich noch offen (Forschungsgruppe Schulevaluation 1998; Melzer 2001; Melzer, Schubarth und Ehninger 2004).

Opfer-Jugendliche dagegen sind in ihrem Selbstwertgefühl bedroht, leiden besonders stark und weisen hohe Depressionswerte auf (Greve und Wilmers 2003, 357). Die Autoren betonen jedoch auch, dass ein niedriges Selbstwertgefühl, woraus immer es sich speist, auch erst den Opferstatus nach sich ziehen könnte. Quellen der Zurückweisung können in körperlichen Merkmalen der Jugendlichen wie geringe äußere Attraktivität liegen, in sozialen und kulturellen Merkmalen wie geringer Sozialstatus der Familie, fremdländische Herkunft und/oder in Persönlichkeitsmerkmalen wie hohe Ängstlichkeit, negative Charaktereigenschaften etc.

Die Familienbeziehungen spielen bei der Entwicklung eines positiven versus negativen Selbstbildes eine große Rolle. Bei einer hohen emotionalen Verbundenheit fällt es Jugendlichen leicht, ein positives Bild von sich zu gewinnen. Dies wird dadurch gestärkt, dass Meinungsverschiedenheiten und Konflikte in der Familie konstruktiv ausgetragen werden können, die Meinung der Jugendlichen gehört und in die Familienentscheidungen mit einbezogen wird. Ist dies alles nicht der Fall, haben Jugendliche das Gefühl, nicht wahrgenommen, nicht ernstgenommen und nicht respektiert zu werden, sodass ihr Selbstwertgefühl erheblich abgeschwächt wird.

Das globale Selbstkonzept von Jugendlichen ist relativ stabil und ändert sich nur wenig im Laufe der Jugendzeit, d. h. ein positives Selbstbild bleibt positiv und ein negatives bleibt negativ. Das hängt damit zusammen, dass Informationen und Bewertungen durch andere selektiv aufgenommen werden und nur das geglaubt wird, was mit dem vorhandenen Selbstbild in Einklang zu bringen ist. Jugendliche mit einem niedrigen Selbstbild sind häufig sehr misstrauisch gegenüber einem positiven Feedback. Der Begriff des „relationalen Selbstbildes" verdeutlicht, dass sich Jugendliche entsprechend den unterschiedlichen Selbstkonzeptbereichen auch unterschiedlich beurteilen und bewerten, je nachdem in welchen Rollen und Situationen sie agieren (Harter 1999). So können sehr wohl negative Selbstbilder zeitgleich in einigen Bereichen neben positiven in anderen Bereichen bestehen. Aber auch hier gibt es Jugendliche, die in allen Bereichen niedrige Selbstwerte aufweisen bzw. Jugendliche, deren Selbstwertgefühl im Laufe der Jugendzeit abnimmt (Oerter und Montada 2002).

Identität

Auch wenn Selbstwert- und Identitätsprobleme nicht an spezifische Phasen im Lebenslauf gekoppelt sind, so bringen doch bestimmte Entwicklungsabschnitte wie das Jugendalter aufgrund des Zusammentreffens von Veränderungen in verschiedenen Lebens- und Funktionsbereichen adaptive Spannungen mit sich. Im Jugendalter steht die Sicherung und Stabilisierung der Identität im Vordergrund. Probleme entstehen überwiegend aus der nicht gelingenden Verwirklichung des erwünschten zukünftigen Selbst und der Wahrnehmung einer Diskrepanz zwischen Selbstentwürfen und aktuellem Selbstbild (Brandtstädter (2001).

Die Abgrenzung von Selbstkonzept und Identität ist schwierig, es gibt viele Übereinstimmungen und Überschneidungen. Eine mögliche Unterscheidung besteht darin, das Selbstkonzept als das Resultat einer Selbstbeschreibung und Selbstbewertung und die Identität als ein Gefühl der Kontinuität und Einigkeit mit sich selbst anzusehen (Flammer und Alsaker 2002). Dieses Gefühl immer wieder herzustellen, ist eine lebenslange Aufgabe. Jugendliche setzen sich mit dieser Aufgabe besonders bewusst auseinander. Sie fühlen sich oft anders, als sie sich nach außen hin geben. Sie glauben, dass niemand sie wirklich kennen würde. Sie wissen auch nicht, wer sie wirklich sind. Sie zweifeln häufig an sich und können nicht mehr unterscheiden, was nur gespielt und vorgetäuscht und was ihrem Wesen wirklich entspricht. Die Ungewissheit, der bohrende Zweifel und auch die Resignation nicht zu wissen, wer man ist, es auch von niemandem erfahren zu können und selbst keine Antwort darauf zu wissen, kommen sehr schön in dem folgenden Gedicht eines Jugendlichen zum Ausdruck (Broughton 1981, 23, zit. nach Flammer und Alsaker 2002, 165):

> No one can describe
> me the way I am,
> no one can enter my brain
> at least no mortal man.
> So if you say you know me,
> please, sir, look again,
> for no one knows who I am but me,
> and then, do I really?

Erst die Fähigkeit zur Selbstreflexion induziert die Suche nach Identität. Im Jugendalter wird die Selbstreflexion intensiver und geht mit einer erhöhten Selbstwahrnehmung und -aufmerksamkeit einher. Ähnlich wie beim Selbstkonzept kann es auch bei der Identität eine Diskrepanz zwischen Real- und Ideal-Identität geben. Emotional neigen Jugendliche zu Enttäuschung und Unzufriedenheit mit sich selbst, wenn sie diese Diskrepanz bemerken. Wenn ihnen bewusst wird, dass sie sich selbst höher und besser bewerten als es andere tun und ihr Verhalten nicht den allgemeinen Erwartungen entspricht, können sie Scham, Verlegenheit und Niedergeschlagenheit empfinden, aber auch Gefühle der Bedrohung, Schuld und Angst entwickeln (Oerter und Montada 2002).

Wenn kompensatorische Bemühungen fehlschlagen und es dem Jugendlichen nicht gelingt, die unterschiedlichen Diskrepanzen durch Selbstergänzung zu überwinden, dann besteht die Gefahr, deviante Verhaltensweisen anzunehmen, sich Extremgruppen anzuschließen, der Kriminalität und/oder dem Drogenkonsum zu verfallen oder sich selbst aufzugeben und suizidal zu werden.

Die Diskrepanztheorie kann u. a. mit zur Erklärung herangezogen werden, warum sich so viele Jugendliche das Leben nehmen. Der Entschluss zum Suizid kommt dann zu Stande, wenn die Widersprüche zwischen dem, was man erreichen will bzw. dem, was man erreichen soll und dem, was man effektiv erreicht hat, zu groß sind und unüberbrückbar geworden sind. Der Entschluss reift dann heran oder wird schlagartig gebildet, wenn Jugendlichen bewusst wird, dass sie keine Möglichkeiten zur Kompensation bzw. zur Selbstergänzung mehr besitzen. Baumeister (1990) sieht im Suizid vor allem eine Flucht vor dem Selbst nach einer gescheiterten Auseinandersetzung mit sich selbst. Diese erfolgt in sechs Schritten, wobei an erster Stelle die Wahrnehmung der Diskrepanz zwischen Real- und Ideal-Selbst steht, an zweiter Stelle die eigene Schuldzuschreibung und an dritter Stelle die erhöhte Selbstaufmerksamkeit. Vierter und fünfter Schritt sind durch starke negative Gefühle gekennzeichnet, die mit Angst und Depression verbunden sind sowie durch kognitive Destruktion, durch Selbstentwertung und -abwertung. Der sechste Schritt besteht im Vollzug der suizidalen Handlung. Es geschehen so viele Suizide von Jugendlichen, deren Beweggründe oft im Dunkeln bleiben, weil keinerlei Abschiedsbriefe gefunden werden, und selbst wenn es sie gäbe, verraten sie oft nicht die wirklichen Gründe. Sie mögen den Jugendlichen auch nicht immer bewusst sein, aber sie liegen oft in schamvoll verschwiegenen Motivationen.

5. Geschlechtsidentität, Geschlechtsrolle und sexuelle Orientierung

Die Bedeutung der Geschlechtsidentität ist für die spätere Entwicklung eines Kindes, Jugendlichen und Erwachsenen ganz wesentlich. Aus der Geschlechtsidentität erwachsen nicht nur die Konzepte und Überzeugungen, die Identität und Selbstwahrnehmung, die Präferenzen und Einstellungen der Betreffenden, sondern auch ihr manifestes Verhalten (Oerter und Montada 2002). Der Erwerb der Geschlechtsidentität ist ein komplexer Prozess, der sich aus drei Komponenten zusammensetzt (Abb. 14):

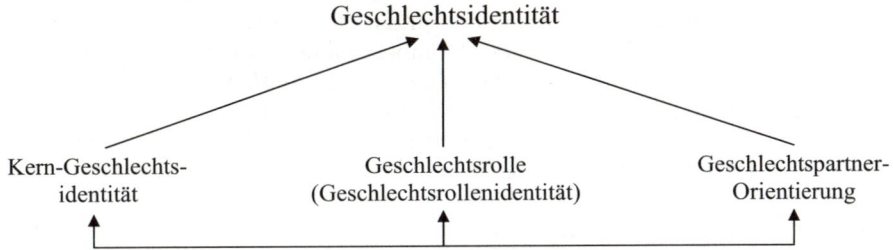

Abb. 14: Die drei Komponenten der Geschlechtsidentität (nach Mertens 1994, 23)

Die Kerngeschlechtsidentität stellt das primordiale, bewusste und unbewusste Erleben dar, auf das biologisches Geschlecht bezogen entweder ein Junge oder ein Mädchen bezüglich seines biologischen Geschlechts zu sein. Diese entwickelt sich durch das komplexe Zusammenwirken von biologischen, psychischen sowie sozialen Einflüssen ab der Geburt eines Kindes. Von großer Bedeutung dabei ist die Sozialisation, d. h. die Geschlechtszuweisung der Eltern, ihre geschlechtsrollenstereotype Reaktion auf das Kind sowie die der anderen Sozialpartner.

Die Geschlechtsrollenidentität ergibt sich aus der Kern-Geschlechtsidentität und beinhaltet die Gesamtheit der Erwartungen an das eigene Verhalten sowie an das Verhalten der Interaktionspartner bezüglich des jeweiligen Geschlechts. Im Laufe seiner weiteren Sozialisation lernt ein Kind immer differenzierter, welches Verhalten in welchen Situationen und Interaktionskontexten von ihm als Junge oder als Mädchen erwartet wird. Dieses Rollenlernen führt zu der Selbstattribuierung, einem bestimmten Geschlecht anzugehören und daher ein bestimmtes Verhalten zu zeigen.

Die Geschlechtspartnerorientierung beschreibt das bevorzugte Geschlecht des Liebespartners bzw. das bevorzugte Geschlecht im Rahmen der erotischen und sexuellen Phantasien. Kinder sind in ihrer Geschlechtspartner-Orientierung zunächst noch bisexuell, Jugendliche entwickeln Präferenzen, die sich entweder auf eine gegengeschlechtliche oder aber auch auf eine gleichgeschlechtliche Person richten.

Alle drei Komponenten führen in einem Zusammenspiel biologischer, sozialer und individueller Entwicklungsbedingungen zur Geschlechtsidentität. Während die Entwicklung der ersten beiden Komponenten in entwicklungspsychologischen

Handbüchern ausführlich geschildert wird, geraten die Erklärungen, wie es zur Geschlechtspartner-Orientierung kommt, bei Oerter und Montada (2002) und Charlton, Käppler und Wetzel (2003) entweder zu kurz oder werden gar nicht erwähnt. Auch im Handbuch der Kindheits- und Jugendforschung von Krüger und Grunert (2002) sind Geschlechtsidentität und die Entwicklung zu unterschiedlich möglichen Geschlechtspartner-Orientierungen kein Thema.

Homosexualität/Heterosexualität

Wie es zu einer homosexuellen oder heterosexuellen Geschlechtspartner-Orientierung kommt, ist immer noch nicht genau geklärt und die Debatte, ob „angeboren" oder „erworben" noch offen, wobei unter „erworben" auch die pränatalen Einflüsse zu verstehen sind (Mertens 1994). Als eindeutig verneint und widerlegt kann jedoch die oft geäußerte Behauptung gelten, dass Homosexualität durch Verführung entstünde. Auch die Vermutung, Homosexualität käme durch unterschiedliche Erziehungseinflüsse („herrisch-verführerische Mutter/unerreichbarer Vater") zu Stande, kann empirisch nicht belegt werden (Degen 1988).

Es gibt zwar verschiedene Theorien aus der medizinischen, psychologischen und sozialwissenschaftlichen Forschung, die jedoch alle von verschiedenen Standpunkten ausgehen und zu sehr unterschiedlichen Aussagen kommen. Die Frage, ob Homosexualität genetisch bedingt ist, vererbt oder unter welchen pränatalen hormonellen Wirkungen und/oder auch familiendynamischen Einflussfaktoren erworben wird, ist bis heute nicht eindeutig beantwortet. Homosexualität ist genetisch mitbedingt, aber keineswegs rein genetisch erklärbar, darüber sind sich fast alle Forscher einig (Oerter und Montada 2002, 59).

Die evolutionspsychologische Erklärungsweise von Bem (1996) setzt das Interesse für das andere Geschlecht in den Mittelpunkt und betont die schon sehr früh vorhandene Neigung von einigen Kindern, mit Angehörigen des anderen Geschlechts zu spielen. Es fehle den Jungen dann das männliche und den Mädchen das weibliche Umfeld. Dadurch werde das eigene Geschlecht exotisch und, so Bem: „was exotisch ist, wird erotisch". Die sexuellen Interessen würden dann auf das eigene Geschlecht gelenkt. Aber auch diese Theorie erklärt nicht, warum nur ein Teil der Jungen und Mädchen mit in der Kindheit ausgeprägten femininen bzw. maskulinen Interessen homosexuell werden bzw. sich später dieser sexuellen Orientierung bewusst werden.

Der Fokus der gegenwärtigen Forschungen liegt auf biologischen Faktoren und speziell endokrinologischen Einflüssen, die schon im embryonalen Stadium die Gehirnstrukturen formen und zur späteren Ausprägung der Homosexualität führen könnten. Daneben wird nach wie vor die Hypothese der Vererbung diskutiert und auf die Wahrscheinlichkeit der Existenz von bestimmten Genen, die zur Homosexualität prädisponieren, verwiesen. Erhärtet wird diese These durch Untersuchungen an eineiigen Zwillingen und durch Verweis auf Familien, bei denen Homosexualität gehäuft vorkommt (D'Augelli und Patterson 1995, 102ff). Doch die Gene allein entscheiden nicht, ob sich ein Mensch später zum eigenen Geschlecht hingezogen fühlt, sie müssen auch aktiviert werden, und das könnte durch Hormone geschehen, denen der Fötus im Mutterleib ausgesetzt ist.

Mit Rauchfleisch (2002) kann resümiert werden, dass Homosexualität genau wie Heterosexualität „einerseits auf genetischen Dispositionen beruhen und andererseits, von diesen Dispositionen ausgehend, sehr früh im Leben eine in ihrer

Grundstruktur nicht veränderbare Ausformung erfahren." Die sexuelle Orientierung ist grundsätzlich nicht veränderbar, allenfalls kann es durch äußeren Druck zu einem Wechsel von gleichgeschlechtlichen zu gegengeschlechtlichen Partnerinnen und Partnern kommen. Eine solche Änderung geht aber häufig einher mit schweren Selbstzweifeln, mit Selbstverleugnung und kann zum Suizid führen.

Bei der homosexuellen Orientierung kommt die sexuelle Erregung durch Menschen desselben Geschlechts zu Stande. Lesbisch oder schwul sein heißt, sich in romantischer, emotionaler, körperlicher und sexueller Hinsicht zu einem gleichgeschlechtlichen Partner hingezogen zu fühlen. Bisexuelle fühlen sich zu beiden Geschlechtern hingezogen. Dies kann sich schon früh in der Kindheit in sexuellen Phantasien anzeigen, lange Zeit latent bleiben, uneingestanden bleiben und später in der Jugendzeit und im Erwachsenenalter das Sexualleben bestimmen. Homosexualität ist kein Lebensstil, sondern gehört zur Persönlichkeit des Betreffenden (Bass und Kaufmann 1999).

Grundsätzlich ist eine männliche und eine weibliche Homosexualität zu unterscheiden, die Unterschiede liegen in den Sexualpraktiken und dem Verhalten zueinander. So wird Frauen eine größere Treue, größere zeitliche Stabilität und Exklusivität in ihren Beziehungen nachgesagt, während bei Männern ein häufigerer Partnerwechsel und instabilere Beziehungen anzutreffen sind. Ohne die Unterschiede zwischen männlichen und weiblichen Jugendlichen verschleiern zu wollen, wird im Folgenden jedoch von Homosexualität bei Jugendlichen gesprochen. Die gleichgeschlechtlichen Spielereien in Kindheit und Jugend sind selten Ausdruck einer homosexuellen Haltung und spiegeln nur eine Unsicherheit der sexuellen Orientierung wider.

Die heterosexuelle Orientierung wird als Norm angesehen, weil sie bei ca. 90 % der Menschen gegeben ist. In Deutschland geben ca. 4 % der über 15jährigen Männer und ca. 2 % der Frauen an, homosexuell zu sein; bisexuell sind ca. 1 % (Oerter und Montada 2002). Diese Zahlen sagen jedoch nichts über die wirkliche Anzahl aus, die bis zu 10 % geschätzt wird, da auch heute noch mit Tabuisierung und Verschwiegenheit gerechnet werden muss. Die Dunkelziffer ist gerade bei Jugendlichen hoch, es gibt auch keine genauen Angaben darüber, wie viele Jugendliche schwul, lesbisch oder bisexuell sind, da sich viele erst am Ende des Jugendalters oder zu Beginn des Erwachsenenalters oder sogar noch später zu ihrer sexuellen Orientierung bekennen. Schon sehr früh in ihrem Leben, meist noch vor der Pubertät, spüren Kinder, ob sie heterosexuell oder homosexuell sind. Es „ist etwas in ihnen, das bis zu einem gewissen Zeitpunkt, zumeist der Pubertät, keinen Namen hat" und als irritierendes Anderssein empfunden wird (Dannecker 1993, 13). Vom „unreflektierten Wissen" bis zu einer „gelebten Homosexualität" ist noch ein weiter Weg (Rauchfleisch 1995, 10). Der Begriff „homosexuelles Kind" existiert nicht, und so erfahren diese Kinder keinerlei Unterstützung von der Außenwelt, höchstens Sanktionen und Regulationen.

Nach Schneider (2001) verläuft der Prozess der Bewusstwerdung bei weiblichen Jugendlichen differenzierter als bei männlichen. Während männliche Homosexuelle von sich sagen, immer schon homosexuell gewesen zu sein, trifft dies für weibliche nicht in diesem Maße zu. Schneider gibt vier Muster an: das erste besteht in dem Gefühl, schon lesbisch geboren zu sein, das heißt, diese Jugendlichen waren sich ganz sicher. Das zweite besteht darin, dass lesbische Jugendliche zunächst durch eine heterosexuelle Phase gehen, bevor sie sich zu ihrem Lesbischsein bekennen. Die dritte Variante ist die, schon früh hin und hergerissen zu sein und sich als bisexuell zu empfinden, die vierte ist dadurch gekennzeichnet, dass die Jugendlichen sich unwohl fühlen und dieses Gefühl durch die Aufnahme heterosexueller Beziehungen zu bekämpfen suchen. Obwohl Schneider diese Einteilung nur für weibliche Jugendliche vorsieht, unterscheidet sie sich nicht sehr vom Prozess der Bewusstwerdung bei männlichen Jugendlichen. Auch unter ihnen gibt es einige, die von vornherein ganz sicher sind, schwul zu sein bis hin zu den vielen Jugendlichen, die an ihrer sexuellen Orientierung noch zweifeln, oft auch verzweifeln und zunächst in bewusster Verdrängung durch eine heterosexuelle Phase gehen, bevor sie sich endgültig zu ihrer Homosexualität bekennen. Es gibt nicht wenige verheiratete Männer, die diesen Schritt nach Jahren der Ehe und als Väter von Kindern vollziehen (Lautmann 1993a; Rauchfleisch 1995)

Homosexuelle Jugendliche in einer heterosexuellen Welt

Das Dilemma für homosexuelle Jugendliche besteht darin, dass sie in Familie, Schule und Medien heterosexuell erzogen werden, d. h. alle Maßnahmen, Aufklärungen, Informationen beziehen sich auf die wie selbstverständlich angenommene Heterosexualität und eine spätere Familiengründung. Auf Familienfesten, Schulfesten und Klassentreffen wird stets auch die Partnerschaftsfrage thematisiert, und sehr häufig weichen Jugendliche dieser Frage aus und antworten mit erzwungenen Unaufrichtigkeiten. Schon früh beginnen das Versteckspiel, die Ausflüchte und Ausreden, die Heuchelei und die Unwahrheiten, worunter die Jugendlichen selbst sehr leiden. In Schule und Familie wird kaum über Homosexualität gesprochen, das Thema wird so gut wie ausgeklammert oder häufig nur in Zusammenhang mit der Aidsgefahr angesprochen (Schmidt und Schetsche 1998). Homosexuelle Jugendliche haben nur erschwert Möglichkeiten, zu einer homosexuellen Identität zu gelangen. Erziehung, Bildung und Sozialisation sind auf die Orientierung heterosexueller Jugendlichen hin ausgerichtet (Hofsäss 1995). Obwohl sie dringend Hilfe und Unterstützung für die Herausbildung eines stabilen Selbst nötig hätten, wird ihre homosexuelle Orientierung nicht oder kaum von der Umwelt wahrgenommen, geschweige denn positiv gesehen (Peterkin und Ridson 2004).

Nach Lautmann (1993b, 26) entwickelt sich eine homosexuelle Identität erst allmählich, auch gegen innere Widerstände des Betroffenen und ist das Resultat einer harten Arbeit an sich selbst. Homosexuelle Jugendliche spüren, dass sie ihre sexuelle Identität nur in Abgrenzung von der heterosexuellen Norm erreichen können. Sie stehen im Konflikt, sich zu offenbaren oder ihre Identität geheim zu halten. Wenn sie sich schon als Schüler dazu bekennen, laufen sie auch heute noch, trotz aller veränderten Einstellungen und größerer Toleranz, Gefahr, dass sich ihre heterosexuellen Freunde von ihnen abwenden. Die Möglichkeit, in Schule und im Freizeitbereich diskriminiert und das Risiko, Opfer von Gewalttaten zu werden, ist auch heute noch gegeben.

Es wird immer wieder darauf hingewiesen, dass es lesbische Jugendliche leichter hätten als schwule Jugendliche, da die Gesellschaft Körperkontakte, Berührungen, Umarmungen und Küsse Mädchen und Frauen in der Öffentlichkeit sehr viel eher zugestehen würde als Jungen. Dies trifft zwar zu, aber dafür haben lesbische Mädchen und Frauen auch keine so ausgeprägte „Subkultur" und eigens für sie reservierte Orte wie schwule Jungen und Männer, für die es eigene Bars, Clubs und Diskotheken gibt. Lesbische Frauen haben es daher schwerer als Männer, miteinander in Kontakt zu kommen. Weiterhin wirkt erschwerend, dass ihre Lebensrealität und ihre Sexualität in der Öffentlichkeit weit weniger wahr- und ernstgenommen, was von ihnen als diskriminierend empfunden wird (Informationen Weiterbildung in NRW 1995). Homosexualität von Jungen und Männern wird immer noch von vielen Jugendlichen und auch Erwachsenen missverstanden und mit Verweichlichung und Unmännlichkeit gleichgesetzt. Außerdem wird sie im Kontext der AIDS-Problematik gesehen, mit Gefahr, unheilbarer Krankheit und Tod assoziiert und daher viel kritischer betrachtet als die von Mädchen und Frauen.

Das Coming-out

Es ist keineswegs leicht für Jugendliche, sich ihren Eltern und Freunden anzuvertrauen, und wenn sie es wagen, dann nach vielen Selbstzweifeln und Selbstqualen, die sie hinter sich haben. Die meisten wachsen mit negativen Botschaften über Homosexualität auf und erschrecken über sich selbst, wenn sie spüren, dass sie sich zum gleichen Geschlecht hingezogen fühlen. Sie machen eine Phase der Verleugnung und der inneren Konflikte durch, bevor sie sich selbst akzeptieren und anderen mitteilen können (Bass und Kaufmann 1999).

Die Mitteilung an die Eltern setzt voraus, dass homosexuelle Jugendliche erstens ein Bewusstsein von ihrem Anderssein und zweitens den Mut haben, es ihren Eltern zu sagen. Sie birgt Gefahren und Chancen zugleich. Die Gefahren liegen in Zurückweisung und Unverständnis der Eltern. Nicht selten negieren und verdrängen Eltern die Mitteilung, glauben an einen Irrtum, eine Übergangsphase, verschweigen die Mitteilung im Verwandtenkreis, wollen die Heterosexualität ihres Kindes (= Jugendlichen) mit Druck und Drohungen herbeizwingen, lehnen ihr homosexuelles Kind (= Jugendlichen) ab, verbieten ihm Haus oder Wohnung und drohen mit Enterbung (Hofsäss 1995).

Die Chancen einer Mitteilung an die Eltern liegen für Jugendliche darin, dass sie endlich kein Geheimnis mehr aus ihrer sexuellen Orientierung machen müssen, dass Angst und Lügen ein Ende haben, dass sie eventuell die aktive Unterstützung der Eltern erhalten, dass sie das Gefühl haben können, dass die Eltern auch weiterhin zu ihnen stehen und ihre Homosexualität akzeptieren. Diese Möglichkeit ist durchaus gegeben, auch wenn Eltern die Nachricht erst einmal verarbeiten müssen, denn die Mitteilung trifft viele Eltern unverhofft und überraschend.

Fast alle Eltern empfinden zunächst einmal einen Schock, haben Schuldgefühle, machen sich Vorwürfe und fragen sich, ob sie etwas falsch gemacht haben. Dies ist oft die erste spontane Reaktion, bevor ein ruhigeres Überdenken der Situation einsetzt. Eltern durchlaufen zunächst einmal eine Krise, ähnlich der, die die Jugendlichen hinter sich haben. Sie können die gesamte Bandbreite der Gefühle empfinden von Enttäuschung, Scham, Verdrängung bis hin zur Angst und der Vorstellung, dass ihr Kind es nun in seinem Leben schwerer haben wird als andere Jugendliche. Es kann sich aber auch die Gewissheit einstellen, es immer schon geahnt zu haben. Der Weg zur Akzeptanz und dem Vorsatz, ihr Kind so gut sie können auf seinem Lebensweg zu unterstützen, wird von Eltern in vielen Fällen nach einer kürzeren oder auch längeren Zeit der Reflexion beschritten. Das Coming-out ihres Kindes (=Jugendlichen) kann zu einem kritischen und auch kreativen Nachdenken der Eltern führen, ohne über die eigene eheliche Beziehung und über die Beziehung zum Kind in Schuldvorwürfe zu verfallen. Jugendliche empfinden selbst meistens eine große Erleichterung, wenn sie es gesagt haben. Die Mitteilung an die Eltern geschieht in der Hoffnung, dass sie verstehen und sie als das akzeptieren mögen was sie sind: nämlich homosexuell.

Aber nicht alle Eltern reagieren verständnisvoll. Die Berichte von Jugendlichen darüber sind erschreckend. Es werden in der Tat körperliche Strafen angedroht und ausgeführt, Drohungen ausgestoßen, das Kind zu enterben und ihm wurde der Zugang zum Elternhaus verwehrt. Dies alles sind für die Jugendlichen zusätzliche gravierende Belastungen ihres ohnehin schon belasteten Alltags, mit den möglichen Folgen suizidalen Verhaltens (Hofsäss 1999).

Graber und Archibald (2001) betonen, dass es nicht genüge, sich selbst der eigenen sexuellen Orientierung bewusst zu sein und sie den Eltern mitzuteilen. Das sei zwar schon ein wichtiger Schritt, aber von großer Bedeutung für die Stabilität sei es, Jugendliche zu finden, die ähnlich empfänden wie sie, ihre homosexuelle Identität akzeptieren und anderen bekannt machen würden. Es kann gar nicht oft genug darauf hingewiesen werden, wie schwierig der Schritt des Coming-out für Jugendliche ist und wie angstvoll er besetzt sein kann. Gerade unter heterosexuellen Jugendlichen oder auch unter denen, die noch eine unsichere sexuelle Identität besitzen, fallen sehr oft abschätzende Bemerkungen und herabsetzende Schimpfwörter, und häufig werden homosexuelle Jugendliche nicht nur ausgegrenzt, sondern auch gequält und geschlagen. Dies trifft überwiegend für männliche Jugendliche zu. D'Augelli und Patterson (1995, 175) berichten, dass sehr viele Jugendliche Hohn und Spott erlebten, in 90 % der Fälle mussten sie zumindest negative Bemerkungen über sich ergehen lassen und spürten eine ablehnende Haltung. Aus Furcht, nicht mehr akzeptiert zu werden, wenn sie sich zu ihrer Homosexualität bekennen, verschweigen viele Jugendliche ihre sexuelle Orientierung. Das Verstecken der eigenen Gefühle führt jedoch langfristig in die Isolation und verstärkt die schon vorhandenen Selbstzweifel.

Auch Lehrerinnen und Lehrer thematisieren das Thema Homosexualität in der Schule kaum, und wenn, dann überwiegend im Rahmen des Sexualaufklärungsunterrichts unter der Rubrik „Abweichendes Sexualverhalten" und in Zusammenhang mit der AIDS-Gefahr. Auch sie stehen, wie viele andere Erwachsene in der Gesellschaft, dem Thema häufig ablehnend und auch intolerant gegenüber, haben dieselben Vorurteile und reagieren verunsichert. Selbst, wenn sie um die Homosexualität einiger ihrer Schülerinnen und Schüler wüssten, können sie ihnen in den meisten Fällen aus Unsicherheit, mit dem Thema umzugehen, keine Lebenshilfe, keine Unterstützung in der Bewältigung ihrer persönlichen Schwierigkeiten anbieten.

Es gibt keine statistischen Angaben über homosexuelle Lehrerinnen und Lehrer im Schuldienst. Hier herrscht eine noch größere Dunkelziffer als bei Jugendlichen. Homosexuelle Lehrerinnen und Lehrer wagen es selbst nicht, sich im Kollegium geschweige denn in der Schülerschaft zu outen, aus Angst, von Eltern, Schülern und Kollegen abgelehnt und schlimmstenfalls vom Schuldienst suspendiert zu werden. So sind sowohl auf Schüler- als auch auf Lehrerseite Ängste und Selbstzweifel, Befürchtungen und Ungewissheiten vorhanden. Weder Lehrer noch Schüler wagen es, das Thema aus persönlicher Sicht in der Schule anzusprechen.

Homosexualität und Suizid

Im deutschsprachigen Raum gibt es erstaunlicherweise so gut wie keine oder nur sehr wenige Untersuchungen, die einen Zusammenhang zwischen gleichgeschlechtlicher Orientierung und Suizid feststellen. Dies ist umso erstaunlicher, als in fast allen biographischen Texten von Homosexuellen, in Interviews und Gesprächen mit Homosexuellen die Themen Depression, Einsamkeit und Gedanken an Suizid immer wieder vorkommen (Hofsäss 1999). Es gibt bislang nur eine einzige empirische Studie zur Lebenssituation von gleichgeschlechtlich orientierten Jugendlichen, die im Auftrag der Berliner Senatsverwaltung im Jahre 1999 durchgeführt wurde. Das zentrale Ergebnis ist das starke Gefühl der Ausgrenzung und der Einsamkeit, das schwule und lesbische Jugendliche während ihres Aufwachsens in Familie und Schule haben, sowie ihre starke Suizidgefährdung, die sich in der hohen Anzahl der Suizidversuche zeigt. 18 % aller Befragten gaben an, mindestens schon einmal einen Suizidversuch unternommen zu haben (Bass und Kaufmann 1999).

In den englischsprachigen Ländern wie den USA, Kanada, Neuseeland und Australien gibt es zahlreiche Zeitschriften, in denen nicht nur wissenschaftliche Artikel zur Homosexualität erscheinen, sondern die schon mit ihren Zeitschriften-Namen den Schwerpunkt ihrer Forschungen anzeigen: „Journal of Gay and Lesbian Social Services", „Journal of Homosexuality", „Journal of Gay and Lesbian Psychotherapy". In den deutschsprachigen Ländern gibt es dagegen nur Zeitschriften zur Sexualforschung oder Sexualität im Allgemeinen, aber nicht speziell zur Homosexualität. Ähnlich verhält es sich mit den wissenschaftlichen Veröffentlichungen zum Thema Homosexualität und Suizid. Während es bei uns nur wenige Bücher und Studien zu diesem Thema gibt (Tabulos 1996; Bass und Kaufmann 1999), existieren davon in den englischsprachigen Ländern eine Vielzahl, die bei Erwachsenen und speziell bei Jugendlichen einen Zusammenhang zwischen Homosexualität und Suizid postulieren, und zwar schon in den frühen achtziger Jahren und später (Bell und Weinberg 1978; Rofes 1984).

Rofes (1984) fand heraus, dass bei siebzehnjährigen männlichen Jugendlichen das Verhältnis von Suizidversuchen zwischen homosexuellen und heterosexuellen Jugendlichen 16:1, bei weiblichen Jugendlichen 2:1 beträgt. Gibson (1989) wies darauf hin, dass die größte Gefahr, einen Suizidversuch zu unternehmen, für Homosexuelle in der späteren Jugendzeit liegt, vor allem dann, wenn ihr Coming-out misslingt, sie sich ausgeschlossen und einsam fühlen. Das gilt gleichermaßen für Schwule und Lesben, mit der Einschränkung, dass die Suizidrate bei schwulen Jugendlichen erheblich größer ist. Auch Remafedi (1991) bestätigte diese Ergebnisse. Am intensivsten haben sich in allerletzter Zeit in den USA D'Augelli und Patterson (1995), D'Augelli und Hershberger (1998), Cochran und Mays (2000), D'Augelli, Hershberger und Pilkington (2001) sowie D'Augelli, Pilkington und Hershberger (2002) mit diesem Thema auseinandergesetzt und den Zusammenhang zwischen Homosexualität und Suizid aufgezeigt. In groß angelegten Studien ermittelten sie u. a., dass 40 % der Lesben, Schwulen und Bisexuellen im Alter zwischen 15 und 21 Jahren zumindest einen Suizidversuch hinter sich hatten. Dagegen wiesen diejenigen, die sich in ihrer Familie geoutet hatten, ein weit geringeres Suizidrisiko auf. Cochran und Mays (2000) fanden heraus, dass die größte Suizidgefahr bei schwulen und bisexuellen Männern zwischen 17 und 27 Jahren besteht.

Alle diese Studien zeigen und beschreiben die innere Not, die Jugendliche vor, aber auch noch nach ihrem Coming-out haben können. In allen Bereichen, ob Familie, Schule oder Öffentlichkeit, wird so getan, als gäbe es keine Homosexualität, sie wird ausgeklammert und auch in entwicklungspsychologischen Publikationen kaum und wenn, dann nur kurz erwähnt. Dies ist umso erstaunlicher, als gerade homosexuelle Jugendliche mit vielen Selbstzweifeln kämpfen, vor starken Identitätsproblemen stehen und eine äußerst konfliktreiche Lebensphase durchlaufen, die nicht immer glücklich endet.

Ihr Leben ist zusätzlich zu allen Belastungen, die heterosexuelle Jugendliche in Schule und Ausbildung empfinden, von Widersprüchen geprägt, die mit ihrer sexuellen Identität zusammenhängen: von Geheimhaltungs- und Offenbarungswünschen, vom Gefühl anders zu sein und doch dazu gehören zu wollen, von dem Bestreben, ein anderes Leben als die Eltern, aber doch auch ein Leben in Intimität und in einer Zweierbeziehung führen zu wollen. Mit diesen Widersprüchen werden viele Jugendliche nicht fertig, und diejenigen, die nicht das Glück haben, verständnisvolle Eltern und Freunde zu finden und die u. a. auch aus diesem Grund Suizidversuche oder einen Suizid unternommen haben, sind nicht nur in den englischsprachigen, sondern auch in den deutschsprachigen und anderen Ländern zu finden, auch wenn es hier leider keine oder nur wenige empirischen Studien darüber gibt.

6. „Alte" und „neue" Medien

Suizide haben in der Geschichte der Menschheit schon immer zur Nachahmung gereizt, vor allem dann, wenn darüber in reißerischer Form berichtet oder in bewundernder Art erzählt wurde. Schmidtke, Schaller und Kruse (2003) berichten von Suggestionseffekten in der Antike, von Suiziden als Modeerscheinung in Paris im 17. Jahrhundert, und sie zitieren Studien, die schon Mitte des 19. Jahrhunderts auf die Nachahmungsgefahr bei einem vollzogenen Suizid hingewiesen haben. „Alte" Medien (Zeitungsberichte, Filme, Theaterstücke) und „neue" Medien (Internet) standen und stehen in dem Verdacht, bei Jugendlichen durch die Berichterstattung eine bestehende unheilvolle psychische Entwicklung und Nachahmetendenzen zu verstärken (siehe auch Bründel 1993a).

Der Einfluss „alter" Medien

Schon zu Beginn des vorigen Jahrhunderts geriet die Presseberichterstattung in den Mittelpunkt der Kritik. Je ausführlicher und je dramatischer solche Berichte geschrieben und je ausführlicher dabei die Person des Suizidenten und die Umstände der Tat geschildert wurden, – und dies gilt auch heute noch – desto größer ist die Nachahmungsgefahr (Häfner und Schmidtke (1991). In den neunziger Jahren haben sich besonders Sonneck und Etzersdorfer (1991) darum verdient gemacht, nicht nur auf die Gefahr hinzuweisen, sondern auch auf die Presse Wiens einzuwirken, ihre Berichterstattung zu ändern, und wenn überhaupt darüber zu berichten, dann sachlich und ohne Details der Umstände anzugeben:

- Es muss jede Darstellung des Suizids als heroisch, romantisch oder auch tragisch vermieden werden.
- Es darf weder das Alter, das Geschlecht noch der Name des Suizidenten angegeben werden.
- Die Suizidmethode sollte nicht genannt werden.

- Es sollten keine Einzelheiten über Motivation oder Hintergründe des Suizids genannt werden.

Auf diese Weise konnten die U-Bahnsuizide erheblich reduziert werden. Haenel (1989, 110 ff) zitiert Studien aus den USA und England, die zeigen, dass großaufgemachte Artikel in bekannten Tageszeitungen die Suizidrate in die Höhe schnellen ließen.

Einfluss fiktiver Modelle

Besonders bekannt ist eine „Suizidepidemie" aus dem 19. Jahrhundert geworden, die durch die Lektüre von Goethes Briefroman „Die Leiden des jungen Werther" ausgelöst worden ist, und zwar nicht nur in Deutschland, sondern auch in mehreren europäischen Ländern. Statistisch bewiesen werden konnte dies zwar nicht, auch wenn das Phänomen gehäufter Suizide nach einem fiktiven Modell unter dem Begriff „Werther-Effekt" in die Literatur eingegangen ist bzw. zur Kennzeichnung von „medial vermittelten Nachahmungs-Suiziden" verwendet wird (Faust 2004).

Schmidtke und Häfner (1986, 1987) untersuchten den Einfluss der Fernsehserie „Tod eines Schülers" auf nachfolgende Suizide unter Jugendlichen. In dieser Sendung suizidierte sich der neunzehnjährige „Claus Wagner", indem er sich vor einen Zug warf. Die sechsteilige Sendung wurde 1 ½ Jahre später noch einmal ausgestrahlt. Schmidtke und Häfner kamen zu dem Ergebnis, dass es zwischen beiden und nach Ausstrahlung beider Sendungen einen erheblichen Anstieg der mit gleicher Methode durchgeführten Suizide gegeben hat. Für männliche Jugendliche zwischen 15 und 19 Jahren betrug der Anstieg für einen Zeitraum von 70 Tagen während und nach der ersten Ausstrahlung 175 %, für weibliche Jugendliche 167 % gegenüber einem Vergleichszeitraum. Der Nachahmungseffekt gilt als gesichert. Auch Philipps und Carstensen (1986) konstatierten diese Effekte, wenn in Fernsehsendungen, Filmen, Reportagen über Suizid berichtet wurde. Faust (2004) befürchtet, dass auch gegenwärtig eine „unreflektierte Berichterstattung" zwangsläufig zu weiteren Selbstmorden führen könnte.

Der Vermutung bestehender „Ansteckungseffekte" liegt die so genannte Imitationshypothese zu Grunde, die sich auf das Lernen im Allgemeinen bezieht und auch auf das Suizidverhalten Anwendung findet. Beim Lernen durch Beobachtung und Nachahmung ist die Rolle von Vorbildern und Modellen von großer Bedeutung (Bandura 1979). Die Beeinflussung durch Modellpersonen ist dann umso größer, je mehr sich Jugendliche mit ihnen identifizieren und je mehr sie sie verherrlichen, vergöttern und glorifizieren. Nach Faust (2004) hängt der verhängnisvolle Lerneffekt auch von der Ähnlichkeit der Person und Situation sowie zwischen „Vorbildern" und „Nachahmern" ab. Der Jugendliche muss die Vorbilder gar nicht persönlich kennen, hat aber bei Idolen aus der Rock-, Pop- und Filmszene häufig eine „persönliche Beziehung" zu ihnen hergestellt, freut sich und leidet mit ihnen, meint sie gut zu kennen, verhält sich wie sie und kleidet sich wie sie. Modellernen ist eine Funktion von Variablen sowohl auf Seiten des Modells als auch auf Seiten der Jugendlichen (Schmidtke, Schaller und Kruse 2003).

In den letzten Jahrzehnten haben sich zahlreiche populäre Sänger und Sängerinnen aus der Rock- und Popszene das Leben genommen wie Kurt Cobain, der Bandleader der Gruppe Nirwana im Jahre 1994. Die Sogwirkung von Suiziden Prominenter bezieht sich nicht nur auf Jugendliche, sondern ebenfalls auch auf

Erwachsene (Tod von Marilyn Monroe im Jahre 1962). Die Vorbildwirkung steht nicht nur in Zusammenhang mit der Tat an sich, sondern auch mit dem Suizid-Ort und der Suizid-Methode. So sind z. B. bestimmte Brücken, Hochhäuser, Türme, Flüsse und Bahngleise bekannt dafür, dass sich dort Menschen umgebracht haben. Sie werden zu einem Anziehungspunkt für Nachahmungstäter. Der Suizid des 27jährigen Kurt Cobain durch Erschießen hat nicht nur in den „alten" Medien zu einem starken Widerhall geführt, sondern es wurde und wird auch in den „neuen" Medien darüber berichtet. Es gibt heute noch über 300 Webseiten, die über sein Leben, seinen Tod und seinen Abschiedsbrief ausführlich und sehr emotional informieren und die mit Photos des Sängers, seinem Grabstein und Kerzen einem wahren „Memorial" gleichen.

Der Einfluss „neuer" Medien

Mit dem Zusammenhang „Neue Medien und Suizidalität" haben sich in letzter Zeit Etzersdorfer, Fiedler und Witte (2002) beschäftigt. Die „neuen" Medien bieten eine Erweiterung der herkömmlichen Kommunikationsmöglichkeiten, die von sehr vielen Jugendlichen und Erwachsenen genutzt werden. Es wird geschätzt, dass mindestens zwei Drittel der Jugendlichen zwischen vierzehn und neunzehn Jahren Zugang zum Internet haben, wobei verschiedenste Informations- und Kontaktmöglichkeiten gegeben sind. Mit dem Internet ist eine anonyme, schnelle und weltweite Kommunikation möglich (Witte 2003).

Website, E-Mail, Mailinglist, Forum und Chat

Auf Webseiten können Informationen gespeichert und abgerufen werden, die vom Nutzer/Besucher nicht geändert werden können (Abruf statischer Information). Die Möglichkeit, dort zu publizieren, Informationen bereitzustellen, suizidpräventiv (www.suicidology.org; www.uke.uni-hamburg.de; www.neuhland.de) und auch suizidpropagierend zu wirken, (www.churchofeuthanasia.org, www.dghs.de) oder auch eigene Gedanken und Gefühle anderen mitzuteilen (www.mitglied.lycos.de/suicider/) werden sowohl von Einzelpersonen als auch von Institutionen genutzt. Zu den stark kritisierten Websites gehören diejenigen, die explizit Suizidmethoden beschreiben oder auch mit abschreckender Wirkung Photos von Personen zeigen, die sich mit den unterschiedlichsten Methoden suizidiert haben (http://directory.google.com/Top/Society/Death/Suicide/Methods) oder (www.suicidemethods.net/pix/listpix.htm) (Fiedler 2003, 23).

Zur asynchronen Kommunikation, weil zeitversetzt, zählen die E-mail und die Mailinglists. Mailinglists sind nicht öffentlich zugänglich, sondern stehen nur eingeschriebenen Mitgliedern zur Verfügung. Öffentlich dagegen sind die im „Usenet" organisierten Newsgroups. Dabei handelt es sich um themenzentrierte Diskussionsgruppen, die über Web-Browser wie Netscape oder Internet Explorer aufgerufen werden können. Die Mitteilungen werden „postings" genannt und werden über die Web-Browser an eine Diskussionsgruppe oder ein Forum gesendet. In Foren wird miteinander über bestimmte Themen, zum Beispiel Suizid, diskutiert, was bei mehreren Teilnehmern zu Diskussionsketten („threads") führt. In manchen Foren gibt es so genannte Forenmaster, die die Foren jedoch nur verwalten und die Diskussion nicht überwachen, die allerdings in selteneren Fällen auch schon einmal „postings" löschen, wenn sie beleidigend oder in irgendeiner

Weise unangemessen sind. Die so genannten Suizid- oder auch Selbstmordforen sind in den letzten Jahren in Presseberichten stark in die Kritik geraten. Suizidforen bieten Menschen jeglichen Alters die Möglichkeit, sich über Suizid, Suizidgedanken und Suizidmethoden auszutauschen.

Unter Chats versteht man zeitgleiche Kommunikationen. Die Teilnehmer loggen sich gleichzeitig ein, treffen sich in so genannten Channels und kommunizieren miteinander wie in einem Gespräch, nur dass sie einander nicht sehen.

Vor- und Nachteile computervermittelter Kommunikation

Alle computervermittelten Kommunikationsformen setzen die Beherrschung der Schriftsprache und Lesefertigkeit voraus und können daher auch nur von Personen benutzt werden, die des Schreibens (auf der Tastatur) und Lesens fähig sind. Das „Gespräch" findet unter Ausschaltung aller Hinweise statt, die sonst in der Alltagskommunikation das Gespräch mitbestimmen und auch das Verständnis des Gesprochenen erleichtern wie Aussehen der Person, Mimik, Gestik, Stimme, Tonfall. Es scheinen jedoch gerade das Fehlen dieser Hinweise und die Anonymität zu sein, die es manchen Menschen erleichtern, sich zu öffnen und sich einem oder mehreren unbekannten Personen anzuvertrauen. Das Fehlen der physischen Präsenz des Gegenübers fördert regressive Tendenzen und wird von Fiedler (2003, 33) mit dem Setting des Psychoanalytikers hinter der Couch verglichen. Auch Mall (2003) berichtet den Aspekt der beschleunigten Selbstoffenbarung durch die bestehende Distanz. Diesen Formen der Kommunikation ist die Allgegenwärtigkeit und Verfügbarkeit und die Kontrolle über Anfang und Ende des Chats gemeinsam und auch gerade deshalb bei Jugendlichen so beliebt (Fiedler 2003). Sie loggen sich unter einem Pseudonym oder „Nickname" ein, wechseln dabei das Geschlecht („genderswapping") oder benutzen einen neutralen Kunst-Namen, der ihre Geschlechtsidentität verbirgt. Sie können auch eine soziale Identität vortäuschen oder ein anderes Alter angeben, als sie haben.

Wer besucht die Suizidforen? Eichenberg und Fischer (2003) haben in einem Forschungsprojekt eine Online-Befragung bei 164 Forenbenutzern mittels Fragebögen durchgeführt. 50 % davon waren weiblich und 50 % männlich. 53,7 % waren zwischen sechzehn und zwanzig Jahre und 20,7 % zwischen einundzwanzig und fünfundzwanzig Jahre alt, 66 % waren Schülerinnen und Schüler, 31 % Studentinnen und Studenten. Daraus wird deutlich, dass es überwiegend Jugendliche sind, die sich einloggen, zwei Drittel davon Schülerinnen und Schüler. Auf die Frage: „Haben Sie schon einmal einen Suizidversuch unernommen?" antworteten 26,9 % mit ja, einmal und 21,4 % mit ja, zwei- bis dreimal! Mit nein antworteten 45,5 %. Dies zeigt, dass es in etwa unter den Forennutzern der Stichprobe die gleiche Anzahl Suizidaler wie Nicht-Suizidaler gab. Interessanterweise hat sich ergeben, dass die Forennutzer das Ausmaß ihrer Suizidgedanken vor dem ersten Besuch des Suizidforums höher einstuften als zum Zeitpunkt der Befragung, wobei die Zeitdauer der Nutzung des Forums sich bei einem Drittel der Nutzer auf „vor drei Monate" vor der Befragung bezog und bei ca. einem Drittel auf „vor mehr als zwei Jahren". Die häufigste Angabe zur Motivation, an einem Suizidforum teilzunehmen, lautete: „Um Menschen mit ähnlichen Problemen und Gedanken kennen zu lernen" und „Um meine Probleme, die hinter meinen Selbstmordgedanken stehen, mitteilen zu können." Die am wenigsten häufig genannte Aussage war: „Um Informationen zu bekommen, wie Menschen mit Selbstmordgedanken am besten zu begegnen ist, da ich selbst zwar keine habe, aber jemanden kenne." Auf die Frage: „Welche Reaktionen erhalten Sie auf Ihre Postings?" wurde als häufigste Antwort gegeben: „Ich bekomme Antworten, durch die ich mich verstanden fühle." Und die am wenigsten häufig genannte Antwort lautete: „Ich werde in meinen Selbstmordwünschen bestärkt." Von 164 Forumsnutzern verneinten 118 die Frage, ob sie es mitbekommen hätten, dass sich ein Teilnehmer, eine Teilnehmerin in der Zeit der Nutzung umgebracht hätte.

Obwohl diese Studie nicht repräsentativ ist und auch nur ein Forum untersucht wurde (www.selbstmordforum.de), können doch die Befürchtungen in der Öffentlichkeit relativiert werden. Suizidforen können eine stützende und lebensrettende Funktion für suizidgefährdete Jugendliche ausüben (Fiedler 2003, 38/39). Ein Teil derjenigen, die Suizidforen aufsuchen, sind zwar eine Hochrisikogruppe, aber die Tatsache, dass sie ein solches Forum aufsuchen, zeigt, dass sie noch diskutieren und sich austauschen möchten, dass sie noch Kontakt suchen, dass sie sich also noch nicht zur Tat entschlossen haben. Darin liegt eine Chance. Die Jugendlichen erfahren,

1. dass andere genau so fühlen wie sie selbst,
2. dass sie Verständnis für die eigene Befindlichkeit erhalten,
3. dass sie die suizidalen Aspekte des Selbst kommunizieren können, ohne dafür verurteilt oder in Frage gestellt zu werden,
4. dass sie sich selbst in den Diskussionen stützend und helfend für andere erleben können,
5. dass sie die Möglichkeit der Distanzierung durch Ironie und Humor haben,
6. dass sie besonders in der Methodendiskussion auch aggressive Affekte kommunizieren können.

Ganz wesentlich scheint die Erfahrung zu sein, dass durch die Kommunikation mit anderen der eigene Druck, eine suizidale Handlung zu vollziehen, nachlässt. Auch das Bewusstsein, im geschützten Raum zu sein, Kritik nicht fürchten zu müssen und jederzeit das Gespräch abbrechen zu können, wirkt unterstützend und unter Umständen sogar lebensrettend.

Es ist die Funktion von Suizidforen und Chatrooms, den Teilnehmern Möglichkeiten des Gedanken- und Gefühlsaustauschs zu geben. Darüber hinaus werden jedoch auch Suizidmethoden diskutiert und Suizide angekündigt. Das birgt Gefahren des Missbrauchs durch die Teilnehmer selbst. Die Anonymität kann dazu führen, die Problemlage des anderen nicht ernst zu nehmen, ihm vielleicht wissentlich Ratschläge zu geben, die seine Not und Verzweiflung vergrößern und ihn damit zur Tat zu ermutigen. Fiedler (2003, 40/41) gibt zehn gefährdende Aspekte der Suizidforen an:

1. Destabilisierung durch die zunehmende Identifikation mit der ausgedrückten Hoffnungslosigkeit in Postings
2. Destabilisierung durch uneinfühlsame und kränkende Postings oder durch den Suizid eines Forenmitglieds
3. Destabilisierung durch erneutes Erleben und Ohnmacht nach dem Suizid eines Forenmitglieds
4. Möglichkeit, sich über große Entfernungen mit Unbekannten zum Suizid zu verabreden
5. Vermeidung, sich professionelle Hilfe zu suchen

6. Imitationsverhalten
7. Überforderung engagierter Forenteilnehmer durch schwere Krisen anderer Teilnehmer
8. Vereinfachte Möglichkeit der Beschaffung von Suizidmitteln oder von Anleitung zum Suizid
9. Bekanntmachung und Verbreitung bisher unbekannter Suizidmethoden
10. Bewusster Missbrauch und Manipulation der Forendiskussion durch nichtsuizidale Teilnehmer

Mall (2003) sieht eine Gefahr in der bei suizidgefährdeten Jugendlichen bestehenden Sehnsucht nach Nähe, die durch die räumliche und zeitliche Distanz bei computervermittelter Kommunikation im Chat oder in den Foren nicht erfüllt wird, zumindest weniger als bei einer face-to-face-Kommunikation. Die beschleunigte Selbstoffenbarung – so Mall – könne sich auch als kontraproduktiv erweisen und zu suizidalen Kurzschlussreaktionen verführen, vor allem dann, wenn der suizidgefährdete Jugendliche nicht auf die erhoffte Unterstützung trifft.

Gefahr durch „neue" Medien?

Die „alten" Medien, überwiegend Zeitschriften und Zeitungen, warnen vor der Gefahr durch die „neuen" Medien:

- Der Spiegel, 9/2000: „Asche im Netz", 51/2001: „Sterben ist schön", 9/2001: „Let it be"
- Die Welt, 6.11.2002: „Kreuz, Tod und Gruft. Faszination Selbstmord: Kommt über das Internet unheilvolles deutsches Erbe wieder hervor?"
- Frankfurter Rundschau, 19.11.2002: „Schritte aus dem Leben. Menschen mit Suizidgedanken finden sich im Web – auch zum gemeinsamen Abschied"
- Süddeutsche Zeitung, 6.8.2002: „Todessehnsucht im Netz"

Die alten Medien betonen die Gefährlichkeit der Suizidforen, die junge und nichtsuizidgefährdete Menschen in den Tod treiben würden, sie kritisieren, dass junge Menschen sich offen über ihre suizidale Befindlichkeit austauschen und sich dabei Tipps für die Wirksamkeit von todsicheren Medikamenten gäben. Sie werden dabei von renommierten Suizidologen unterstützt wie Bronisch (2002), der eine Suizidepidemie ähnlich dem Werther-Effekt des 19. Jahrhunderts befürchtet. Bronisch sieht in den Suizidforen eine „Keimzelle für Verbreitung und Förderung von suizidalem Verhalten" (a.a.O., 107). Er analysiert die Sprache der Forenteilnehmer, die er als eine ausgesprochen „pathologische Kommunikation" beschreibt, da es in den Beiträgen um die „Aussichtslosigkeit des Seins", um die „unerträgliche Schwere des Seins", um die Frage „Wie bringe ich mich um?" und weit seltener um die Frage „Wo bekomme ich Hilfe?" geht. Professionelle Helfer würden geradezu verteufelt und rigoros abgelehnt werden.

Andere Ärzte und Psychologen wie Clages (2002) und Prass (2002) äußern sich noch weit kritischer gegenüber den Suizidforen. Clages Argumentation zielt auf mehr Kontrolle durch Ärzte, mit der Aufforderung an sie, sich direkt in die Diskussionen einzuschalten und notfalls auch die Polizei zu alarmieren. Prass sieht eine neue Kultgefahr heraufziehen, die darin besteht, dass junge Menschen sich immer mehr einer virtuellen Welt und virtuellen Freunden anvertrauen würden, statt Hilfe bei Freunden in der realen Welt zu suchen. Sie befürchtet eine Identifikation des Foreneinsteigers mit den geäußerten Suizidgedanken und -gefühlen anderer suizidaler Forenmitglieder, sodass es auf diesem Weg zu einem Suizid oder einem Suizidversuch kommen kann. Prass spricht die Gruppendynamik unter den Forenmitgliedern an und den Sog sowie den Druck, der auf dem Einzelnen lastet, wenn er seinen Suizid angekündigt hat und ihn dann nicht ausführt, so als würden ihn die anderen dazu drängen, es zu tun. Prass sieht die Hemmschwelle zum Vollzug des Suizids durch die Foren- und Chatbeiträge stark herabgesetzt. Baume et al. (1997, 78) heben ebenfalls die Gruppendynamik hervor und sehen im Internet und speziell von den dort veröffentlichten Abschiedsbriefen von Suizidenten eine potenziell starke Gefährdung für andere ausgehen.

Der norwegische Suizidforscher Mehlum (2001) argumentiert ähnlich. Auch wenn nationale und internationale Gesellschaften für Suizidprävention sich im Internet engagieren, um Hilfe und Unterstützung für suizidgefährdete Jugendliche anzubieten, so kann doch ein Missbrauch durch Jugendliche in den Diskussionsgruppen selbst nicht ausgeschlossen werden. Die Gefahr besteht, dass Jugendliche, bestärkt durch Suizidgedanken anderer, den Suizid als Problemlösung für sich ansehen und in der Absicht bestärkt werden, die Tat auszuführen. Mehlum spricht von Ansteckungs- und Übertragungseffekten. Diese sind zwar wahrscheinlich, können jedoch, von Einzelfällen abgesehen, noch nicht bewiesen werden.

In letzter Zeit haben Schmidtke, Schaller und Kruse (2003) noch einmal die Imitationshypothese untersucht, diesmal bezogen auf die „neuen" Medien. Sie kommen zu dem Ergebnis, dass es durchaus Ansteckungsphänomene durch die „neuen" Medien gäbe und dass gerade Jugendliche gefährdet scheinen, da sie im Internet Gleichgesinnte träfen, mit denen sie sich leicht identifizieren könnten. Es sei durchaus möglich, dass einzelne Jugendliche durch die Teilnahme an einem Suizidforum stärker als vorher gefährdet seien, sich zur Tat gemeinsam verabreden und unter Umständen sich auch durch andere zur Tat animiert fühlen könnten. Die Autoren verweisen u. a. auch auf bekannte Doppelsuizide wie den vom 19. Februar 2000, an dem sich ein fünfundzwanzigjähriger Norweger und eine siebzehn Jahre alte Österreicherin zum gemeinsamen Sprung von einem Felsen verabredet hätten.

Die von Bronisch (2002) befürchteten Nachahmungseffekte sind jedoch bis jetzt nicht eingetreten bzw. konnten statistisch nicht erfasst werden. Es bliebe auch offen, so argumentieren Fiedler und Lindner (2002a) und Fiedler (2003), wodurch sie bedingt wären, durch die dramatisierende Darstellung der „alten" Medien, die auch zum Bekanntheitsgrad der Foren beigetragen hätten, oder aber durch die Foren selbst. Sie wenden sich gegen eine Dämonisierung der Suizidforen, da es empirisch bis heute keinen Anhaltspunkt für einen Anstieg der Suizidraten gäbe. Die Foren, so unterschiedlich sie auch sein mögen, böten einen Freiraum, in dem Suizidgedanken und -gefühle ausgesprochen werden dürften, die im Alltag stark tabuisiert würden. Es sei bekannt, dass suizidgefährdete Jugendliche ohnehin professionelle Hilfe ablehnten und sich lieber Gleichgesinnten anvertrauten. Hierin könnte man, so die Autoren, einen Hilfeaspekt sehen, der in der emotionalen Entlastung liegt und zumindest die Möglichkeit bietet, langfristig doch noch Kontakt mit einer Beratungsstelle und einem Therapeuten aufzunehmen (Fiedler und Lindner 2002a, 28). An anderer Stelle verweisen die Autoren (Fiedler und Lindner 2002b, 8) auf die Ambivalenz der Jugendlichen, die es ihnen erschwere, Hilfe zu suchen und dass es ihre Sehnsucht nach Unterstützung und Hilfe ohne Kontrolle sei, die sie die Suizidforen aufsuchen lasse.

Auch Eichenberg und Fischer (2003) schlussfolgern aus ihrer Studie zu Inhalten, Funktionen und Effekten eines Suizidforums, dass die in der Öffentlichkeit und z. T. auch in Fachkreisen dominierenden Gefahrenzuschreibungen relativiert und entdramatisiert werden müssten:

- Die Motivation der Jugendlichen zum Aufsuchen des Suizidforums besteht darin, eigene Probleme mitzuteilen und Menschen zu treffen, von denen sie sich verstanden fühlen.
- Die Gespräche werden als unterstützend, konstruktiv, ablenkend und aufheiternd empfunden.
- Es zeigt sich eine signifikante Reduktion von Suizidgedanken zwischen dem Zeitpunkt vor der Nutzung des Suizidforums und dem Zeitpunkt der Befragung.

Eichenberg und Fischer weisen damit die pauschalen Behauptungen zurück, dass Suizidforen generell ein Gefährdungspotenzial darstellten, dass sie zum Suizid ermutigen und eine pathologische Kommunikation begünstigen würden. Es gäbe auch keine Anzeichen und Belege dafür, dass die Suizidrate Jugendlicher durch die Verbreitung des Internet gestiegen sei.

Der Begriff „Cybersuicide" (Baume et al. 1997) klingt bedrohlich und macht nicht nur auf eine potenzielle Gefahr der „neuen" Medien aufmerksam, sondern er scheint zum derzeitigen Zeitpunkt, unbegründete Ängste zu wecken. Die Frage der Gefährlichkeit des Internet ist jedoch abschließend noch nicht geklärt. Zu uneins sind sich die Wissenschaftler in ihren Aussagen. Hinzu kommen die methodischen Schwierigkeiten, die Anzahl, das Alter und das Geschlecht der Teilnehmer festzustellen sowie die Inhalte ihrer Gespräche und die unmittelbaren oder auch langfristigen Folgen. Aber es ist erwiesen, dass die Mehrzahl der Internetnutzer und speziell der Suizidforen Jugendliche und junge Erwachsene zwischen achtzehn und vierundzwanzig Jahren sind und dass es genau diese Gruppe ist, die im höchsten Maße suizidgefährdet ist. Inwieweit die Suizidgefährdung durch das Internet verstärkt oder vielleicht gemildert wird, muss zu diesem Zeitpunkt noch offen bleiben.

Zusammenfassung

Jugendliche erleben in Familie, Schule und im Freizeitbereich zahlreiche Belastungen, die sich als Risikofaktoren für Suizidalität erweisen können. In der Familie sind es vor allem langandauernde gestörte Beziehungsstrukturen und Kommunikationsmuster sowie eine von Gleichgültigkeit, Ablehnung, Vernachlässigung und Feindseligkeit geprägte Familienatmosphäre oder auch von Missbrauch und Misshandlung durchdrungene Familiendynamik, die den Lebensmut und Lebenswillen von Jugendlichen zerbrechen und in die Suizidalität treiben.

Schulische Versagens- und Misserfolgserlebnisse und Überforderungssituationen können das „Fass zum Überlaufen" bringen oder den „Tropfen auf dem heißen Stein darstellen" und die Tat auslösen. Gesellschaftliche Rahmenbedingungen verstärken den Schulstress und dieser wirkt sich obendrein negativ auf das Familienklima aus. Schule ist für die Jugendlichen nicht nur ein Ort des Lernens, sondern auch ein Treffpunkt mit Gleichaltrigen.

Der von gestörten Beziehungsstrukturen ausgehende Stress hat nicht nur Einfluss auf die Schulleistungen und auf die Familienatmosphäre, sondern beeinflusst ganz entscheidend das Selbstwertgefühl des Einzelnen. Der Risikofaktor, der von zerbrechenden Freundschaftsbeziehungen ausgeht, fördert depressive Tendenzen und die Neigung zur Selbstentwertung. Ein negatives Selbstbild kann zur Flucht vor dem Selbst und damit zur suizidalen Handlung führen, wenn Jugendliche keine Kompensationsmöglichkeiten besitzen. Es sind besonders diejenigen Jugendlichen gefährdet, deren Geschlechtspartnerorientierung von der Norm abweicht und die sich entweder zu ihrer Homosexualität nicht bekennen mögen oder die befürchten, dass diese von ihrer Umwelt nicht akzeptiert wird. Es gibt eine weithin unterschätzte Verbindung zwischen Homosexualität von Jugendlichen und Suizid. Auch in der heutigen sich aufgeklärt und tolerant gebenden Gesellschaft haben es homosexuelle Jugendliche immer noch sehr schwer, zu ihrer Geschlechtspartnerorientierung zu stehen, da sie in einer heterosexuell orientierten Welt leben und wenig Vorbilder an Männern und Frauen finden, die sich ohne Nachteile öffentlich zu ihrer Homosexualität bekannt haben bzw. bekennen.

Jugendliche suchen sich ihre Vorbilder und finden sie oftmals in bekannten Personen aus der Rock- und Popszene. Die Gefahr ist groß, sie sowohl in ihrem Lebensstil nachzuahmen, als auch in der Art und Weise, wie sie aus dem Leben gegangen sind. Dies wird durch eine entsprechende Berichterstattung in den „alten" Medien noch verstärkt, zumal dann, wenn über das Thema Suizid in reißerischer Form berichtet wird. Die erst seit einigen Jahrzehnten bestehenden Kommunikationsformen der „neuen" Medien, vor allem die so genannten Suizidforen, werden von suizidgefährdeten und suizidalen Jugendlichen stark genutzt. In den Suizidforen nehmen sie Kontakt mit anderen suizidgefährdeten Jugendlichen auf und tauchen sich über das Thema Suizid aus. Ob dies unheilvoll ist oder gar auch einen therapeutischen Effekt hat, wird zurzeit noch kontrovers diskutiert.

94

IV. Suizidmodelle, Suizidtheorien und Deutungsansätze

Immer enger wird mein Denken,
immer blinder mein Blick,
mehr und mehr erfüllt sich täglich
mein entsetzliches Geschick.

zit. nach Ringel 1986, 81

1. Suizidmodelle

Es gibt bis heute kein umfassendes Modell zur Entstehung von Suizidalität bei Jugendlichen, dafür aber zwei Modelle, die zur Erklärung suizidaler Verhaltensweisen herangezogen werden können. Es wird angenommen, dass diese sich bei Jugendlichen und Erwachsenen nicht wesentlich unterscheiden. Suizidalität – so viel kann gesagt werden – entsteht immer auf dem Hintergrund von psychischen, biologischen und soziologischen Ausgangsbedingungen, die bei den betreffenden Jugendlichen zu einer bestimmten lebensgeschichtlichen Entwicklung führen. Man unterscheidet das Krisen- und das Krankheitsmodell. Ersteres wird als psychodynamische Zuspitzung einer durch eine Krise ausgelösten belastenden Situation angesehen, letzteres als Ausdruck einer psychischen oder auch psychiatrischen Erkrankung (Wolfersdorf 2004, 1027).

a) Krisenmodell

Von einer psychosozialen Krise kann dann gesprochen werden, wenn das seelische Gleichgewicht gestört ist, wenn der Jugendliche mit Ereignissen und Lebensumständen konfrontiert wird, die er im Augenblick nicht bewältigen kann, wenn er sich überfordert und allein gelassen fühlt und keine adäquaten Lösungsmöglichkeiten sieht (Sonneck und Etzersdorfer 1991). Man unterscheidet traumatische Krisen und Veränderungskrisen. Erstere bestehen in plötzlichen schweren Verlusterlebnissen wie Trennung der Eltern, Tod, Krankheit, letztere treten in Zusammenhang mit lebensbedeutsamen Veränderungen auf. Von Krisen können alle Menschen zu allen Zeitpunkten betroffen werden, auch diejenigen, die bis dahin als psychisch unauffällig galten (Goll und Sonneck 1991). Jugendliche sind vor allem in Übergangszeiten oder Veränderungssituationen wie Pubertät, Umzug der Eltern an einen anderen Wohnort und Schulwechsel mit Krisen konfrontiert. Die Mehrzahl von ihnen bewältigt Probleme und belastende Lebensereignisse ohne besondere Schwierigkeiten, oder sie nehmen kurzfristig externe Hilfe in Anspruch, sei es die von Eltern, Freunden oder Bekannten. Wie sie Krisen bewältigen, hängt auch immer von ihren psychischen, biologischen und sozialen Ausgangsbedingungen und damit von ihrer lebensgeschichtlichen Entwicklung ab. Sie sind dann gefährdet, wenn sie einen destruktiven Konfliktbewältigungsstil aufweisen, verbunden mit einem depressiven Attributionsstil und einer Neigung zur Selbstentwertung (Abb. 15).

95

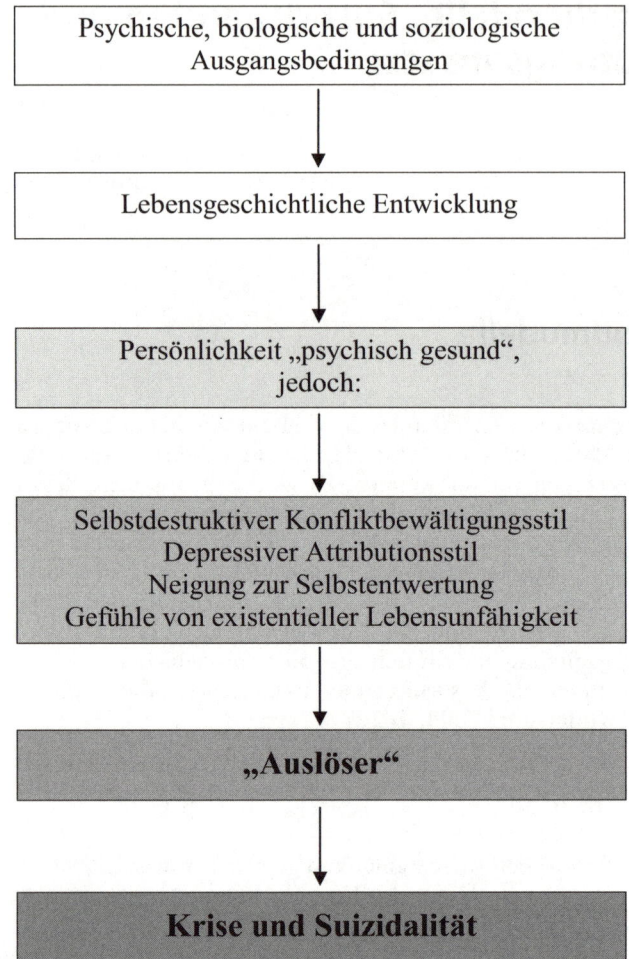

Abb. 15: Das Krisenmodell (nach Wolfersorf 2004, 1027)

Wolfersdorf (2004, 1028) beschreibt die Symptome, die dann auftreten, wenn die Belastung subjektiv zu stark wird, wenn die bisherigen Bewältigungsmechanismen nicht mehr ausreichen und auch die Hilfe von außen nicht mehr wahrgenommen wird. Sie zeigen sich in

- Spannungszuständen
- Angst- und Panikgefühlen
- Wut
- Depression
- Gefühlen von Hilf- und Hoffnungslosigkeit
- Körperlicher Unruhe
- Schlafstörungen

96

- Herzklopfen
- Appetitstörungen
- Angst vor Kontrollverlust

Nach Sonneck und Etzersdorfer (1991) unterscheidet man verschiedene Aspekte von Krisen

- den Krisenanlass
- die subjektive Bedeutung
- die Krisenanfälligkeit
- die Reaktion der Umwelt und
- den Krisenverlauf

Der Krisenanlass ist nicht etwas Objektives, sondern erhält seine Wertigkeit durch die subjektive Bedeutung, die ihm zugemessen wird. Diese wiederum ist abhängig von den Vorerfahrungen des Betreffenden, mit Krisen umzugehen, von seiner Zuversicht, sie zu meistern und von seinem Selbstwertgefühl. Ein Jugendlicher ist umso krisenanfälliger, je unsicherer er ist und je weniger Hilfe und Unterstützung er von seiner Umwelt erwarten kann bzw. in Anspruch nimmt.

Das Krisenmodell geht auf stresstheoretische Ansätze und Ergebnisse der lifeevent-Forschung zurück, die schon in den siebziger und achtziger Jahren formuliert worden sind (Filipp 1981; Filipp und Aymanns 1987; Compas 1987a,b; Compas et al. 1988). Das Gemeinsame dieser Ansätze ist, dass von den betreffenden Jugendlichen oder auch Erwachsenen eine Beziehung zwischen der eigenen Kompetenzbeurteilung und der subjektiv wahrgenommenen Bedrohung von äußeren Ereignissen hergestellt wird. Suizidalität wird durch das Aufeinandertreffen von belastenden Lebensereignissen (life stress), Persönlichkeit und sozialen Bedingungen hervorgerufen (Schmidtke 1988). Bei Kindern und Jugendlichen werden besonders die lebensverändernden Ereignisse untersucht, die suizidales Verhalten nach sich ziehen können wie „broken-home", Verlust einer wichtigen Bezugsperson, Schulschwierigkeiten etc. Es wird auch versucht, suizidales Verhalten durch eine Aufsummierung von Lebensereignissen vorherzusagen (Pöldinger 1968). Die globale Hypothese besagt, dass eine Person einerseits umso eher zu inadäquaten Bewältigungsstrategien greift und damit u.U. suizidales Verhalten zeigt, je höher die Anzahl stresshafter biographischer Ereignisse ist, dass aber andererseits die subjektive Einschätzung der belastenden Situation auch von großer Bedeutung ist, dass also nicht unbedingt jedes biographische stressreiche Ereignis jene Folgen haben muss (siehe auch Bründel 1993a).

Die Erkenntnisse von Lazarus (1966, 1981, 1982) und Lazarus et al. (1974, 1978, 1981, 1984, 1985) bezüglich eines „transaktionalen" Prozesses zwischen der Person und der Bedrohungssituation sind richtungsweisend für alle weiteren Forschungsarbeiten geworden, denn sie betonen die Bedeutung der subjektiven Einschätzungs- und Bewertungsprozesse und der daraus sich ergebenden Bewältigungsstrategien. Die Ergebnisse der Forschergruppe um Lazarus verdeutlichen, dass es nicht genügt, Bedrohungs-, Deprivations- oder Verlustereignisse zu untersuchen, sondern es ist vielmehr nötig, die Einschätzungsprozesse der Person und die intervenierenden Variablen zu berücksichtigen, die in ihr selbst oder in den ihr zur Verfügung stehenden sozialen Ressourcen liegen.

Bei den kritischen Lebensereignissen von Jugendlichen kann es sich sowohl um Ereignisse von längerer Dauer wie eigene Krankheit, Krankheit der Eltern oder eines Geschwisters, Arbeitslosigkeit eines Elternteils und Armut handeln oder um erlittene Gewalt, Missbrauch und Misshandlung sowie um plötzlich auftretende Ereignisse wie Scheidung, Trennung, Tod eines Elternteils oder Familienmitglieds. Es ist sehr schwer vorauszusagen, wie ein Jugendlicher darauf reagieren wird, da dies von den oben genannten Faktoren abhängt. So kann bei einem Jugendlichen Schulversagen zu einer Krise führen, bei einem anderen jedoch nur zu einer leicht belastenden Situation. Auch die Trennung von Eltern, sogar der Tod eines Elternteils wird von Jugendlichen ganz unterschiedlich bewältigt und kann bei aller Trauer und vorhandenen Schmerzes je nach psychischer Stabilität entweder von ihnen bewältigt werden oder sie auch in eine suizidale Krise stürzen.

Nordlohne, Hurrelmann und Holler (1989) haben sich besonders mit den schulleistungsbezogenen Belastungsfaktoren und ihren Ausstrahlungseffekten auf das psychophysische Gesundheitsempfinden von dreizehn bis siebzehnjährigen Jugendlichen des siebten und neunten Jahrgangs befasst. Es interessierte sie dabei speziell die Beziehung zwischen schulischen Erlebnissen des Scheiterns und des Misserfolgs auf der einen Seite und des Arzneimittelkonsums auf der anderen Seite. Ihre Ergebnisse zeigen, dass Versagen in der Schule und Nicht-Erfüllen elterlicher schulleistungsbezogener Erwartungen unmittelbar über die intervenierenden Variablen „Häufigkeit gesundheitlicher Beschwerden" und „subjektive Einschätzung des eigenen Gesundheitszustandes" zu einem verstärkten Arzneimittelgebrauch führt. Diekstra (1989, 33) sieht diesen Zusammenhang ebenfalls und stellt darüber hinaus auch noch den Bezug zum Suizid her. Man muss hierbei jedoch im Sinne von Lazarus (1981) und Lazarus und Launiers (1978) berücksichtigen, dass sowohl die „pharmakologische Reaktion" (Nordlohne et al. 1989, 52) als auch die „suizidale Reaktion" (Diekstra 1989) von vorhandener oder nicht vorhandener sozialer Unterstützung und vom Ressourcenpotenzial der betreffenden Jugendlichen abhängt.

Hurrelmann (1988, 1990, 1999) betont als weitere Belastung die kumulative Häufung von Faktoren wie emotionale Spannungen in der Familie, soziale Konflikte, unzureichende Integration in die Gruppe der Gleichaltrigen, Isolation und Außenseitertum sowie ungünstige und abgebrochene Bildungskarrieren. Innerhalb der Familie sehen Mansel und Hurrelmann (1991, 146) eine Vielfalt möglicher Stressoren, die u. a. auch durch den Ablösungsprozess der Jugendlichen von den Eltern bedingt sein und daher ein „hohes Verunsicherungs- und Risikopotential" mit sich bringen können.

Der Wunsch, sich von den Eltern unabhängig zu machen, geht oft mit einem verstärkten Gefühl der Zugehörigkeit zur Gruppe der Gleichaltrigen einher. Seiffge-Krenke (1989b, 255) spricht vom „Wechsel im Enthüllungspartner" und meint damit, dass sich das Mitteilungsbedürfnis Jugendlicher von den Eltern ab- und mehr den Gleichaltrigen zuwendet. Die Beziehungen zu Gleichaltrigen sind jedoch auch keineswegs immer zufriedenstellend, sondern bergen ebenfalls ein hohes Unsicherheitspotenzial in sich (Hurrelmann 1990; Engel und Hurrelmann 1989, 1998; Mansel und Hurrelmann 1991; Hurrelmann und Ulich 1991; Seiffge-Krenke 1986). Die Zufriedenheit hängt davon ab, wie fest Jugendliche in ihren Gruppen integriert sind, welche Stellung sie dort einnehmen und ob sie sich akzeptiert und geschätzt fühlen. Für manche Jugendliche ist der Kontakt mit Gleichaltrigen zwar gewünscht, aber auch stressreich, weil sie oft nicht wissen, wie sie sich verhalten sollen (Seiffge-Krenke 1984a,b, 1989a).

Houston (1987) spricht von einem „potenziellen psychologischen Stressor" und deutet damit an, dass die Belastung nicht unbedingt objektiv gegeben sein muss, jedoch als solche empfunden werden und sich daher als solche auswirken kann. Es ist sogar möglich, dass die Belastungen von anderen überhaupt nicht bemerkt werden und dennoch bei Jugendlichen unverhofft und unbemerkt suizidale Handlungen auslösen. Köferl (1988) bevorzugt den Begriff „psychosoziales Risiko", weil dieser noch deutlicher die Wechselwirkung zwischen Stressor und Person zum Ausdruck bringt. Im Rahmen des Krisenmodells spielt die Bedeutung von belastenden Ereignissen durch die subjektive Interpretation von Jugendlichen eine große Rolle. Die betreffenden Jugendlichen gelten meistens lange Zeit als gesund, zeigen keine psychiatrischen Auffälligkeiten, leiden jedoch unter Gedanken der eigenen Wertlosigkeit und unter Gefühlen, nicht geliebt zu werden, unter Veränderungen ihres Aktivitätsniveaus, unter negativen Gedanken sowie unter psychosomatischen Beschwerden und allgemeiner Lustlosigkeit und Müdigkeit. Sie weisen zusätzlich häufig einen selbstdestruktiven Stil der Konfliktbewältigung auf, und wenn sich in ihrer Familiengeschichte und/oder in ihrem Freundeskreis auch noch Modellpersonen für suizidales Verhalten finden, dann sind sie in der Tat gefährdet, einen Suizid zu begehen (Wolfersdorf 1998).

Neben dieser stresstheoretischen Sichtweise von Krisen gibt es die psychodynamische, die darauf verweist, dass es nicht allein der auslösende Faktor ist, der die Krise heraufbeschwört, sondern die psychologische und psychopathologische Korrelation mit den Persönlichkeitsmerkmalen der betreffenden Menschen.

Henseler (1984) hat den Begriff der „narzisstischen Krise" geprägt, in die ein Mensch durch Handlungen oder Worte anderer oder auch durch Ereignisse gestürzt werden kann. Der Narzissmusbegriff wurde von Sigmund Freud (1914) in die psychoanalytische Theorie eingeführt. Unter Narzissmus wird die affektive Einstellung des Menschen zu sich selbst gesehen. Eine narzisstische Störung kann sich in einem übertriebenen Selbstwertgefühl oder aber in starken Minderwertigkeitsgefühlen äußern. Henseler (1984, 11) deutet die Suizidalität als „Labilisierung des narzisstischen Regulationssystems und die Suizidhandlung als krisenhaften Versuch, das gefährdete Selbstwertgefühl zu retten". Unter Regulation des Narzissmus wird der Versuch verstanden, ein affektives Gleichgewicht bezüglich der Gefühle von innerer Sicherheit, Wohlbefinden, Selbstwertgefühl und Selbstsicherheit herzustellen.

Eine narzisstische Krise geht einher mit massiven Kränkungen und einem bedrohten Selbstwertgefühl. Ein narzisstisch gekränkter Mensch verfügt über keine adäquaten Abwehrreaktionen bzw. Kompensationsmechanismen. Eine Realitätsüberprüfung gelingt nicht. Er verleugnet eigene Mängel, reagiert mit Idealisierungsversuchen der eigenen Person und wehrt auf diese Weise Hilflosigkeits- und Ohnmachtsgefühle ab. Versagen diese Mechanismen, greift der gekränkte Mensch zu „regressiven Phantasien eines Rückzugs auf einen harmonisch phantasierten Primärzustand, der phylogenetisch der Stufe der Mutter-Kind-Dualunion entspricht" (Henseler et al. 1983, 34 ff).

Eine Suizidhandlung erfolgt dann, wenn das Selbstwertgefühl anders nicht mehr zu schützen ist. Es ist der Versuch, den eigenen Untergang vorweg zu nehmen, ihm zuvor zu kommen, indem man selbst die Initiative ergreift. Die aktiv vorgenommene Handlung stellt subjektiv für den Betroffenen so etwas wie eine „Ehrenrettung" dar.

Dieselbe Psychodynamik gilt natürlich auch für Jugendliche. Gerade bei ihnen zeigt sich häufig ein labiles Selbstwertgefühl. Ist dieses auch noch von einem Verlust bedroht, dann stellt die Suizidhandlung einen Abwehrversuch dar, um dem vollständigen Identitätsverlust und der damit verbundenen Kränkung zu entgehen (Drömann 1983). Henseler (1984, 59) entwirft ein „idealtypisches" Bild der suizidalen Persönlichkeit. Er/sie:

• ist in der Kindheit traumatischen Belastungen ausgesetzt.
• ist im Selbsterleben stark verunsichert.
• steht unter der Herrschaft eines strengen und rigiden Gewissens.
• kann mit Aggressionen nicht angemessen umgehen und versucht, sie ängstlich zu beherrschen.
• leidet unter Kontaktschwierigkeiten. Seine bzw. ihre Beziehungen sind oberflächlich und krisenanfällig.

Es wird immer wieder auf die soziale Isolation hingewiesen, in der sich die betreffenden Jugendlichen befinden. Sie sehnen sich nach zuverlässigen und emotional tragfähigen Beziehungen und sind daher durch Enttäuschungen oder auch durch konflikthafte Beziehungen besonders gefährdet. Konflikte mit den Eltern, mit Gleichaltrigen, Freundschaftsabbrüche und enttäuschende Liebeserlebnisse zählen zu den häufigsten Krisen, die Jugendliche durchmachen und auch zu den häufigsten Anlässen von Suizidhandlungen. Aber es spielen bei der Entstehung von Suizidalität auch Krankheiten und psychiatrische Auffälligkeiten sowie Depressionen eine große Rolle. Nach Pohlmeier (1980, 1984) gibt es keinen Suizid ohne Depression.

b) Krankheitsmodell

Auch wenn schizophrene Psychosen bei Jugendlichen selten sind, sollen sie hier doch erwähnt werden, da das Suizidrisiko bei dieser Krankheit hoch ist. Man versteht nach Steinhausen (2002, 69) darunter Störungen der Motorik und Ausdrucksmotorik, Angstsymptome, Depersonalisationserscheinungen, Halluzinationen, Denkstörungen, Wahnstimmungen und Wahnsymptomatik. Eggers (1984) gibt die Suizidhäufigkeit mit 25 % an, d. h. 25 % der jugendlichen Schizophrenie-Patienten unternehmen irgendwann im Laufe ihrer Erkrankung und weiterer Entwicklung wiederholt ernsthafte Suizidversuche, oft ca. sechs, dreizehn und vierzehn Jahre nach Psychoseausbruch. Die durchschnittliche Latenzzeit zwischen Psychosebeginn und Suizidversuchen beträgt nach Eggers ca. acht Jahre. Steinhausen (2002) betont zwar die ungünstige Prognose dieser Erkrankung, erwähnt jedoch nicht die Suizidgefahr. Diese sieht er jedoch bei den affektiven Psychosen gegeben, zu denen er die manische, die bipolare und die depressive Störung zählt. Im Vordergrund steht dabei eine schwere Affektstörung, die sich in Form von Depressionen oder aber auch in gehobener Stimmung und Erregungszuständen zeigen kann. Das Krankheitsbild der affektiven Psychose wird bei Kindern und Jugendlichen häufig verkannt, da es sich mit Zustandsbildern der hyperkinetischen Störung, der Verhaltens- und Beziehungsstörung mischt. In der depressiven Phase sind die Kinder und Jugendlichen nach Steinhausen (2002) oft freudlos, gehemmt, weinerlich, können sich an nichts wirklich freuen und haben zu nichts richtig Lust. Sie zeigen Schlaf- und Appetitstörungen. Im Gegensatz dazu sind sie in der manischen Phase voller Elan, impulsiv, überschätzen sich selbst und neigen zu riskantem Verhalten. Affektive Psychosen müssen von organischen Psychosen und Schizophrenien abgegrenzt werden, was nicht immer leicht ist.

Ätiologie und Ursachen der Depression sind noch nicht genügend geklärt. Es werden biologische und psychosoziale Faktoren in Erwägung gezogen. Zu den biologischen Faktoren zählen neuroendokrine, biochemische und genetische. Depressionen können erblich sein, daran besteht kein Zweifel, denn Kinder von Eltern mit einer bipolaren oder unipolaren Störung haben nachgewiesenermaßen ein erhöhtes Risiko für die Entwicklung von Depressionen. Depressionen können aber auch durch Veränderungen im Transmittersystem (Adrenalin/Noradrenalin, Serotonin und Dopamin) hervorgerufen werden. Dabei wird besonders die „Serotonin-Defizit-Hypothese" hervorgehoben (Wolfersdof 2000).

Kontrovers wird die Wirkung von Antidepressiva in der Therapie der Depression diskutiert. Die früher in der Regel angewandte Medikation von sedierenden Antidepressiva wird seit einigen Jahren durch Einführung der antidepressiv wirkenden selektiven Serotonin-Wiederaufnahmehemmer ergänzt. Die sedierenden Antidepressiva haben bei unruhigen und ängstlichen Jugendlichen das Ziel einer entspannenden Wirkung, einer Dämpfung des Handlungsdrucks und einer allgemeinen Ruhigstellung, Schlafförderung und Angstlösung. Die selektiven Serotonin-Wiederaufnahmehemmer werden dagegen bei gehemmt, apathisch und erschöpft wirkenden Jugendlichen und auch Erwachsenen eingesetzt. Sie bewirken eher eine Antriebssteigerung, jedoch auch mit gleichzeitiger anxiolytischer, d. h. angstlösender Wirkung. Alle Antidepressiva wirken stimmungsaufhellend, manche dämpfen, andere aktivieren eher. Allerdings ist die Therapie zu letzteren durch neueste Forschungsergebnisse aus England zumindest bei jungen Menschen unter achtzehn Jahren in Verruf geraten. Sie stehen im Verdacht, das Suizidrisiko bei Kindern und Jugendlichen zu erhöhen. Dies gilt jedoch nur für drei selektive Wiederaufnahmehemmer (Sertralin, Citalopram und Escitalopram) und nicht für Fluoxetin (Section of Child and Adolescent Psychiatry 2004, 3).

Stellt Suizidalität eine eigene Krankheitsform dar? Diese Frage stellen Bronisch, Felber und Wolfersdorf (2001) und tragen alle Erkenntnisse zusammen, die bislang auf neubiologischem Gebiet gewonnen worden sind. Trotz einer Vielzahl erhobener Forschungsparameter auf den Gebieten der Neurophysiologie, der Molekulargenetik und der Biochemie sowie einer hohen Anzahl durchgeführter Einzeluntersuchungen des Blutes, des Lipidstoffwechsels etc. müssen sie die Frage letztlich offen lassen, da neurobiologische Erkenntnisse allein Suizidalität nicht erklären können. Es muss immer die psychosoziale Situation des einzelnen Menschen berücksichtigt werden.

Nach Ringel (1953, 1969, 1986) und Thomas (1964, 1970) ist der Suizid der „Abschluss einer langen krankhaften Entwicklung", die fast immer in der Kindheit beginnt. Unter einer krankhaften Entwicklung ist das Vorliegen einer psychischen oder psychiatrischen Krankheit zu verstehen, die sich in psychopathologischen Symptomen zeigt wie tiefer Traurigkeit, Niedergeschlagenheit, Hoffnungslosigkeit, aber auch Ichstörungen, Bedrohtheitsgefühlen, Wahnvorstellungen, Angst und Panik. Auch beim Krankheitsmodell gelten psychische, biologische und soziologische Ausgangsbedingungen wie beim Krisenmodell (Abb. 16):

101

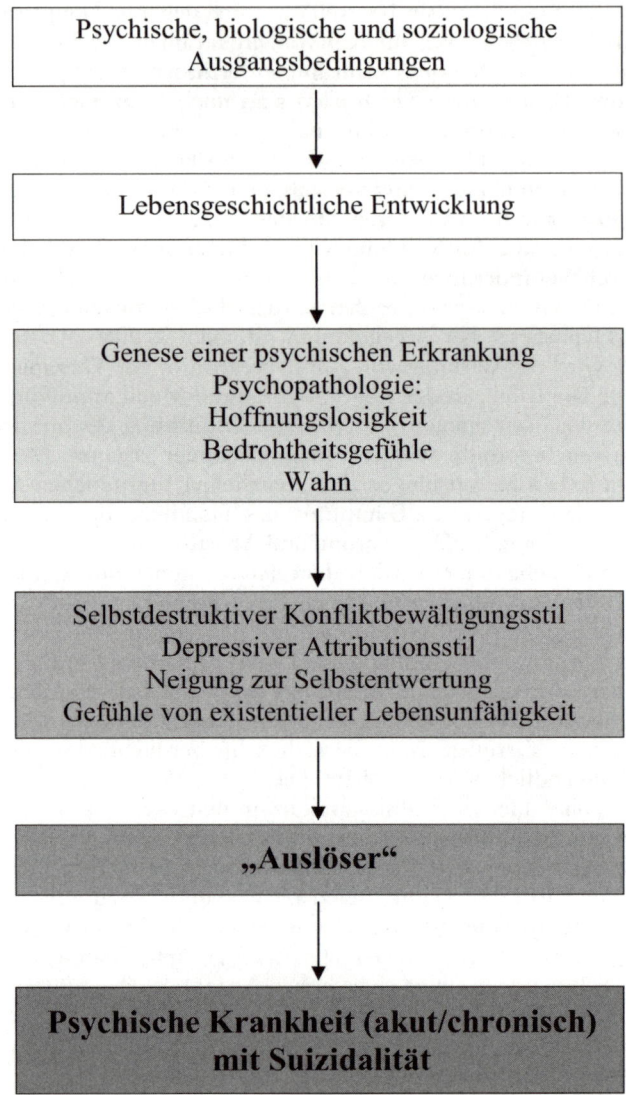

Abb. 16: Das Krankheitsmodell (nach Wolfersdorf 2004, 1027)

Nach Beck, Kovacs und Weissmann (1975) kommen den Depressionen, und speziell der Hoffnungslosigkeit und der negativen Erwartung, eine Schlüsselstelle für die Erklärung suizidalen Verhaltens zu. Auch in jüngeren Forschungsarbeiten stehen depressive Störungen immer noch im Mittelpunkt des Interesses und sind ein Baustein des Krankheitsmodells (Hautzinger 2000c). Depressionen weisen eine hohe Rate an Komorbidität auf: mit Angststörungen, Phobien, sozialen Ängsten, Panikattacken und Zwängen. Depressionen entwickeln sich nach Hautzinger

(2000c, 14) dann, wenn „realitätsfremde, verzerrte, negative kognitive Strukturen, Verhaltensdefizite und/oder geringe Bewältigungsstrategien vorhanden sind".

Es werden dabei Major- und Minor-Formen unterschieden. Erstere kommt bei Jugendlichen in etwa bei 0,4–6,4 % in Verbindung mit Angst- und Zwangsstörungen, Essstörungen, Störungen des Sozialverhaltens und Substanzmissbrauch vor. Bis zum Jugendalter sind beide Geschlechter gleich häufig betroffen, ab dem Jugendalter kommen beide Formen häufiger bei Mädchen und Frauen vor. In der Adoleszenz geht die Depression häufig mit starken Gefühlen der Sinnlosigkeit, des Versagens und der Schuld einher, die begleitet werden von Grübelzwängen und Suizidimpulsen (Steinhausen 2002).

Die Minor-Form der Depression ist gekennzeichnet durch eine minder schwere, dafür aber länger anhaltende Verstimmung, die oft von Einschlafstörungen, Appetitlosigkeit, Gewichtsverlust, Müdigkeit, Passivität und Verschlechterung der Schulleistungen begleitet wird. Es gibt Übergangsformen von normaler Trauer über die leichte bis zur schweren Depression. Eine schwere Depression kann mit dem Begriff der „erstarrten Trauer" beschrieben werden, sie umfasst den gesamten Menschen in seinem körperlichen Erleben, seinen Gedanken, seinen Gefühlen und geht mit Handlungsunfähigkeit einher (Wolfersdorf 2002, 4).

Ein depressive Erkrankung entwickelt sich schleichend mit Veränderungen der Vitalität und der körperlichen Leistungsfähigkeit. Hauptsymptome sind:

- Affektive und kognitive Symptome
- Antriebs- und psychomotorische Störungen
- Vegetative Symptome

Bei den affektiven Symptomen überwiegen die Angstgefühle: Angst zu versagen, Angst nicht geliebt zu werden, Angst zu enttäuschen. Hinzu kommen Insuffizienz- und Minderwertigkeitsgefühle. Antriebsstörungen zeigen sich in entweder in Agitiertheit oder in einer psychomotorischen Hemmung, überhaupt etwas zu unternehmen. Vegetative Symptome kommen in vielfältigen psychosomatischen Beschwerden zum Ausdruck wie Schlaf- und Appetitstörungen (Beck 1972; Beck et al. 1975, 1983).

Depressive Störungen lassen sich nach Stiensmeier-Pelster et al. (2000) in folgende Bereiche gliedern:

- Emotionale Symptome: Gefühle tiefer Traurigkeit, Niedergeschlagenheit, Hoffnungslosigkeit, Mutlosigkeit und Lustlosigkeit
- Kognitive Symptome: Gedanken eigener Wertlosigkeit, eigener Unzulänglichkeit, des Selbstzweifels, der Selbstvorwürfe, der Selbstbestrafung und der Selbstentwertung
- Motivationale Symptome: Veränderungen des Aktivitäts- und Antriebsniveaus und der Entscheidungsfähigkeit
- Körperliche Symptome: Müdigkeit, Erschöpfung, Appetitlosigkeit und Schlafstörungen, Verlangsamung des Bewegungsablaufs und der Sprache

Der Zusammenhang zwischen Depression, psychosomatischen und neurotischen Störungen wurde schon in der älteren Literatur erwähnt und auch die Beziehung zum Suizid hergestellt (Nissen 1971; Reimer 1982; Carlson und Cantwell 1982; Cantwell und Carlson 1983; Carlson 1983; Stober und Busch 1984; Brent et al. 1988; Shaffer et al. 1988; Fend und Schroer 1989; McLean 1990). Es ist differentialdiagnostisch sehr schwierig, zwischen depressiven und suizidalen Jugendlichen zu unterscheiden. Pohlmeier (1980, 54) betont, dass bei Depressiven in der Regel Suizidtendenzen zu beobachten seien, aber die umgekehrte These, Selbstmord ist ohne Depression nicht möglich, sei nicht mehr aufrecht zu erhalten.

Viele Kinder und Jugendliche weisen depressive Störungen auf, aber nur ein kleiner Teil von ihnen kann deshalb als suizidgefährdet bezeichnet werden. Die Beziehung zwischen Depressivität und Suizidalität hängt vom Diagnosekriterium der Depression ab. Je nachdem, ob Depression als normale Variante der emotionalen Befindlichkeit oder als Symptom einer Störung oder gar als psychopathologisches oder psychiatrisches Syndrom angesehen wird, kann die Verbindung zur Suizidalität enger gesehen werden (McLean 1990, 45). Nach Haenel (1983a, 72), Pfeffer et al. (1984) zählen depressive Kinder und Jugendliche zu den Hauptrisikogruppen Suizidgefährdeter, vor allem dann, wenn die Kinder und Jugendlichen sich gedanklich intensiv mit dem Tod und dem eigenen Sterben beschäftigen. Carlson und Cantwell (1982, 361) betonen den engen Zusammenhang zwischen Depressionshöhe und dem Ausmaß suizidaler Ideen und Gedanken. Suizidgedanken sind als Barometer für die Schwere der Depression anzusehen. Bei Kindern und Jugendlichen entspringt der Wunsch zu sterben, hauptsächlich der Tendenz zu fliehen und damit einer als unerträglich angesehenen Situation zu entrinnen (siehe auch Bründel 1993a).

Auch in der neueren deutschen Literatur wird der Zusammenhang zwischen Depression und Suizidverhalten bei Kindern und Jugendlichen stark hervorgehoben (Steinhausen 2002). Es werden dabei nicht nur die depressiven Symptome gesehen, sondern auch die borderline-Persönlichkeitsstörungen. Psychiatrische Erkrankungen erhöhen das Suizidrisiko beträchtlich.

Wenn auch in der Literatur unterschiedliche Meinungen über die Enge des Zusammenhangs zwischen Depression und suizidalem Verhalten vertreten werden, so kann man doch sagen, dass Symptome, die im Kindes- und Jugendalter auf Suizidalität hinweisen, fast immer mit depressiven Störungen einhergehen, mit Freudlosigkeit, tiefer Traurigkeit, Selbstentwertung, Schlaflosigkeit und Konzentrationsmängeln, also mit Befindlichkeiten, die für sich genommen nicht unbedingt pathologisch sein müssen, sondern Varianten normalen Verhaltens darstellen und daher die Diagnostik auch erschweren (Steinhausen 2002).

Von den unterschiedlichen Theorien zur Entstehung der Depression seien hier nur die kognitiv-lerntheoretischen von Seligman (1999), Beck (1972) und Beck et al. (1975, 1983, 1986, 2001) herausgegriffen. Seligman zufolge entsteht eine Depression dann, wenn frühe Erfahrungen mit belastenden Situationen ein Gefühl der Hilflosigkeit haben entstehen lassen, sodass Misserfolge und Enttäuschungen stets der eigenen Unfähigkeit zugeschrieben werden. Das kognitive Depressionsmodell (Beck et al. 1983) betont vor allem die der Depression zu Grundeliegenden kognitiven Dysfunktionen, nämlich

- die „automatischen Gedanken" im Bereich der kognitiven Triade: sich selbst, der Umwelt und der Zukunft gegenüber
- die überwiegend negative Verarbeitung „externer Stimuli"
- die negativen Einstellungen, Schemata und starren Regeln

Die Grundannahme ist die, dass Kognitionen für die Entstehung der Depressivität verantwortlich sind und dass diese durch die Interaktion mit wichtigen Bezugspersonen entwickelt werden. Kognitionen werden nach Trautmann & Luka (1985) vor allem erfasst als

- negative Erwartungen
- kognitive Verzerrungen
- irrationale Überzeugungen und Einstellungen
- negative Gedanken
- Kausalattributionen

Auch im Krankheitsmodell bedarf es fast immer eines „Auslösers", um die suizidale Handlung in Gang zu setzen, z. B. des Verlusts einer wichtigen Bezugsperson, einer schweren Kränkung, Bloßstellung oder Beschämung (wie im Krisenmodell). Neuere Untersuchungen zeigen, dass familiäre Belastungsfaktoren wie vorausgegangener elterlicher Suizid und psychiatrische Erkrankungen der Eltern oder aber psychiatrische Erkrankungen der Jugendlichen selbst das Suizidrisiko am stärksten beeinflussen (Agerbo, Nordentoft und Mortensen 2002). Jugendliche mit psychiatrischen Erkrankungen sind nicht nur darin gefährdet „einen" Suizidversuch, sondern nacheinander „mehrere" Suizidversuche zu unternehmen, und mit jedem Suizidversuch steigt die Wahrscheinlichkeit eines „gelungenen" Suizids.

Jugendliche, die während ihrer Kindheit traumatisierenden Bedingungen wie körperlicher Misshandlung, sexuellem Missbrauch und Gewalteinwirkungen ausgesetzt waren, entwickeln nach Streeck-Fischer (2002, 41) zu 90 % ein Borderline-Syndrom, das durch Impulsivität und Identitätsstörungen sowie durch die Unfähigkeit, Beziehungen zu knüpfen und aufrecht zu erhalten, gekennzeichnet ist. Die zentrale Angst dieser jungen Menschen ist Angst sowohl vor zu großer Nähe als auch vor dem Alleinsein. Die Angst wird durch Manipulation und Kontrolle oder aggressives, überaktives, selbst- und fremddestruktives Verhalten abgewehrt. Mithilfe des selbst- und fremddestruktiven Verhaltens soll das innere Gleichgewicht wieder hergestellt werden. Jugendliche mit chronischen Traumatisierungen zeigen in ihrer Einstellung zu Menschen, zum Leben und zur Zukunft Veränderungen im Sinne von verzerrter Wahrnehmung, Verleugnung, Realitätsverkennung, Wut und Aggression. Ihnen fehlt eine normale Affekt- und Impulsregulation. Streeck-Fischer (2002) weist auf die hohe Suizidgefährdung dieser Jugendlichen hin, die mit Selbstverletzungen beginnt und nicht selten mit der suizidalen Handlung endet.

Die Symptomatik depressiver Zustandsbilder bei Jugendlichen ist auch auf den Konsum von Drogen zurück zu führen. Als Sonderform der depressiven Episode ist die „Cannabis-induzierte Psychose" hervorzuheben: Die Jugendlichen zeigen sich antriebslos, haben keine Motivation, schwänzen die Schule, sind müde und lustlos (Rautenstrauch 1999). Lange Zeit wurde angenommen, dass es keine Cannabisabhängigkeit gäbe, dies ist jedoch nach Klosinski (2002) nicht der Fall. Der Drogenkonsum (legal und/oder illegal) stellt einerseits einen Versuch dar, Probleme aus dem Wege zu gehen und steigert andererseits die bestehenden Probleme bzw. schafft neue. Die Drogenkarriere beginnt fast immer mit Alkohol und Zigaretten, wobei der Einfluss von Gleichaltrigen sehr groß ist. Die Affinität von gesteigertem Drogenkonsum, Umsteigen auf härtere Drogen, länger andauerndem Missbrauch, Suchtverhalten, Abhängigkeit, Drogenkarriere, sozialem Ausstieg und Suizid wird von Malchau (1984, 1987) seit langem vertreten.

Depressionen können auch psychosozial bedingt sein, dafür liefern die soziologischen, die psychodynamischen sowie die lern- und stresstheoretischen Ansätze Erklärungen.

2. Theorien zur Erklärung der Suizidalität

Es gibt eine Vielzahl von Theorien, die Suizidalität aus verschiedenen Blickwinkeln beschreiben und zu erklären versuchen. In der älteren und neueren Literatur zum Suizidverhalten wird der Suizid als multifaktorielles Geschehen, als Zusammenspiel von individuellen und überindividuellen, von Innen- und Außenfaktoren angesehen (Farberow und Shneidman 1961; Corr und McNeil 1986; Hawton 1986; Diekstra und Hawton 1987; Ringel 1989; Orbach 1990; Diekstra 1991; Bründel 1993a; Fiedler und Lindner 1999; Goetze und Richter 2000; Wolfersdorf 2004). Suizidverhalten ist immer das Ergebnis von Wechselwirkungen zwischen persönlichen und sozialen Bedingungen und erweist sich als komplexes Geschehen psychologischer und soziologischer Faktoren. Die einzelnen Faktoren mögen zwar in ihrer Gewichtung unterschiedlich sein, können jedoch als interdependent angesehen werden.

a) Soziologische Theorie

Die soziologische Forschung macht im Wesentlichen gesellschaftliche, also überindividuelle Faktoren für den Suizid verantwortlich und untersucht Zusammenhänge zwischen Suizidhandlungen und äußeren Bedingungen wie Alter, Geschlecht, Beruf, soziale Situation, Lebensumstände etc. Im Mittelpunkt des soziologischen Interesses steht eher die Gesamtheit aller Suizide in einer Gesellschaft als die Suizidhandlung einzelner. Durkheim (zuerst 1897/1987) schrieb im Jahre 1897 die erste systematische Abhandlung über den Suizid und begriff ihn als soziales Problem. Er sieht im Suizid vor allem eine Störung in der Beziehung zwischen Individuum und Gesellschaft und interpretiert das Suizidgeschehen im Rahmen seiner Integrations- und Anomietheorie, die besagt, dass der Grad der Integration eines Individuums in die Gesellschaft und die Akzeptanz ihrer Normen und Regeln als ein Maß für das Suizidrisiko anzusehen ist. Desintegration besteht nach Durkheim dann, wenn die institutionalisierten Stützen der Gesellschaft wie Staat, Kirche und Familie nicht mehr den Einfluss auf das Individuum ausüben, der nötig wäre.

Er unterscheidet drei „Grundtypen" von Suiziden (bei Durkheim: Selbstmord), die er auf unterschiedliche soziale Ursachen zurückführt und unter zwei Dimensionen betrachtet, der sozialen Integration und der sozialen Regulation. Erstere schließt den „egoistischen" und den „altruistischen Selbstmord" ein, letztere den „anomischen". Durkheim bezog seine Typisierung auf Erwachsene, im Folgenden wird sie in Beziehung zu Jugendlichen gesetzt (siehe auch Bründel 1993a).

Der „egoistische Selbstmord" ist nach Durkheim Ausdruck einer zu starken Individuation und eines mangelnden Gemeinschaftsbewusstseins und einer ungenügenden Gemeinschaftsverbundenheit. Die Folge ist Entfremdung, Vereinsamung und Isolierung des Individuums (a.a.O., 162 ff). Dies trifft auf diejenigen Jugendlichen zu, die sich bewusst selbst ausgrenzen, ihren eigenen Weg gehen wollen, Gruppenaktivitäten meiden und lieber für sich sein wollen, auch wenn sie dabei letzten Endes nicht glücklich sind. Es sind unter Jugendlichen die Einzelgänger, Individualisten, Außenseiter und Eigenbrötler, die zum „egoistischen Selbstmord" neigen.

Der „altruistische Selbstmord" ist Ausdruck einer zu starken Abhängigkeit von der Gesellschaft und einer zu gering ausgeprägten Individualität (a.a.O., 242 ff). Hierunter könnten diejenigen Jugendlichen fallen, die einen Sinn des eigenen Lebens nur im Leben anderer sehen, die stark von anderen, ihrer Familie, ihren Freunden, ihrer Clique abhängig sind und ohne sie nicht leben können. Es sind Jugendliche mit einem instabilen Selbstwertgefühl und der Neigung, sich Gruppennormen zu beugen und Fremdeinflüssen zu unterliegen. So kann ein „altruistischer Selbstmord" auch im Doppelsuizid, der bei Jugendlichen nicht selten vorkommt, gesehen werden. Bei engen Freundinnen oder auch in einer gemischt geschlechtlichen Beziehung geschieht es häufig, dass einer ohne den anderen nicht mehr leben will und beide simultan die suizidale Handlung begehen oder dass der Suizid des einen den des anderen unmittelbar nach sich zieht.

Beim „anomischen Selbstmord" leidet das Individuum an der Regel- und Schrankenlosigkeit seines eigenen Handelns und daran, dass ihm die Gesellschaft keine regulative Kraft entgegensetzt (a.a.O., 273 ff). Es kann sich dabei um Jugendliche handeln, die kein Ziel vor Augen und dennoch grenzenlose, unerfüllte Bedürfnisse haben. Die Sozialisationsinstanzen wie Familie und Schule geben ihnen keinen Halt und keine Sicherheit, die Gesellschaft ist für sie nicht gegenwärtig und fassbar. Sie haben keine Perspektive und keine Zukunftsaussichten. Es sind Jugendliche mit multiplen Versagens- und Frustrationserlebnissen aus broken-home-Familien, Jugendliche ohne Schulabschluss und Jugendliche ohne Lehrstelle. Aus solchen Situationen können Gewalthandlungen einzelner entstehen, die man mit Kurzschlusshandlungen und Amokläufen (z. B. der Amoklauf eines von der Schule verwiesenen Schülers im Jahre 2002 in Erfurt) gleichsetzen kann.

Durkheims Grundgedanken besitzen auch heute noch Gültigkeit. Faktoren wie soziale Integration und Desintegration, Fehlen gemeinsamer Ziele und allgemeinverbindlicher sozialer Normen sowie Zwang, Druck und soziale Einengung werden auch in der weiterführenden soziologischen Fachliteratur sowie der Sozialisationsforschung als Einflussfaktoren für Gesundheitsstörungen und die Entstehung von Suizidtendenzen angesehen (Wellhöfer 1981; Hurrelmann und Ulich 1991; Hurrelmann 2002; Hurrelmann und Laaser 1998; Hurrelmann et al. 2003).

Auf Erwachsene und Jugendliche gleichermaßen bezogen, heißt dies, dass von der Anerkennung in der Gruppe, von der Übereinstimmung mit ihren Werten und Vorstellungen und von dem Gefühl, angenommen und akzeptiert zu werden, starke suizidhemmende Wirkungen ausgehen können. Je geborgener und sicherer sich Jugendliche in ihrer Familie fühlen, je fester sie zu einem Freundeskreis oder einer Jugendgruppe gehören, desto gefeiter und immuner sind sie gegenüber Suizidtendenzen und desto mehr können sie ihrem Leben einen Sinn verleihen. Die Familie gibt dem Kind und dem Jugendlichen das Urvertrauen, das sie brauchen, um eine gesunde psychische Entwicklung nehmen zu können (Erikson 1974, 1981; Oerter und Montada 2002). Die Zugehörigkeit zur Gruppe der Gleichaltrigen vermittelt das Selbstwertgefühl, das notwendig ist, um Krisen, Konflikte und Enttäuschungen zu überstehen (Dührssen 1967; Nissen 1975; Holderegger 1979; Greve 2000; Flammer und Alsaker 2002; Fend 2003; Charlton, Käppler und Wetzel 2003).

Die Gefahren einer zu starken Gruppenbindung, die Durkheim aufgezeigt hat, bestehen heute für Jugendliche vor allem darin, dass sie sich den möglicherweise negativen Einflüssen einer Gruppe nicht entziehen können, sie sich einem Gruppendruck beugen, Gruppennormen übernehmen, die im Widerspruch zu denjenigen der Gesellschaft stehen und dadurch in kriminelle Handlungen verwickelt werden. Von der Gefahr der Desintegration, so wie Durkheim sie beschreibt, sind ganz besonders diejenigen Jugendlichen betroffen, die sich in der Ablösungsphase vom Elternhaus und in der Übergangsphase von Schule und Beruf befinden und keine sichere Position in der Gleichaltrigengruppen haben (Oerter und Montada 2002).

Durkheims Theorie erklärt nicht, warum unter gleichen suizogenen gesellschaftlichen Verhältnissen sich nicht mehr oder gar alle Individuen umbringen, sondern nur eine Minderheit. Sein Ziel war es, die gesellschaftliche Bedingtheit der Suizidrate zu untersuchen, daher berücksichtigt sein soziologischer Ansatz nicht die subjektiven und individuellen Komponenten des Suizidgeschehens. Diese stehen im Mittelpunkt der psychoanalytischen und der psychodynamischen Theorien.

b) Psychoanalytische Theorie

Die psychoanalytische Forschungsrichtung hat sich im Vergleich zur Soziologie erst relativ spät mit der Suizidproblematik auseinandergesetzt und sich dann eher mit den psychischen, d. h. inneren Determinanten der suizidalen Person beschäftigt. Gegenstand der Forschung sind individuelle Faktoren wie psychische Entwicklung, Persönlichkeit, Konflikte, Krisen und Motive. Aus aktuellem Anlass einer Serie von Schülersuiziden wurde das Problem erstmalig im Jahre 1910 Thema einer medizinischen Tagung des Wiener Psychoanalytischen Vereins, einem Symposium über Selbstmord, das von Freud selbst einberufen wurde und auf dem sich führende Psychoanalytiker mit der Frage auseinander setzten, wodurch die zahlreichen „Schülerselbstmorde" verursacht sein könnten (Adler 1910; Freud 1917).

Freuds Gedanken zum Suizid sind in seiner Arbeit über „Trauer und Melancholie" (1917/1946) entwickelt worden, beziehen sich allerdings auf Erwachsene und müssen in Zusammenhang mit seinem Gesamtkonzept über die Entstehung der Libido, über die Struktur der Psyche und in Zusammenhang mit seiner Neurosenlehre gesehen werden. Ein depressiver Mensch, der zum Suizid neigt, weist Entwicklungsstörungen aus der oralen (Urvertrauen), der analen (Macht) und der frühen genitalen (Oedipus) Phase auf. Auf Jugendliche bezogen heißt das, dass sie in ihrer frühen oder auch späten Kindheit nicht die Unterstützung von ihren Eltern erhalten haben, die sie gebraucht hätten. Hierbei kann es sich um Vernachlässigung, Deprivation, Mangel an Liebe und Fürsorge handeln oder auch um massive Verlusterlebnisse (Oerter und Montada 2002).

In den ersten beiden Lebensjahren wird die Basis für Selbstsicherheit geschaffen. Gelingt dies nicht, spricht man bei Säuglingen und Kleinstkindern von einer anaklitischen Depression, die sich in auffälligem Verhalten zeigt wie Schreien, Weinen, Schlaflosigkeit und Rückzugsverhalten. In der so genannten analen Phase kann es bei der Sauberkeitserziehung zwischen zwei- und dreijährigen Kindern und ihren Eltern zu starken Machtauseinandersetzungen kommen. Eine zwanghafte und rigide Sauberkeitserziehung führt zu einer starken Belastung des Eltern-Kind-Verhältnisses, zu einer Störung der emotionalen Bindung und zu einer Überforderung des Kindes, das sich zu einer ängstlich-angespannten und auch aggressiven Persönlichkeit entwickeln kann (Steinhausen 2002). In der genitalen Phase nimmt das sexuelle Interesse des vier- bis fünfjährigen Kindes zu. Es erlebt Bedürfnisbefriedigung vor allem durch die Stimulation des eigenen Körpers. Es durchsteht psychoanalytisch gesprochen Kastrationsängste. Seine sexuelle Liebe richtet sich vorrangig auf den gegengeschlechtlichen Elternteil (Oedipus-versus Elektrakonflikt). In dieser Phase haben sich Kinder mit ihrer männlichen/weiblichen Geschlechtsrolle identifiziert und haben männliche bzw. weibliche Verhaltensweisen entwickelt.

Bei Enttäuschungen und Kränkungen, so die psychoanalytische Theorie, richtet der Mensch – und dies gilt für Jugendliche und Erwachsene gleichermaßen – seine unbewussten Hassgedanken, seine Rache- und Mordimpulse gegen denjenigen, den er früher so geliebt und der ihn jetzt enttäuscht hat. Da er emotional sehr stark an ihn fixiert bleibt und sich mit ihm identifiziert, wendet er seine Anklagen und Beschuldigungen nicht gegen ihn, sondern gegen sich selbst. Damit verwandelt er den erlittenen Objektverlust in einen Ichverlust. Der Mordimpuls wird im Selbstmord realisiert. Dieser objektpsychologische Ansatz kann in dem Satz Adlers (1910, 33) sinngemäß zusammengefasst werden: „Es tötet niemand sich selbst, es sei denn, er wolle einen anderen töten." Shneidman (1980, 46) definiert den Suizid als einen um 180 Grad gedrehten Mord.

Die Aggressionsumkehr ist der zentrale Gedanke Freuds und wird seither als integraler Bestandteil einer jeden Suizidhandlung angesehen. Freud sieht den Suizid nicht nur als letzte Konsequenz einer zu Grunde liegenden depressiven Dynamik, sondern als Lösung eines Aggressionskonflikts. Im Suizid wirken nach Freud auch Selbstbestrafungstendenzen mit, die als Reaktion des strengen Überichs auf die Mordimpulse des Ichs anzusehen sind. In seinen späteren Arbeiten hat Freud den Destruktions- bzw. den Todestrieb eingeführt, als dessen Teil der Aggressionstrieb anzusehen ist. Wird die Befriedigung des Aggressionstriebes auf Dauer gehemmt, richtet sich der Trieb gegen die eigene Person.

Zusammenfassend kann gesagt werden, dass der wichtigste Aspekt der Ausführungen Freuds zum Suizidgeschehen die nach innen gerichtete Aggression ist, ein Gedanke, der später von Ringel (zuletzt 1989) wieder aufgegriffen wird.

c) Psychodynamische Theorien

Die psychodynamischen Theorien beschreiben den Weg in die Suizidalität (Ringel 1953; Pöldinger 1968; Stengel 1969; Feuerlein 1971; Menninger 1978). Sie haben noch heute Gültigkeit und werden von derzeitigen Suizidforschern wieder aufgegriffen (Kind 1992, 2000; Bronisch 1995; Fiedler und Lindner 1999; Wolfersdorf 2002, 2004).

Das „präsuizidale Syndrom" ist eine dem Suizid vorausgehende Befindlichkeit, die sich schon lange vor Ausführung der Suizidhandlung zeigt. Der Begriff ist von Ringel (1953) geprägt worden und seitdem fester Bestandteil der Suizidliteratur. Ringel (1953) hat ihn ursprünglich auf Erwachsene bezogen und später auch auf Jugendliche übertragen (1955). In den folgenden Jahren wurde der Begriff des „präsuizidalen Syndroms" von anderen Suizidforschern aufgegriffen und bestätigt (Jacobs 1974, 1985; Löchel 1981, 1983, 1984; Stober und Busch 1983; Carls 1986; Crepet 1996).

In seiner retrospektiven Studie stellte Löchel (1981) noch zusätzlich einen somatischen Anteil des Syndroms fest, und zwar die psychosomatischen Begleiterscheinungen wie Bauch- und Kopfschmerzen, Schwindelgefühle, Müdigkeit und

Schlaflosigkeit, die ganz wesentlich im präsuizidalen Zustand von Kindern und Jugendlichen nachweisbar sind. Carls (1986) beschrieb außerdem bei Jugendlichen noch einen auffälligen Anteil von Selbstvorwürfen und Autoaggressionen.

Jacobs (1974, 42 ff) untersuchte in seinem biographischen Ansatz zur Erklärung suizidaler Handlungen vor allem den Prozess der fortschreitenden Isolierung bei Jugendlichen, der in mehreren Phasen verläuft und vor allem das zunehmende Versagen von verfügbaren Anpassungstechniken und Bewältigungsmustern beinhaltet. Phasen des Prozesses sind Protest der Jugendlichen, Auflehnung, Ungehorsam, dann Rückzug auf sich selbst, Niedergeschlagenheit und Verstummen sowie schließlich der physische Rückzug, der zunächst in Weglauftendenzen sichtbar werden kann (siehe auch Bründel 1993a).

Nach Ringel (1953) ist der Suizid „Abschluss einer krankhaften psychischen Entwicklung". Im Verlauf einer solchen Entwicklung werden drei Phasen unterschieden: das Stadium der Erwägung, der Ambivalenz und des Entschlusses. Ist der Entschluss einmal gefasst, wird die Tat meistens auch ausgeführt. Stober und Busch (1983, 11) beschreiben dies als Unausweichlichkeit:

> „Der betroffene Jugendliche ist überzeugt, dass die suizidale Handlung (oder das, was er dafür hält) für ihn die einzige Lösungsmöglichkeit des ungelösten langandauernden Lebensproblems darstellt."

Alvarez (1985, 118) spricht von der „Logik" des Suizids:

> „Wenn ein Mensch beschließt, sich das Leben zu nehmen, betritt er eine abgeschlossene, undurchdringliche, jedoch völlig überzeugende Welt, in der jede Einzelheit stimmt und jeder Vorfall ihn in seinem Entschluss bestärkt."

Quinnett (1990, 118) spricht ebenfalls von der „Logik des Suizids" und davon, dass derjenige, der kurz vor einer Suizidhandlung steht, nicht mehr im Stande sei, alle „Teile des Puzzles" zu überblicken, sondern statt dessen „blind vor Zorn und Schmerz" ist. Auch Shneidman (1988) benutzt den Begriff der „in sich schlüssigen Logik", er beschreibt den eingeschränkten Denkstil der Menschen, die kurz vor dem Suizid stehen und fest daran glauben, dass es keine andere Lösung für ihre Probleme gäbe als den Suizid.

Ringel (1981) hat drei Symptome benannt, die die psychische Verfassung von Menschen beschreiben, die sich mit dem Gedanken tragen, Suizid zu begehen und die, wenn man noch die psychosomatischen Störungen hinzunimmt, ebenfalls für Kinder und Jugendliche gelten. Es sind dies die Symptome der Einengung (situativ, dynamisch, zwischenmenschlich und in der Wertwelt), der Aggression (gehemmt und gegen sich selbst gerichtet), der Selbstmordphantasien (ausgesprochen oder nicht). Diese drei Symptome werden als das „präsuizidale Syndrom" bezeichnet (Abb. 17).

ad 1: Präsuizidale Jugendliche fühlen sich nach Ringel et al. (1955) eingeengt und bedroht. Sie scheinen von den Anforderungen erdrückt zu werden. Sie nehmen nur noch Ge- und Verbote wahr und sehen ihre Gegenwart und Zukunft düster und schwarz. Auch ihre Kindheit erscheint ihnen traurig und leer. Ihnen ist, als ob sie nie gelebt hätten. Ihre Grundstimmung ist depressiv, grüblerisch und anklagend. Sie brechen ihre Freundschaften ab und ziehen sich in sich selbst zurück. Einerseits fühlen sie sich alleingelassen, andererseits suchen sie geradezu die Einsamkeit. Sie verachten und entwerten sich und haben nicht nur das Vertrauen zu anderen verloren, sondern vor allem zu sich selbst. Beschäftigungen, Tätigkeiten, Hobbies,

110

die ihnen früher Freude bereitet haben, bedeuten ihnen nichts mehr, sie befinden sich in einem Prozess der fortschreitenden Isolierung.

Abb. 17: Das „präsuizidale Syndrom"

ad 2: Suizidgefährdete Jugendliche betrachten die Welt vorwurfsvoll; hier klingt schon das zweite Symptom an, nämlich die gehemmte und gegen sich selbst gerichtete Aggression, die – wie Freud aufgezeigt hat – Bestandteil jeder Suizidhandlung ist. Aggressionsobjekt vieler Jugendlicher ist oft der Vater, die Mutter, eine Autoritätsperson oder eine ehemals heißgeliebte Freundin/ein Freund. Entweder erscheint das Aggressionsobjekt übermächtig, sodass es zu einer Aggressionshemmung kommt, oder aber es erfolgt eine Identifikation mit der Person verbunden mit einer Aggressionshemmung, die wiederum zu einer Aggressionsumkehr führt, mit der Folge, dass sich die Aggression gegen die eigene Person richtet. Dies geht sehr oft mit einem Gefühl der ohnmächtigen Wut und Verbitterung einher, und eine letzte Genugtuung kann dann wenigstens in der Gewissheit liegen, dass mit dem eigenen Tod der Andere bis an sein Lebensende bestraft sei.

So schreibt Klosinsky (1983, 96):

> „Oft wird der Ohnmacht in der Vertrauenskrise auf dem Hintergrund des unterbrochenen Dialogs durch Antizipation eines imaginären Publikums im Phantasiespiel des Suizidgefährdeten mit Rachegefühlen begegnet. Eine gewisse bittersüße Lust begleitet die Vorstellung, wie die anderen am Grab zu spät den eigenen Wert erkennen. Dies bedeutet, dass durch die suizidale Geste der abgebrochene Dialog wieder aufgenommen werden soll. Insofern ist der Suizidversuch als dynamische Handlung sowohl ein Angriff auf die eigene Person als auch ein Angriff nach ‚außen'".

Flammer und Alsaker (2002) betonen, dass die Verbindung von Jugendsuizidalität und Depression vielen Jugendlichen nicht gerecht wird, denn bei sehr vielen Jugendlichen, die einen Suizidversuch unternommen hatten, konnte eine starke

Tendenz zum Ausagieren ihrer Probleme nachgewiesen werden. Diese Jugendlichen zeigten massive Verhaltensauffälligkeiten, eine niedrige Toleranz für Stress und Frustrationen und eine erhöhte Impulsivität. Der Entwicklungsweg dieser Jugendlichen führte von aggressivem Verhalten über Substanzmissbrauch und Delinquenz bis hin zur Kriminalität und Suizidalität.

ad 3: Das dritte Symptom des „präsuizidalen Syndroms" von Ringel ist das der Flucht- oder Selbstmordphantasien, die wiederum unterschiedliche Stadien der Intensität annehmen können: Zunächst träumen Jugendliche nur davon, tot zu sein und nehmen sozusagen das Resultat des Sterbens vorweg. Während sie das Sterben selbst noch ausklammern, gewöhnen sie sich langsam an den Gedanken und fangen an, das Wie zu planen. Gedanken an die Methode, die sie wählen könnten, drängen sich ihnen geradezu auf und nehmen die Form von Zwangsgedanken an. Der Tod beginnt, sie magisch anzuziehen.

Mit Suizidphantasien sind Wünsche nach Geborgenheit und Gefühle von Entlastung und Erleichterung verknüpft. Sie vermitteln jedoch ein Trugbild, dessen Erfüllung mit dem Tod endet (Machleidt 1991). Gleichzeitig gehen Suizidphantasien fast immer mit Suizidankündigungen einher. Darin liegt eine Paradoxie, die die tiefe Verzweiflung und Ambivalenz verdeutlicht, die Jugendliche empfinden. Jugendliche, die Suizidabsichten hegen, haben das Bedürfnis, auch darüber zu sprechen:

- „Ich mach Schluss."
- „Mich wird ja doch niemand vermissen."
- „Bald habe ich ganz viel Zeit."
- „Es ist alles so sinnlos."
- „Man müsste nur noch schlafen und nie mehr aufwachen."

Es handelt sich dabei um Alarmsignale, die sich an Eltern, Geschwister, Freunde und Klassenkameraden richten. Sie sind Ausdruck des „Hilferufes" (Farberow und Shneidman 1961) und haben starken Appellcharakter. Sie verdeutlichen, dass die Jugendlichen eigentlich nicht wirklich sterben, sondern dass sie nur unter ihren bisherigen Lebensbedingungen nicht mehr weiterleben wollen. Es bilden sich zwei Gefühlsebenen nebeneinander aus, die die Ambivalenz und Komplexität der suizidalen Befindlichkeit verdeutlichen (Shneidman 1980, 11). Neben den direkten Suizidankündigungen gibt es indirekte, die sich auf der Verhaltensebene abspielen und als „Alarmzeichen" auf eine Suizidgefährdung hinweisen:

- plötzliche Leistungsverweigerung in der Schule
- Rückzug und Energieverlust
- Schulschwänzen
- von der Schule oder von zu Hause weglaufen
- Abwendung von den Eltern
- fehlende Gesprächsbereitschaft
- kein Interesse mehr an Dingen, die die Familie betreffen
- kein Interesse mehr an Schallplatten, Büchern, Hobbys
- kein Interesse mehr an bestehenden Freundschaften etc.

Häufig führt dies zu einem Verschenken und Weggeben einst geschätzter und wertvoller Gegenstände. Wenn diese Transaktionen auch noch mit den Worten begleitet werden (Orbach 1990, 40); „Ich möchte dir meine Briefmarkensammlung schenken, ich brauche sie nicht mehr", dann weist sowohl die kognitive als auch die emotionale Inhaltsebene eines solchen Alarmzeichens auf Suizidabsichten hin. Dem Fortlaufen von Zuhause kommt eine besondere Bedeutung zu, es gilt als auffälliges Alarmzeichen. Ihm liegen unterschiedliche Motivationen zu Grunde (Lubrich 1985, 26):

- Es ist ein Ausreißversuch aus einer Konfliktsituation.
- Es ist ein letztes Warnsignal vor dem Suizidversuch.
- Es tritt an die Stelle eines Suizidversuchs.

Dem Fortlaufen kann eine Vermeidungstendenz, ein Ausweichverhalten innewohnen. Damit entziehen sich Kinder und Jugendliche einer Konfliktsituation, der sie sich nicht gewachsen fühlen. Colla-Müller (1984) betont besonders den Aspekt des Fortlaufens, wobei die Flucht aus der vermeintlich unerträglichen Situation und aus dem Leben ineinander übergehen. Dem Weglaufen kommt ebenfalls nach Jacobs (1974, 1985) eine große Bedeutung zu, es muss als Alarmzeichen höchsten Ranges betrachtet werden.

Die tiefe Verzweiflung, die Traurigkeit und die Missstimmung, von der schon Löchel (1981) schrieb und die sich sich häufig in psychosomatischen Symptomen wie Bauch- und Kopfschmerzen, Müdigkeit, Appetit- und Schlaflosigkeit ausdrücken, unterstreichen ebenso wie die verbalen Alarmsignale und die handlungsgebundenen Alarmzeichen den wichtigsten Aspekt der Suizidalität, nämlich den „Schrei um Hilfe" (Farberow und Shneidman 1961; Stengel 1969) und verdeutlichen auch das Phänomen der Ambivalenz und der „antagonistischen Kräfte" (Seiffge-Krenke 1984b, 381): Bei großem Leidensdruck besteht ein starker Äußerungswunsch bei gleichzeitig ausgeprägter Äußerungshemmung. Nur so ist es zu verstehen, dass Suizidankündigungen nicht immer direkt ausgesprochen, sondern häufig in mehr oder weniger versteckter Form ausgedrückt werden: in kleinen Briefen, in selbstverfassten Gedichten, in Skizzen und in Zeichnungen oder im schon erwähnten Verschenken einst geliebter Gegenstände. Kindern und Jugendlichen sind die wahren Gründe ihrer Verzweiflung häufig nicht bekannt. Sie reagieren dann nach Orbach (1990, 35) scheinbar unverhältnismäßig auf „unbedeutende Vorfälle":

- „Ich habe kein Geschenk bekommen."
- „Ihr liebt meine Schwester mehr als mich."
- „Es geht mir nicht gut, und ich weiß nicht warum."
- „Ihr seid nicht zu meiner Schulfeier gekommen."

Damit wird deutlich, dass zwischen dem Anlass einer Suizidhandlung und den länger zurückliegenden Ursachen unterschieden werden muss.

Für Ringel (1953) stellte Suizidalität zunächst eine krankhafte psychische Entwicklung dar, er revidierte jedoch später (1969) diese Ansicht und erkannte, dass nicht jeder Suizid Ausdruck einer Krankheit ist. Nach Rausch (1991) hatte die Bezeichnung „krank" in den fünfziger und sechziger Jahren emanzipatorischen Charakter und befreite die Suizidanten von der damals noch vorherrschenden kirchlichen, moralischen und gesetzlichen Verurteilung. Außerdem wurde mit diesem Begriff die suizidale Entwicklung betont. Dies sah Menninger (1978, 35) ebenso: „Selbstmörder ist man, lange bevor man Selbstmord begeht". Drömann (1983) unterstreicht die Gefahr, die hauptsächlich im dritten Stadium des Präsuizidalen Syndroms von Ringel besteht, wenn Jugendliche den Entschluss gefasst haben, sich umzubringen. Dieser übt ganz offensichtlich eine beruhigende Wirkung auf sie aus, denn von diesem Moment an geben sie sich oft heiter und gelassen, sodass ihre Umgebung keine Chance mehr hat, ihr bestehendes Leid und ihre Verzweiflung zu erkennen.

Shneidman (1980, 12), der sich in seinen Ausführungen hauptsächlich auf Erwachsene bezieht, beschreibt das „präsuizidale Syndrom" ähnlich wie Ringel:

- totale kognitive Einschränkung („constriction")
- Verstrickung der Gefühle („perturbation")
- feindliche Einstellung gegenüber der eigenen Person („inimicality")

Er charakterisiert den eingeschränkten und verengten Blickwinkel mit dem Bild der „Tunnelvision". Der Selbstmordgefährdete sieht nicht nur seine Vergangenheit, seine Erinnerungen und alles, was er bis dahin erlebt hat, als negativ an, sondern er verfällt einem Entweder-Oder-Denken und sieht ausschließlich nur noch seine subjektiv unerträgliche Gegenwart und gibt sich selbst bezogen auf die Zukunft keinerlei Chance. Er ist eine „inimical-perturbed-constricted person" (a.a.O., 13), durchdrungen von der Idee, tot zu sein, ein Ende zu setzen und Schluss zu machen. Seine Optionen sind eingeschränkt, er sucht auch nicht mehr nach Lösungen, sondern sieht nur noch die eine, nämlich das totale Nichts. Er ist sich selbst der größte Feind und ist doch in seinen Bedürfnissen im höchsten Maße frustriert. Er sehnt sich nach Sicherheit, Vertrauen, Freundschaft, und weil diese Sehnsucht nicht erfüllt wird, möchte er am liebsten „den Knopf für den Untergang dieser Welt" drücken (Shneidman 1988, 29). Enttäuschung und Wut mischen sich mit Selbsthass und Hass auf die ganze Welt. Ziel des Suizids ist es, dem Schmerz ein Ende zu setzen und vor der Angst zu fliehen, das Bewusstsein und die Handlungsfähigkeit endgültig zu verlieren.

Shneidmans Erklärung des Suizidgeschehens ist als „Kubustheorie" (Crepet 1996) bekannt geworden, bestehend aus den drei Dimensionen: Schmerz, Unruhe und Zwang. Jede dieser drei Variablen kann eine unterschiedliche Intensität besitzen, angefangen vom niedrigsten zum höchsten Wert. Shneidman betont, dass niemand einen Suizid begehe, bei dem die Kombination dieser drei interaktiven Komponenten nicht gegeben sei. Die Suizidhandlung erfolgt dann, wenn alle drei Dimensionen die stärkste Intensität erreichen (Abb. 18).

Andere Suizidforscher wie Stengel (1969), Feuerlein (1971, 1973), Menninger (1978), Henseler (1984) und Schmidtchen (1989) verlegen ebenfalls den Akzent auf die Dynamik des Suizidgeschehens und stellen auf Freud basierend einzelne Aspekte besonders heraus: So heben Henseler (1984) und Henseler et al. (1983, 34) die Bedeutung des Selbstwertgefühls hervor und sehen die Suizidhandlung als dynamischen Vorgang, in dem es vor allem um die Rettung des Selbstwertgefühls geht und um die Illusion, die Situation unter Kontrolle zu haben.

Die Erklärungsansätze Ringels sowie Henselers lassen sich gut miteinander verbinden. Die Autoren werten zwar den Aggressionskonflikt unterschiedlich, dafür werden aber die Symptome der Einengung und die Rückzugstendenzen des „narzisstisch Gekränkten" sehr ähnlich von ihnen beschrieben. Die Einengung ist weitgehend identisch mit den Phasen, die der narzisstisch Gekränkte auf dem Weg seiner Regression durchläuft. Ringels „Lebensverunsicherung" und Henselers „permanente Kränkung" bilden den Hintergrund für den „suizidalen Aufbruch", der den Entschluss zum Suizid bildet (Jörns 1986, 45).

Auch Menninger (1978, 37 ff) hebt vor allem drei Impulse einer Suizidhandlung hervor, die sowohl die Aggression (Töten) als auch den eigenen Todeswunsch (Tot sein) und den Impuls, gestraft zu werden (Getötet werden) unterstreichen (Abb. 19).

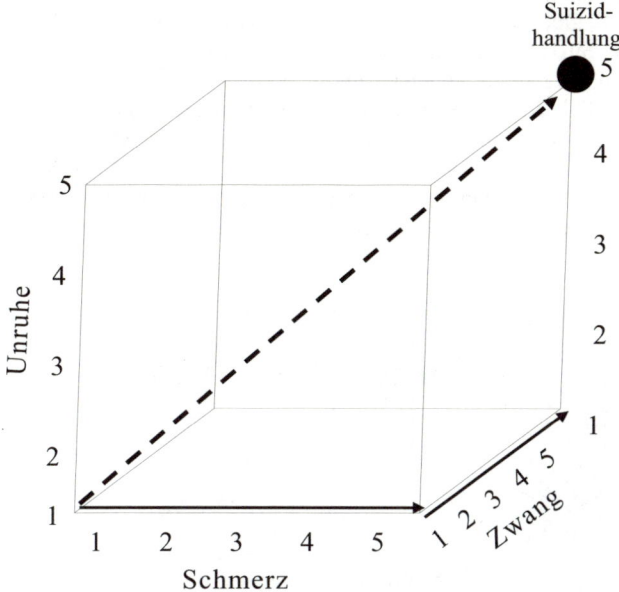

Abb. 18: Der Suizidwürfel (nach Shneidman 1985)

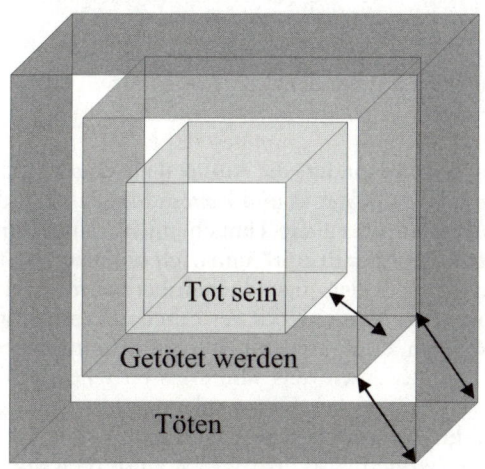

Abb. 19: Drei Impulse einer Suizidhandlung

Menninger bringt das Beispiel eines Jugendlichen, der mit seinem Suizid eigentlich den Vater treffen (Wunsch zu töten), sich aber gleichzeitig auch selbst bestrafen wollte (Wunsch getötet zu werden), um dadurch seiner verstorbenen Mutter nahe zu sein (Wunsch tot zu sein). Von Menninger stammen ebenfalls die Begriffe des „chronischen Suizids", der zum Beispiel für Drogenmissbrauch und für Magersucht steht, und des „fokalen Suizids", der für das wiederholte Verletzen an immer derselben Stelle, z. B. der Handgelenke, oder das Ritzen und Schneiden an den Armen steht. So ist Suizid Ausdruck eines Aggressionskonflikts, entweder sich selbst, einen anderen oder beide gleichzeitig zu töten (Thomas 1964).

Stengel (1969, 118) betont den ambivalenten Charakter einer Suizidhandlung und weist auf die lebenserhaltenden und die lebenszerstörenden Motive hin, die ihr zu Grunde liegen können. Menschen wollen nicht entweder leben oder sterben, sondern sie wollen meistens beides gleichzeitig oder auch keines von beiden. Stengel sieht vor allem drei Anteile in einer Suizidhandlung (Abb. 20):

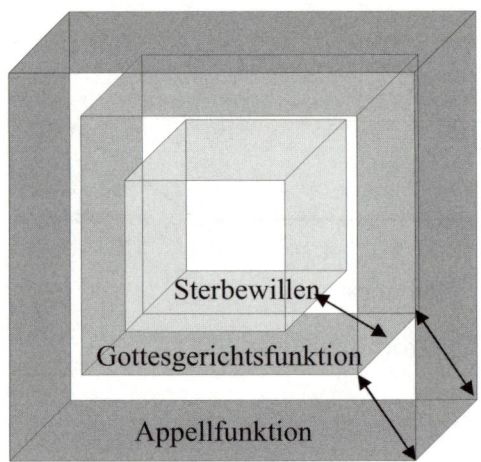

Abb. 20: Funktionen einer Suizidhandlung

In der Appellfunktion wird besonders die Ambivalenz deutlich, denn sie beinhaltet einerseits den Ruf nach Hilfe, Kontakt und Zuwendung, aber andererseits auch die schon erwähnte Aggression gegen die Umgebung im Sinne von Rache und Erpressung. Beide Botschaften „Helft mir" und „Ich will euch bestrafen" sind mehr oder weniger im Bewusstsein der Jugendlichen enthalten. Manchmal lassen Jugendliche die Entscheidung, ob sie wirklich sterben oder noch weiterleben möchten, offen und übertragen diese einem mystischen Gottesurteil. Die Nähe des Suizidortes zum Elternhaus sowie das Hinterlassen eines Abschiedsbriefes, der noch vor Ausführung der Tat von Eltern oder Geschwistern gefunden werden kann, unterstreichen die Ambivalenz und das Schwanken zwischen dem Wunsch, so nicht länger leben zu wollen, also dem Willen zu sterben und dem Wunsch, ein anderes Leben führen zu können. Die Zielsetzung bleibt offen, und auch in diesem Sinne erhält der Suizidversuch den Charakter einer Herausforderung des Schicksals, einer Art „Gottesurteil" (Stengel 1969).

Malchau (1987, 169) sieht in jeder Suizidhandlung eine „Überlebensoption" und betont damit ebenfalls den ambivalenten Charakter. In der Suizidhandlung erfahren sich Jugendliche paradoxerweise als Handelnde, mit dem Ziel, eine Einstellungsänderung ihrer Mitmenschen und damit eine Verbesserung ihrer Position zu erreichen. Die Paradoxie besteht darin, dass sie die sozialen Konsequenzen ihrer Tat nicht mehr erfahren können und dass sie mit dem Wunsch, ihr Leben zu verbessern, dasselbe gleichzeitig auslöschen.

Feuerlein (1971) greift die Gedanken Stengels auf und setzt neben die Appellfunktion den Wunsch nach einer Zäsur (Abb. 21).

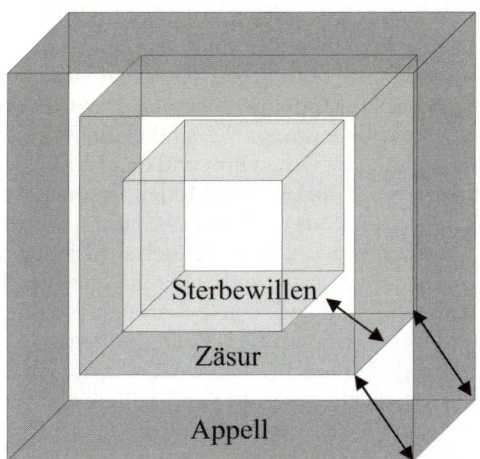

Abb. 21: Anteile einer Suizidhandlung

Er nennt den Anteil einer Suizidhandlung, in der die Appellfunktion überwiegt, eine „parasuizidale Geste" und den Anteil, in dem der Wunsch nach einer Zäsur dominiert, eine „parasuizidale Pause". Diese Aufgliederung ist als idealtypisch anzusehen, in der Realität sind alle drei Komponenten miteinander verwoben. Kreitman (1977) hat den Begriff des Parasuizids aufgegriffen, der seitdem in der Literatur synonym für Suizidversuch steht.

Jugendliche bringen mit ihrem Sterbewillen, der oft zu einen Suizidversuch führt, zum Ausdruck, dass sie eine Unterbrechung ihres bisherigen Lebens wünschen und für kurze Zeit nur abschalten und fliehen wollen. Sie möchten ihren momentanen Schwierigkeiten durch einen Tiefschlaf entgehen und so Abstand von allen bedrückenden Erfahrungen und belastenden Erlebnissen gewinnen (Holderegger 1979, 51). Der Wunsch, Ruhe zu haben und sich nicht mehr mit Problemen quälen und unter Belastungen leiden zu müssen, spielt bei suizidalen Jugendlichen oft eine große Rolle. Schlaf und Tod sind in ihrem Erleben nicht grundlegend verschieden: „Schlaf ist Tod auf Zeit" (Tölle 1988, 119).

117

d) Lerntheorie

Die Lerntheorie basiert auf dem Grundgedanken, dass alle Verhaltensweisen – und damit auch jedes neurotische, psychotische und suizidale Verhalten – auf Lernprozesse zurückzuführen sind (Skinner 1953). Die psychosoziale Entwicklung eines Kindes wird mit Lernerfahrungen gleichgesetzt, d. h. sie kommt durch Verarbeitung der Einflüsse aus der sozialen und physikalischen Umgebung zu Stande. Verhaltensweisen und Handlungskompetenzen werden durch die wechselseitige Beziehung mit anderen Menschen erlernt. Lernen bedeutet Reagieren auf bestimmte Reize, Vorgaben, Begrenzungen und Anregungen. Dabei spielen Lob und Tadel sowie Konsequenzen eine große Rolle. In der von Bandura (1979) entwickelten Lerntheorie haben Modellpersonen im Prozess der Aneignung neuer Verhaltensweisen eine große Bedeutung. Sie sind dann Vorbilder für das Kind, wenn es eine positive Beziehung zwischen ihm und den Modellpersonen gibt, wenn es sich mit ihnen identifizieren kann und die Modellpersonen mit ihrem Verhalten Erfolg haben. Verhaltensweisen können durch Nachahmungslernen bewusst oder auch unbewusst übernommen werden, wobei es sich sowohl um positive und sozial anerkannte als auch um negative, antisoziale oder auch selbstschädigende Verhaltensweisen handeln kann. Der Suizid von bekannten Popstars, Musikern und Schauspielern stellt ein besonders großes Nachahmungsrisiko für Jugendliche dar, besonders dann, wenn genau beschrieben wird, wie sie sich umgebracht haben. Jugendliche identifizieren sich mit ihren Idolen, wollen sein wie sie, kleiden sich wie sie – und verhalten sich wie sie, was auch für die suizidale Tat zutreffen kann.

Nach der Lerntheorie ist Lernen nicht nur am Erfolg bzw. Misserfolg des eigenen Verhaltens möglich, sondern auch in starkem Maße am Erfolg/Misserfolg des wahrgenommenen selbstschädigenden Verhaltens anderer Menschen, vorwiegend derer, die ein Modell darstellen. Die nachahmende Wirkung von Suiziden auf Jugendliche kann damit lerntheoretisch erklärt werden. Viele Autoren weisen auf die negative Vorbildwirkung hin, die von tatsächlichen und/oder in Medien dargestellten oder auch in den neuen Medien angekündigten Suizidhandlungen ausgeht. Allerdings betont Stengel (1969), dass Suizidvorbilder nur bei denjenigen wirksam sind, deren psychische Verfassung ohnehin eine „Prädisposition" für Suizid erkennen lasse, ohne dass er dies jedoch im genetischen Sinne meint.

Schmidtchen (1989) sieht den Suizid als die höchste Form der Selbstschädigungstendenz an und sieht diese bei Jugendlichen in mehreren Abstufungen gegeben: in Rückzugs-, Isolations- und Fluchttendenzen bis hin zum Suizid:

- Selbstisolation
- Grübeln
- Selbstmitleid
- Resignation
- Fluchttendenz
- alles hinwerfen wollen
- an Suizid denken

Die Suizidpersönlichkeit – so Schmidtchen – werde in jungen Jahren herangebildet. Der Jugendliche kämpfe jahrzehntelang mit Schwierigkeiten und habe es nicht gelernt, geeignete Bewältigungsmechanismen heran zu bilden. Junge Menschen, die zur Selbstschädigung neigen, werden nicht als solche geboren, sondern auf spezielle Weise dazu erzogen. Kinder und Jugendliche, die selten oder nie gelobt werden, die das Gefühl haben, nicht gewollt und geliebt zu sein, entwickeln aufgrund dieser jahrelangen Erfahrungen das Bewusstsein, wertlos zu sein und schaffen sich so ihre eigenen „Selbsthandicaps". Für die Entstehung selbstschädigender Verhaltensweisen komme dem Kommunikationsstil im Elternhaus, dem elterlichen Erziehungsstil, dem erlebten Erfolg und Misserfolg des Kindes und des Jugendlichen eine hohe Bedeutung zu (siehe auch Bründel 1993a).

Schmidtchen interpretiert das Suizidgeschehen im Rahmen der Attributionstheorie, einer Theorie, die erklärt, welche Ursachen Menschen Verhaltensbeobachtungen zuordnen. Er sieht das „Paradox der Selbstschädigung" (a.a.O., 15) bei Jugendlichen in einem zurückliegenden systematischen Aufbau von „Selbst-Handicaps" (a.a.O., 16), die in ihrer Gesamtheit zu einer „Kapitulation vor dem Dasein" (a.a.O., 39) führen. Der Selbst-Handicap-Strategie liege eine Schutzfunktion zu Grunde, deren Ziel es sei, Unzulänglichkeiten der eigenen Person aus dem Wege zu gehen und damit vom Scheitern und dem eigenen negativen Selbstbild abzulenken.

Suizidales Verhalten wird als „gelernte Konfliktstrategie" (Ferster 1973), als eine „erlernte Form von Konfliktlösungsverhalten" angesehen (Lauterbach 1976). Viele Autoren beschreiben Suizid als „misslungene Kommunikation", als fehlgeschlagenes Bewältigungsverhalten und als Versuch, mit Angst, Bedrohung und Überforderung umzugehen (Mikawa 1973; Jacobs 1974), als „verzweifelten Mitteilungsversuch", der einem besseren Weiterleben dienen soll sowie als Methode der Metakommunikation (Lauterbach 1976, 74; Watzlawick et al. 1990).

Damit kann Suizidverhalten lerntheoretisch als „konsequenzsteuerndes Verhalten" (Schmidtke 1989, 332) definiert werden, wobei die Konsequenzen vor allem als antizipierte positive Verstärkung gesehen werden. Hierunter fallen alle manipulativen und appellativen Versuche, auf die eigene unerträgliche Lebenssituation aufmerksam zu machen sowie eine geliebte Person wieder an sich zu binden oder zurückzugewinnen.

Seligman (1975/1999) sieht im suizidalen Verhalten eine „erlernte Hilflosigkeit" und damit vor allem den Prozess, der zur Hilflosigkeit führt. Hilflosigkeit ist jener psychologische Zustand, in dem Ereignisse unkontrollierbar erscheinen. Die erste Etappe auf dem Weg zur Hilflosigkeit ist die subjektive Wahrnehmung der fehlenden Vorhersagbarkeit und Kontrolle von Ereignissen. Die zweite Etappe besteht darin, dass die Person nun die Erwartung ausbildet, dass auch zukünftige Ereignisse nicht in ihrem Kontrollbereich liegen. Dies führt dann zur dritten Etappe, nämlich der Unsicherheit und Hilflosigkeit, die auf motivationalen, kognitiven und emotionalen Defiziten beruht. Der negativen Erwartung kommt dabei die entscheidende Rolle zu.

Der Kernpunkt ist, dass Individuen, die ständig erfahren, dass Ereignisse unabhängig von ihrem eigenen Verhalten eintreten und sie diese nicht kontrollieren, d. h. nicht durch Handlungen beeinflussen können, Gefühle der Ohnmacht und Hilflosigkeit entwickeln, die denen der Depression sehr ähnlich sind. Nichts tun zu können, keine Handlungsoptionen zu haben, kann zu Passivität führen, andererseits aber auch die paradoxe Wirkung haben, durch Sammeln aller Kräfte doch noch wenigstens eine Handlung auszuführen: die suizidale.

Hilflosigkeit kann jedoch auch eine Funktion erfüllen. Die Erklärung für wiederholte Suizidversuche liegt nach der Lerntheorie im Folgenden: Hilflosigkeit beeindruckt zunächst die Umgebung und fordert Hilfe und Unterstützung geradezu heraus. Wenn diese nachlässt, wird die „erlernte Hilflosigkeit" im Sinne eines „mehr desselben" intensiviert, und der Suizidversuch wird zur Beeinflussung der Umgebung als „Coping-Strategie" entdeckt (Frederick und Resnick 1971). Suizidales Verhalten wird als vermeintliche Konfliktlösung zu einer „Überlebenstechnik" (Reiner und Kulessa 1981, 101). Viele Jugendliche hoffen zunächst, dass ihre Eltern ihr depressives Verhalten und ihre Rückzugstendenzen als Anzeichen ihrer psychischen Probleme sehen und sich ihrer helfend annehmen. Sie merken jedoch, dass ihre Eltern dies als Fehlverhalten einstufen und darauf u.U. sogar mit Strafmaßnahmen reagieren. Es bleibt ihnen also nur noch die Suizidhandlung als letzter gesteigerter und extremer Konfliktlösungsversuch.

Lerntheoretisch fatal ist die Tatsache, dass Suizidverhalten kurzfristig gesehen „als nahezu hundertprozentig effektives Verhalten" zu bezeichnen ist, da es sehr schnell zu einer momentanen Konfliktbeendigung und sehr oft zu einer vorübergehenden erhöhten Zuwendung führt. Langfristig gesehen ist Suizidverhalten jedoch „äußerst ineffizient", da es bei den Sozialpartnern mit großer Wahrscheinlichkeit ebenfalls „inadäquates Sozialverhalten hervorruft" (Schmidtke 1988, 330 ff).

Quinnett (1990, 92) schildert anschaulich, dass oftmals die Reaktion der Eltern auf einen Suizidversuch ihrer Kinder ganz anders ausfällt, als diese es sich vorgestellt haben. Eltern reagieren im Schock nicht selten entweder damit, dass sie den der Tat vorausgehenden Schmerz und das Leid ihrer Kindes einfach übergehen und so tun, als wäre nichts geschehen, dass sie die Tat nicht ernst nehmen oder aber dass sie gekränkt reagieren und gegen ihre Kinder Vorwürfe erheben:

– „Sie will sich nur wichtig tun."
– „Sie wollte schon immer im Mittelpunkt stehen."
– „Wie konntest du uns das antun!"
– „Wir haben für dich immer das Beste gewollt, du bist sehr undankbar!"

Eltern wenden sich ihnen eventuell zwar kurzfristig mehr zu und kümmern sich intensiver um sie, aber nicht etwa in dem Glauben, dass sie ihr Erzieherverhalten oder sich selbst als Eltern verändern sollten, sondern in der Überzeugung, mit ihren Kindern „stimme etwas nicht". Paradoxerweise wirken Jugendliche durch ihre Handlung „quasi suizidkontingent selbst als aversiver Reiz" (Schmidtke 1988, 332) und lösen auf diese Weise sehr oft bei Freunden Rückzugsverhalten und eventuell auch ihrerseits Meidungsverhalten aus, was wiederum zu ihrer größeren Isolierung führt.

Das Gemeinsame an den Reaktionen der Angehörigen ist neben den Gefühlen der Beschämung und des Zorns auf diejenigen, die versucht haben, sich das Leben zu nehmen, Misstrauen ihnen gegenüber und permanente Angst, dass sie es wieder tun könnten, sodass ein entspanntes Miteinander kaum noch möglich ist. Oft ist für alle Beteiligten das Leben nachher schwieriger als vorher, und die zurückliegende Tat hängt wie ein Damoklesschwert über ihnen und lässt schon bei geringfügigen Auseinandersetzungen Gedanken und Ängste an Wiederholung aufkommen. Lerntheoretisch ist der Suizid ein letztes Bausteinchen in einer Kette verzweifelter, hilfloser und inadäquater Verhaltensweisen zur Lösung einer immer unerträglicher werdenden Konfliktsituation.

Sowohl das Krankheits- als auch das Krisenmodell sowie die psychodynamischen und die Lerntheorien beinhalten als auslösenden Faktor das belastende Ereignis, das zum Vollzug der suizidalen Handlung führen kann. Belastung und

120

Belastungs-Bewältigung stehen im Mittelpunkt der stresstheoretischen Ansätze. Dabei wird auf Ergebnisse der life-event- und der Stressforschung zurückgegriffen (Filipp 1981; Compas 1987a,b; Compas et al. 1988).

e)   Stresstheorie

Die Begriffe Belastung, Stress, Belastungsfaktoren und Stressoren werden weitgehend synonym verwendet (Cohen-Sandler et al. 1982; Cohen und Wills 1985). Houston (1987, 376) unterscheidet zwischen psychologischem und physiologischem Stress und setzt psychologischen Stress mit „negativen Gefühlen" gleich. Eine Situation wird dann als stressend erlebt, wenn sie negative Gefühle auslöst. Damit wird angedeutet, dass nur die Person selbst entscheiden kann, ob etwas für sie belastend oder stressend ist (Lazarus et al. 1985). Es wird eine Beziehung zwischen der eigenen Kompetenzbeurteilung und der subjektiv wahrgenommenen Bedrohung von äußeren Ereignissen hergestellt. Der grundlegende Gedanke ist die Subjektivität der Einschätzung von Belastung durch die Person, ein Forschungsansatz, der die rein stimulus- und reaktionsbezogenen Stressdefinitionen zu Gunsten der relationalen ablöst.

Der relationale Ansatz berücksichtigt sowohl die Person als auch die Situation. Im Mittelpunkt dieser Betrachtungsweise steht der Vergleich von „personspezifischen Handlungsmöglichkeiten und situationsspezifischen Anforderungen" (Jerusalem 1990, 4). Hiernach tritt Stress oder Belastung dann ein, wenn die Person-Umwelt-Balance gestört ist (Lazarus und Launier 1978). Stress oder Belastung sind das „Ergebnis komplexer, subjektiver Einschätzungsprozesse bezüglich der eigenen Ziele, Handlungsalternativen und Situationsbedingungen" (Jerusalem 1990, 4). Als relationale Reize gelten z. B. die kritischen Lebensereignisse, „daily hassles" und Krisen. Ob die Person ein Ereignis als ein „kritisches Lebensereignis" als ein „daily hassle" oder eine „Krise" erlebt, und ob sie es als Belastung ansieht oder nicht, hängt von ihrer Einschätzung ab, d. h. auch von ihren zurückliegenden Erfahrungen und ihren zukünftigen Erwartungen (siehe auch Bründel 1993a).

Kritische Lebensereignisse

Nach Filipp (1981) und Filipp und Aymanns (1987) handelt es sich bei „kritischen Lebensereignissen", sowohl auf Jugendliche als auch auf Erwachsene bezogen, meistens um Ereignisse wie Tod, Trennung, Umzug etc., die punktuelle Belastungen darstellen und deren Hauptmerkmale in einer Veränderungs- und Anpassungsanforderung bestehen. In der Forschung zu kritischen Lebensereignissen wird ein starker Zusammenhangs zwischen plötzlichen Veränderungen im Lebenslauf sowie Lebensumständen und psychophysischer Gesundheit vermutet (Dohrenwend und Dohrenwend 1974, 1985). Jedes einschneidende Ereignis, ob es nun zum typischen Entwicklungsverlauf eines Menschen gehört oder einen ungewöhnlichen oder gar katastrophalen Charakter aufweist, verändert das innere Gleichgewicht und macht eine Wiederanpassungsleistung erforderlich. Diese Ansicht ist nicht unwidersprochen geblieben. Katschnig (1980, 11) kritisiert den globalen Ansatz der Life-Event-Forschung, der sich in der Gleichsetzung der Wirkung der unterschiedlichsten Stimuli bzw. Stressoren zeigt. Er vermisst den spezifischen Ansatz in der Forschung, der im subjektiven Erleben der von der Belastung betroffenen Person besteht (a.a.O., 68).

Die Überlegung, welche Faktoren ein Ereignis zu einem kritischen Lebensereignis machen und worin genau der belastende Effekt besteht sowie die Frage, warum annähernd vergleichbare kritische Lebensereignisse bei einigen Menschen zu Störungen und bei anderen zu adäquaten Anpassungsleistungen führen, kann mit dem Hinweis auf den zitierten relationalen Ansatz von Lazarus (1966, 1981), Lazarus und Launier (1978), Lazarus und Folkman (1984) beantwortet werden.

„Daily hassles"

Neben den kritischen Lebensereignissen wird den „daily hassles" eine große Bedeutung in ihrer auslösenden belastenden Wirkung zugesprochen. Mit „daily hassles" sind die kleinen, immer wiederkehrenden, alltäglichen Ärgernisse gemeint, die frustrierenden, irritierenden und manchmal quälenden Ereignisse des Tages, die kleinen Niederlagen und Kränkungen, Enttäuschungen, unangenehmen Überraschungen, Meinungsverschiedenheiten, Streitigkeiten, Auseinandersetzungen und Konflikte (Miller et al. 1985). Lazarus (1982, 46) spricht vom „gerissenen Schnürsenkel", der zum Gesundheitsrisiko werden könne. Damit wird angedeutet, dass die „daily hassles" mehr noch als die kritischen Lebensereignisse keine rein objektiven Belastungsfaktoren darstellen, sondern dass sie Produkt subjektiver Einschätzungen und persönlichen Involviertseins sind (Weber und Knapp-Glatzel 1988, 143). In Zeiten allgemeiner erhöhter Anspannungen kann fast jedes beliebige Ereignis zu einem „hassle" werden und das psychophysische Wohlbefinden stark herabsetzen.

Rowlison und Felner (1988, 441) betonen, dass kritische Lebensereignisse und „daily hassles" zwar unterschiedliche Belastungsfaktoren darstellen, dass sie jedoch in ihrer Wirkung nicht unabhängig voneinander seien. So könne das Eintreten ersterer zu einem Ansteigen letzterer führen, z. B. eine ungewollte Schwangerschaft zu Schuldgefühlen, Ängsten, Enttäuschungen, Ärger und vielfältigen Missstimmungen, Streitigkeiten und Auseinandersetzungen und damit zu einem verstärkten Empfinden von „daily hassles".

Krise

Ulich et al. (1985) und Ulich (1987) setzen sich mit dem Begriff der Krise auseinander. Eine Krise nimmt ihren Ausgangspunkt von situativen Ereignissen, erfasst die ganze Person und beeinflusst sehr stark ihre emotionale Befindlichkeit. Gefühle des Selbstzweifels, der Angst und der Niedergeschlagenheit kennzeichnen die psychische Verfassung der Person, ihre Grundstimmung schwankt zwischen Hoffnung und Verzweiflung. Das psychische Gleichgewicht ist erheblich gestört, und damit kommt die Krise einer besonders schweren, wenn nicht sogar der höchsten Form einer psychischen Belastung gleich (Kast 1991). Nach Isherwood et al. (1982, 371) stellen gerade Krisen oftmals die auslösenden Ereignisse für Suizid und Suizidversuche dar.

Sonneck (1991, 24) spricht vom Gefühl der Überforderung, das dann einsetzt, wenn keine angemessenen Bewältigungsstrategien zur Verfügung stehen. Alle vertrauten Strategien erscheinen auf einmal bedeutungslos und untauglich. Derjenige, der sich in einer Krise befindet, ist wie gelähmt und von Panik ergriffen. In der Krise erfolgt einerseits eine Zuspitzung der Emotionen, andererseits aber bietet sie auch die Chance einer Erfahrungs- und Identitätserweiterung (Kast 1991, 16; Sonneck 1991, 21).

Das Gemeinsame der unterschiedlichen Belastungsbegriffe wie Stress, kritisches Lebensereignis, „daily hassles" und Krise ist das Ungleichgewicht zwischen der subjektiven Bedeutung des auslösenden Ereignisses für die betreffende Person und den ihr zur Verfügung stehenden Bewältigungsmöglichkeiten. Die Auseinandersetzung um die Frage, ob kritische Lebensereignisse oder „daily hassles" die besseren Prädiktoren für psychophysische Störungen seien, wurde in den achtziger Jahren vehement geführt. Nach Rowlison und Felner (1988) kennzeichnen dieselben methodischen Mängel der einen Forschungsrichtung auch die der anderen, nämlich das Fehlen subjektiver Einschätzungsfaktoren der Belastungssituationen sowie die Nichtberücksichtigung moderierender Variablen wie der personalen und sozialen Bewältigungsressourcen.

Diese Variablen haben besonders in die relationalen Stressdefinitionen Eingang gefunden (Lazarus 1966; Lazarus und Launier 1978; Lazarus und Folkman 1984). Danach wird Belastung dann erlebt, wenn die Person ein Missverhältnis zwischen den Anforderungen und den Beschränkungen einer Situation spürt und ihre Ressourcen nicht ausreichen, um die Situation erfolgreich zu bewältigen. Dieser Ansatz ist unter dem Begriff des Belastungs-Bewältigungs-Paradigmas bekannt geworden.

Das transaktionale Modell

Das transaktionale Modell von Lazarus (1966), Lazarus et al. (1974), Lazarus und Launier (1978) stellt ein Belastungs-Bewältigungs-Paradigma dar und liefert ein theoretisches Rahmenmodell für das Verständnis des Belastungs- und Bewältigungsgeschehens. Es bezieht sowohl die Belastungssituation als auch die personalen und sozialen Ressourcen der Person sowie die unterschiedlichen Komponenten ihres Bewältigungsverhaltens mit ein und erklärt damit sowohl geglückte als auch gescheiterte Bewältigungsprozesse, die die Autoren „coping" nennen.

Coping betont die vielfältigen Wechselwirkungen zwischen Emotionen und Handlungen sowie die „Rückkoppelungsschleifen von Situationswahrnehmung, Bedrohungseinschätzung, Bewältigungsversuchen, Neueinschätzung, weiteren Bewältigungsversuchen" (Ulich 1987, 122). Der gesamte Bewertungs- und auch Bewältigungsprozess kann mehrmals durchlaufen werden und ist abhängig von inneren und äußeren Rückmeldungen sowie neuen Informationen (Rüger et al. 1990, 19). Nach Olbrich (1985, 13) ist der Coping-Prozess kein „starr oder stereotyp ablaufendes", sondern ein sehr flexibles Geschehen, das sich vor allem auf kognitiver Ebene, in Form kognitiver, auch Emotionen mit einschließender, Repräsentationen, abspielt.

In der Kognitionspsychologie sind die Zusammenhänge zwischen Emotionen und Kognitionen seit langem bekannt (Beck 1972; Beck et al. 2001; Mahoney 1977, 1995; Meichenbaum 1977; Wilken 2003). Emotionen werden als Produkte kognitiver Vorgänge angesehen. Damit kommt ihnen eine Bedeutung zu, die auch für den Bewältigungsprozess entscheidend ist, wobei der Begriff der „kognitiven Einschätzung" eine zentrale Rolle spielt und in drei Stufen abläuft:

- Erste Einschätzung:
  die Einschätzung der Situation als Bedrohung („threat"), als Schaden („harm", „loss") oder als Herausforderung („challenge")
- Zweite Einschätzung:
  die Einschätzung der eigenen Handlungsmöglichkeiten einschließlich der Ressourcen
- Dritte Einschätzung:
  die abschließende evaluative Einschätzung des Erfolgs eigenen Handelns sowie Neubewertung der Situation

Suizidgefährdete Jugendliche schätzen die Situation, in der sie sich befinden, fast immer als bedrohend und die eigenen Handlungsmöglichkeiten als eingeschränkt ein. Sie verfügen subjektiv gesehen über keine Ressourcen und glauben niemanden zu haben, der ihnen helfen und sie unterstützen könnte. Es ist vor allem ihre langjährige und auf Misserfolgs- und Frustrationserlebnisse zurückgehende „Vulnerabilität", die sie zur suizidalen Tat schreiten lässt (Jerusalem 1990). Hautzinger und Kobal (1990, 9) haben ein Vulnerabilitätsmodell entwickelt, das das Zusammenwirken von Belastungsfaktoren, Situationseinschätzungen und erfolgreichem bzw. nicht erfolgreichem Bewältigungsverhalten zeigt (Abb. 22).

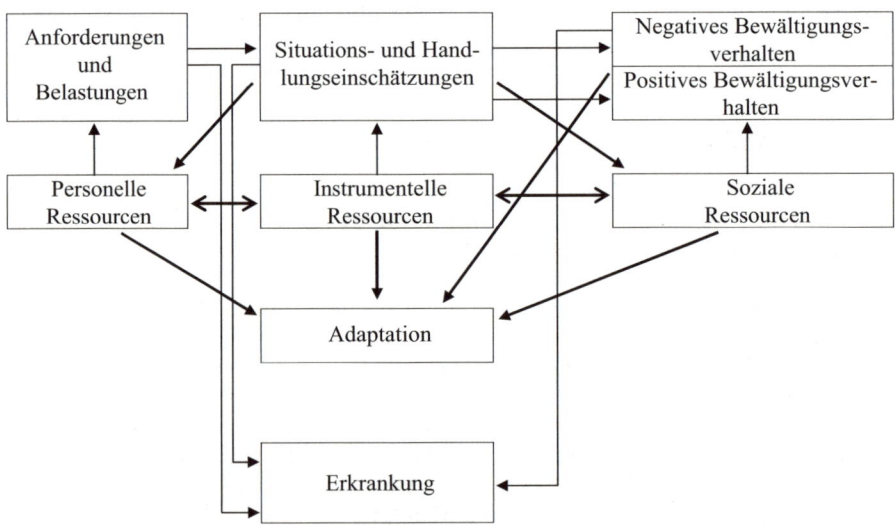

Abb. 22: Vulnerabilitätsmodell (nach Hautzinger und Kobal 1990)

Das Modell zeigt, dass das Vorhandensein von Ressourcen auf das positive Bewältigungsverhalten einwirkt und die unterschiedlichen Ressourcen sich gegenseitig verstärken. Fehlen Ressourcen, die zu einer positiven Einschätzung der Situation und der Handlungsmöglichkeit führen könnten, kommt es zu einem negativen Bewältigungsverhalten, das langfristig zur Erkrankung oder auch schlimmstenfalls zum Suizid führen kann. Hautzinger und Kobal verstehen unter Adaptation eine erfolgreiche Bewältigung von Belastungen und sehen diese in Abhängigkeit der personalen, instrumentellen und sozialen Ressourcen. In derselben Abhängigkeit sehen sie die primären und sekundären Einschätzungsprozesse. Die personalen Ressourcen umfassen kognitive Merkmale wie Selbstkontrolle, Wahrnehmungsmuster, Attributionsstile, Selbstbeurteilungen, Erwartungshaltungen, aber auch Persönlichkeitseigenschaften wie Neurotizismus, Extraversion, Ängstlichkeit etc. Zu den instrumentellen Ressourcen zählen die Autoren Handlungswissen, Aktivitätsrepertoires und Problemlösefertigkeiten. Als soziale Ressourcen sehen sie Kontakte, Unterstützung, Zuwendung, Rat, Austausch, Kommunikation, materielle und ideelle Hilfe an.

Hautzingers und Kobals Modell liegt die so genannte „Vulnerabilitätshypothese" zu Grunde: Der Mangel einer oder aller Komponenten könne schon dazu führen, dass bereits bei geringer Belastung eine Überforderung der Bewältigungskapazität eintrete und die Person mit psychischem Stress, psychischer Auffälligkeit oder sogar Suizidalität reagiere (Hautzinger 1998, 2000 a,b).

Das Gemeinsame dieser stresstheoretischen Ansätze ist die objektive Gegebenheit von Ereignissen einerseits und die subjektive Interpretation von Belastungen durch das Individuum andererseits. Zusammenfassend kann mit Brandtstätter und von Eye (1982, 86) gesagt werden, dass alle oben genannten Begriffe wie Stress, Belastung, kritisches Lebensereignis, „daily hassle" und Krise in einem „transaktionalen theoretischen Ansatz" gesehen werden müssen, der verschiedene Ebenen miteinander verbindet:

- Situative Variablen (externe Krisenfaktoren, situative Auslösebedingungen)
- Organismus- und Subjektvariablen (individuelle Prädispositions- und Vulnerabilitätsmerkmale, situationsspezifische Bewältigungs- oder „coping"-Kompetenzen
- Soziale Kontextvariablen (Hilfsressourcen in der sozialen Umwelt des Individuums: „support-systems")
- Reaktionsvariablen (affektive, kognitive und behaviorale Aspekte der Krisenverarbeitung)

Das Neue gegenüber älteren eher stimulus- und auch reaktionsorientierten Ansätzen ist die Betonung des relationalen Ansatzes, der die Wechselwirkung zwischen Ereignis und Person sowie die subjektive Wahrnehmung und Interpretation von Ereignissen durch das Individuum darstellt. Schwarzer (2000) bezieht sich auf die Forschungsarbeiten von Lazarus (1966, 1981) und Lazarus et al. (1974, 1978, 1984, 1985), wenn er noch einmal den Prozess der Einschätzung des stressenden Ereignisses hervorhebt, an dessen Ende das Ereignis entweder als Herausforderung, Bedrohung oder als Schädigung antizipiert wird. Der Einschätzungsprozess enthält zwei Stufen, die primäre Einschätzung, bei der geprüft wird, „was auf dem Spiel steht" und die sekundäre Einschätzung, bei der die Bewältigungsmöglichkeiten in Augenschein genommen werden" (Schwarzer 2000, 15). Schwarzer hebt die Selbstwirksamkeitserwartung hervor, ein Begriff, der auf Bandura (1995, 1997) zurückgeht, der bei der Einschätzung einer Situation oder eines Ereignisses als Herausforderung oder Bedrohung eine große Rolle spielt.

Es sind also nicht objektive Gegebenheiten, die zur einer Einschätzung führen, sondern die subjektive und eventuell auch stark verzerrte Sichtweise der Person. Auf Jugendliche bezogen heißt das: Je mehr Vertrauen sie in ihre Bewältigungsfähigkeiten haben, je größer ihr Selbstbewusstsein ist, mit dem stressenden Ereignis fertig zu werden, desto gelassener sehen sie dem stressenden Ereignis entgegen bzw.

desto größer ist die Wahrscheinlichkeit, dass sie es als Herausforderung betrachten. Nur sie selbst können eine Situation als Bedrohung, Schädigung, Verlust oder auch Herausforderung einschätzen. Alle wohlgemeinten Ratschläge, Ansichten oder auch Vorwürfe der Familie sind in den meisten Fällen hinfällig und überflüssig, wie zum Beispiel:

- „Ist doch nicht so schlimm."
- „Nimm's doch nicht so tragisch."
- „Stell dich nicht so an."
- „Wird schon wieder."
- „Du hast es doch so gut."
- „Denk an andere, denen es viel schlechter geht als dir."
- „Wegen so etwas bringt man sich doch nicht um!"

Nur der Einzelne vermag die Bedeutung von Ereignissen für sich abzuschätzen, und niemand kann und darf beurteilen, wie es ihm wirklich geht oder sagen, wie es ihm zu gehen hat. Jugendliche fühlen sich durch diese elterlichen Bemerkungen, vor allem dann, wenn es ihnen subjektiv schlecht geht, nicht ernst genommen. Sie haben den Eindruck, dass ihr Leid nicht erkannt wird, und sie mögen die beschwichtigenden Kommentare nicht mehr hören. Langfristig besteht die Gefahr, dass sie sich nicht mehr mitteilen, sondern sich zurückziehen und sich immer tiefer in ihre negative Gedankenwelt verstricken. Sie geraten in einen Teufelkreis, aus dem sie alleine nicht mehr herausfinden (Abb. 23).

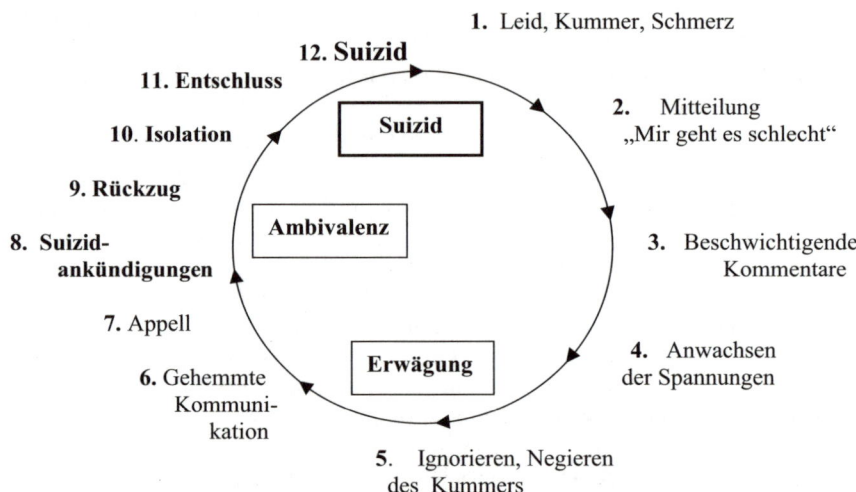

Abb. 23: Teufelskreis der gehemmten Kommunikation (Stadieneinteilung nach Pöldinger 1968)

Jugendliche, die subjektiv davon überzeugt sind, dass ihre Situation unerträglich ist und dass es ihnen schlecht geht, äußern dies in den meisten Fällen. Erst wenn sie kein Gehör finden, wenn ihre Eltern oder auch Freunde ihre Äußerungen bagatellisieren oder auch negieren, dann ziehen sie die Tat gedanklich in Erwägung (Käsler und Nikodem 1996; Schütz 1996). Sie sind jedoch noch unschlüssig und befinden sich in einem Stadium der Ambivalenz, in dem sie versteckte oder auch offene Suizidankündigungen machen, die als echte Hilferufe aufzufassen sind. Wenn auch darauf nicht reagiert wird, ziehen sie sich immer mehr zurück und treten konkret in die Planung des Suizids ein, d. h. sie wählen nun die Methode und den Ort aus. In dieser Phase, der letzten unmittelbar vor dem Suizid, wird keine Hilfe und keine Unterstützung mehr angenommen. Paradoxerweise geben sie sich nun sogar gelassen und manchmal auch heiter, sodass die große Gefährdung für die Umwelt nicht mehr zu erkennen ist. Wenn Familie und Freunde überhaupt eine Chance haben, auf die Suizidgefährdung aufmerksam zu werden, dann in den ersten beiden Stadien, der Erwägung und der Ambivalenz, jedoch nicht mehr in der Phase des Entschlusses. Es gibt auch Suizide von Jugendlichen als Kurzschlusshandlungen, in denen alle drei Stadien wie im Zeitraffer durchlaufen werden. Dieser Verlauf entspricht der Spontaneität von Jugendlichen, die impulsiv und leidenschaftlich, häufig auch demonstrativ und provokativ zu Tat schreiten.

f) Kognitiv-utilitaristische Suizidhandlungstheorie

Diese Theorie vereint viele Elemente der vorherigen Theorien, aber sie betont zusätzlich die Kosten-Nutzen-Abwägung des suizidalen Menschen, bevor er die Tat ausführt (Pöhls 1987). Wenn eine Person – so Pöhls – eine suizidale Handlung als Handlungsalternative perzipiert, dann hält sie diese in dem Moment für optimal und ihrer psychischen Situation für angemessen. Sie wird sie dann ausführen, wenn sie keine bessere Alternative erkennen kann. Pöhls zerlegt die Suizidhandlung in so genannte Suizidhandlungskorrelate und unterteilt sie in Antezedentien, Simultanzen und Konsequenzen. Mit Antezedentien sind die Überlegungen der suizidalen Person gemeint, welche Suizidmethode am besten angewandt werden soll und wie sie sich diese am besten beschaffen kann. Mit Simultanzen wird das Für und Wider von eventuellen Schmerzen während der Suizidhandlung angesprochen, und mit Konsequenzen wird der tödliche oder auch nicht tödliche Ausgang der Suizidhandlung bezeichnet sowie die vermuteten Auswirkungen auf die Zurückbleibenden. Gerade Jugendliche überlegen sich manchmal vor der Tat, wie wohl ihre Familie auf ihren Suizid reagieren wird und stellen sich ihre Angehörigen weinend am Grabe stehend vor. Sie ziehen daraus entweder eine gewisse Art der Befriedigung und empfinden eventuell auch Rache und einen Wunsch nach Bestrafung der Familienmitglieder, oder aber sie schrecken mit Rücksicht auf die Familienangehörigen und deren Schmerz vor der Tat zurück. Je nachdem, wie sie die Antezedentien, Simultanzen und Konsequenzen für sich und für andere antizipieren, werden sie die Handlung ausführen oder auch nicht ausführen bzw. mit größerem oder geringerem Nachdruck. Nach Pöhls sind Menschen dann suizidgefährdet, wenn ihr „Suizidhandlungsdifferential dadurch steigt, dass der vom Weiterleben erwartete Nettonutzen geringer wird" (a.a.O. 1987, 71).

Auch wenn die Terminologie Pöhls sehr theoretisch und mathematisch-logisch klingt, so wird doch der subjektive Aspekt des Abwägens von Alternativen deutlich und auch die Ambivalenz des suizidgefährdeten Menschen, der keine Möglichkeit mehr sieht, sein bisheriges Leben zu verändern, obwohl er dies gerne täte. Dies entspricht ganz und gar der „Tunnelvision" Shneidmans (1980, 1985) und dem präsuizidalen Syndrom, speziell dem Begriff der Einengung Ringels (1986, 1989).

Die mehr oder weniger hilflosen und verzweifelten Verbesserungsversuche sieht Pöhls in den Weglauftendenzen von Jugendlichen gegeben, die, indem sie von zu Hause weglaufen, auf ihre verzweifelte Situation aufmerksam machen möchten. Andere auffallende Verhaltensweisen von Jugendlichen sind Passivität und innere Emigration, bevor sie die suizidale Handlung ausführen. Welche dieser nicht-suizidalen Handlungsalternativen ausgeführt wird, hängt nach der kognitiv-utilitaristischen Handlungstheorie wiederum vom Nutzen ab, den sich Jugendliche von ihnen versprechen.

Interessant an dieser Theorie ist nicht nur die präzise Zerlegung der Suizid-handlung in ihre Einzelbestandteile, sondern auch die aus der Theorie abgeleiteten Maßnahmen zur Verhinderung suizidaler Handlungen, also die Fokussierung auf Korrelate des Weiterlebens, die der Suizidgefährdete bei seiner Entscheidung, sich das Leben zu nehmen, berücksichtigt. Im Vordergrund stehen dabei Maßnamen zur Veränderung der Perzeption suizidaler und nichtsuizidaler Handlungsalternativen sowie zur Veränderung des Nettonutzens von Suizid- und Weiterlebenshandlungen. Damit nähert sich die kognitiv-utilitaristische Theorie in ihren präventiven Bemühungen der positiven Psychologie Seligmans (2002) und dem salutogenetischen Ansatz an, der die Ressourcen betont, über die eine Person verfügt bzw. bei einem Ressourcenmangel diesen beheben will.

Ähnlich wie Pöhls versucht Lindner-Braun (1990) das Suizidgeschehen in mathematische Wahrscheinlichkeitsgleichungen zu bringen und es als „subjektiv adäquates Mittelpotenzial" zu beschreiben. Sie unterstreicht damit ihre These, dass die Motivation zum Suizid nicht aus objektiver Not heraus, sondern aus einer „subjektiv wahrgenommenen Deprivation" heraus entsteht. Es sind „negative generalisierte Erwartungen" oder auch „die pessimistische Perspektive", die zu einer „negativen Affektbilanz" führen und das „verfügbare Verhaltensrepertoire" kontinuierlich reduzieren (a.a.O., 350).

Neben den Modellen und Theorien gibt es Deutungsansätze, die Suizidalität auf einen bestimmten Mangelzustand zurückführen und/oder in ihr eine Entwicklungschance sehen.

3. Deutungsansätze

a) Suizidalität als Ressourcennotstand

Menschen streben danach, das zu erhalten, was sie haben, und das trifft auch auf Ressourcen zu, über die sie verfügen. Unter Ressourcen werden nach Klemenz (2003) alle internen und externen Potenziale verstanden, auf die eine Person zur Befriedigung eigener Bedürfnisse oder auch zur Bewältigung von stressenden Ereignissen zurückgreifen kann. Nach Hobfoll (1988, 1989) streben Menschen nach „Ressourcenkonservierung". Es tritt dann Stress auf, wenn Ressourcen bedroht und eingeschränkt werden bzw. verloren gehen, d. h. wenn Menschen Ressourcenverluste erleiden. Gewinn und Verluste erzeugen positive und negative Spiralen. Menschen mit vielen Ressourcen sind weniger anfällig gegen Ressourcenverlust, es können sich bei ihnen sogar so genannte „Ressourcengewinnspiralen" entwickeln, die dafür sorgen, dass, aufbauend auf einem großen Ressourcenrepertoire mit vielen Optionen und Kompensationsmöglichkeiten, sich schnell durch Ressourceninvestitionen neue Ressourcen hinzugewinnen lassen. Ein großes Ressourcenrepertoire erzeugt Wohlbefinden, ein Gefühl des Stärke und ein erhöhtes Selbstbewusstsein. Personen, die nur über wenig Ressourcen verfügen, fällt es schwer, neue hinzu zu gewinnen, und es entwickeln sich „Ressourcenverlustspiralen", die zu Bedrohungsgefühlen und beträchtlichem Belastungserleben führen (Klemenz 2003, 55).

Die Folgen eingeschränkter Ressourcenverfügbarkeit können zum präsuizidalen Syndrom von Ringel (1969, 1981) mit den weiter oben beschriebenen Symptomen der situativen, dynamischen, zwischenmenschlichen Einengung verbunden mit Ängsten und depressiven Verstimmungen oder auch zu starker nach außen und nach innen gerichteter Aggressivität gefolgt von Suizidphantasien führen, die dann Suizidgedanken und eventuell Suizid nach sich ziehen.

Hobfolls Forschungsergebnisse haben zur Formulierung eines neuen Stressmodells geführt. Es ist ähnlich wie das transaktionale Stressmodell von Lazarus nicht als Suizidmodell im eigentlichen Sinn konzipiert, kann jedoch als Deutungsansatz für suizidales Verhalten mit herangezogen werden, denn Suizidgedanken tauchen dann auf, wenn die betreffenden Jugendlichen keinen anderen Ausweg mehr sehen als den Suizid, wenn sie glauben, ihre Probleme nicht mehr aus eigener Kraft lösen zu können, wenn sie meinen, keine Ressourcen mehr zu haben und auf keine Hilfe von außen mehr zurück greifen zu können. Suizidalität kann in diesem Sinn als ein innerer und äußerer Ressourcennotstand angesehen werden, wobei unerheblich ist, ob dieser objektiv gegeben ist oder nur subjektiv als solcher wahrgenommen wird. Suizidale Jugendliche haben das Vertrauen in die Unterstützung durch andere verloren. Als Folge ihres labilen Selbstkonzepts glauben sie, dass sie einer Zuwendung nicht wert seien und nehmen diese, selbst wenn sie vorhanden wäre, nicht mehr wahr (Schwarzer 2000). Als paradox erscheint auch die Neigung suizidaler Jugendlicher, eingeschränkte und von Verlust bedrohte Ressourcen selbsttätig noch weiter zu reduzieren, so als hätte alles keinen Sinn mehr. Dies zeigt noch einmal die tiefe Hoffnungslosigkeit und auch Resignation, von der sie ergriffen sind.

Die Theorie des Ressourcennotstandes weist unmittelbar auf die einzuschlagende Richtung für therapeutische Interventionen hin. Hobfoll (1988, 1989) empfiehlt einen Interventionsansatz der vor allem personale und soziale Ressourcen stärkt, um einen weiteren Abbau von Verlustspiralen zu stoppen und einen Aufbau von Ressourcengewinnspiralen in die Wege zu leiten.

Der Ressourcenansatz wird von Schroer (1995) aufgegriffen und als Mediator zwischen den im Jugendalter anstehenden Entwicklungsaufgaben und einer defensiv-suizidalen bzw. konstruktiven Verarbeitung gesehen.

b) Suizidalität als Entwicklungschance

Als lebendes und dynamisches System ist der Mensch sowohl durch Stabilität als auch durch Instabilität gekennzeichnet, durch Organisation und Desorganisation zugleich (Schroer 1999). Jugendliche konstruieren dynamisch und autonom ihre eigene Wirklichkeit. Darunter sind vor allem ihre Wahrnehmung der Umwelt, ihre Einstellungen und Vorstellungen von der Welt sowie ihr Denken, Fühlen und Verhalten gemeint. Jugendliche setzen sich mit sich selbst und ihrer Umwelt auseinander und wirken handelnd auf sie ein. Ihre Weltbilder bestimmen, ob und wie sie leiden und welche Symptome sie entwickeln. Jugendliche entwickeln sich mit und auch gegen „signifikante Andere", sie stehen jedoch immer in einem Dialog mit ihnen, in einem wie auch immer gearteten Beziehungsverhältnis und müssen ständig einen Konsens über ihre Beziehungswirklichkeit aushandeln. Ist der Dialog gestört, reduzieren sich die Ressourcen bzw. tragen die Jugendlichen selbst zur Ressourceneinengung mit bei, indem sie Kontakte abbrechen, Kontakte zu den Eltern sowie zu Gleichaltrigen. Auf diese Weise kommt es zu einem Ressoucenmangel, der die Selbstorganisationsfähigkeit der Jugendlichen untergräbt und zum suizidalen Handeln führen kann.

Das Symptom der Suizidalität kann als Ansammlung von negativen Emotionen, Gedanken und Selbstzuschreibungen sowie von starren und eingeengten Verhaltensweisen verstanden werden, die die Jugendlichen versuchen, aktiv und defensiv aufrecht zu erhalten. Sie lassen sich ihre Suizidalität nicht nehmen, da sie der Selbstorganisation des Systems dient und hilft, ein fragiles Selbst vor dem Zusammenbruch zu schützen. Sie sind sogar manchmal am Ressourcenabbau selbst beteiligt und geraten bewusst/unbewusst in den Ressourcenmangel hinein.

Schroer (1995, 1999) zeigt, dass suizidale Jugendliche in der Konfrontation mit ihren alterstypischen Entwicklungsaufgaben ihre Potenziale nur eingeschränkt wahrnehmen und nutzen und daher einen Mangel an Ressourcen aufweisen. Sie bezeichnet die personale Entwicklung von Jugendlichen als Entwicklungsdialog, der sowohl von den Jugendlichen in Auseinandersetzung mit sich selbst geführt, aber auch zwischen ihnen und anderen, speziell ihren Eltern und Gleichaltrigen, geführt werden kann. Schroer bezeichnet diesen Entwicklungsdialog als Differenzerfahrungen an der Grenze des Selbstsystems bzw. der Person-Umwelt-Grenze. Bei suizidalen Jugendlichen ist der Dialog defensiv und nur eingeschränkt zur „Systemerweiterung" oder zum „Strukturwandel" nutzbar zu machen. Er besteht in einem Rückzug auf „bewährte Arten der negativen Selbstbeschreibung, auf erprobte interpersonale Kommunikationsformen und Stabilisierungsmuster (z. B. Enttäuschung, Desinteresse, Ablehnung, Angriff)".

In einem defensiven Entwicklungsdialog befinden sich nach Schroer (1995, 25) suizidale Jugendliche, die auf intrapersonaler Ebene

- an Introspektion uninteressiert sind
- mit der Befriedigung eigener Bedürfnisse okkupiert sind
- wenig Verständnis für andere Menschen haben
- ein nur begrenztes Spektrum emotionaler Reaktionen auf Menschen bzw. Ereignisse haben.
- über eingeschränkte Wahrnehmungen verfügen
- Probleme einfach nur loswerden wollen

auf interpersonaler Ebene

- eingeschränkte Beziehungen unterhalten
- diese nach ihrem Beitrag zur eigenen Bedürfnisbefriedigung bewerten
- sich selbst nur schwer öffnen
- ungeduldig und ruhelos sind
- in ihrem Verhalten rigide sind

In der Suizdalität werden die eigenen Ressourcen von den Jugendlichen als gering eingestuft, und zwar als so gering, dass sich Gefühle der Hilflosigkeit und Hoffnungslosigkeit aufdrängen. Bei schwerer Suizidalität besteht eine scheinbar unlösbare Verstrickung oder eine radikale Loslösung, es gibt keine Versöhnung mehr zwischen den eigenen Bedürfnissen und den Realitätsanforderungen. Jugendliche befinden sich in einem Progressions/Regressionsverhältnis, das in die eine oder die andere Richtung gehen kann. Die Begriffe Dialog und Ressourceneinengung bzw. Ressourcenerweiterung sind in Schroers Deutungsansatz zentral und weisen auf die Bedeutung der familiaren Kommunikation hin sowie auf die Bedeutung von Unterstützungsfaktoren.

Suizidale Jugendliche sehen zwar sich selbst und ihre Umwelt überwiegend negativ und steigern sich häufig mehr und mehr in ihren Suizidalitätszustand hinein, aber es besteht dennoch die Möglichkeit, die in ihnen liegenden Ressourcen zu nutzen. Suizdalität wird von Schroer (a.a.O., 6) als „bestmöglicher Problemlöseversuch in einem Entwicklungsdialog" verstanden. Schroer zeigt, dass durch das Anbieten und Wahrnehmen moderater „Differenzerfahrungen" an der System-Umwelt-Grenze suizidaler Jugendlicher neue Informationen in ihr Selbstsystem eingeschleust werden können, sodass sie im Stande sind, wieder Ressourcen zu mobilisieren. In der Suizidalität und in der therapeutischen Arbeit mit dem Symptom sieht Schroer eine Chance für Jugendliche, den Entwicklungsdialog konstruktiv zu gestalten ihr Selbst wieder zu stabilisieren.

Geschlechtsspezifische Verfügbarkeit von personalen und interpersonalen Ressourcen

Schroer beobachtet in der Verfügbarkeit von personalen und interpersonalen Ressourcen starke geschlechtsspezifische Unterschiede. Die internalisierende Suizidalität, die eher ängstlich somatisierend ist, sieht sie eher bei weiblichen Jugendlichen angesiedelt, die externalisierende, die aggressiv-normabweichend ist, eher bei männlichen Jugendlichen. Während bisherige Modelle und Theorien zur Suizidalität in der Ausprägung und dem Ausdruck von Suizidalität eher wenig geschlechtsspezifische Unterschiede ausmachen, stellt Schroer diese in den Mittelpunkt. Sie geht von vorhandenen Unterschieden im Erleben und Verhalten bei nichtsuizidalen Jugendlichen aus und findet diese in ähnlicher und sogar verstärkter Form bei suizidalen Jugendlichen. Alle Jugendlichen unterliegen einem geschlechtsspezifischen Angebot bzw. Zwang zum einseitigen personalen und interpersonalen Ressourcenaufbau. Dieser zeigt sich darin, dass weibliche Jugendliche auch heute noch eher zur

- Empathiefähigkeit,
- Innenorientierung,
- Emotionalisierung,
- zum Geben, Nachgeben, zum Verzicht und zum Schlichten

erzogen werden, während bei männlichen Jugendlichen eher

- die Selbstbehauptung und Durchsetzungsfähigkeit
- die Außenorientierung
- die Autonomie
- das Kämpfen und Siegen

im Vordergrund stehen. Allgemein gesprochen heißt das, dass weibliche Jugendliche eher Angebote zum Bezogensein und zur Regression und männliche Jugendliche eher Angebote zur Abgrenzung und zur Progression wahrnehmen. Das Mus-

131

ter zur Herstellung von Weiblichkeit ist die Internalisierung, das zur Herstellung von Männlichkeit ist die Externalisierung. Dies mündet nach Schroer (1995, 36) bei Mädchen überwiegend in ängstliche und somatisierende Verhaltensweisen, bei Jungen in Aggression und Normabweichung. Suizidalität kann internalisierend und externalisierend konzeptualisiert werden. Angst, Depressivität, Rückzug und Aggressivität kommen bei beiden Geschlechtern vor, spielen jedoch eine unterschiedliche Rolle.

In einer Stichprobe von 603 männlichen und 732 weiblichen 16jährigen Jugendlichen fanden sich nach Schroer (1995) 77 % männliche und 66 % weibliche Jugendliche frei von jeglichen Suizidgedanken. Von diesen Jugendlichen kann gesagt werden, dass sie sich in einem konstruktiven Entwicklungsdialog befinden und ihr Leben erfolgreich bewältigen. Die 23 % männlichen und 34 % weiblichen Jugendlichen, die sie als suizidal einstufte, unterschieden sich in Grad und Art der Suizidalität (Abb. 24).

% m	% w	Grad und Art der Suizidalität
16,1	28,1	**Suizidgedanken mit Gegensteuerung** **Gering suizidal:** Ich denke manchmal an Selbstmord, aber ich würde es nicht tun.
4,6	3,0	**Suizidgedanken ohne Gegensteuerung** **Suizidal:** Ich möchte mich am liebsten umbringen
2,2	2,5	**Sich aufdrängende Suizidgedanken ohne Gegensteuerung** **Hoch suizidal:** Ich würde mich umbringen, wenn ich es könnte

Abb. 24: Grad und Art der Suizidalität in einer Stichprobe von 1335 männlichen und weiblichen Jugendlichen (in Anlehnung an Schroer 1995, 58)

Es wird deutlich, dass sich mehr weibliche Jugendliche zu Suizidgedanken bekennen als männliche, aber auch mehr Hemmungen aufweisen, es zu tun. Der Prozentsatz an Jugendlichen, die daran denken, es zu tun, ist bei männlichen Jugendlichen dieser Stichprobe größer als bei weiblichen. Die Gruppe der männlichen und weiblichen Jugendlichen, die als hochgradig gefährdet eingestuft werden kann, ist etwa gleich groß. Die Ergebnisse von Schroer stimmen nur bedingt mit der statistisch erwiesenen überproportional höheren Anzahl der Suizide von männlichen und der weit größeren Anzahl von Suizidversuchen von weiblichen Jugendlichen überein. Der Erkenntnisgewinn ihrer Untersuchung liegt darin, dass die Unterschiede zwischen Verhaltens- und Erlebensweisen von männlichen und weiblichen nichtsuizidalen Jugendlichen in verstärkter Form auch von suizidalen männlichen und weiblichen Jugendlichen gezeigt werden.

Es ist bekannt, dass weibliche Jugendliche unzufriedener mit sich selbst sind als männliche Jugendliche. Sie halten sich für weniger begabt, für weniger klug und weisen einen geringeren Selbstwert auf. Einsamkeit und Unzufriedenheit steigen bei weiblichen Jugendlichen mit der Suizidalität an, diese Tendenz hat Schroer bei ihren untersuchten männlichen suizidalen Jugendlichen nicht gefunden. Ein erstaunlicher Befund besteht darin, dass bei diesen Jugendlichen kein gesteigertes Minderwertigkeitsgefühl festgestellt wurde. Weibliche suizidale Jugendliche möchten oft ganz anders sein, als sie sich geben, männliche suizidale Jugendliche dagegen nicht. Sie geben selbst im hochsuizidalen Zustand noch eine hohe Selbstzufriedenheit und eine bis ans Grandiose grenzende Selbstakzeptanz an.

Hoch suizidale männliche Jugendliche stehen in ihrem Selbsterleben im absoluten Gegensatz zu hochsuizidalen weiblichen Jugendlichen. Sie kennen wenig Ohnmachtsgefühle und geben an, sich unter Kontrolle zu haben. Dies kann nur so interpretiert werden, dass sie eine hohe Abwehrstruktur aufgebaut haben und ihre Person stark idealisieren. Hochsuizidale weibliche Jugendliche sehen sorgenvoll in die Zukunft, antizipieren diese so angstvoll, als wollten sie ganz darauf verzichten. Ihnen ist, als sei ihnen ihre Zukunft abhanden gekommen. Sie kapitulieren vor der Zukunft. Männliche suizidale Jugendliche dagegen begreifen die Zukunft als Chance und als Möglichkeit, etwas zu tun.

Ein weiterer charakteristischer Unterschied zwischen weiblichen und männlichen hochsuizidalen Jugendlichen besteht darin, dass weibliche ihre heterosexuellen Kontakte einschränken, weil sie glauben, weniger Chancen beim anderen Geschlecht zu haben. Sie haben auch nicht sehr viele Freundinnen, sondern neigen eher zur Exklusivität in ihren Beziehungen wie auch nichtsuizidale weibliche Jugendliche. Sie ziehen sich eher zurück, leben isoliert und haben höchstens noch eine gute Freundin, der sie sich manchmal auch anvertrauen. Männliche Jugendliche dagegen wahren ihre Kontakte und geben diese auch im hochsuizidalen Zustand nicht so schnell auf. Mit zunehmender Suizidalität verschließen sich jedoch beide Geschlechter, und zwar vor allem vor ihren Eltern. Im schulischen Kontext leiden beide Geschlechter annähernd gleich unter Müdigkeit, Schulunlust und unter Leistungseinbußen. Das Außenseiterleben in der Schulklasse nimmt zu, die Integration in die Peergruppe ist erschwert (Schroer a.a.O, 135).

Beiden Geschlechtern ist gemeinsam, dass sie in ihrem suizidalen Erleben nicht etwa das Ende des Lebens herbei sehnen, sondern es eigentlich neu beginnen möchten. Ihr Wirklichkeitssinn ist jedoch verzerrt, sie sehen keine Alternativen, keine Möglichkeiten mehr, es anders zu gestalten, sodass sie – so paradox es klingt – Kontrolle über ihr Leben ergreifen, indem sie es beenden. Beide Geschlechter verfügen im Zustand hoher Suizidalität nur noch über wenige personale und interpersonale Ressourcen, auf die sie zurückgreifen können.

Zusammenfassend kann mit Schroer (a.a.O., 137) gesagt werden, dass Suizidalität eine „adaptive Reaktion auf wahrgenommene mangelnde personale und interpersonale Ressourcen" darstellt. Suizidale Jugendliche befinden sich im Spannungsfeld zwischen Idealisierung und Selbstabwertung bzw. subjektiv wahrgenommener Abwertung durch andere, und sie kommen einer phantasierten Vernichtung ihres Selbst durch die suizidale Handlung zuvor. Diese Handlung vollziehen männliche Jugendliche mit einer größeren Aggressivität und größeren Entschlossenheit als weibliche Jugendliche, und damit ist u. a. die weit höhere Rate an vollzogenen Suiziden von männlichen Jugendlichen zu erklären.

In der Sichtweise, Suizidalität vor allem als Ressourcenmangel und als blockierenden Anteil der personalen und interpersonalen Möglichkeiten zu sehen, kommt aber auch zum Ausdruck, dass dieser Mangel behoben und die Blockaden aufgehoben werden können. Die verfestigten negativen Sichtweisen könnten verflüssigt werden, in Bewegung kommen, sodass die Jugendlichen nicht nur das wahrnehmen, was sie nicht haben, sondern das, worüber sie verfügen. Und damit kann Suizidalität als „Entwicklungschance" gesehen werden. Das „Ressourcenglas" der suizidalen Jugendlichen ist zwar halb leer, aber wenn der Blick auf die andere Hälfte gelenkt wird, dann wird deutlich, dass das Glas immer noch halb voll ist, d. h. dass es immer noch ein Potenzial gibt, das es zu entwickeln gilt. Eine kognitive und emotionale Umstrukturierung ist notwendig, der Blick muss sich lösen von der problembehafteten Seite des Erlebens und Verhaltens und sich hinwenden zu der salutogenen Seite des Jugendlichen bzw. zum Aufbau neuer Erfahrungen und Beziehungsmustern sowie zur realistischen Wahrnehmung vorhandener Ressourcen.

Zusammenfassung

Die Suizidmodelle und Suizidtheorien betonen in unterschiedlicher Akzentuierung psychische, biologische und soziologische Ausgangsbedingungen und Faktoren, die zur Suizidalität führen. Ob als Krise oder Krankheit gesehen, sie machen deutlich, dass es keine objektiven Auslöser für das Suizidgeschehen gibt, sondern dass diese immer auf dem Hintergrund einer lebensgeschichtlichen Entwicklung und vor allem eines destruktiven Bewältigungsstils zu sehen sind. Von vielen Autoren wird ein starker Zusammenhang zwischen Depression und Suizidalität gesehen, wobei die Depression Folge einer depressiven Erkrankung sein kann, aber auch als Folge psychosozialer Stressoren aufgefasst werden kann.

Das Gemeinsame der unterschiedlichen Modelle, Theorien und Deutungsansätze besteht darin, dass suizidale Jugendliche nicht als solche geboren werden, sondern sich dazu entwickeln. Suizidalität stellt sich selten von heute auf morgen ein, sondern ist fast immer auf eine lange Entwicklungsgeschichte zurückzuführen. Suizidale Jugendliche befinden sich in einer psychischen Verfassung, in der sie in ihrem Handlungsspielraum eingeschränkt sind, sich in einer situativen Einengung befinden, Ereignisse als bedrohend wahrnehmen und das Vertrauen in ihre Bewältigungskompetenzen verloren haben. Gefühle der Ohnmacht und Hilflosigkeit bestimmen ihr Erleben. Sie möchten ihr Leben verändern, aber wissen nicht, wie sie das anders erreichen können als durch die suizidale Tat. Die Psychodynamik ist durch Ambivalenz gekennzeichnet, durch leben und sterben wollen zugleich. Die suizidale Tat wird dann ausgeführt, wenn die Waagschale des Für und Wider sich zu Gunsten der suizidalen Handlung senkt. Das Abwägen kann kognitiv-utilitaristisch vorgenommen werden, kann langsam, aber auch blitzschnell vor sich gehen, geschieht jedoch immer aus einer subjektiv wahrgenommen pessimistischen Perspektive und aus dem Glauben heraus, weder über innere noch äußere Ressourcen zu verfügen. Der subjektiv erlebte Ressourcennotstand führt zum präsuizidalen Syndrom, einem Zustand, in dem der Dialog mit anderen gestört ist und defensiv mit sich selbst geführt wird. Die suizidale Tat als Ausdruck des Abbruchs von Beziehungen, die eigentlich von den Jugendlichen weiter aufrecht erhalten werden wollen, kann dann verhindert werden, wenn Jugendliche ihre vorhandenen Ressourcen wahrnehmen und nutzen können. Diese Chance ist in der Suizidalität von Jugendlichen gegeben, in der nicht nur Resignation und Hoffnungslosigkeit deutlich wird, sondern auch Problemlösungs- und Selbstheilungstendenzen.

V. Das Modell der Salutogenese

> Und wenn die Welt voll Teufel wär'
> Und wollt' uns gar verschlingen,
> So fürchten wir uns nicht so sehr,
> Es soll uns doch gelingen
>
> Martin Luther, 1529

1. Paradigmenwechsel in den Gesundheitswissenschaften

Der Begriff „Gesundheit" ist von der WHO schon im Jahre 1946 als Zustand völligen körperlichen, psychischen und sozialen Wohlbefindens definiert worden. Diese Definition wurde später jedoch aus mehreren Gründen kritisiert, weil sie von einer Dichotomie Krankheit versus Gesundheit ausging und eine statische Gesundheitsvorstellung vertrat. Niemand – so die heutige Auffassung – ist vollständig gesund oder krank, sondern birgt in sich sowohl gesund erhaltende als auch krank machende Anteile. Jeder Mensch unterliegt ständig belastenden internen und externen Einflüssen, die er mehr oder weniger gut bewältigt. Gesundheit ist nicht die Abwesenheit von Krankheit bzw. von Störungen, sondern der Mensch kann sich gesund fühlen und dennoch krank sein oder auch gesund sein und sich dennoch krank fühlen.

Antonovsky sprach von der Gesundheit als einem Rätsel, das er zu entmystifizieren trachtete (1997). Die Studien Antonovskys leiteten weltweit eine Fülle anderer Studien ein, in denen nicht mehr die Suche nach den krank machenden Faktoren im Vordergrund stand, sondern überwiegend jene nach den gesund erhaltenden Faktoren. Der Begriff der Salutogenese geht auf Antonovsky (1979, 1980, 1987) zurück und führte in der Gesundheitsforschung zu einem Paradigmenwechsel. Nach Antonovsky findet jeder Mensch auf einem Gesundheits-Krankheits-Kontinuum irgendwo seine Position. Es gibt jedoch keinen wirklichen Fixpunkt, an dem er längere Zeit verharrt, sondern er ist ständig in Bewegung, d. h. er muss seine Gesundheit fortwährend und immer wieder neu herstellen. Eine der wesentlichsten Implikationen des salutogenetischen Modells ist die Aufhebung der Dichotomie krank versus gesund. In dem von Antonovsky entwickelten HEDE Modell (health ease and disease) gibt es keine klare Grenzlinie mehr zwischen gesund und krank (Höfer 2000).

Das salutogenetische Modell basiert auf dem Grundgedanken der Heterostase und steht damit im Widerspruch zu den pathogenetischen Modellen, die der Homöostase verpflichtet sind. Letztere gehen davon aus, dass Gesundheit der Normalzustand des Menschen sei und Krankheit nur ein unglücklicher Störfall. Bei Beseitigung des krank machenden Herdes sei der Mensch wieder gesund. Dies ist jedoch nach dem Konzept der Heterostase nicht der Fall, der Mensch kann krank machende und gesund machende Faktoren gleichzeitig in sich bergen. Der Mensch ist permanent psychosozialen, physischen und biochemischen Stressoren ausgesetzt und befindet sich damit ständig in einem Ungleichgewicht, d. h. er ist immerfort bestrebt, Störungen zu bewältigen und das Gleichgewicht wieder herzustellen (Schneider 2000).

Antonovsky gebrauchte die Metapher des Flusses, die von Welbrink und Franke (2000, 49) aufgegriffen und ausgeschmückt wurde und so sehr schön die wechselnden Anforderungen, die an uns gestellt werden und die ständigen Bemühungen, diese zu bewältigen, veranschaulicht:

> „Wir sind alle von unserer Geburt bis zum Tod im Fluss des Lebens. Dieser Fluss zeichnet sich durch schwer zu bewältigende Abschnitte wie Wasserfälle und Stromschnellen aus, und es gibt Gebiete, in denen die gefährlichen Wasserlebewesen lauern. Dort kommt es darauf an, wachsam zu sein und alle verfügbaren Bewältigungsressourcen zu aktivieren, um den schwierigen Situationen gewachsen zu sein. Es gibt aber Abschnitte, in denen der Fluss kaum Strömung hat, sondern gemächlich an Wiesen und unter Bäumen entlang plätschert. Hier gibt es keine Notwendigkeit um das eigene Überleben zu kämpfen. Man kann sich auf dem Rücken treiben lassen, die Blumen am Ufer bewundern, einen Baumstamm als Floß benutzen oder sich mit anderen Schwimmern und Schwimmerinnen bei Wasserspielen vergnügen. Dies alles dient in jedem Fall der Entspannung und Erholung, reaktiviert also Bewältigungsressourcen und erhöht das Gefühl der Belastungsbalance und damit der Handhabbarkeit, macht aber auch einfach Spaß, steigert Lebensfreude und Lebensqualität und fördert die Gesundheit. Von der Quelle bis zur Mündung hat der Fluss einen wechselvollen Verlauf, und es ist wichtig zu erkennen, wann es zu kämpfen gilt und wann Erholen und Genießen im Vordergrund stehen, da für die unterschiedlichen Phasen unterschiedliche Fähigkeiten notwendig sind. Für die gelungene Adaptation an die Umwelt scheint in jedem Fall beides ausschlaggebend zu sein."

Das Weltbild Antonovskys ist eigentlich pessimistisch geprägt, denn es ist gekennzeichnet durch die Allgegenwart von Stressoren. Der Mensch ist im ständigen Kampf gegen die über ihn hereinbrechenden Gewalten, er ist ein im Strom um sein Leben kämpfender Schwimmer (Becker 1998). Dennoch ist in seinem Bild vom Fluss des Lebens auch von Entspannung und Erholung die Rede, d. h. die psychosoziale Lebensqualität spielt eine große Rolle. Dies gilt sowohl für Erwachsene als auch für Jugendliche. Es gibt Phasen im Leben der Jugendlichen, in denen sich dieselben Jugendlichen, die noch vorher alles unter einem negativen Blickwinkel betrachtet haben, wohl fühlen, in denen sie entspannt mit Gleichaltrigen ihre Freizeit verbringen und Spaß und Freude am Leben haben. Lutz (1996) beschreibt, dass Gesundheit und Genuss zusammen gehören. Es gibt aber auch Phasen im Leben von Jugendlichen, in denen sie ihr Leben nicht genießen können, die schwerer zu bewältigen sind als andere, in denen sie Hilfe und Unterstützung benötigen. Viele Jugendliche haben Schulschwierigkeiten, sind schulmüde und verweigern die Schule, andere wiederum haben Stress mit ihren Freunden und Freundinnen, sind Außenseiter in der Gruppe und fühlen sich nicht angenommen, manche finden kein Verständnis bei ihren Eltern und fühlen sich allein gelassen. Dies alles sind Stromschnellen im Fluss, die es zu umschiffen gilt. Die Metapher des Flusses zeigt, dass Anstrengung und Erholung sich abwechseln und dass die psychische Gesundheit aus Eigenaktivität besteht, mit dem Ziel, eine Balance herzustellen. Dieser Begriff geht auf Menninger (1968) zurück, der schon damals die Doppelnatur der Stressoren erkannt hat: als Krankheitsquelle, aber auch als Anlass zur Weiterentwicklung.

Der Gesundheitsbegriff erfuhr im Laufe der letzten Jahrzehnte eine deutliche Akzentuierung, weg vom Statischen und hin zu einem Fließ-Gleichgewicht. Aktuell wird Gesundheit als variables Ergebnis von Lebensstil und Bewältigungsprozessen begriffen, wobei der dynamische Charakter von Gesundheit unterstrichen wird (Kolip, Hurrelmann und Schnabel 1995; Kolip 1997, 2002; Schüffel et al. 1998; Schwartz 2003). Gesundheit wird als Balanceakt angesehen. Diese Sichtweise unterstreicht den Aspekt der Aktivität, nämlich Gesundheit auszubalancieren, Störungen bzw. Stressoren auszuweichen oder sie zu bewältigen. Nach Udris und Rimann (2000) kann Gesundheit als Prozess zielgerichteter Handlungen angesehen werden. Gesundheit ist ein „konstruktiver Prozess der Selbstorganisation und Selbsterneuerung" (a.a.O., 131).

Unter welchen Bedingungen schaffen es Menschen gesund zu bleiben? Mit dieser Frage beschäftigen sich aktuell die Gesundheitswissenschaften (Hurrelmann und Laaser 1998; Kolip 2002; Schwartz 2003) und auch die Gesundheitspsychologie (Becker 1997; Margraf, Siegrist und Neumer 1998; Schüffel et al. 1998; Opp, Fingerle und Freytag 1999). Schiffer (2001) bezeichnet die Suche nach den gesund erhaltenden Faktoren als „Schatzsuche statt Fehlerfahndung" und formuliert die Frage: „Warum bin ich eigentlich krank?" in die Frage um: „Warum bin ich eigentlich gesund?". Die Frage ist – so Schiffer – nicht leicht zu beantworten, da wir den „Schatz Gesundheit" zwar gewissermaßen vor Augen haben, ohne uns dessen aber recht gewahr zu werden. Gesundheit als Befindlichkeit wird erst dann wahrgenommen, wenn sie durch störende Krankheitssymptome, durch Ärger und Frustrationen verdrängt wird. Die „New" Public Health Forschung hat das Ziel, nicht nur die Effektivität einer öffentlichen Gesundheitsversorgung zu erhöhen, sondern auch für eine Verbesserung des Wohlbefindens und der Lebensqualität aller einzutreten, wobei auch individuelle Präferenzen und Bedürfnisse nicht außer Acht gelassen werden. Die ganzheitliche Betrachtungsweise von Gesundheits- und Krankheitspotenzialen steht dabei im Vordergrund (Hurrelmann und Laaser 1998).

Während man noch vor einigen Jahren unter gesundheitsrelevantem Verhalten die Abwehr und Verhinderung von Krankheit ansah, versteht man heute darunter eher die Einbettung in eine umgreifende Lebensweise bzw. in einen Lebensstil, der soziokulturell geformt ist und von Individuen über Lernen, Gewohnheitsbildung und Prozesse sozialen Vergleichs von frühester Kindheit an erworben wird. Das elterliche Verhalten, ihre emotionale Zuwendung, Ernährungsgewohnheiten, sozioökonomische Rahmenbedingungen, Hygieneverhalten, Vorsichtsmaßnahmen gegenüber Gefahren für Leib und Seele spielen dabei eine große Rolle (Siegrist 2003). Jugendliche benötigen Hilfe und Unterstützung, um gesundheitsfördernde Handlungskompetenz zu erwerben, und diese hängen nicht allein vom Wissenserwerb über gesundheitsrelevantes Verhalten ab, sondern vor allem von der Einübung und Gewohnheitsbildung gesundheitsfördernder Handlungsweisen sowie vom Einklang mit den inneren und äußeren Anforderungen und dem Erwerb eines starken Selbstwertgefühls (Palentien 2003).

Im Jugendalter, das besonders krisenanfällig im Hinblick auf Selbstkonzept und Selbstwertgefühl ist, kommt es bei Vorliegen bestimmter Einflussgrößen gehäuft zu gesundheitsschädigendem Verhalten wie Rauchen, Alkohol und Drogenkonsum (Abb. 25).

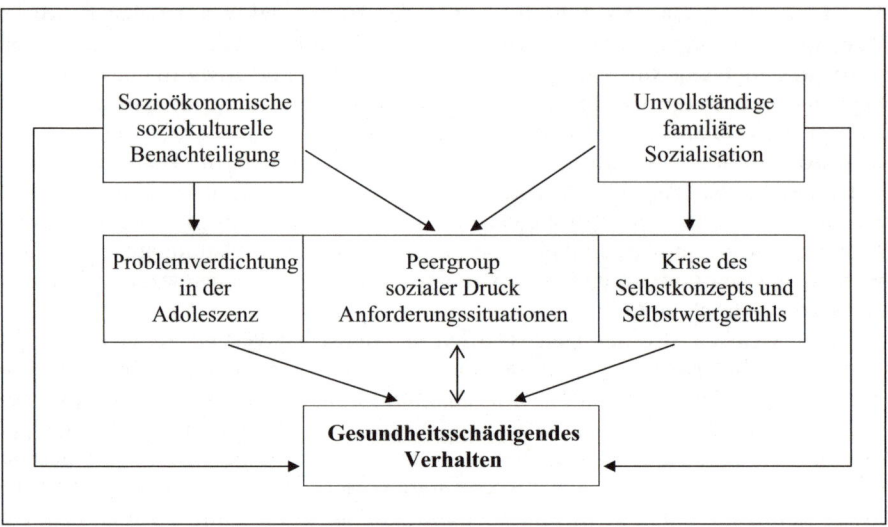

Abb. 25: Einflussfaktoren für gesundheitsschädigendes Verhalten (nach Siegrist 2003)

Die gesundheitsschädigenden Risikoverhaltensweisen werden oftmals von Jugendlichen als solche ignoriert. Sie üben sie aus, um ein psychosoziales Gleichgewicht herzustellen, unabhängig von den möglichen gesundheitsabträglichen Folgen. Sie halten sich für gesund, auch wenn sie psychosomatische Beschwerden haben.

Im Folgenden werden Antonovskys Grundansichten, die er überwiegend auf den körperlichen Aspekt der Gesundheit bezog, auch auf die psychische Gesundheit von Jugendlichen angewendet. Dabei werden neuere Forschungserkenntnisse aus den Gesundheitswissenschaften und der Gesundheitspsychologie berücksichtigt, die seine Ideen weiter führen (Becker 1995, 1997; Hurrelmann und Laaser 1998; Wydler, Kolip und Abel 2000; Kolip 2002).

2. Psychische Gesundheit von Jugendlichen im Spiegel der Salutogenese

Die Weltgesundheitsorganisation befasste sich im Jahre 2001 mit dem Thema der psychischen Gesundheit, deren Bedeutung immer noch unterschätzt wird. Psychische Gesundheitsprobleme nehmen zu, dazu gehören Krankheiten neuropsychiatrischen Ursprungs, Psychosen, Epilepsien, Depressionen und Suchterkrankungen. Zu den Risikogruppen gehören auch Kinder und Jugendliche.

Becker (1997) bezeichnet „seelische Gesundheit" als protektive Persönlichkeitseigenschaft, die vor allem die Bewältigung von inneren und äußeren Stressoren ermöglicht. Seelische Gesundheit setzt sich aus einer kognitiven Triade zusammen und besteht aus folgenden Komponenten: seelisch-körperlichem Wohlbefinden, Selbstaktualisierung und selbst- und fremdbezogener Wertschätzung. Seelische

Gesundheit stellt eine Schlüsselvariable dar, die den Umgang mit belastenden Anforderungen positiv beeinflusst.

Psychische Gesundheit ist nach Antonovsky und Becker nicht die bloße Abwesenheit einer psychischen Störung, sondern die Fähigkeit, sich flexibel und angemessen auf externe und interne Lebensbedingungen einzustellen, eigene Potenziale und Fähigkeiten zu verwirklichen und Freude am Dasein zu empfinden. Das Wohlgefühl und Wohlbefinden sind gerade bei Jugendlichen entscheidende Komponenten der psychischen Gesundheit (Kolip 1994). Sie fühlen sich wohl, wenn sie spannungsreiche Situationen gut bewältigt haben und gehen relativ unbesorgt Risiken ein. Was für sie zählt, ist die augenblickliche Daseins- und Lebensfreude. Doch wer entscheidet über ihre psychische Gesundheit? Psychische Gesundheit ist ein subjektiver Begriff, der nur von jedem Einzelnen auf sich selbst als zutreffend oder nicht zutreffend bezeichnet werden kann.

Jugendliche schwanken in der Einschätzung ihrer psychischen Gesundheit. Sie kennen Phasen der Freude und der Lebenslust, aber auch Phasen der Niedergeschlagenheit und Depression. Sie leben im ständigen Spannungsverhältnis, auf Belastungen reagieren zu müssen, was oft mit Irritationen einhergeht, und dem Bemühen, ihr Wohlgefühl wieder herzustellen. Das kostet Kraft und Energie.

Jugendliche müssen mit Belastungen unterschiedlichen Ausmaßes, von „daily hassles" bis hin zu kritischen Lebensereignissen fertig werden. Als Belastungen oder auch psychosoziale Stressoren können schon die kleinsten Kleinigkeiten empfunden werden: das frühe Aufstehen, der Schulbesuch, die Hausaufgaben, Ge- und Verbote der Eltern, Zank und Streit mit Geschwistern und Freunden, Kränkungen und Enttäuschungen. Diese lösen bei ihnen Gefühle der Unsicherheit, des Frustes, des Ärgers, der Wut aus und stören das innere Gleichgewicht. Dies sind Alltagsmisslichkeiten, die jeder Jugendliche kennt und mit denen die Mehrzahl auch sehr gut umgeht. Ob sie es schaffen oder nicht, hängt von ihrem Bewältigungsverhalten ab.

Becker (1985) stellt den Zusammenhang zwischen Bewältigungsverhalten und seelischer Gesundheit her und kommt in seinen Untersuchungen zu dem Ergebnis, dass weniger Gesunde in Problemsituationen zu Resignation neigen. Dies entspricht der „gelernten Hilflosigkeit" von Seligman (1975/1999). Seelisch weniger gesunde Jugendliche haben nur ein geringes Vertrauen zu sich selbst und greifen in Problemsituationen häufig zu „oralen Befriedigungen", sei es in Form von Süßigkeiten, Nahrung, Zigaretten oder auch Alkohol. Seelisch gesunde Jugendliche dagegen zeigen überwiegend Optimismus und Ausdauer bei der Bewältigung von Problemen, sie verlassen sich stärker auf sich selbst, anstatt auf fremde Hilfe, sie sind weniger „oral fixiert" und reagieren weniger emotional. Sie unterscheiden sich sowohl in ihrer Wahrnehmung und Bewertung belastender Ereignisse als auch in der Wahrnehmung und Bewertung ihrer eigenen Bewältigungskompetenzen. Sie verfügen außerdem über ein großes Repertoire an situationsangemessenen Handlungen (Becker 1985, 180ff).

Die Frage, was letztendlich seelisch gesunde Jugendliche von seelisch nicht gesunden trennt, kann mit dem Hinweis auf das Kohärenzgefühl beantwortet werden. Das Kohärenzgefühl ermöglicht es Jugendlichen, auftretende Unsicherheiten mit einer gewissen inneren Zuversicht und einer äußeren adäquaten Handlung abzubauen und stressende Situationen zu bewältigen (Schneider 2000). Psychische Gesundheit kann als ein momentaner Balancezustand bezeichnet werden, der ständig austariert werden muss. Das Auftauchen eines nächsten stressenden Ereignisses kann die Balance wieder aus dem Gleichgewicht bringen. Dasselbe gilt in weit größerem Ausmaße für massive Belastungen, kritische Lebensereignisse und Krisen wie Trennung der Eltern, Krankheit oder Tod. Gerade bei der psychischen Gesundheit wird deutlich, dass diese nicht konstant gegeben ist, sondern ständig aktiv wieder hergestellt werden muss.

3. Konzept des Kohärenzgefühls

Das Kohärenzgefühl wird von Antonovsky als globale Orientierung eines Menschen verstanden, der ein generalisiertes, überdauerndes Gefühl des Vertrauens besitzt, sodass er Anforderungen der inneren und äußeren Umwelt bewältigen kann. Antonovsky (1997) steht damit in der Tradition der Stressforschung, die seelische Gesundheit mit der effektiven Bewältigung von inneren und äußeren Stressoren gleichsetzt. Menschen bewältigen dann Stressoren der unterschiedlichsten Art, wenn sie ein Kohärenzgefühl besitzen. Das Konzept des Kohärenzgefühls oder auch Kohärenzsinnes nimmt einen zentralen Platz in seiner Vorstellung von der Gesunderhaltung des Menschen ein. Das Kohärenzgefühl wird als globale Stressbewältigungsressource bezeichnet und schafft eine kognitiv-emotional günstige Ausgangslage für die Bewältigung von Stressoren. Es versetzt Menschen in die Lage, aus einem Pool von generalisierten und spezifischen Widerstandsressourcen diejenigen auszuwählen, die für die Bewältigung am besten geeignet sind (Welbrink und Franke 2000). Das Kohärenzgefühl besteht nach Antonovsky aus drei Komponenten, der Verstehbarkeit, Handhabbarkeit und Sinnhaftigkeit (Abb. 26).

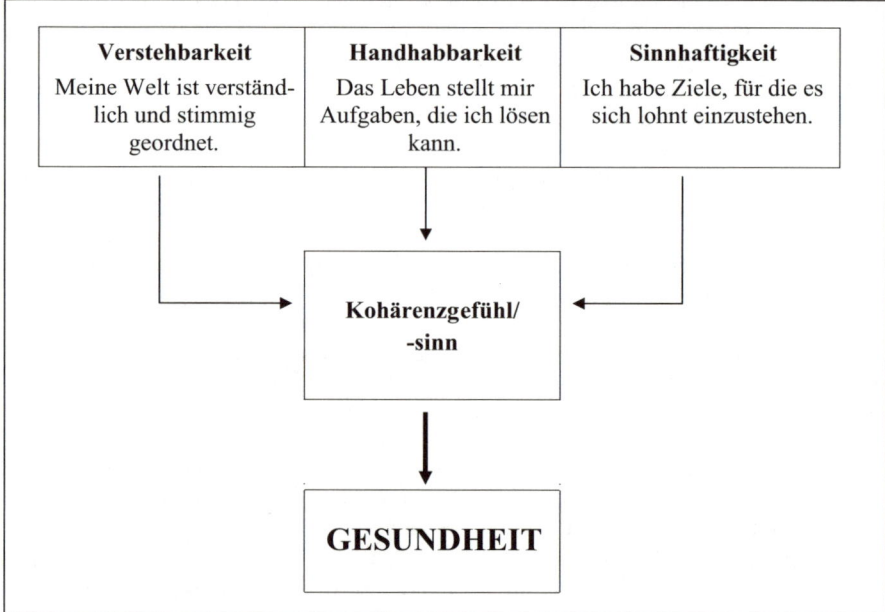

Abb. 26: Kohärenzgefühl und Gesundheit (nach Schiffer 2001, 29)

140

Menschen können dann mit Belastungen und Problemen fertig werden, wenn sie die Welt, in der sie leben, und Ereignisse als geordnet, strukturiert, vorhersehbar und in sich stimmig wahrnehmen, wenn sie ihrem Leben einen Sinn geben können sowie das Gefühl haben, aktiv tätig sein und Einfluss nehmen zu können. Sie fühlen sich weniger Situationen ausgeliefert und begreifen Probleme und auftretende widrige Ereignisse in einem größeren Zusammenhang (Schiffer 2001, 29). Menschen, die ein Kohärenzgefühl besitzen, betrachten Anforderungen als Herausforderungen, die das Engagement und den Einsatz lohnen. Sie sind sicher, über genügend Bewältigungsfähigkeiten zu verfügen. Das Kohärenzgefühl entsteht im Laufe der Kindheit und Jugend auf der Basis von „generalisierten Widerstandsressourcen". Darunter sind materieller Wohlstand, Wissen, Intelligenz, Ich-Identität, Flexibilität und soziale Unterstützung zu verstehen.

Das Kohärenzgefühl kann als eine der von Antonovsky angenommenen generalisierten Widerstandsressourcen bezeichnet werden, und dazu gehören die vorhandenen Unterstützungsressourcen. Es gibt eine Ressourcenhierarchie, d. h. bestimmte Ressourcen, die das Kohärenzgefühl stärker beeinflussen als andere. Für Jugendliche spielen die sozialen Beziehungen als Ressource die größte Rolle, sie ermöglichen das Erleben von Sicherheit, Nähe, Zugehörigkeit und Anerkennung. Bei weiblichen Jugendlichen ist die Beziehung zur besten Freundin/zum besten Freund das Allerwichtigste, während für männliche Jugendliche nicht so sehr die Intimität der Beziehung zählt, sondern das Zusammengehörigkeitsgefühl, die Gemeinschaft, der Freundeskreis, die Clique (Abb. 27).

Gerade in der Jugendzeit als Phase großer Veränderungen sind die in der Kindheit erworbenen Widerstandsressourcen von großer Bedeutung und tragen mit zur Ausformung des Kohärenzgefühls bei. Während Antonovsky das Kohärenzgefühl mit ca. 30 Jahren eines Menschen als abgeschlossen und auch als relativ stabile Persönlichkeitsdisposition ansah, betrachtet man aktuell den Erwerb des Kohärenzgefühl ähnlich wie den der Identität als einen lebenslangen Prozess, der immer wieder neu hergestellt werden muss (Höfer 2000). Ein stark ausgeprägtes Kohärenzgefühl erhöht und stärkt die Flexibilität gegenüber auftretenden Anforderungen. Jugendliche mit einem niedrig ausgeprägten Kohärenzgefühl haben nur ein eingeschränktes und reduziertes Bewältigungsrepertoire zur Verfügung.

Höfer (2000) hat in ihren Studien über sozial benachteiligte Jugendliche die Hypothese bestätigt gefunden, dass das Kohärenzgefühl für die psychische und psychosomatische Gesundheit und allgemeine Lebenszufriedenheit von Jugendlichen eine große Rolle spielt. Jugendliche mit einem höheren Kohärenzgefühl zeigen deutlich weniger psychosomatische Stresssymptome als Jugendliche mit einem niedrigen. Es ist auch eine wichtige Prädiktorvariable für die allgemeine Lebenszufriedenheit als Ausdruck des Wohlbefindens. Aber auch materielle Ressourcen und soziale Unterstützung haben eine wichtige Funktion für das Wohlgefühl.

Die wesentliche Bedeutung des Kohärenzgefühls liegt nicht nur in der Stressbewältigung, sondern auch in der „aktiven Herstellung von salutogenetischen Erfahrungsräumen" und in der prospektiven Vermeidung von belastenden Erfahrungen. Ein hohes Kohärenzgefühl fördert Selbstorganisationsprozesse (Höfer 2000, 120). Dies ist ein wesentlicher Unterschied zu Antonovsky, der eher die Reaktion auf Belastungen betont und nicht so sehr die Eigenverantwortung und Eigeninitiative des Individuums in der Herstellung von Gesundheit. Auch Welbrink und Franke (2000) stellen diesen Unterschied heraus und verweisen auf die Notwendigkeit, sich selbst etwas Gutes zu tun, für Entspannung und Freude zu sorgen oder auch aktiv die zur Verfügung stehenden sozialen Ressourcen zu nutzen. Jugendliche unterscheiden sich erheblich, je nach Stärke ihres Kohärenzgefühls, in der aktiven Nutzung ihrer Ressourcen.

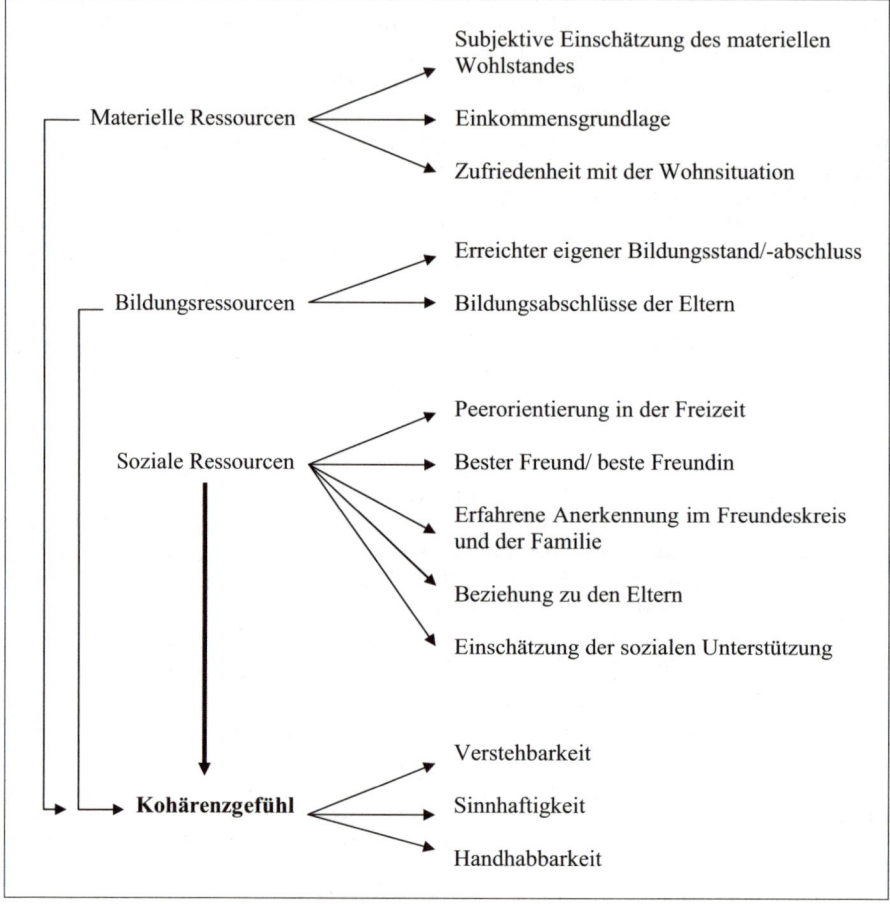

Abb. 27: Die generalisierten Widerstandsressourcen (nach Höfer 2000)

Obwohl zunächst mit großer Begeisterung aufgenommen, erwiesen sich das methodische Vorgehen als fragwürdig (Becker 1998) und das empirische Fundament des Konzepts des Kohärenzgefühls als schwach (Geyer 2000). In vielen nachfolgenden Untersuchungen zeigten sich hohe negative Korrelationen mit Konstrukten wie Angst, Depression und Neurotizismus auf der einen Seite und keine klare Abgrenzung mit inhaltlich verwandten Konstrukten wie Kontrollüberzeugung, Selbstwirksamkeitserwartung, Hardiness und Resilienz auf der anderen Seite, sodass angezweifelt werden muss, dass es sich bei dem Konzept um ein wirklich eigenständiges handelt (a.a.O. 2000). Dennoch erscheint es bei aller Unschärfe und

142

auch noch offenen Fragen als ein „erklärungsfähiges und hochplausibles Konzept" (Höfer 2000, 140), von dem vielfältige neue Forschungsimpulse ausgegangen sind und auch noch ausgehen werden. So weisen Beckers (1997) Begriffe der „Selbstaktualisierung" und der „Sinndimension" Ähnlichkeit mit einzelnen Ansätzen aus dem Antonovsky'schen Modell auf.

4. Konstrukt der Resilienz

Unter Resilienz wird die Fähigkeit verstanden, erfolgreich mit belastenden Situationen umzugehen, wobei die Risiko- und Schutzfaktoren eine große Rolle spielen. Die Resilienzforschung hat ihre Wurzeln in der Life-Event-Forschung, die sich mit kritischen Lebensereignissen, „daily hassles" und Krisen befasst. In der Resilienzforschung geht es um psychische Widerstandskraft und um die Fähigkeit, belastende Lebensereignisse zu meistern (Conen 2002; Wustmann 2003). Im Vergleich zum Konzept des Kohärenzgefühls lautet die Fragestellung nicht: Wie bleiben Menschen trotz widriger Umstände psychisch gesund?, sondern: Wie bewältigen Jugendliche schwierige Lebensumstände, wie kommen sie zurecht trotz vorhandener Risikofaktoren? Zu den Hauptrisikofaktoren zählen bei Jugendlichen genetische Beeinträchtigungen, eigene Krankheiten, Krankheiten der Eltern, Armut, akute Krisen wie Trennung der Eltern, Tod eines Elternteils, Geschwisters oder Freundes, erfahrene Misshandlung, sexueller Missbrauch und nicht akzeptierte sexuelle Orientierung sowie Freundschafts- und Liebesabbrüche, aber auch weniger schwerwiegende Ereignisse wie Klassenwiederholung, Schulwechsel und/oder gar die kleinen Widrigkeiten des Alltags (siehe auch Bründel 1993a).

Der Fokus liegt auf dem subjektiven Belastungsgefühl und den vorhandenen Bewältigungsfähigkeiten (Coping). Im Mittelpunkt stehen die Schutzfaktoren und Widerstandskräfte, die zur erfolgreichen Bewältigung beitragen, ähnlich den Ressourcen im Konzept des Kohärenzgefühls von Antonovsky. Das Konstrukt der Resilienz entspricht in vielem dem Konzept des Kohärenzgefühls, hat jedoch eher reaktiven Charakter. Allerdings wird auch hier die aktive Gestaltung und Mitwirkung bei der eigenen Entwicklung berücksichtigt. Resilienz ist nicht angeboren, auch keine feststehende Persönlichkeitseigenschaft, sondern wird genau wie das Kohärenzgefühl erworben, und zwar in Auseinandersetzung mit der Umwelt und kann mehr oder weniger vorhanden sein (Rutter 2000). Jugendliche, die resilient genannt werden, besitzen internale Kontrollüberzeugungen und einen realistischen Attributionsstil. Sie haben hohe Selbstwirksamkeitsüberzeugungen und ein hohes Selbstwertgefühl, sie glauben, Probleme verstehen und bewältigen zu können, Fähigkeiten, die an die Komponenten Verstehbarkeit und Handhabbarkeit aus dem Konzept des Kohärenzgefühls erinnern. Das Konstrukt der Resilienz stützt sich auf folgende Wirkfaktoren (Abb. 28):

1. Die Belastungs- und Risikofaktoren
2. Die Schutzfaktoren und Widerstandskräfte
3. Die Bewältigungsfähigkeiten

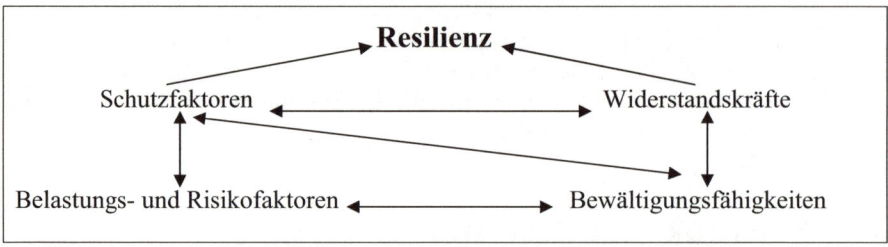

Abb. 28: Das Konstrukt der Resilienz (nach Ulich 1988)

Belastende Ereignisse lassen sich im Allgemeinen nicht verhindern, ob und wie sie bewältigt werden, hängt von den zur Verfügung stehenden Bewältigungsfähigkeiten ab. Diese sind wiederum abhängig von den Schutzfaktoren und Widerstandskräften, nämlich der sozialen Unterstützung und den sozialen Netzwerken. Das vollständige Fehlen sozialer Unterstützung führt zu Einsamkeit, sozialer Isolation und zu Gefühlen von Hoffnungs- und Hilflosigkeit bis hin zu suizidalen Gedanken und zur suizidalen Tat. Eine zu starke Unterstützung allerdings kann zu Unselbstständigkeit und Passivität führen.

Alle Kinder und Jugendlichen weisen mehr oder weniger Vulnerabilitätsfaktoren auf, die in ungünstiger genetischer, biochemischer oder durch Geburtstraumata bedingter Disposition, in chronischen Krankheiten, in Merkmalen des Temperaments, in geringer Intelligenz oder gar in Enttäuschungen und Kränkungen im Zuge der Auseinandersetzung mit der Lebensumwelt bestehen können (Hautzinger 2000b). Psychische und soziale Vulnerabilitäten sind Teil des alltäglichen Lebens, können Jugendliche vorübergehend oder auch dauerhaft verunsichern, wirken sich aber häufig erst dann negativ aus, wenn Jugendliche vor erhöhte Anforderungen gestellt werden. Es besteht dann die Gefahr einer Fehlentwicklung bzw. Fehlanpassung, wenn sie keine Widerstandskräfte entwickeln können, was wiederum von dem Vorhandensein von Schutzfaktoren abhängt. Wie Geyer (2000) betont, stellt die Zugehörigeit zu unteren sozialen Schichten einen Vulnerabilitätsfaktor ersten Ranges dar.

Nach Tress (1986b, 34) kann Resilienz auch als „Fähigkeit zu aktiver Problembewältigung" angesehen werden und steht damit im Gegensatz zu „passiv-defensiven Dispositionen des Erlebens und Verhaltens". Resiliente Jugendliche sind in der Problembewältigung aktiver als nicht resiliente, sie holen sich Rat bei Freunden oder Erwachsenen und verfügen auch über eine größere Frustrationstoleranz (Conen 2002).

Resilienz ist u. a. auch von der Interaktion mit der Umgebung abhängig und kann daher in Zusammenhang mit „sozialer Kompetenz" gesehen werden (Anthony 1987, Anthony und Cohler 1987). Nach Wustmann (2003, 111) bezieht sich Resilienz auf einen „dynamischen transaktionalen Prozess" zwischen Kind, Jugendlichem und Umwelt. Coping, Adaptation und Kompetenz sind Begriffe, die mit dem Konstrukt der Resilienz verbunden werden. Resiliente Kinder und Jugendliche haben nach Rutter et al. (1980) und Rutter (1983, 1987) ein Bewusstsein erworben, das sie von anderen unterscheidet, nämlich die Gewissheit, dass es auf sie selbst ankommt, auf ihre eigenen Entscheidungen und ihr eigenes Verhalten. Der „locus of control" liegt schon früh in ihnen selbst und wird nicht so genannten unberechen-

144

baren Ereignissen zugeschrieben. Dies erinnert wiederum an die Komponenten des Kohärenzgefühls, nämlich die Handhabbarkeit und Sinnhaftigkeit.

Mit dem Konstrukt der „Resilienz" wird das entwicklungspsychologisch erstaunliche und faszinierende Phänomen beschrieben, dass es Kinder und Jugendliche gibt, die über Widerstandsquellen zu verfügen scheinen und sich trotz hoher und höchster Belastungen zu psychisch gesunden und verhaltensunauffälligen Menschen entwickeln. Die Resilienzforschung, die schon mehrere Jahrzehnte alt ist, hat bis heute von ihrer Aktualität nichts verloren (Werner und Smith 1982; Garmezy 1985; Tress 1986b; Anthony und Cohler 1987; Rutter 1987; Werner 1984, 1989, 2000; Lösel, Bliesener und Köferl 1990; Lösel und Bender 1994; Bender und Lösel 1998; Conen 2002).

Lösel et al. (1990, 108) weisen darauf hin, dass die vorhandenen Studien sich sehr stark hinsichtlich ihrer Kriterien der psychischen Störung bzw. Gesundheit unterscheiden und dass resiliente Kinder und Jugendliche zwar in den sozial „sichtbaren" Symptomen unauffällig bleiben, jedoch sehr wohl Störungen im Bereich der „internalisierenden Symptomatik" entwickeln können. Trotz dieser Einschränkung bleibt die Beobachtung, dass es Kinder und Jugendliche gibt, die ihre Belastungen gut bewältigen, die nicht aufgeben, sondern sogar Selbstbewusstsein und Durchsetzungsfähigkeit entwickeln. Werner und Smith (1982) und Werner (2000) nennen diese Kinder und Jugendlichen „vulnerable but invincible". Mit dem Begriff „vulnerable" bringen sie zum Ausdruck, dass diese Kinder und Jugendlichen keineswegs unempfindlich gegenüber Belastungen sind, sondern dass sich auch bei ihnen durchaus psychische Wunden und Verletzungen ergeben und auch Narben zurückbleiben können, dass sie sich aber letztendlich als „invincible" erweisen und im Großen und Ganzen keine nennenswerten Störungen und Auffälligkeiten entwickeln. Tress (1986b, 28), auf den der Begriff des Rätsels der seelischen Gesundheit zurückgeht, schrieb dazu:

> „Ein benachteiligter oder sogar schlechter Start der persönlichen Entwicklung geht nicht kontinuierlich über in einen krankheitswertigen Zustand der Person im Erwachsenenalter."

Dies entspricht auch neueren Forschungsergebnissen, in denen vom „Mythos des frühen Traumas" gesprochen und betont wird, dass frühe negative Erfahrungen nicht Schicksal sein müssen, sondern durch spätere positive Erfahrungen ausbalanciert werden können (Nuber 1995). Anthony und Cohler (1987, 27) beschreiben ein so genanntes „Vulnerability-Invulnerability-Spectrum", d. h., sie unterscheiden die „hypervulnerables" von den „pseudoinvulnerables", den „invulnerables" und den „nonvulnerables". Die Hypervulnerablen sind diejenigen Jugendlichen, die schon vor den geringsten Stressfaktoren kapitulieren und im Grunde keine Belastungen ertragen können. Die Pseudoinvulnerablen scheinen nur widerstandsfähig zu sein, sind es jedoch nicht wirklich, da sie im Schutze ihrer familiären Umgebung aufwachsen, die sie von allen Stressfaktoren fernhält. Die Invulnerablen haben sich im Laufe ihrer Entwicklung Resilienz erworben, d. h., sie sind mit den Belastungen gewachsen und haben an Selbsterfahrung und Kompetenz gewonnen. Die Nicht-Vulnerablen schließlich sind diejenigen, die von Geburt an widerstandsfähig sind. Resiliente oder invulnerable Kinder und Jugendliche sind keineswegs „super-kids", eine Bezeichnung, die Kauffman et al. schon 1979 verwendeten, doch sie entwickeln sich entgegen allen Befürchtungen positiv.

Pines (1979, 55ff), die sich auch schon sehr früh mit diesem Thema befasste, beschreibt diese Kinder und Jugendlichen folgendermaßen:

- „Eine schreckliche Wohnung, schreckliche Eltern, eine schreckliche Erziehung, man erwartet ein schreckliches Ergebnis. Aber stattdessen haben wir ein wirklich bemerkenswertes Kind vor uns – entgegen all unseren Erwartungen.
- Im sozialen Kontakt machen sie einen außerordentlich gelösten Eindruck, und auch die, die ihnen begegnen, fühlen sich in ihrer Gegenwart wohl.
- Sie verstehen es, die Aufmerksamkeit der Erwachsenen auf sich zu ziehen und zu nutzen.
- Trotz aller Schwierigkeiten bemühen sie sich, ihre Umwelt aktiv zu meistern. Und sie haben ein Gespür für ihre eigene Kraft.
- Sie denken selbstständig und entwickeln schon früh im Leben einen hohen Grad von Autonomie."
- Sie sind eine leistungsstarke Gruppe. Was sie anfangen, gelingt ihnen in aller Regel auch. Manche der „Unverwundbaren" werden gewöhnlich kreativ und originell."

Diese Beschreibung mag ein wenig idealisiert und euphorisch klingen, aber Tatsache ist, dass es Kinder und Jugendliche gibt, die anscheinend auch die schlechtesten Lebensbedingungen ohne psychische Schäden überstehen. Dabei bleibt nach Köferl (1988, 233) offen, ob Resilienz eher als „Widerstandskraft" gegenüber Belastungen oder eher als „Immunität" gegenüber psychischen Störungen anzusehen ist. Für Rutter (1987) und Wustmann (2003, 111) steht allerdings fest, dass Resilienz keine stabile Immunität bedeutet und kein festes Attribut einer Person darstellt, sondern eher ein „relationales Konstrukt" ist, das sich über Zeit und Situationen hinweg ändern kann. Rutter betont, dass Resilienz sowohl von Belastungs- und Situationsmerkmalen als auch von einer Reihe anderer Umstände abhängig ist und – ähnlich wie es neuere Forschungen auch vom Kohärenzgefühl annehmen – über die Zeit variiert: „If circumstances change, resilience alters" (Rutter 1987, 317).

Tress (1986a, 51) tritt der unterschwelligen Suggestion entgegen, die in dem Begriff der Resilienz liegen könnte, nämlich der Annahme, dass traumatische Kindheitserfahrungen eventuell doch nicht so fatale Auswirkungen auf das spätere Leben hätten, indem er mit Nachdruck auf die Bedeutung des Begriffs „initial bonding" hinweist, der nach wie vor seine Gültigkeit besitzt. Es gilt immer noch die allgemeine These, dass sich ein Kind nur dann psychisch gesund entwickeln kann, wenn es eine liebevolle und konstante Bezugsperson erfahren hat. Das Konstrukt der Resilienz hebt diese entwicklungspsychologische Erfahrung nicht auf, allerdings relativiert es sie, denn – wie Ulich (1988, 149) zeigt – stellt die Überwindung der „Mutterdeprivationstheorie" einen entscheidenden Schritt zur Differenzierung von Risiko- und Schutzfaktoren dar. Conen (2002) betont, dass sich traumatische Erfahrungen nicht grundsätzlich negativ auf die weitere Lebensbewältigung eines Jugendlichen oder auch Erwachsenen auswirken müssen.

Der Zeitpunkt des Auftretens eines Belastungs-, Stress- oder Risikofaktors in der Entwicklung eines Kindes ist von großer Bedeutung. Der Übergang vom Kindesalter zum Jugendalter stellt eine Phase erhöhter Vulnerabilität dar, in der die Kinder bzw. Jugendlichen vor großen Entwicklungsanforderungen stehen. Sie nehmen viele Belastungen wahr und reagieren besonders sensibel darauf. Es kommt auf ihre bis dahin erworbenen Anpassungs- und Bewältigungsfähigkeiten an, die wiederum auch von ihrem Selbstwertgefühl und Selbstvertrauen abhängen, ob sie sich als resilient erweisen oder nicht.

Ziel der zahlreichen Resilienzstudien ist es, die unterschiedlichen Prozesse zu erkennen, die eine protektive Wirkung haben und damit das Coping-Verhalten beeinflussen können, was dazu führen könnte, den negativen Einfluss der Stressoren zu mindern bzw. zu beeinflussen. Eine Schlüsselvariable spielen dabei Belastungsfaktoren, soziale Unterstützungssysteme sowie Bewältigungsfähigkeiten (Bliesener 1988).

So kommen Lösel und Bender (1994) sowie Bender und Lösel (1998) in ihren Studien über Heimkinder und sozial benachteiligte Kinder zu dem Ergebnis, dass folgende personale und soziale Ressourcen eine starke protektive Wirkung ausüben:

1. „Eine stabile emotionale Beziehung zu mindestens einem Elternteil
2. soziale Unterstützung innerhalb und außerhalb der Familie, z. B. Verwandte, Lehrer, Gleichaltrige, Nachbarn
3. ein emotional warmes und offenes, strukturiertes und normorientiertes Erziehungsklima
4. soziale Modelle, die zu konstruktivem Bewältigungsverhalten ermutigen, z. B. Eltern, Geschwister, Nachbarn
5. dosierte soziale Verantwortlichkeit und Leistungsanforderungen, z. B. Sorge für andere Verwandte, Pflichten in der Schule
6. kognitive Kompetenzen, z. B. mindestens durchschnittliches Intelligenzniveau, kommunikative Fertigkeiten, realistische Zukunftsplanung
7. Temperamentseigenschaften, die eine effektive Bewältigung begünstigen, z. B. Flexibilität, Annäherungsverhalten, Impulskontrolle
8. Erfahrungen von Selbstwirksamkeit, internale Kontrollüberzeugung, Selbstvertrauen und ein positives Selbstkonzept
9. die Art und Weise, wie die Person mit Belastungen umgeht, insbesondere die aktive Bemühung der Problembewältigung
10. die Erfahrung von Sinn, Struktur und Bedeutung in der eigenen Entwicklung, z. B. religiöser Glaube, Ideologie, „sense of coherence“.“

Nicht nur die oben genannten Bielefelder Invulnerabilitätsstudien kommen zu diesen Erkenntnissen, sondern auch die Mannheimer Risikokinderstudien von Laucht (1999) und Laucht et al. (1999), sodass die Ergebnisse der frühen Studien von Werner (1984, 1989) und Werner und Smith (1982) auch mit deutschen Kindern repliziert werden konnten.

5. Resiliente und suizidale Jugendliche im Vergleich

Jugendliche unterscheiden sich ganz erheblich voneinander in ihrem Wohlgefühl und ihrer psychischen Gesundheit. Im Sinne Antonovskys bewegen sich psychisch gesunde, suizidgefährdete und suizidale Jugendliche ebenfalls auf dem Kontinuum zwischen den Polen „gesund“ und „suizidal“. Als suizidgefährdet gelten diejenigen, die eine traurige und depressive Grundstimmung aufweisen. Bei den suizidalen Jugendlichen handelt es sich um solche, die nicht nur Suizidgedanken haben, sondern diese auch wiederholt äußern. Als hochsuizidal werden diejenigen bezeichnet, die schon mindestens einen Suizidversuch unternommen haben und/oder sich auch weiterhin mit Suizidabsichten tragen. Suizidale und resiliente Jugendliche stellen nur die beiden Endpunkte auf einem salutogenetischen Kontinuum dar, zwischen denen die Positionen der Jugendlichen in ständiger Bewegung sein können (Antonovsky 1980, 1987).

Resiliente Jugendliche zeichnen sich durch ihre positive Lebenseinstellung, ihre Lebenszuversicht und ihre gute Lebensbewältigung aus. Abb. 29 zeigt das salutogenetische Kontinuum nach Antonovsky (1980), bezogen auf resiliente, suizidgefährdete und suizidale Jugendliche.

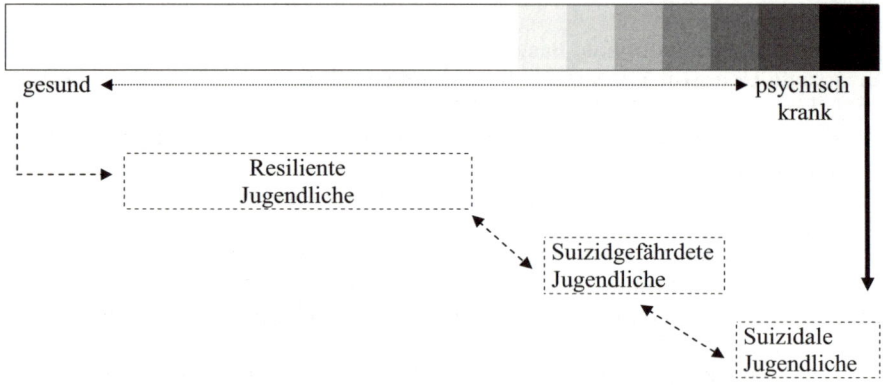

Abb. 29: Das salutogenetische Kontinuum, bezogen auf resiliente und suizidale Jugendliche (nach Bründel 1993a)

Die Abbildung verdeutlicht, dass zwar resiliente und suizidale Jugendliche auf dem salutogenetischen Kontinuum weit auseinanderliegen, dass sie jedoch durch die suizidgefährdeten Jugendlichen miteinander verbunden sind und dass es damit fließende Übergänge zwischen ihnen gibt. Auch psychisch gesunde Jugendliche können Suizidgedanken hegen, ohne dass sie jedoch als suizidal bezeichnet werden können. Auch sie können in Krisensituationen kommen, die sie in höchstem Maße verunsichern, aber die Mehrzahl von ihnen bewältigt diese Krisen. Auf dem Kontinuum herrscht im Sinne Antonovskys Bewegung, d. h. ursprünglich gesunde Jugendliche können suizidgefährdet und unter Umständen auch suizidal werden, und umgekehrt können suizidale Jugendliche auch wieder gesund werden. Das eigentliche Rätsel ist also nicht, warum es Jugendliche gibt, die suizidal sind, sondern warum so viele Jugendliche es trotz schwierigster Bedingungen und vieler Stressoren schaffen, sich psychisch gesund zu erhalten.

Ähnlich wie Resilienz wird Suizidalität nicht als festes Attribut einer Person angesehen, sondern sie variiert in Abhängigkeit von Belastungs- und Situationsmerkmalen, sozialer Unterstützung und Bewältigungskompetenzen. In Abänderung des bereits zitierten Ausspruchs von Rutter (1987, 317) könnte die These aufgestellt werden: „If circumstances change, risk of suicide alters."

Belastungen

Man unterscheidet chronische und akute Belastungen. Erstere wirken über einen längeren Zeitraum auf die Jugendlichen ein wie eigene oder elterliche Grundkrankheiten oder auch Schulbesuch oder Armut in der Familie. Akute Belastungen sind solche, die durch plötzliche lebensverändernde Ereignisse verursacht werden und eine Reorganisation des Alltags notwendig machen wie Tod eines Elternteils, Umzug der Familie oder Schulwechsel. Auf suizidale und auf resiliente Jugendliche können im Prinzip dieselben Belastungsfaktoren einwirken, diese werden jedoch in Anzahl und Intensität offensichtlich ganz unterschiedlich von ihnen wahrgenommen und erlebt. Belastungen werden nicht von einem objektiven Standpunkt aus bewertet, sondern vor allem vom subjektiven Standpunkt dessen, der sie empfindet. Die Ergebnisse von Isherwood et al. (1982, 381) weisen darauf hin, dass suizidale Jugendliche erstens mehr Belastungen als nichtsuizidale wahrnehmen und zweitens diese auch als belastender empfinden. Diese Ansicht wird von Cohen-Sandler et al. (1982) geteilt. Suizidale Jugendliche fühlen sich von den auf sie einwirkenden Belastungen überrollt, überfahren und erdrückt. Oft greifen sie eine einzige Belastung heraus, z. B. den Tadel des Lehrers, die Klassenwiederholung oder den Verlust eines Freundes/einer Freundin, und machen an diesem Ereignis ihre ganze Hoffnungslosigkeit und Verzweiflung fest, aber genau so oft beschreiben sie pauschal ihre gesamte Lebenssituation als unerträglich, als aussichtslos und ohne Zukunftsperspektive (Bründel 1988, 1993a).

Resiliente Jugendliche sind sich ihrer Belastungen zwar bewusst, aber sie erleben und verarbeiten sie anders. Sie sind gegen pathologische Einflüsse aus ihrer Umgebung geradezu immun und „blühen in ihnen auf" (Pines 1979, 56). Diese Beschreibung erscheint zwar übertrieben und etwas allzu euphorisch ausgedrückt, aber die Erfahrung im Umgang mit resilienten Jugendlichen zeigt, dass sie eine optimistische und zuversichtliche Lebenseinstellung haben, mit dem Erfolg ihrer eigenen Handlungen rechnen und die Fähigkeit besitzen, sich Hilfe zu holen, wenn sie allein nicht zurecht kommen. Sie vertrauen auf die Unterstützung anderer und scheuen sich auch nicht, diese einzufordern.

Protektive Faktoren und soziales Netzwerk

Auch hinsichtlich der protektiven Faktoren gibt es zwischen den suizidalen und resilienten Jugendlichen große Unterschiede: Suizidale Jugendliche verfügen nicht über die von Beutel (1989), Lösel und Bender (1994), Rutter (2000) und Werner (2000) beschriebenen personalen protektiven Faktoren, d. h., sie haben weder eine hoffnungsvolle Lebenseinstellung noch das Gefühl, ihr Leben selbst beeinflussen zu können. Sie besitzen kein Selbstvertrauen und vertrauen auch nicht anderen Menschen. Sie erwarten keine Hilfe von ihnen. Suizidale Jugendliche verfügen weder über ein großes soziales Netzwerk noch über zahlreiche Unterstützungsquellen oder über intensive Freundschaftsbeziehungen. Sie sind in ihren zwischenmenschlichen Kontakten sowohl zu ihren Eltern als auch zu Gleichaltrigen extrem eingeschränkt. Sie fühlen sich beiden gegenüber fremd und unverstanden. Der Vertrauensverlust geht mit einem Verlust der Gesprächsbasis und einer gestörten Kommunikation einher: „Jedem Selbstmord geht ein missglücktes oder nicht stattgefundenes Gespräch voraus" (Ringel 1981, 11). Käsler und Nikodem (1996) drücken dies mit folgenden Worten aus: „Bitte hört, was ich nicht sage" und Schütz (1996) klagt an: „Ihr habt mein Weinen nicht gehört".

149

Auch Stober und Busch (1983) messen dem „Kommunikationsverlust" eine hohe Bedeutung zu. Suizidale leiden unter ihrer teilweise auch selbstgewählten Einsamkeit, aber sie beenden manchmal sogar bewusst ihre sozialen Kontakte, kündigen ihre Freundschaften auf und berauben sich damit selbst der Möglichkeit, soziale Unterstützung zu erhalten. Dies entspricht einem Circulus vitiosus: Suizidale Jugendliche sind traurig, weil sie einsam sind, und sie sind einsam, weil sie sich selbst aus dem Wirkungskreis des sozialen Netzwerks herausnehmen.

Resiliente Jugendliche dagegen greifen sowohl auf ihr soziales Netzwerk als auch auf vorhandene soziale Unterstützung der verschiedensten Quellen und auf ihre Freundschaftsbeziehungen zurück (Kolip 1991, 1993). Resiliente Jugendliche pflegen nicht nur mehr und engere Kontakte zur eigenen Familie, sie nehmen die Hilfe ihrer Freunde und Freundinnen auch in Anspruch. In ihren gemeinsamen Gesprächen zeigt sich genau das, was Aukett et al. (1988) unter dem „therapeutischen Charakter" von Freundschaften, insbesondere bei Mädchen, verstehen. Mädchenfreundschaften sind oft durch starke Bindungen zueinander gekennzeichnet, sie sind exklusiv, d. h. bestehen meistens nur aus zwei einander voll vertrauenden Personen. Freundschaftsbeziehungen stellen einen Puffer dar, der bei Auftauchen von Belastungen diese in ihrer negativen Wirkung abfedert. Weibliche Jugendliche legen großen Wert darauf, ein beste Freundin zu haben, normalerweise hegen und pflegen sie diese Beziehung und ziehen daraus großen emotionalen Gewinn, größere Selbstsicherheit und Zuversicht (Kolip 1991, 1993, 1994).

Männlichen Jugendlichen wird diese Art der Unterstützung nicht zuteil, da ihre Freundschaften bei weitem nicht die Nähe und den Intimcharakter, auch nicht die Exklusivität aufweisen wie die der Mädchen. Jungen ziehen eher das Zusammensein in der Gruppe oder Clique und die lockeren Beziehungen darin vor. Sie haben nicht wie Mädchen intime Gesprächspartner, vertrauen sich nicht anderen Jungen an und sprechen auch nicht über ihre Probleme. Das gesamte Arrangement der persönlichen Treffen verläuft bei ihnen anders als bei Mädchen. Wenn Mädchen sich miteinander verabreden, dann häufig bei sich zu Hause in ihrem eigenen Zimmer, wo sie es sich gemütlich machen, Musik hören und eventuell Tee trinken. Jungen haben zwar auch einen besten Freund, aber mit ihm verbinden sie eher sportliche oder anderweitige Aktivitäten und tauschen in Gesprächen nicht so sehr ihre Gefühle aus. Unter Jungen scheinen Gespräche über persönliche Sorgen, Nöte, Ängste und Gefühle der Enttäuschung oder Kränkung immer noch verpönt zu sein. Jungen nutzen weit weniger als Mädchen ihre Möglichkeiten, Probleme im Gespräch zu bewältigen. Sie treffen sich entweder außerhalb ihres Zuhauses oder auch in ihrem Zimmer, aber dann eher zum Computerspielen (Kolip 1993).

Ob mit diesen unterschiedlichen Beziehungen zu Gleichaltrigen u. a. auch die weit höhere Suizidrate von Jungen begründet werden kann, bleibt zu vermuten. In jedem Fall profitieren Mädchen von ihren oftmals sehr engen Freundschaftskontakten mehr als Jungen. Die mangelnde Intimität in den Freundschaftsbeziehungen der Jungen mag nur ein Faktor unter vielen sein, warum Jungen weit öfter Suizid begehen als Mädchen. Warum andererseits Mädchen sehr viel häufiger Suizidversuche machen als Jungen, obwohl sie es doch eigentlich weit mehr als diese vermögen, ihre Gefühle zu verbalisieren, ist nur scheinbar ein Widerspruch, denn ihre Suizidversuche sind Ausdruck des erwähnten typisch weiblichen Bindungsverhaltens und der typisch weiblichen Artikulationsweise (Gerisch 1998, 2001).

Das Wissen um mögliche soziale Unterstützung und die Erfahrung, jederzeit auf Hilfsangebote zurückgreifen zu können, verändert nicht nur die Einschätzung der belastenden Situation, sondern auch die Wahl der Bewältigungsstrategien. Auch in diesen unterscheiden sich suizidale und/oder suizidgefährdete von resilienten Jugendlichen.

Bewältigungsverhalten

Suizidale Jugendliche leben in der quälenden Gewissheit, das bisherige Leben unter seinen gegenwärtigen Bedingungen nicht weiterführen, es also beenden, aber gleichzeitig ein anderes Leben führen zu wollen. Sie wollen ihrem Leben durch den Suizidversuch eine Wende geben. Man kann in der suizidalen Tat eine gewisse Aktivität sehen, einen letzten Versuch, sich noch eine Handlungsoption offen zu halten. Die lähmende Inaktivität, die quälende Ambivalenz, gleichzeitig sterben und doch leben zu wollen, wird dann in einer letzten großen, jedoch verzweifelten Willensanstrengung durch die Entscheidung beendet, sich das Leben zu nehmen, weil man es nicht hat ändern können. Resignation und Enttäuschung, nicht Aktivität und Entschlusskraft, bringen die Jugendlichen dazu, alle zur Verfügung stehenden Kräfte zu mobilisieren und den Suizid zu planen und auszuführen (Bründel 1993a).

In dieser Phase sehen sie nur noch das Ziel, das es zu erreichen gilt. Sie handeln wie in einer „Tunnelvision" (Shneidman 1980, 12), nichts und niemand kann sie von ihrem Entschluss abbringen, ihre Wahrnehmung und Handlungsfreiheit sind eingeschränkt, alle anderen Handlungsmöglichkeiten ausgeschaltet. Daher kann ihr Verhaltensstil keineswegs mit Aktivität im Sinne eines flexiblen, der Situation angemessenen Verhaltensstils gleichgesetzt, sondern muss als starr, unbeweglich und eingeengt bezeichnet werden. Suizidale Jugendliche bewältigen Belastungen unflexibel (Shneidman 1980). Aufgrund ihrer bisherigen überwiegend negativen Lebenserfahrungen und ihrer negativen Selbstachtung und Selbstwahrnehmung vermögen sie es nicht, Lösungen für ihre Probleme zu finden (Corr und McNeil 1986). Durch Übergeneralisierungen, willkürliche Schlussfolgerungen sowie durch Überbewertung belastender und Unterbewertung positiver Ereignisse fehlt es ihnen an Strategien zur Problembewältigung, sodass sie in ihrer Frustration, Hilflosigkeit und vermeintlichen Hoffnungslosigkeit zu drastischen selbstzerstörerischen Methoden greifen (Beck et al. 1986, 2001). Suizidalen Jugendlichen fehlt es an Wahl- und Handlungsalternativen. Stagnation und Fixierung an starre, gleichbleibende Reaktionsmuster kennzeichnen ihren Bewältigungsstil (Ringel 1989).

Resiliente Jugendliche dagegen zeigen ein flexibles und den Umständen angepasstes Bewältigungsverhalten. Sie sind in der Lage, abzuwägen und je nachdem, ob sie die Situation als unveränderbar bzw. als veränderbar ansehen, wählen sie ein emotionsbezogenes bzw. aufgabenbezogenes Bewältigungsverhalten. Resiliente Jugendliche verstehen es sehr gut, zwischen „problem- and emotion-focussed coping" (Compas et al. 1988, 405) zu unterscheiden und suchen in Abstimmung mit der Belastung, dem Bewältigungsziel und der vorhandenen Unterstützung nach passenden Strategien oder alternativen Lösungen. Das Bewältigungsverhalten resilienter Jugendlicher ist vorwiegend aktiv und selten vermeidend oder durch Rückzug aus der Situation gekennzeichnet.

Unter aktiver Bewältigung sind Aussagen von Jugendlichen zu verstehen wie:

- „Ich versuche, Probleme im Gespräch mit den Betroffenen unmittelbar anzusprechen."
- „Ich spreche auftauchende Probleme sofort an und trage sie nicht tagelang mit mir herum."
- „Ich suche bei Schwierigkeiten fachmännischen Rat" (Seiffge-Krenke 1989a).

Allerdings muss einschränkend gesagt werden, dass nicht jede aktive Form von Problembewältigung effizient ist oder gar jede prospektiv-meidende ineffizient. Es kommt immer auf den situativen Kontext ab, in dem eine Bewältigungsform gewählt wird. Es kann durchaus stressmindernd und damit gesundheitsfördernd sein, Problemen vorausschauend aus dem Wege zu gehen und sie gar nicht erst an sich herankommen zu lassen (Höfer 2000).

Unter Passivität wird eine ausweichende, den Konflikt meidende Verhaltensweise verstanden, die dann gezeigt wird, wenn das Problem aufgetreten ist und die nicht dazu angetan ist, es zu lösen:

- „Ich ziehe mich zurück, da ich es doch nicht ändern kann."
- „Ich versuche, meine Probleme durch Alkohol und Drogen zu vergessen."
- „Ich denke nicht über das Problem nach und versuche es aus meinen Gedanken zu verdrängen" (Seiffge-Krenke 1989a).

Resiliente Jugendliche aktivieren nicht nur externale Bewältigungsstrategien, sondern auch internale. Sie überlegen sehr genau und nehmen, wenn nötig, auch kognitive Umstrukturierungen vor, d. h., sie bewerten die belastende Situation in für sie emotional entlastender Weise:

- „Ich denke über das Problem nach."
- „Ich mache mir klar, dass es immer irgendwelche Probleme geben wird."
- „Ich bin bereit, Kompromisse zu schließen" (Seiffge-Krenke 1989a).

Wenn nach Perrez (1990, 236) die so genannte Stressadaptationskompetenz und damit die flexible und situationsangemessene Reaktion ein Indikator für psychische Gesundheit ist, dann kann man mit Recht resiliente Jugendliche als gesund bezeichnen, mit der Einschränkung, dass dies nicht ein Leben lang so bleiben muss, sondern sich auch wieder verändern kann. Auch resiliente Jugendliche nutzen nicht immer die Möglichkeiten, die sie hätten, sich bei auftauchenden Problemen an professionelle Helfer, an Beratungsstellen und Institutionen zu wenden. Hier besteht eine „Beratungsaversion" (Seiffge-Krenke 1989b, 252). Auch Hurrelmann (1990, 213) und Mansel und Hurrelmann (1991, 242) konstatieren, dass Jugendliche nur in geringem Maße institutionelle Beratungsangebote nutzen und schwer zu motivieren seien, diese aufzusuchen.

Zwischen Mädchen und Jungen gibt es Unterschiede, die auch für resiliente Jugendliche zutreffen. Mädchen sind eher bereit, therapeutische Hilfe anzunehmen und sich bei Konflikten Unterstützung zu holen. Sie sprechen Probleme häufiger an und suchen Trost und Zuwendung bei Freundinnen. Jungen dagegen neigen eher zu ausweichenden Reaktionen und bagatellisieren ihre Probleme. Diese geschlechtsspezifischen Unterschiede beziehen sich nicht nur auf das Ausmaß an wahrgenommener Problembelastung, sondern auch auf die Nutzung sozialer Ressourcen und die Wahl ihres Bewältigungsverhaltens.

Zusammenfassung

Mit Antonovskys Formulierung des Modells der Salutogenese vollzieht sich ein Paradigmenwechsel in der Medizin und Psychologie, der sich vor allem in einer Abkehr von der organ- bzw. problemorientierten Perspektive und in einer Hinwendung zu einer biopsychosozialen Betrachtungsweise zeigt. Sein HEDE-Modell von Gesundheit und Krankheit hebt die bis dahin geltende Dichotomie von gesund und krank auf und beschreibt den Menschen als auf einem Kontinuum zwischen gesund und krank befindlich, dessen Position sich ständig verändern kann.

Von großer Bedeutung und auch Tragweite ist seine Ansicht, dass Gesundheit kein feststehender Zustand, sondern ein Prozess ist, der ständig vom einzelnen Menschen aktiv hergestellt werden muss. Alle Menschen sind von Stressoren umgeben bzw. werden im Laufe ihres Lebens mit den unterschiedlichsten Belastungen konfrontiert, seien es Krisen, kritische Lebensereignisse oder „hassles", die sie aus er Bahn werfen können. Dies hängt von ihren generalisierten Widerstandsressourcen ab und von ihren Bewältigungsfähigkeiten.

Die Frage, was Menschen gesund erhalte, trotz eventuell großer Belastungen, beantwortet Antonovsky mit dem Hinweis auf das Kohärenzgefühl, das eine zentrale Stelle in seiner Theorie einnimmt. Die Komponenten des Kohärenzgefühls, nämlich seinem Leben einen Sinn zu geben, es als verständlich und geordnet wahrzunehmen und die Aufgaben, die es stellt, lösen zu können, ist der entscheidende Faktor für Gesundheit. Das Kohärenzgefühl ist nicht nur abhängig von vorhandenen Ressourcen, sondern von Ressourcen, die auch genutzt werden müssen.

Die Begriffe Schutzfaktoren und Widerstandskräfte führen zum Konzept der Resilienz, mit dem sich nachfolgende Forscherinnen und Forscher intensiv beschäftigt haben und ähnlich wie Antonovsky der Frage nachgegangen sind, was Jugendliche letztendlich psychisch gesund erhalte. Sie kommen dabei zu ähnlichen Ergebnissen wie Antonovsky. Das Kohärenz- und das Resilienzkonzept weisen viele Gemeinsamkeiten auf.

Unter Resilienz wird die Fähigkeit verstanden, trotz extrem belastender Umstände psychisch gesund zu bleiben. Resiliente Jugendliche zeichnen sich durch ein hohes Ausmaß an protektiven Faktoren, durch ein großes Netzwerk, durch die Nutzung ihrer Ressourcen und durch en adäquates flexibles Bewältigungsverhalten aus. Die Gegenüberstellung von resilienten und suizidalen Jugendlichen macht die Unterschiede zwischen beiden noch einmal deutlich und lenkt die Blickrichtung auf die Stärkung der Schutzfaktoren.

VI. Schutzfaktoren und Salutogenese

„Wo aber Gefahr ist,
wächst das Rettende auch"

Hölderlin, Patmos

1. Schutzfaktoren und Prävention

Können Schutzfaktoren Suizide von Menschen und speziell von Jugendlichen verhindern? Diese Frage ist sehr schwer zu beantworten, denn suizidales Denken und Handeln hat es in der Menschheitsgeschichte immer schon gegeben, und immer wieder bringen sich viele Menschen – und darunter viel zu viele Jugendliche – um. Dennoch muss es das Bestreben aller sein, durch Stärkung der Schutzfaktoren und einer guten Präventionsarbeit Suizidalität gar nicht erst aufkommen zu lassen. Freytag und Witte (1997) stellen die Frage: „Wohin in der Krise?" und beschreiben, welches die „Orte der Suizidprävention" sein können. Es gibt viele Wirkstätten der Suizidprävention, in denen Schutzfaktoren aufgebaut und gefestigt werden können. Aro, Hänninen und Paronen (1989) unterstreichen die Bedeutung der Familie, der Freunde und Vertrauten. Auch wenn die beste Präventionsarbeit kein Garant dafür ist, dass sich keine Suizide mehr ereignen werden, so erhöht sie doch die Wahrscheinlichkeit, dass die Anzahl der Suizide vermindert werden kann.

Die Überzeugung von der Wirksamkeit einer guten Prävention ergibt sich aus den Erkenntnissen der salutogenetischen Forschung und der Resilienzstudien, die gezeigt haben, dass protektive Faktoren die Wirkung von Risikofaktoren abmildern können und dass es darauf ankommt, diese protektiven Faktoren zu stärken, unabhängig davon, ob sie in den Jugendlichen selbst liegen (personale Ressourcen) oder in ihrer Umwelt (soziale Ressourcen). Gerade die Unterschiede zwischen resilienten und suizidalen Jugendlichen machen deutlich, welche Fähigkeiten gestärkt werden müssen, damit Jugendliche gut durch das *Leben kommen* und sich nicht das *Leben nehmen*. Suizidprävention ist zugleich Salutogenese, denn sie zielt darauf ab, Jugendliche in ihrer Persönlichkeit zu stärken und sie schon „früh an aktive und konstruktive Formen der Stress- und Problembewältigung" heran zu führen (Wustmann 2003).

Zentrale Faktoren in der Prävention sind: Stärkung der Problemlösefähigkeit, des Selbstbewusstseins und des Selbstwertgefühls von Kindern und Jugendlichen. In der salutogenetischen Präventionsarbeit werden Kinder und Jugendliche als aktive Mitgestalter ihres Lebens angesehen und darin unterstützt, alle internen und externen Ressourcen wahrzunehmen und zu nutzen. Ihre eigenen in ihnen schlummernden Widerstandskräfte gegenüber Belastungen und schwerwiegenden Lebensbedingungen werden geweckt, um sie zu befähigen, Misserfolge zu verkraften und ein positives Selbstwertgefühl zu entwickeln. Nicht nur die Beseitigung von Risikofaktoren wird angestrebt, sondern vor allem die Förderung der Protektivfaktoren.

Im Folgenden soll es darum gehen, die Ressourcen, d. h. die entwicklungsfördernden Umweltbedingungen herauszuarbeiten, die zur psychischen Gesundheit der Jugendlichen und damit auch zur Stärkung produktiver Bewältigungsprozesse beitragen. Dabei werden die Hauptsozialisationsinstanzen Familie, Schule und Freizeitbereich, insbesondere die Freundschaftsbeziehungen unter Gleichaltrigen, herausgegriffen, um beispielhaft an ihnen die Wirksamkeit protektiver Faktoren aufzuzeigen.

2. Familie und Salutogenese

Die Bedeutung der Familie als erstem Bezugssystem im Leben der Jugendlichen seit ihrer Kindheit ist groß. In Kapitel III ist die Familie bei bestehender Dysfunktionalität als Risikofaktor geschildert worden mit all ihren negativen Auswirkungen auf die psychische Gesundheit von Jugendlichen. Gestützt auf die Ergebnisse der neuesten Gesundheits- und Resilienzforschung sollen nun die protektiven Wirkungen, die von gut funktionierenden Familienbeziehungen ausgehen können, geschildert werden. Kinder brauchen „starke Eltern", damit sie psychisch gesund aufwachsen können (Bundeszentrale für gesundheitliche Aufklärung 1999).

Mit Fend (1990) geht es darum, darzustellen,

- in welchen emotionalen Bezugssystemen Jugendliche aufwachsen,
- welche Begegnungsformen sie erleben,
- wie die familiären Stützsysteme aussehen,
- wie groß der Anregungsgehalt ihrer Umwelt ist.

Mit den Antworten, die im Folgenden gegeben werden, wird deutlich, was Jugendliche gesund hält und sie vor Suizidalität schützt, auch wenn diese durch eine Kumulation ungünstiger Faktoren nie ganz ausgeschlossen werden kann. Eine noch so gut funktionierende Familie kann letzten Endes nicht verhindern, dass andere Risikofaktoren aus anderen Bereichen wie Schule und Freizeitbereich eine so große schädliche Wirkung ausüben, dass der Jugendliche die protektiven Faktoren seiner Familie nicht nutzen kann. Ein protektiver Faktor hat also immer nur mit einer bestimmten Wahrscheinlichkeit einen positiven Effekt, dasselbe gilt für die negative Wirkung eines Risikofaktors (Opp, Fingerle und Freytag 1999). Ähnlich wie Risikofaktoren sich in ihrer Wirkung addieren und potenzieren, so auch die Schutzfaktoren. Je mehr davon existieren, und zwar auch über die Familie hinaus im Schul- und im Freizeitbereich, desto größer ist ihre Schutzfunktion. Allerdings können sie die Wirkung von Risikofaktoren nur moderieren und nie ganz ausschalten. Sie stärken die Widerstandskräfte und lindern eventuelle psychische Beeinträchtigungen.

a) Familiales Netzwerk als persönliche und soziale Ressource

Die Familie stellt ein soziales Netzwerk dar, und zwar in allen ihren möglichen Formen des Zusammenlebens, ob als „vollständige" Familie, d. h. als traditionell strukturierte Familie mit Vater, Mutter und mindestens einem Kind oder als

155

Familie mit einem alleinerziehenden Elternteil mit oder ohne Partner. Als Familie wird eine biologisch-soziale Gruppe von miteinander verheirateten oder auch nicht verheirateten Eltern-Paaren mit ihren leiblichen/nicht leiblichen und/oder adoptierten Kindern verstanden.

Für die Definition Familie ist bedeutsam, dass die zusammen oder auch getrennt lebenden Personen durch ein Beziehungssystem miteinander verbunden sind, sich füreinander verantwortlich fühlen und Funktionen der Daseinssicherung erfüllen. Familien sind „offene, sich entwickelnde, zielorientierte und sich selbst regulierende Systeme (Oerter und Montada 2002).

Die Qualität und die positive Wirkung des Netzwerks auf den Jugendlichen ist nicht so sehr von den Familienformen abhängig, sondern von der Intensität der Beziehungen zwischen Erwachsenen und Jugendlichen. Ganz entscheidend ist die individuelle Unterstützung, die Jugendliche erhalten, die Gesprächsbereitschaft, der innige Kontakt, der alltägliche Rückhalt. Im Allgemeinen sind Eltern intensive Berater und Unterstützer ihrer Kinder in allen persönlichen und schulischen Lebenslagen. Die Mehrzahl der Jugendlichen ist mit ihren Eltern zufrieden, was Erziehungs- und Umgangsstil anbetrifft (Hurrelmann 2004, 110). Wenn Jugendliche sich angenommen, geliebt, wertgeschätzt und respektiert fühlen, dann hat dies eine positive Wirkung auf ihr Selbstwertgefühl, ihr Selbstvertrauen, ihre Zuversicht und ihren Optimismus – und umso besser können sie Krisen bewältigen (Nestmann 1997a). Sie können dann umso besser mit Misserfolgen, Enttäuschungen und Kränkungen umgehen, je mehr emotionale, praktische, materielle und informatorische Unterstützung sie von ihrer Familie erhalten. Die Forschungsergebnisse beweisen, dass dies für die Mehrzahl der Jugendlichen zutrifft (Hurrelmann 2004). Familie kann als Kern eines sozialen Immunsystems angesehen werden, und wenn sie gut funktioniert, als das zentralste Unterstützungssystem überhaupt.

b) Unterstützungsmerkmale in der Familie

Die am häufigsten genannten familiären Schutzfaktoren sind Unterstützung, Einfühlung und Verständnis der Eltern gegenüber ihrem Kind bzw. Jugendlichen, ebenso wie ihre verständnisvolle Reaktion auf Veränderungen ihres Kindes in der Pubertät, z.B elterliche Unterstützung bei Autonomiebestrebungen (Bundeszentrale für gesundheitliche Aufklärung 2000).

Erziehungsstil

Von den meisten Eltern wird heute ein flexibler Erziehungsstil praktiziert mit Zuwendung, Wärme und Anerkennung, aber auch mit Kontrolle und Sanktionierung bei Überschreitung von Regeln. Ein Erziehungsstil, der die Person des Kindes und Jugendlichen respektiert, dabei Grenzen setzt und so zur Selbstständigkeit und Verantwortlichkeit führt, ist trägt zur psychischen Stabilisierung des Jugendlichen bei. Unter den Erziehungsstilen wird zwischen autoritären und autoritativen unterschieden. Während der erstere eher als zurückweisend und Macht ausübend angesehen wird, kann letzterer als akzeptierend und klar strukturierend und daher als am stärksten unterstützend gekennzeichnet werden. Elterliche Unterstützungsmaßnahmen bestimmen die gesamte Kindheit und Jugendzeit und enden erst dann, wenn die Entwicklungsziele erreicht sind und der Übergang zum Erwachsenenleben vollzogen worden ist (Abb. 30).

Erfolgskriterium	Elterliche Unterstützungsmaßnahmen	Entwicklungsziele
Persönliche Fertigkeiten		
Positives Selbstwertgefühl	Dem Kind helfen, solide, positive Selbstüberzeugungen und eine Haltung des „Ich kann's schaffen" vermitteln, sodass es sich erfolgszuversichtlich fühlt.	Selbstvertrauen
Kultivierung von Stärken	Sensibilisierung der Achtsamkeit des Kindes für seine speziellen Talente und Stärken, sodass es auf seine Individualität stolz sein und sein persönliches Potenzial erweitern kann.	Selbstbewusstsein
Emotionale Fertigkeiten		
Kommunizieren	Das Kind unterstützen, aufmerksam zuzuhören, für sich selbst zu sprechen und das, was es sagen will, mitzuteilen, um das eigene Wissen zu vergrößern und Missverständnisse zu reduzieren.	Verstehen
Problemlösen	Dem Kind beibringen, wie es in Ruhe die besten Lösungen findet und verantwortliche Entscheidungen treffen kann.	Selbstverantwortlichkeit
Soziale Fertigkeit		
Mit anderen auskommen	Unterstützung des Kindes bei der Entwicklung seiner Fähigkeiten, Freundschaften zu schließen und mit schwierigen Beziehungen zurecht zu kommen.	Kooperation
Motivationale Fertigkeit		
Ziele setzen	Dem Kind helfen, wie es lernen kann, die Ziele zu bestimmen, die es erreichen möchte und die Schritte für eine erfolgreiche Zielerreichung festlegen.	Selbstmotivation
Nicht aufgeben	Dem Kind zeigen, wie es etwas, das es begonnen hat, zu Ende bringen kann, auch wenn sich Schwierigkeiten auftun.	Beharrlichkeit
Moralische Fertigkeit		
Sich kümmern	Stärkung des kindlichen Mitgefühls und seiner Sensibilität für die Gefühle und Bedürfnisse anderer.	Empathie

Abb. 30: Elterliche Unterstützungsmaßnahmen und Erziehungsziele (nach Oerter und Montada 2002, 120)

Eltern fördern und stärken ihre Kinder durch ihr Vorbild, ihre Einstellung und ihr Verhalten. Dazu gehören (Bundeszentrale für gesundheitliche Aufklärung 2001, 154):

- Eigenaktivität und Eigenverantwortung
- Konfliktfähigkeit
- Erlebnis- und Genussfähigkeit
- Sinnerfüllung

Eltern als „Arrangeure von Entwicklungsgelegenheiten"

Eltern ermöglichen Freizeit- und Vereinsaktivitäten und tragen so dazu bei, dass ihre Kinder soziale Beziehungen im außerfamiliären Kontext eingehen können (Oerter und Montada 2002). Sportvereine sind ein wichtiges Lernfeld, um soziale Kompetenzen zu erwerben. Kinder und Jugendliche lernen dort, sich einzuordnen, sich anzupassen, Kontakte zu knüpfen, Verantwortung zu übernehmen, Rücksicht zu nehmen, sich durchzusetzen und zu behaupten, aber auch Kompromisse zu schließen.

Von den Familienmitgliedern leisten Frauen, speziell Mütter, den größten Anteil an emotionaler, sachlicher und informatorischer Unterstützung. Es sind überwiegend Mütter und nicht Väter, die das Netzwerk Familie zusammenhalten und sich um das Wohlergehen der einzelnen Familienmitglieder sorgen. Sie kümmern sich nicht nur bei ihren jüngeren, sondern auch bei ihren jugendlichen Kindern um alle Schulangelegenheiten: um die Hausaufgaben, sie gehen zu den Elternsprechtagen und den Klassenpflegschaftsabenden. Sie fahren die Kinder zu den Freizeitaktivitäten und nehmen die notwendigen Arzttermine wahr etc. Der gesamte organisatorische Ablauf innerhalb einer Familie wird meistens von Frauen, speziell Müttern, gemanagt, und in diesen Ablauf fügen sich auch die Mehrzahl der Jugendlichen, da er ihnen einen Rahmen bietet, innerhalb dessen sie dann ihre eigenen Aktivitäten planen können. Feste Familienstrukturen und Rituale bieten Sicherheit und Verlässlichkeit. Darüber hinaus sind Mütter Ansprechpartnerinnen bei emotionalen Problemen, sie trösten und geben Rat. In allererster Linie wenden sich Jugendliche, besonders weibliche, an ihre Mütter und suchen Hilfe und Unterstützung bei ihr. Väter haben zwar ebenfalls eine wichtige Position in der Familie, aber sie geben eher instrumentelle, d. h. materielle und finanzielle Unterstützung.

Eltern, die mit ihren Kindern viel gemeinsam unternehmen, die informiert sind über außerhäusliche Aktivitäten, die die Freunde ihrer Kinder kennen und die Entwicklung ihrer Kinder auch im Jugendalter mit Interesse und Aufmerksamkeit verfolgen, haben die besten Chancen mit ihrem Verhalten protektiv zu wirken, da sie ihren Kindern signalisieren, dass sie ihnen wichtig sind. Von Bedeutung dabei sind nicht nur der Anregungsgehalt und das Beziehungsverhältnis, sondern auch die Freiheitsspielräume, die Jugendlichen eingeräumt werden. Konformitätserwartungen der Eltern und Zugeständnisse an das Ausprobieren eigener Verhaltensweisen müssen in einem passenden Verhältnis zueinander stehen.

Entscheidend für die Bewältigung alterspezifischer Entwicklungsaufgaben in der Jugendzeit ist nach Fend (1990) das Zusammenwirken von personalen und sozialen Ressourcen bzw. Schutzfaktoren (Abb. 31).

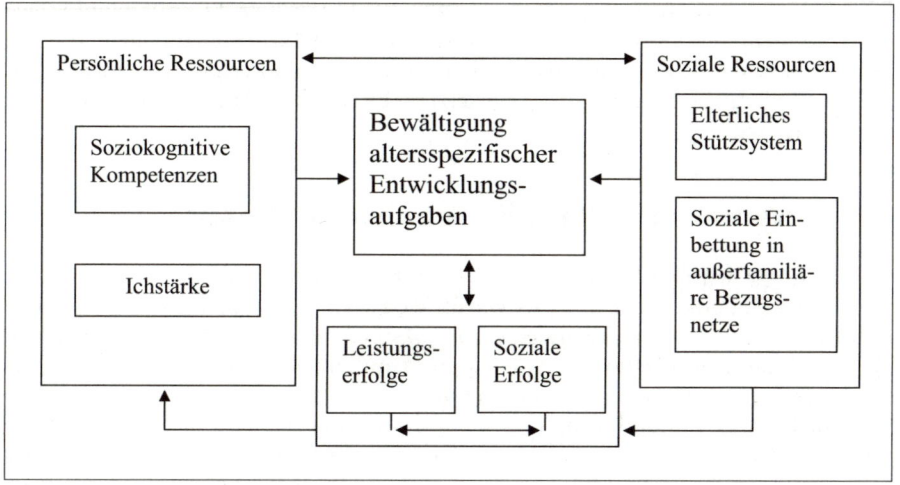

Abb. 31: Zusammenwirken personaler und sozialer Ressourcen (nach Fend 1990, 18)

Sozialer Hintergrund

Aus der Gesundheitsforschung ist bekannt, dass Berufstätigkeit der Eltern, die Höhe des Einkommens und der Wohlstand ebenfalls zu einem großen Teil zu einer positiven gesundheitlichen Situation der Jugendlichen beitragen. Das fängt bei der hygienischen Versorgung an und reicht von der Wohnraumsituation der Familie bis hin zur Ausstattung eines eigenen Zimmers für die Jugendlichen. Klocke und Becker (2003, 211) schlussfolgern, dass das Gesundheitsverhalten Jugendlicher und damit auch ihr Gesundheitszustand umso positiver ist, je besser der soziale Hintergrund ist. Dies soll jedoch nicht darüber hinwegtäuschen, dass es bei einigen Jugendlichen auch die Kombination von guten Lebensbedingungen, Wohlstand und schlechtem Wohlbefinden gibt sowie die Kombination von schlechten Lebensbedingungen und subjektivem Wohlgefühl. Dies macht noch einmal deutlich, dass die in Abbildung 36 (S. 197) aufgeführten umwelt- und personenbezogenen Ressourcen, die ökonomisch- ökologischen, die sozialen, psychischen und physischen Ressourcen miteinander in Wechselbeziehung stehen, sich gegenseitig beeinflussen und sich in ihrer Wirkung ergänzen bzw. kompensieren. Es kann im Einzelnen nicht immer klar gesagt werden, welche Faktoren wann, welche Kräfte entfalten.

Familiärer Zusammenhalt

Selbst so belastende Erlebnisse wie Trennung und Scheidung der Eltern müssen langfristig nicht immer gesundheitsschädigend wirken. Sie werden zwar als Risikofaktoren bezeichnet, aber sie können auch zu Schutzfaktoren werden. Dies hängt von den Rahmenbedingungen ab. So erlebt z. B. ein Teil der Jugendlichen, dass die Eltern fähig sind, sich im gegenseitigen Einverständnis rücksichtsvoll und ohne nervenaufreibende Auseinandersetzungen zu trennen. Sie können ihre Beziehungen zu ihnen beibehalten oder sie auch neu und sogar konstruktiv ordnen, ohne dass sie in Solidaritätskonflikte kommen. Die Risikofaktoren Trennung und Scheidung können sich dann in Schutzfaktoren verwandeln, wenn die Jugendlichen spüren, dass das Leben mit einem alleinverdienenden Elternteil zu einer neuen Verantwortlichkeit führen kann, die letzten Endes ihre Persönlichkeit auch zu stärken vermag.

c) Urvertrauen als Basis für Beziehungsfähigkeit

Speck (1999) warnt vor übertriebenen Hoffnungen, die mit dem Konzept der Resilienz verbunden sind. Ebenso warnt Weiß (1999) davor anzunehmen, dass sich Resilienz durch gezielte erzieherische Maßnahmen herstellen ließe. Dennoch gibt es aus der Resilienzforschung bekannte familiäre Schutzfaktoren, die zu einer Stärkung des Selbstwertgefühls führen und damit protektiv gegenüber Suizidalität wirken. Eine stabile und sichere Bindungsbeziehung gilt als ein solcher Schutzfaktor, und diese erwächst aus einem feinfühligen und auf die Bedürfnisse des Kindes abgestellten elterlichen Umgang mit ihm. Die ersten Lebensjahre gelten als prägende Phase der Persönlichkeit, wobei von der Kraft der frühen Bindung der stärkste Einfluss ausgeht. Die feste Bindung und konstante Beziehung zu einer Bezugsperson – es muss nicht immer die Mutter sein – ist der beste Garant für die Fähigkeit, Nachteile auszugleichen und Belastungen zu überwinden (Bowlby 1972).

Nach Oerter und Montada (2002, 190) zählen das intuitive Elternverhalten, ihre Sensibilität im Umgang mit dem Kind und eine kindgerechte Sprechweise zu den Faktoren, die ein unterstützendes und förderndes elterliches Verhalten ausmachen. Ein sicherer Bindungsaufbau gelingt dann, wenn das Kind nach Erikson (1974, 1988) seinen Eltern bzw. Bezugspersonen voll vertrauen kann und diese sich ihm liebevoll zuwenden. Auf diese Weise entsteht ein Urvertrauen, das die Grundlage für alle späteren Beziehungen und auch die Grundlage für das Vertrauen zu sich selbst, für Selbstbewusstsein und Selbstsicherheit darstellt. Die „sichere" Gebundenheit oder auch das „affektive Band" zwischen Eltern und Kind schützt den Säugling oder das Kleinkind vor Widrigkeiten und stellt eine Basis für die Erkundung und Eroberung der kindlichen Welt dar. Es sichert eine gute Balance zwischen Bindung und Autonomie (Bowlby 1975, 1976).

Intuitives Elternverhalten steht auch in Wechselbeziehung zur Responsivität des Kindes. Kleinstkinder mit einem „leichten" Temperament, d. h. Kinder, die meist guter Stimmung sind, gut durchschlafen, gut trinken und an ihrer Umwelt interessiert sind, machen es ihren Eltern leichter, sich ihnen liebevoll und mit Geduld zuzuwenden. Die angeborene Ressource „Temperament des Kindes" oder auch „physische Gesundheit" sind Schutzfaktoren, die ihrerseits das elterliche Verhalten modulieren, welches dann ebenfalls wie ein Schutzfaktor auf die Entwicklung des Kindes einwirkt. Die Tragfähigkeit und Intensität der frühkindlichen Eltern-Kind-Beziehung ist für die weitere Entwicklung der Beziehung zwischen Eltern und Kind bis ins Jugendalter hinein und auch darüber hinaus entscheidend. In der Kindheit wird der Grundstein für eine gute Beziehungsfähigkeit gelegt. Alle erwähnten entwicklungspsychologischen Studien des Jugendalters weisen auf die Bedeutung einer tragfähigen emotionalen Beziehung zwischen Eltern und Kind im frühen Kindesalter hin (Oerter und Montada 2002; Flammer und Alsaker 2002; Charlton, Käppler und Wetzel 2003; Fend 2003). Allerdings, und dies muss einschränkend

160

hervorgehoben werden, sind gute frühkindliche Beziehungen kein Garant für eine positiv verlaufende Persönlichkeitsentwicklung des Kindes oder des Jugendlichen, denn es können eine Fülle von moderierenden negativen Einflüssen hinzukommen wie Armut, belastende Elternpersönlichkeiten, dysfunktionale Paarbeziehungen etc. Mit zunehmendem Alter der Kinder und Jugendlichen müssen Eltern ihr Elternverhalten immer wieder neu austarieren und auf ihre sich verändernden Bedürfnisse ausrichten.

d) Sozial-emotionale Kompetenzen

Nach Baumgartner (2002) gehört der Erwerb sozial-emotionaler Kompetenzen ebenfalls mit zu den sehr stark wirkenden Schutzfaktoren, die im Laufe der Kindheit und Jugend aufgebaut werden. Sie entstehen nicht von selbst, sondern müssen in der Auseinandersetzung mit der Umwelt erworben werden. Ebenso wie das Urvertrauen beeinflussen die sozial-emotionalen Kompetenzen die Beziehungsfähigkeit und prägen den Umgang mit sich selbst und mit anderen. Zu den sozialen Kompetenzen gehören

- Konfliktfähigkeit
- Kommunikationsfähigkeit
- Problemlösfertigkeiten
- Teamfähigkeit
- Rücksichtnahme auf die Bedürfnisse anderer

Zu den emotionalen Kompetenzen gehören

- Wahrnehmung eigener Gefühle sowie der Gefühle anderer
- Umgang mit eigenen Emotionen (Management der Gefühle)
- Empathiefähigkeit
- Perspektivenwechsel

Für v. Salisch (2002, IX) beruht die emotionale Kompetenz auf Fähigkeiten in vier Bereichen, die miteinander verknüpft sind:

1. Aufmerksamkeit der Person für ihre eigene emotionale Befindlichkeit
2. Empathie mit ihren Mitmenschen
3. Fähigkeit, befriedigende zwischenmenschliche Beziehungen einzugehen
4. Konstruktiver Umgang mit belastenden oder sozial problematischen Gefühlen

Die elterliche Kommunikation über und durch Emotionen liefert die „Bausteine" aus denen das „Gerüst" der emotionalen Kompetenz gebildet wird. Familienmitglieder beeinflussen gegenseitig ihre emotionalen Reaktionen, Kinder lernen über „mentale Repräsentationen", welche Emotionen innerhalb und außerhalb der Familie erwünscht und welche nicht erwünscht sind. Dies wird u. a. auch durch die Enge der Beziehung und den Grad der Dominanz zwischen den Interaktionspartnern beeinflusst. Emotionale Kompetenz wird ausschließlich in Beziehung zu anderen, zu Eltern und zu Gleichaltrigen erworben, sodass man mit Recht von der sozial-emotionalen Kompetenz sprechen kann (Saarni 2002). Eltern fungieren dabei als Modellpersonen, ihr emotionales Verhalten, ihre emotionale Expressivität, ihre Emotionsregulierungen werden von ihren Kindern übernommen, in ihren sozialen Kontexten mit Gleichaltrigen eingeübt und gefestigt. Emotionale Kompetenz ist transaktionaler Natur. Emotionales Ausdrucksverhalten überträgt sich durch Modelllernen von den Eltern auf die Kinder. Eltern können ihre Kinder durch eigenes angemessenes Emotionsverhalten darin unterstützen, ihre Emotionen wahrzunehmen, zu identifizieren und zu regulieren. Dazu gehört auch das situationsadäquate Ausleben der Gefühle und die Rücksichtnahme auf die Gefühle anderer.

Die Mehrzahl der Jugendlichen verfügt über hohe sozial-emotionale Kompetenzen (Seiffge-Krenke 2002). Sie bringen diese jedoch differenziert und in Abhängigkeit von ihren Interaktionspartnern zum Ausdruck. So zeigen sie sich ihren Eltern gegenüber häufig als egozentrisch und wenig einfühlsam, was elterliche Bedürfnisse anbetrifft, sind aber gleichzeitig sehr einfühlsam und rücksichtsvoll in ihren Freundschaftsbeziehungen. Seiffge-Krenke (a.a.O., 52 ff) spricht von einem „emotionalen Analphabetentum" auf der einen Seite und von größter empathischer Kompetenz und Fähigkeit zur Emotionsregulierung auf der anderen Seite.

Jugendliche verfügen im Allgemeinen über ein großes Repertoire an emotionsregulierenden Strategien, die sie gezielt einsetzen. Die Fähigkeit zur Regulierung des eigenen emotionalen Erlebens trägt zur Stabilisierung des Selbst bei und kann damit als eine wichtige persönliche und soziale Ressource angesehen werden, die in der Familie erworben wird. Emotionsregulierung kann zum Schutz des Selbst und zum Schutz der Beziehung eingesetzt werden.

3. Schule und Salutogenese

Schule ist ähnlich wie die Familie eine Sozialisationsinstanz und kann sowohl unter dem Gesichtspunkt gelungener Bewältigung als auch unter dem Gesichtspunkt von Risikoentwicklung gesehen werden. Im Sinne der Selektions- und Sanktionsfunktion stellt Schule ein Risiko für Kinder und Jugendliche dar, im Sinne des Bildungserwerbs, der Anerkennung von Leistungen und des Gemeinschaftserlebens jedoch auch eine Chance. Kinder, die in der Schule versagen und sozial auffällig sind, haben eine deutlich schlechtere Entwicklungsprognose als sozial unauffällige Kinder mit guten Schulleistungen. Verhaltens und Lernprobleme neigen mit zunehmendem Alter zu einer „spiralförmigen Ausweitung" (Opp 1999, 234). Schulische Leistungserfolge dagegen stellen Schutzfaktoren dar, die wiederum die Entwicklung anderer Schutzfaktoren vorantreiben wie soziale Anerkennung und damit verbunden ein gutes Selbstwertgefühl. Erfolgreiche Schülerinnen und Schüler haben das Gefühl, Kontrolle über ihr Schulleben zu haben und der Institution Schule nicht schutzlos ausgeliefert zu sein. Sie entwickeln das, was Antonovsky (1997) mit „Kohärenzgefühl" meint. Risiko- und Schutzfaktoren bilden zwei Seiten einer Medaille. Es kommt auf den Lebenszusammenhang der Kinder und Jugendlichen und auf die Wechselwirkung zwischen Risiko- und Schutzfaktoren an, welche Wirkung sie ausüben.

Es ist Aufgabe der Schule, zu bilden und zu erziehen, Wissen und Kompetenzen sowie reflexive Fähigkeiten zu vermitteln. Zu letzteren gehören vor allem die Eigenverantwortung und das Wissen, dass jeder für sein Tun selbst verantwortlich ist und Verantwortung für sein Handeln nicht an andere delegieren kann. Das trifft auch für Lehrer und Lehrerinnen zu. Wenn sie wollen, dass ihre Schülerinnen und

Schüler sie respektvoll und mit Achtung behandeln, müssen sie auch mit ihnen respekt- und achtungsvoll umgehen. Während Lehrerinnen und Lehrer für das Lehren verantwortlich sind, sind Schülerinnen und Schüler für das Lernen verantwortlich. Lernen ist Selbstorganisation. Um Eigenverantwortung zu lernen, benötigen Schülerinnen und Schüler jedoch die Unterstützung ihrer Lehrer. Schule stärkt dann ihre Schülerinnen und Schüler, wenn sie ihnen Handlungsspielräume zur Verfügung stellt, in denen sie lernen, mit neuen Situationen umzugehen, wechselnde Situationen erfolgreich zu meistern und dabei ein stabiles Selbstwertgefühl zu entwickeln. Opp (1999) betont zu Recht, dass schulische Erziehungsprozesse an frühe Erfahrungen in der Familie anknüpfen und dass sie deshalb je nach Erfahrungen leichter oder schwerer zu verwirklichen seien. Schule kann für manche Kinder und Jugendliche eine positive Gegenerfahrung zu dem sein, was sie bis dahin in ihren Familien erfahren haben.

Es ist bekannt, dass die Begeisterung von Schulanfängern für die Schule groß ist, jedoch mit zunehmendem Alter deutlich nachlässt und einen Tiefpunkt im Jugendalter erhält. Analog zur zunehmenden Distanzierung der Jugendlichen zu ihren Familien kann auch eine zunehmende Distanzierung zur Schule, und zwar sowohl zu den dortigen Lehrerinnen und Lehrern als auch zu den Lerninhalten registriert werden. Obwohl Jugendliche sich in einer Altersphase befinden, in der sie Leistungsanforderungen ablehnen und auch häufig Leistungs- und Motivationseinbrüche aufweisen und der Institution Schule häufig negativ gegenüber stehen, soll im Folgenden die Frage beantwortet werden, welche protektiven Faktoren von Schule ausgehen bzw. ausgehen könnten.

a)   Weiterentwicklung von Schule

Jugendliche leben in einer komplexen und sich ständig verändernden Welt. Schule ist Teil dieser Welt und verändert sich mit ihr. Die Veränderung von Schule betrifft sowohl ihre Organisation und Struktur als auch ihre Unterrichtsinhalte. Schulische Wissensvermittlung verliert zunehmend an Bedeutung, gefragt sind Schlüsselkompetenzen wie z. B. das Lernen lernen. Neben der Vermittlung von Methodenkompetenz geht es auch um moralische Grundhaltungen, um die Vermittlung von Normen und Werten. Schule muss sich umstellen, und Schule hat sich im Vergleich zu früher auch schon umgestellt.

Schulentwicklungsprozesse sind in allen Bundesländern flächendeckend angestoßen, Modellversuche ins Leben gerufen und Kooperationsprojekte begonnen, die alle das Ziel haben, Schule insgesamt zu verbessern. Bezeichnungen wie „Schule und Co.", „Selbstständige Schule", „Offene Schule" oder auch „Lernwerkstatt" und „Schule als Bewegungsraum" stehen stellvertretend für Innovationsbestrebungen. Es geht dabei um die Verbesserung von Lern- und Lebenschancen der Schülerinnen und Schüler. Schule ist nicht mehr nur eine reine Lernanstalt, sondern ein Ort der Begegnung zwischen Lehrern und Schülern einerseits und Schülerinnen und Schülern untereinander andererseits. Jugendliche verbringen bis zu acht Stunden am Tag in der Schule, damit ist sie ein Teil ihrer Lebenswelt (Zinnecker 1982). Hauptaufgabe von Schule ist der Unterricht, aber Unterrichten heißt auch gleichzeitig Erziehen. Schule hat nicht nur einen Bildungsauftrag, sondern auch einen Erziehungsauftrag. Beide Aufträge zusammen beinhalten eine gute Allgemein- und eine gute Persönlichkeitsbildung ihrer Schülerinnen und Schüler. Letz-

163

tere umfasst die Vermittlung von Normen und Werten, die für ein Zusammenleben unbedingt notwendig sind. Dazu gehören Verantwortungsbewusstsein, die Anerkennung von Regeln im Umgang miteinander und vor allem Kommunikationsfähigkeit und Strategien zur Problemlösung. Schülerinnen und Schüler besuchen die Schule neun, zehn oder gar dreizehn Jahre lang, daraus erwächst die Verpflichtung, zur ihrer persönlichen und sozialen Kompetenz beizutragen.

Die Mehrzahl der Schulen in Deutschland stellt sich dieser Verpflichtung, und zwar nicht zuletzt auch angeregt durch die PISA-Studie. Es werden nicht nur die Leistungen von Lehrern und Schülern hinterfragt, sondern auch Begriffe wie Selbstreflexion, Schulentwicklungsprozess, Qualitätsmanagement und Selbstevaluation in den Schulalltag aufgenommen. Auf nationaler und internationaler Ebene schließen sich Schulen in einem Internationalen Netzwerk Innovativer Schulsysteme (INIS) zusammen, um gemeinsam die Qualitätsstandards festzulegen, Qualitätsvergleiche als Ansporn zur Verbesserung zu ermöglichen, voneinander zu lernen und dabei der Frage nachzugehen, was eine gute Schule ausmacht (Bertelsmann-Stiftung 2001). Zu den wichtigsten Qualitätsdimensionen zählen

- Erfüllung des Bildungs- und Erziehungsauftrags
- Lernen und Lehren
- Führung und Management
- Schulklima und Schulkultur

Durch diese Aktivitäten und Initiativen wird deutlich, dass sich Schule und Unterricht weiter entwickeln müssen und dies gegenwärtig auch tun. Lehrerinnen und Lehrer begreifen sich nicht mehr nur als Wissensvermittler, sondern auch als Lernende, als Personen, die sich – wie Schüler auch – in einem kontinuierlichen Lernprozess befinden. Dieser bezieht sich bei Lehrkräften nicht nur auf die Verbesserung ihrer didaktischen und methodischen Fähigkeiten, sondern auch auf die Verbesserung ihres Umgangs mit störenden Schülerinnen und Schülern. Unterrichtsstörungen und die häufig sehr emotionale Reaktion von Lehrerinnen und Lehrern darauf bilden eine Quelle von sich aufschaukelnden Konflikten zwischen Lehrern und Schülern. Die eskalierenden Auseinandersetzungen untergraben das gegenseitige Vertrauen, daher ist es wichtig, sachlich auf Störungen zu reagieren und mit störenden Schülern respektvoll umzugehen, ein Verhalten, das sich Lehrerinnen und Lehrer in Fortbildungsveranstaltungen zunehmend aneignen. Auf diese Weise bieten sie ihren Schülerinnen und Schülern im Unterricht ein gutes Modellverhalten (Bründel und Simon 2003).

Schulen haben sich auf den Weg gemacht, Schulprogramme und individuelle Schulprofile zu entwickeln. Die einzelnen Schulen streben eine Art „corporate identity" an, mit dem Ziel, dass sich Lehrer und Schüler mit ihren jeweiligen Schulen identifizieren und sich in ihnen wohlfühlen.

b) „Gesundheitsfördernde Schule"

Das Konzept der „gesundheitsfördernden Schule" ist relativ neu. Es zielt auf die Herstellung gesunder Lebensweisen aller am Schulleben Beteiligten. Schule ist ein Lebensraum, in dem viele Faktoren die Gesundheit von Lehrern und Schülern positiv oder negativ im Sinne des salutogenetischen Kontinuums beeinflussen. Dazu gehören das Schulgebäude, seine Bauweise und räumliche Gestaltung, die

Arbeitsplatzeinrichtung und Organisation von Schule, das Klima, die Kultur und das Profil (Naidoo und Wills 2003). Schule erreicht einen großen Teil der Bevölkerung über viele Jahre hinweg, daher wird sie als wichtiges Setting für Gesundheitsförderung angesehen. Ein wichtige Ressource für Gesundheit, die Schule vermitteln kann, ist Bildung. Je höher die Bildung, desto gesundheitsbewusster leben die Menschen und desto gesünder sind sie (Hurrelmann et al. 2003). Schule stellt ein geschütztes Lernumfeld zur Verfügung, in dem sich Jugendliche neben dem Wissenserwerb Strategien zur Lebensbewältigung aneignen, und dazu gehören nicht nur Aufklärung über gesundheitliche Risiken und Informationen über gesundheitsrelevante Verhaltensweisen, sondern auch „gelebte Erfahrungen". Gesundheitsförderung ist nicht nur das, was im Lehrplan vorkommt.

Die WHO hat im Jahre 1992 die Gründung eines Europäischen Netzwerks Gesundheitsfördernder Schulen unterstützt und 12 Kriterien für eine Gesundheitsfördernde Schule herausgegeben (Naidoo und Wills 2003, 286):

1. Aktive Förderung des Selbstwertgefühls der Schüler, indem deutlich gemacht wird, dass jeder Einzelne zur Gestaltung des Schulalltags beitragen kann.
2. Entwicklung guter Beziehungen im Alltag der Schule, zwischen Schulpersonal und Schülern und unter Schülern selbst.
3. Klärung des gesellschaftlichen Auftrags und der Ziele der Schule für das Schulpersonal und die Schüler.
4. Bereitstellung einer Vielzahl von Aktionsmöglichkeiten zur Aktivierung aller Schüler.
5. Nutzung jeder Gelegenheit zur Verbesserung der physischen Umwelt der Schule.
6. Entwicklung guter Kontakte zwischen Schule, Elternhaus und kommunalem Umfeld.
7. Entwicklung guter Kontakte zwischen örtlichen Grund- und weiterführenden Schulen zur Aufstellung eines kohärenten Lehrplans zur Gesundheitserziehung.
8. Aktive Förderung der Gesundheit und des Wohlbefindens der Schüler und des Schulpersonals.
9. Überprüfung der Rollen des Schulpersonals als gesundheitliche Vorbilder.
10. Überlegung, inwieweit die Schulmahlzeiten (falls angeboten) auch zur Ergänzung des Lehrplans zur Gesundheitsbildung und Gesundheitserziehung genutzt werden können (gesunde Ernährung).
11. Nutzung der Angebote kommunaler Dienste zur Beratung und Unterstützung der Gesundheitsbildung und Gesundheitserziehung.
12. Weiterentwicklung der Schulgesundheitsdienste und deren Vorsorgeuntersuchungen zu einer aktiveren Unterstützung der Gesundheitsförderung im gesamten Lehrplan.

In letzter Zeit werden vermehrt Fragen danach gestellt, was eine „gesunde Schule" ausmache (Freitag 1998). Eine „gesunde" oder auch „gesundheitsfördernde Schule" will ein Setting Schule schaffen, das zur Stärkung der Lebenstüchtigkeit der Schülerinnen und Schüler beiträgt und alle an der Schule beteiligten Personengruppen in den Blick nimmt (Paulus 2003). Sie beruht auf dem salutogenetischen Ansatz und hebt sich damit wohltuend von dem Begriff der „Gesundheitserziehung" ab, die bisher, wenn überhaupt, in Schulen durchgeführt wurde. Die guten Ansätze einer gesundheitsfördernden Schule liegen nach Paulus in der aktiven Mitgestaltung sowie der Stärkung der „Selbstverfügungskräfte" der Schülerinnen und Schüler gemäß dem Gesundheitsbegriff als einer physischen, psychischen, sozialen und ökologischen Balance, die es gilt, ständig herzustellen. Paulus bevorzugt in Abgrenzung des Begriffs „Gesundheitsfördernde Schule" den Begriff der „guten gesunden Schule" und schafft damit ein neues Paradigma. Die Frage, die er stellt, ist nicht mehr, wie Schule Gesundheit fördern kann, sondern umgekehrt, wie Gesundheit zur Steigerung der Bildungs- und Erziehungsarbeit in Schule beitragen kann. Gesundheit in diesem Sinn ist kein Zusatzthema – so Paulus –, das von den Lehrkräften zusätzlich zu anderen Themen auch noch angesprochen werden muss, sondern ein Thema, das eng verflochten mit der Bildungs- und Erziehungsarbeit in Schulen einher geht. Gute gesunde Schulen zeichnen sich dadurch aus, dass präventive Maßnahmen nicht punktuell und zeitlich begrenzt stattfinden, sondern sich die gesamte Schule mit allen beteiligten Personengruppen in einem gesundheitsbezogenen Entwicklungsprozess befinden (Bengel, Strittmatter und Wilmann 2001).

Eine gute gesunde Schule ist durch folgende Merkmale gekennzeichnet (nach Paulus 2003):

- Positive Leistungserwartungen und intellektuelle Herausforderungen bezüglich Schülerinnen, Schülern und Lehrkräften
- Transparentes, stimmiges und berechenbares Regelsystem
- Positives Schulklima mit Engagement für Schülerinnen und Schüler
- Mitsprache und Verantwortungsübernahme durch Schülerinnen und Schüler
- Zusammenarbeit und pädagogischer Konsens im Lehrerkollegium
- Wenig Fluktuation von Lehrerinnen und Lehrern sowie Schülerinnen und Schülern
- Zielbewusste, kommunikations- und konsensorientierte Schulleitung
- Reichhaltiges Schulleben
- Schulinterne Lehrerfortbildung
- Einbeziehung der Eltern
- Unterstützung durch die Schulbehörde

Wenn auch die Mehrzahl der Schulgebäude sanierungs- und verbesserungswürdig ist, so haben doch viele Schulen wenigstens schon die herkömmliche Organisationsstruktur geändert. In vielen Grundschulen gibt es in den ersten beiden oder auch in den ersten drei Schuljahren keine Zeugnisnoten, sondern schriftliche Beurteilungen der Stärken und Schwächen eines Kindes. Seit dem Schuljahr 2003/2004 gibt es in NRW bei nicht ausreichenden Leistungen in den Zeugnissen von Schülerinnen und Schülern so genannte Förderempfehlungen, die den Schülern konkret aufzeigen, wo genau ihre Schwächen liegen, was genau sie tun und wie sie sich verbessern können. In Gesamtschulen gibt es keine Klassenwiederholungen, sondern eine Differenzierung nach Leistung in einzelnen Kursen. Dies sind nur einige der organisatorischen Veränderungen von Schule, die sicherlich zu einem geringeren Leistungsdruck und zu weniger Konkurrenz der Schülerinnen und Schüler untereinander beitragen.

Schulklima und Schulkultur

Wenn man überhaupt Merkmale herausgreifen will, welche protektiv wirken, dann die des Schulklimas und der Schulkultur. Sie stellen die wichtigsten Rahmenbedingungen für das Lehren und Lernen, den Lernerfolg, das Wohlgefühl und für die Zufriedenheit in der Schule dar, und das betrifft Lehrer und Schüler gleichermaßen

(Miller 1990). Immer mehr Schulen erkennen, dass gute soziale Beziehungen unter Schülerinnen und Schülern sowie zwischen Lehrpersonal und Schülern zur Verbesserung der Qualität des Unterrichts beitragen. Die gute gesunde Schule setzt zur Verwirklichung ihres Bildungs- und Erziehungsauftrages gezielt Gesundheitsinterventionen ein, die sowohl Lehrern als auch Schülern zugute kommen. Wichtig ist die Einbeziehung der Eltern und die Zusammenarbeit zwischen Schule und Elternhaus. Es geht um ein Bündnis für Erziehung, an dem sich alle – Lehrer, Eltern und Schüler – beteiligen, um in Verantwortung und Selbstbestimmung gemeinsam zur Gesundheitsförderung von Schule beizutragen.

Beiden Sozialisationsbereichen, Familie und Schule, fällt dabei eine Schlüsselrolle zu, deren Zielgruppen Kinder und Jugendliche sind. Sie können ihre Funktion nur dann erfüllen, wenn sie nicht nur Gesundheitsförderung propagieren, sondern in sich auch selbst gesundheitsfördernd sind.

c) Unterstützungsmerkmale in Schulen

Schule trägt den vielfältigen Forderungen aus der Öffentlichkeit Rechnung, etwas gegen die Gewaltbereitschaft der Schülerinnen und Schüler zu tun und neben dem kognitiven Lernen auch soziales Lernen zu ermöglichen, nämlich Rücksicht aufeinander zu nehmen, Verständnis füreinander zu entwickeln und fair miteinander umzugehen. Schule erfüllt damit eine präventive Funktion, die in der Stärkung der Verantwortungsübernahme der Schülerinnen und Schüler für ihr Tun, in der Stärkung ihrer Fähigkeiten zur gewaltfreien Auseinandersetzung und in der Stärkung ihrer Problemlöskompetenzen liegen.

Konfliktkultur

Die pädagogische Funktion der Schule und ihre Erziehungsaufgabe besteht darin, Schülerinnen und Schülern durch Regeln und Absprachen emotionale Sicherheit und Orientierung zu geben, die sie in ihren Familien häufig nicht mehr in ausreichendem Maße vorfinden. Die Mehrzahl der Schulen lässt ihre Schülerinnen und Schüler in der Aneignung und Verarbeitung ihrer Lebenswelt nicht allein, sondern stärkt sie in ihren Fähigkeiten zur friedlichen Konfliktlösung.

In der Schule kommt es durch die Vielzahl der Schülerinnen und Schüler zu zahlreichen Konflikten. Die Konflikte, die bei Schülerinnen und Schülern überwiegend vorkommen, können nach fünf Konflikttypen unterschieden werden (Moore 1986):

- Sachverhaltskonflikte: Schülerinnen und Schüler
  - sind ungenügend informiert,
  - schätzen Sachverhalte als unterschiedlich wichtig ein,
  - interpretieren Dinge unterschiedlich,
  - treffen unterschiedliche Bewertungen.
- Interessenkonflikte: Schülerinnen und Schüler
  - erleben angenommene oder tatsächliche Konkurrenzen,
  - sind in Rivalitäten verwickelt,
  - haben unterschiedliche Interessen und Bedürfnisse,

- Beziehungskonflikte: Schülerinnen und Schüler
  - sind durch starke (negative und/oder positive) Gefühle zueinander verbunden,
  - unterliegen Fehlwahrnehmungen und stereotypen Einstellungen,
  - kommunizieren mangelhaft miteinander,
  - hören nicht zu und sehen nicht hin,
  - zeigen wiederholtes negatives Fehlverhalten.
- Wertekonflikte: Schülerinnen und Schüler
  - haben unterschiedliche Wertvorstellungen,
  - leben andere Lebensformen,
  - haben unterschiedliche Religionen.
- Strukturkonflikte: Schülerinnen und Schüler
  - zeigen destruktive Verhaltens- und Interaktionsmuster,
  - verfügen über unterschiedliche persönliche und soziale Ressourcen,
  - üben unterschiedlich viel Macht aus.

Viele Schulen gehen dazu über, die soziale Kompetenz ihrer Schülerinnen und Schüler zu stärken und sie zu befähigen, ihre Probleme und Konflikte untereinander selbst zu lösen (Shure und Spivack 1981). Unterrichtsprogramme wie „Erwachsen werden" (Lions Quest 1997) Mediationsausbildung bzw. „Streitschlichtung an Schulen" (Bründel, Amhoff und Deister 1999; Jefferys-Duden 2000; Jefferys-Duden und Duden 2001) „Fit for Life" (Jugert, Rehder, Notz und Petermann 2002) zeigen, dass Schule sich auch wieder auf ihre Erziehungsverantwortung besinnt und nicht nur Wissens-, sondern auch Lebenskompetenzvermittlung anstrebt und damit zur Persönlichkeitsbildung beitragen will.

Streitschlichtung an Schulen

Konflikte sind an sich weder gut noch schlecht. Sie gehören zum Alltag aller Kinder und Jugendlichen und sind für ihre psychosoziale Entwicklung von großer Bedeutung. Kinder, Jugendliche und Erwachsene reifen an Konflikten. In der Auseinandersetzung erfahren sie, dass es unterschiedliche Sichtweisen gibt, die nicht immer leicht miteinander zu verbinden sind. Sie erleben, dass Einigung und Verständigung in vielen Fällen möglich sind, dass manchmal jedoch auch unterschiedliche Sichtweisen akzeptiert werden müssen. Schülerinnen und Schüler sollen lernen, sich zu öffnen, Probleme nicht für sich zu behalten, sondern sich Hilfe zur Bewältigung zu suchen. Eine solche Hilfe können neben den Beratungs- und Vertrauenslehrerinnen und -lehrern z. B. ausgebildete Mediatorinnen und Mediatoren, d. h. Streitschlichterschülerinnen und -schüler geben.

In vielen Schulen gehört die Streitschlichterausbildung der Schülerinnen und Schüler zum festen Bestandteil des Schulprogramms (Bründel, Amhoff und Deister 1999; Jefferys-Duden 2000; Jefferys-Duden und Duden 2001). Jugendliche erlangen in dieser schulischen Ausbildung vielfältige soziale Kompetenzen, die sie nicht nur in der Schlichtung von Streitigkeiten und Konflikten anderer Schülerinnen und Schüler einsetzen können, sondern die ihnen auch bei der Bewältigung eigener Probleme sehr nützlich sind. Ausgebildete Streitschlichterschülerinnen und Schüler können gut zuhören, sind in der Lage, sich in die Situation anderer hinein zu versetzen, können gegensätzliche Meinungen verbinden, regen zur Lösungsfindung an und haben sich konstruktive Kommunikationsstile erworben. Dies sind

168

Fähigkeiten und Fertigkeiten, die sie auch bei Betroffenheit in der eigenen Familie oder in Freundschaftsbeziehungen anwenden können. Die Hilfe und Unterstützung bei der Konfliktbewältigung kommt den Schülerinnen und Schülern unmittelbar zugute. Sie erfahren die Hilfe durch Gleichaltrige oder ein wenig Ältere, die Verständnis für ihre Probleme zeigen und sie ernst nehmen. Sie erleben, dass es in der Schule Jugendliche gibt, mit denen sie reden können, dass sie ihre Probleme nicht für sich behalten und ihre Sorgen oder ihren Kummer nicht verstecken müssen.

Anti-Mobbingaktionen

Die Brisanz des Mobbinggeschehens unter Schülerinnen und Schülern wird mittlerweile von immer mehr Schulen erkannt. Die Einsicht wächst, dass Schule auch hier etwas tun muss. Elternschulpflegschaften auf Schul-, Stadt- oder Kreisebene setzen sich gemeinsam mit Lehrerinnen und Lehrern mit dem Thema auseinander, sprechen Maßnahmen ab, organisieren theaterpädagogisch orientierte Veranstaltungen, um Schülerinnen und Schüler zu sensibilisieren und ihnen Verhaltensweisen aufzuzeigen, wie sie den Mobbern entgegen treten und den Gemobbten helfen können.

Besprechen lebensnaher Themen

Jugendliche vermissten in der Vergangenheit häufig in der Schule lebensnahe Themen, die sie berühren und ansprechen. Lehrerinnen und Lehrer greifen gegenwärtig vermehrt diese Wünsche auf und integrieren folgende Themen in ihren Unterricht (Lions Quest 1997):

- Stärkung des Selbstvertrauens
- Mit Gefühlen umgehen
- Nachdenken über meine Beziehungen zu Freunden
- Nachdenken über mein Zuhause
- Entscheidungen treffen

Stärkung des Selbstvertrauens

Alle Studien zur Salutogenese heben die Stärkung des Selbstvertrauens als wesentlichen Faktor zur Herstellung und Aufrechterhaltung der psychischen Gesundheit hervor und bezeichnen sowohl das Selbstvertrauen als auch das Selbstwertgefühl als wesentliche Schutzfaktoren (Opp, Fingerle und Freytag 1999; Höfer 2000). Mithilfe ganz bestimmter Programme, die in den Unterricht eingebaut werden, sollen Schülerinnen und Schüler lernen, sich ihre positiven Eigenschaften bewusst zu machen und sie auch anderen mitzuteilen. Sie werden darüber hinaus in ihrer Fähigkeit gestärkt, ihre eigenen Gefühle wahrzunehmen und auszudrücken. Sie werden zu Überlegungen angeleitet, wie sie Freundschaftsbeziehungen aufbauen und weiterentwickeln können. Dies geschieht in dem Wissen um die protektive Wirkung von Freundschaftsbeziehungen. Schule bietet auch ein Forum, über das eigene Zuhause nachzudenken und Vorschläge zur Verbesserung des Zusammenlebens und der familiären Beziehungen zu machen. Jugendliche erhalten Hilfe, adäquate Entscheidungen zu treffen und über die jeweiligen Folgen nachzudenken.

Schule bietet Zielperspektiven

Schule kann entscheidend zur Konstituierung des Selbstbildes beitragen. Durch die Institution Schule erfahren Jugendliche ihre eigenen Interessens- und Leistungsschwerpunke und erhalten so eine Zielperspektive für die zukünftige Ausbildung. Sie lernen Anstrengung und Zeitinvestitionen selbstständig zu regulieren. Helmke (1998) unterstreicht die Festigung des Selbstkonzepts in der Jugendphase, eine globale Verunsicherung hat er in seinen Studien nicht feststellen können.

Schule ist Treffpunkt für Gleichaltrige

Auch wenn Jugendliche nicht mehr gern zur Schule gehen, so bejahen sie doch fast einhellig die Frage, ob sie sich nach langen Ferien doch wieder auf den Schulbeginn freuen würden. Häufig werden als Begründung die Klassenkameraden und Freunde angegeben, die sie dann wiedersehen würden. Schule ist also für die Jugendlichen nicht nur ein Ort des Wissenserwerbs, sondern auch ein Ort, an dem Freundschaftskontakte geschlossen und gepflegt werden. Das gesellschaftliche Leben spielt sich für Jugendliche auch in der Schule ab. Dort werden die Verabredungen für die Freizeit am Nachmittag oder an den Wochenenden getroffen, dort finden in den Pausen informelle gute Gespräche statt.

Viele Jugendliche ziehen aus der Anerkennung und Wertschätzung ihrer Klassenkameraden einen hohen persönlichen Gewinn, ihr Selbstbewusstsein steigt mit der Güte ihrer Freundschaftsbeziehungen und der Vielzahl ihrer Bekanntschaften. Auch schulische Leistungserfolge tragen im hohen Maß zu Selbstsicherheit und Steigerung ihres Selbstwertgefühls bei.

Schule bietet Beratung

Die Beziehungen zwischen Jugendlichen und ihren Lehrerinnen und Lehrern sind zwar oft angespannt, aber es ergeben sich auch immer wieder gute persönliche Beziehungen zwischen ihnen. Diese sind abhängig sowohl vom Engagement der einzelnen Lehrpersonen als auch von der Bereitschaft der Schülerinnen und Schüler, sich auf eine persönliche Beziehung einzulassen. Aus den Bemühungen vieler Lehrerinnen und Lehrer, ein gutes Klassenklima her zu stellen, möglichst viele Informationen über die Lebenssituationen ihrer Schülerinnen und Schüler zu haben und auch auf persönliche Probleme einzugehen, erwächst die Zuversicht, dass Schule so zum Wohlgefühl des Einzelnen mit beitragen kann.

In vielen Schulen gibt es speziell geschulte Lehrerinnen und Lehrer, die den Schülerinnen und Schülern als Beratungslehrer zur Verfügung stehen. Im Wesentlichen geht es darum, dass diese ihren Schülerinnen und Schülern für intensive Einzelgespräche zur Verfügung stehen und mit ihnen über schulische und persönliche Probleme sprechen. Ziel der Beratungsaktivitäten ist es, dass Beratungslehrerinnen und -lehrer sich in die spezielle Lebens- und Schulsituation der Kinder und Jugendlichen hineinversetzen und mit ihnen zusammen Handlungsperspektiven erarbeiten. Bei dieser Arbeitsweise kommt es vor allem auf das Gesprächsverhalten der speziell ausgebildeten Beratungslehrerinnen und -lehrer an. Eine gute Kooperation zwischen Klassen- bzw. Beratungslehrerinnen und -lehrern sowie Schulpsychologinnen und -psychologen ist dabei besonders wirkungsvoll. Beratungslehrer und schulinterne oder auch externe Schulpsychologen stehen den Schülerinnen und Schülern in allen Lebens- und Schulfragen zur Verfügung. Sie sind als soziale Ressourcen anzusehen, deren stärkere Nutzung durch Schüler anzustreben ist.

Gerechtigkeit in der Schule

Eine gute Schule ist eine gerechte Schule, in der die Notenvergabe ausschließlich aufgrund der erbrachten Leistungen vorgenommen wird und in der Leistungsanforderungen mit den Leistungskompetenzen der Schülerinnen und Schüler übereinstimmen. Hierauf zu achten, wäre auch eine Aufgabe der Schulleiterinnen und Schulleiter. Ein gut vorbereiteter und methodisch gut durchgeführter Unterricht verdeutlicht den Schülerinnen und Schülern, dass ihre Lehrerinnen und Lehrer ihre Berufstätigkeit ernst nehmen. Dies wird sie auch dann überzeugen, wenn sie die Unterrichtsinhalte im Einzelnen nicht so interessant finden.

Schülerinnen und Schüler sind dann motiviert, wenn

- sie als Person akzeptiert werden,
- ihnen Mitbestimmung gewährt wird,
- ihre Eigeninitiative gefördert wird,
- ihnen Verantwortung übertragen wird,
- schulische Anforderungen zu bewältigen sind,
- Lehrerinnen und Lehrer durchschaubar und verlässlich handeln,
- Lehrerinnen und Lehrer Interesse für ihre Probleme zeigen,
- Lehrerinnen und Lehrer Informationen vertraulich behandeln,
- Lehrerinnen und Lehrer den Entwicklungsstand der Jugendlichen berücksichtigen,
- Lehrerinnen und Lehrer Lob und Unterstützung gezielt einsetzen
(Jugert et al. 2002).

Schule kann dann zu einem Stützsystem werden, wenn Lehrerinnen und Lehrer ihren Schülerinnen und Schülern Freiheitsspielräume gestatten, die Eigenverantwortung der Schülerinnen und Schüler stärken und sie ernst nehmen und respektieren. Der oben berichtete Rückgang der Lernfreude und die Distanzierung zur Schule sind nicht nur entwicklungsspezifische und unvermeidliche Probleme, sondern vollziehen sich in Abhängigkeit von der Attraktivität der Schule, der Lerninhalte, der Unterrichtsgestaltung, des Klimas in der Schule und den fachlichen, pädagogischen und menschlichen Fähigkeit der Lehrpersonen.

Alle genannten Faktoren erhöhen die Wahrscheinlichkeit für eine gute psychische und physische Gesundheit und für eine gute gesunde Schule im Sinne von Paulus (2003), aber sie sind keine Garantie. Sie können das Bewusstsein dafür vertiefen, was für die gesunde Entwicklung von Kindern und Jugendlichen wichtig ist und was dazu beiträgt, sie widerstandsfähig gegenüber Risiken zu machen, d. h. in ihrer gesamten Persönlichkeit zu stärken. Erziehungsziele sind immer nur anzustreben, ob sie letzten Endes erreicht werden, bleibt zu hoffen.

d) Krisenintervention in Schulen

Auch in einer noch so guten gesunden Schule kann es vorkommen, dass Schülerinnen und Schüler sich mit Suizidgedanken tragen, diese in der Schule aussprechen oder sich sogar in der Schule das Leben nehmen. Die salutogenetische Funktion der Schule zeigt sich auch darin, wie sie mit suizidgefährdeten Schülerinnen und Schülern umgeht, welche Bemühungen Lehrerinnen und Lehrer machen, um die Suizidgefährdung dieser Schülerinnen und Schüler rechtzeitig zu erkennen, welche Unterstützungsmaßnahmen sie anwenden und was sie tun, wenn sich ein Suizid innerhalb oder außerhalb der Schule ereignet. Für solche Ereignisse braucht Schule einen Krisen- und Notfallplan, in dem genau festgehalten wird, was wann wer zu tun hat.

Suizidgefährdung von Schülerinnen und Schülern

Im Folgenden wird zunächst auf die Suizidgefährdung von Schülerinnen und Schülern eingegangen sowie auf die Handlungsmöglichkeiten von Schule. Im Unterricht, in den Pausen, auf dem Schulhof fallen häufig Andeutungen, die suizidgefährdete Schülerinnen und Schüler gegenüber ihren besten Freundinnen und Freunden machen. Viele der Suizidankündigungen werden in der Schule ausgesprochen, daher wird Schule als der Ort angesehen, in dem Lehrerinnen und Lehrer sowie Schülerinnen und Schüler sehr gute Chancen haben, die Gefährdung von Mitschülern zu erkennen. Gerade weil sie mindestens sechs bis acht Stunden des Tages gemeinsam verbringen, haben sie gute Möglichkeiten, Veränderungen von Mitschülerinnen wahrzunehmen (Dyck 1991; Hoff 1991; Kalafat und Underwood 1989; Kalafat und Elias 1991; Leenaars und Wenckstern. 1991; Smith 1989, 1991; Tierney et al. 1991). Von allen Autoren, die sich mit Suizidprävention in der Schule befassen, wird hervorgehoben, dass Lehrerinnen und Lehrer in ihrer Rolle als „Sozialisationsbegleiter" und als professionell Handelnde gute Gelegenheiten haben, Suizidgefährdung zu erkennen (Gappmeyer 1987; Ryerson und King 1986; Ryerson 1987, 1991; Berman 1991; Schule und Elternhaus 2001).

Suizidpräventionsprogramme

In Deutschland gibt es noch keine ausgearbeiteten Programme, die die Themen Suizid und Suizidprävention beinhalten. Es gibt jedoch eine Menge amerikanischer, englischer und kanadischer Programme, die allerdings an den Unterricht in deutschen Schulen angepasst werden müssen (Ross 1980, 1981, 1985, 1987; Ruof et al. 1987; Nelson 1987, 1988; Calgary Board of Education 1988; Celotta et al. 1988; Smith 1989, 1991; Sayil et al. 1991; Sattem 1991). Shaffer et al. (1988) und Spirito et al. (1988) unterzogen einen Teil dieser Programme einer kritischen Sichtung und kamen zu dem Ergebnis, dass sie für die Sensibilisierung und Alarmierung der Schülerinnen und Schüler für das Thema Suizid sehr wohl geeignet seien. In letzter Zeit entstanden jedoch auch in den deutschsprachigen Ländern wie der Schweiz und Österreich vermehrt Programme, die in Schulen eingesetzt werden können (Amuat 1999; Schule und Elternhaus Schweiz 2001; Abteilung Schulpsychologie/Bildungsberatung des Landesschulrates für Steiermark o.J.)

Voraussetzung für die Durchführung von Suizidpräventionsprogrammen ist die gründliche Auseinandersetzung der Lehrerinnen und Lehrer mit diesem Thema, eine gewisse Unterrichtserfahrung, ein Gefühl der Sicherheit im Umgang mit den

Schülerinnen und Schülern, eine Atmosphäre des Vertrauens sowie die Bereitschaft der Schülerinnen und Schüler selbst, sich mit dem Thema auseinander zu setzen. Grundlegend wichtig ist, dass Gefühle des Respekts, des Wohlwollens und der Akzeptanz auf Lehrer- und Schülerseite herrschen. So etwas kann nicht mithilfe eines Programms hergestellt werden, sondern ist die Basis, auf der überhaupt ein solches Programm eingesetzt werden kann.

Bei allen Programmen zum Thema Suizidprävention ist es wichtig, dass Vorurteile ausgeräumt werden, dass Schülerinnen und Schüler Gelegenheit erhalten, über Gefühle zu sprechen, Gesprächs- und Konfliktlösungskompetenzen erwerben, Kenntnisse über Ursachen und Auslöser des Suizidgeschehens gewinnen, dass sie Warnsignale erkennen und vor allem wissen, welche Beratungsmöglichkeiten es in ihrer Schule und Gemeinde gibt sowie an wen sie sich im Notfall wenden können. Von Bedeutung dabei ist, die Ansprechpartner zu personalisieren, d. h. mit Namen bekannt zu geben, denn es ist leichter für einen Jugendlichen, sich an „Frau X" oder an „Herrn Y" zu wenden als an eine relativ unpersönlich klingende Beratungsstelle.

Zu einem Unterrichtsgespräch über das Thema Suizid gehört die Ausräumung von Vorurteilen, wie z.B (Abb. 32):

Vorurteile	Korrektur
„Es steht jedem offen, sich das Leben zu nehmen. Das ist eine freie Entscheidung, die man respektieren muss."	NEIN, derjenige, der unmittelbar vor der Tat steht, ist nicht mehr frei in seiner Entscheidung.
„Der Entschluss, sich das Leben zu nehmen, kommt aus heiterem Himmel."	NEIN, jedem Entschluss geht eine mehr oder einige lange Phase des Zweifelns und des Abwägens voraus.
„Wer einen Suizidversuch unternimmt, plant definitiv, sich umzubringen!"	JA und NEIN, derjenige, der einen Versuch unternimmt, möchte zwar sterben, aber gleichzeitig auch leben. Dies gilt im Übrigen auch für einen Suizid.
„Jugendliche, die von Suizid sprechen, wollen nur Aufmerksamkeit erregen. Sie tun es nicht wirklich."	NEIN. Fast alle Suizide und auch Suizidversuche werden vorher in irgendeiner Art angekündigt.
„Unsere Gesellschaft ist krank. So etwas hat es früher nie gegeben."	NEIN. Suizid hat es in der Geschichte der Menschheit immer schon gegeben.
„Man kann nichts unternehmen, um einen Jugendlichen vom Suizid abzuhalten."	NEIN. Wenn man die Gefahr erkannt hat, kann man noch sehr viel unternehmen, z. B. dem Jugendlichen zuhören und ihm Perspektiven aufzeigen.
„Wenn man mit Jugendlichen über Suizid spricht, kommen sie erst auf den Gedanken, es zu tun."	JA und NEIN. Es kommt auf die Art des Gesprächs an. Zu vermeiden ist jede Art der Heroisierung und Glorifizierung.

Abb 32: Vorurteile über Suizid (nach Schule und Elternhaus 2001)

Gerade das letzte Vorurteil gilt es auszuräumen. Suizid darf kein Tabuthema sein (Kuitert 1986). Wenn Lehrerinnen und Lehrer es ansprechen, sollten vor allem die möglichen Unterstützungsmaßnahmen dargestellt werden. Jugendliche müssen wissen, an wen sie sich wenden können. Suizidprävention ist nicht nur eine Angelegenheit von Fachleuten, sondern die Aufgabe aller, die mit Jugendlichen zu tun haben: Eltern, Lehrer und Freunde. Nur ein ganz geringer Teil der Jugendlichen wendet sich von sich aus an Fachleute, deshalb muss auf breiter Ebene ein Bewusstsein und eine Sensibilisierung für die Thematik geschaffen werden, damit Alarmsignale wahrgenommen werden können. Alle, die mit Jugendlichen umgehen, müssen sich der Tatsache bewusst sein, dass es Jugendliche gibt, die unter schweren Belastungen stehen und daher zu Kurzschluss- oder Verzweiflungstaten neigen können.

Eine genaue Beobachtung ist notwendig. Die Abteilung Schulpsychologie/Bildungsberatung des Landesschulrates für Steiermark/Österreich (o. Jahresangabe) hat einen Handlungsleitfaden für Pädagoginnen und Pädagogen herausgegeben, der die Symptome von depressiven und zurückgezogenen Jugendlichen aufführt, die der Beobachtung durch Lehrerinnen und Lehrer zugänglich sind (Abb. 33).

Es bedarf schon langjähriger Unterrichtserfahrung, um zwischen einer normalen und vorübergehenden traurigen Stimmung und einer depressiven und auf Suizidgefährdung hinweisenden Stimmung unterscheiden zu können. Maßgebend dabei sind Intensität, Ausmaß und Dauer der Symptome.

Wichtig ist, dass Lehrerinnen und Lehrer, die diese Symptome wahrnehmen, sich mit ihren Kolleginnen und Kollegen und bei Bedarf mit ihren Schulleiterinnen und Schulleitern austauschen, um zu erfahren, ob die Symptome auch von anderen Lehrkräften wahrgenommen werden. Zwischen dem betreffenden Jugendlichen und einer schulinternen Vertrauensperson sollte ein Kontakt hergestellt, d. h. der Jugendliche auf die Möglichkeit aufmerksam gemacht werden, mit jemandem seines Vertrauens zu sprechen. Bei einem solchen Gespräch sind gewisse Rahmenbedingungen von Bedeutung wie

- Sich für das Gespräch Zeit nehmen
- Ruhe haben und ungestört sein
- Möglichst genau nachfragen, ohne zu bewerten
- Veränderungsvorschläge erst dann machen, wenn eine Vertrauensbeziehung besteht
- Fragen, ob Eltern eingeschaltet werden dürfen
- Angebot machen, externe Fachkräfte wie Schulpsychologen, Psychologen, Ärzte hinzuziehen

Damit das Gespräch für den Jugendlichen auch hilfreich verläuft, sollten Lehrerinnen und Lehrer über Gesprächsführungskompetenzen im Sinne des Aktiven Zuhörens verfügen

- Blickkontakt
- Konzentration auf den Jugendlichen
- Beobachtung seiner Körpersprache
- Zum Reden ermuntern
- Fragen stellen, aber nicht ausfragen
- Trost spenden (aber nicht bagatellisieren)
- Verständnis signalisieren
- Gefühle ansprechen
- Optionen für Lösungen erarbeiten
- Informationen geben

174

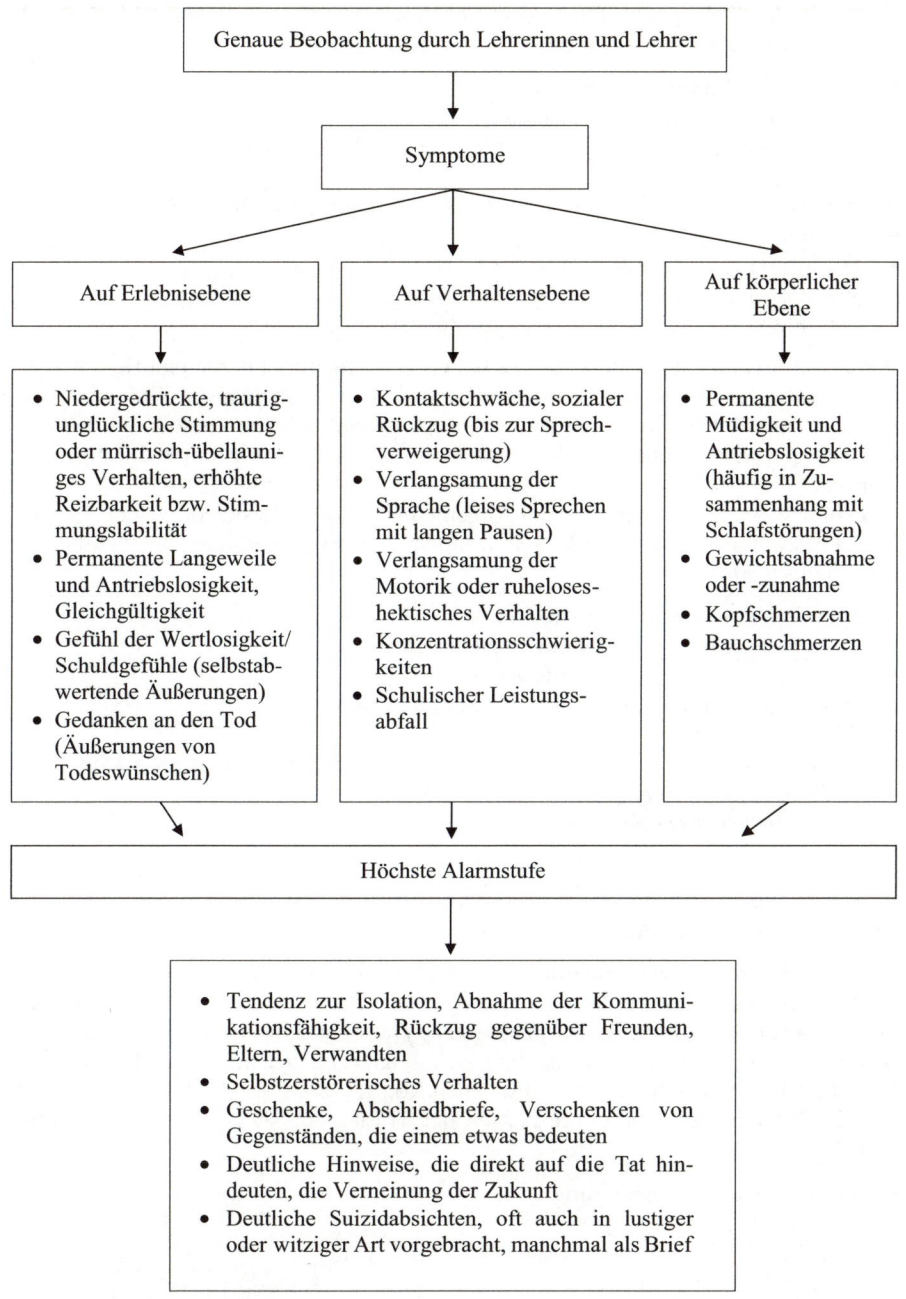

Abb. 33: Leitfaden zur Beobachtung für Lehrerinnen und Lehrer (nach Abteilung Schulpsychologie et al. o.J.)

Innerhalb des Kollegium sollten Absprachen getroffen werden bezüglich des pädagogischen Umgangs mit den betreffenden Jugendlichen:

- Ihre Gefühle unbedingt ernst nehmen
- Ihnen Aufmerksamkeit schenken
- Ihnen helfen, ihre negativen Denkmuster zu überwinden
- Ihnen Mut machen
- Ihnen auf jeden Fall bei Leistungsschwierigkeiten zusätzliche Hilfen anbieten
- Minimieren von Misserfolgen
- Förderung ihrer Integration in die Klasse
- Wenn notwendig Gespräch mit der Klasse
- Planung von gemeinsamen Unterstützungsmaßnahmen

Wenn die Störung persistiert und sich Lehrerinnen und Lehrer emotional überfordert fühlen, sollten sie in Absprache mit den Jugendlichen die Eltern benachrichtigen und bitten, weitergehende therapeutische Schritte einzuleiten. Grundsätzlich gilt, dass Ruhe bewahrt und keine hektischen Aktionen durchgeführt werden.

Lehrer sollten Informationen im Allgemeinen darüber besitzen, welche Jugendlichen besonders suizidgefährdet sein können. Es sind Jugendliche, die (Schule und Elternhaus 2001):

- eine depressive Störung aufweisen
- nicht gelernt haben, Probleme anzusprechen
- nicht gelernt haben, Probleme zu bewältigen
- einen früheren Suizidversuch unternommen haben
- Alkohol und illegale Drogen konsumieren
- im Spannungsfeld zwischen zwei Kulturen leben, insbesondere Mädchen
- in ihrer Familie einen Suizid erlebt haben
- sich in belastenden Situationen befinden

Was tun, wenn sich ein Suizidversuch und/oder ein Suizid in der Schule ereignet?

Trotz aller Bemühungen, Suizide zu verhindern, kann es dennoch passieren, dass ein Schüler oder eine Schülerin sich in der Schule selbst oder auch außerhalb der Schule das Leben nimmt. Schock, Entsetzen, Trauer und Besorgnis sind bei allen an Schule Beteiligten groß. Alle machen sich Vorwürfe, warum sie nichts bemerkt haben und fragen sich, wie das geschehen konnte. Sie durchlaufen nach Storath und Englbrecht (2004) mehrere Phasen der Trauer, ehe sie zu einer Neuorientierung finden:

- Leugnung und Verdrängung
  - „Das darf nicht wahr sein"
  - „Das kann es gar nicht geben"
  - „Doch nicht bei uns"
- Aggression und Auflehnung
  - Suche nach Schuldigen
  - Aggressive Impulse
  - Wut
  - Vorwürfe

176

- Selbstvorwürfe
- Verzweiflung
- Resignation und Unterwerfung
  - Fatalistisches Hinnehmen
  - Sich in das Schicksal ergeben
  - Sich abfinden
  - Gleichgültig sein
  - Funktionieren ohne Beteiligung
- Neuorientierung, Aufbruch
  - Die Welt mit anderen Augen sehen
  - Neue Werte entdecken
  - Mut fassen
  - Andere Wege finden

Auch wenn sich Suizide Gott sei Dank relativ selten in der Schule ereignen, sollte doch jede Schule über einen Krisenplan verfügen, der genau festlegt, was jeder einzelne zu tun hat, wer zu benachrichtigen ist und wer zur Unterstützung heranzuziehen ist. Schulleiterinnen und Schulleiter sowie das gesamte Kollegium einschließlich der Schülerschaft sind häufig so geschockt, dass sie handlungsunfähig sind und überstürzt und planlos reagieren. Daher ist ein Krisenmanagement und ein detaillierter Krisenplan notwendig. Schülerinnen und Schülern zu helfen, sich neu zu orientieren und aus der Krise heraus zu finden, Eltern, Lehrerinnen und Lehrern sowie Schulleiterinnen und Schulleitern Unterstützung zu geben, ist Aufgabe eines guten Krisenmanagements unter Hinzuziehung externer schulpsychologischer Beratung.

Krisenmanagement

Die Bedeutung eines gezielten, situationsangemessenen schulischen Krisenmanagements auf der Grundlage eines schulspezifischen Krisenplans kann nicht hoch genug eingeschätzt werden. Dadurch wird ein rasches und strukturiertes Vorgehen bei der Krisenbewältigung ermöglicht. Verantwortlich für das unmittelbare Krisenmanagement ist die Schulleitung, die von den „schulnahen Helfern" wie Schulpsychologen, Schulärzten, Sozialpädagogen, Beratungslehrern unterstützt wird. Alle Maßnahmen müssen mit ihr abgesprochen werden (Österreichisches Bundesministerium für Bildung, Wissenschaft und Kultur 2002).

Unter Krisenmanagement werden Sofortmaßnahmen in der Akutsituation verstanden sowie kurzfristige, mittelfristige und längerfristige Maßnahmen zur Krisenbewältigung. Zu den Sofortmaßnahmen der Ersthelfer zählen:

- Einen ersten Überblick gewinnen
- Ruhe bewahren
- Panikhandlungen anderer entgegenwirken
- Erste Hilfe leisten
- Professionelle Soforthilfe organisieren (Rettungswagen, Notarzt)
- Schulleitung verständigen
- Eltern des betreffenden Jugendlichen benachrichtigen

Bei einem Suizidversuch einer Schülerin oder eines Schülers ist ein besonders sensibles Verhalten gefragt, denn wenn sie wieder in die Klasse zurückkehren, sind sie wahrscheinlich voller Scham- und Schuldgefühle. Geschieht der Suizidversuch in der Schule selbst, muss umgehend ein Krankenwagen bestellt werden, damit ärztliche Hilfe gewährleistet ist. Außerdem sind die Eltern sofort zu benachrichtigen. Ob die gesamte Schülerschaft informiert wird, hängt davon ab, wie spektakulär der Versuch war und wie viel die anderen Schülerinnen und Schüler davon mitbekommen haben. Ereignet sich der Suizidversuch außerhalb der Schule, sollte der Unterricht wie gewöhnlich weitergehen, aber es sollten alle Fragen der Klassenkameraden der betreffenden Schülerin oder des Schülers beantwortet werden, soweit dies möglich ist und schon Informationen vorliegen. Von großer Bedeutung bei einem solchen Gespräch ist der Hinweis auf die Möglichkeit, sich Hilfe und Unterstützung bei Beratungs- und Vertrauenslehrerinnen und -lehrern der Schule bei Schulpsychologinnen und -psychologen oder in gemeindenahen Beratungsstellen sowie bei niedergelassenen Ärzten oder Psychologen zu holen.

Vor der gesamten Klasse sollten Bezeichnungen wie Psychiatrie oder Psychiater nicht fallen, weil sie die oftmals vorherrschende Meinung von Schülerinnen und Schülern verstärken, dass diejenigen, die einen Suizidversuch unternehmen, „verrückt" seien. Das Gespräch in der Klasse kann aber auch zum Anlass genommen werden, um eben diese Vorurteile zu entkräften und mit den Schülern über mögliche Hintergründe einer suizidalen Tat zu sprechen, ohne dabei auf die individuelle Situation der Schülerin/des Schülers einzugehen.

Die Angst, ein Ansprechen des Themas Suizid in der Klasse könne bei anderen Schülerinnen oder Schülern erst recht eine Suizidhandlung auslösen, ist verständlich, zumal nie ganz ausgeschlossen werden kann, dass sich in der Klasse weitere Schülerinnen und Schüler befinden, die sich auch schon mit dem Gedanken tragen, es zu tun. Eine solche Gefahr kann aber dann abgemildert werden, wenn die Lehrer überzeugend auf die möglichen Hilfs- und Unterstützungsstellen hinweisen, die Jugendliche in Anspruch nehmen können, und wenn Lehrer sie dazu ermutigen. Hilfreich ist es auch, die Arbeitsweisen von externen Beratungsstellen aufzuzeigen, um Jugendlichen die Hemmungen zu nehmen, dort anzurufen. Der Hinweis auf die Möglichkeit von Online-Beratungen kann sehr wichtig für diejenigen Schülerinnen und Schüler sein, für die die Hemmschwelle, eine Beratung aufzusuchen, sehr hoch ist. Internetberatungen werden von Pädagogen und Psychologen vorgenommen, also von professionell ausgebildeten Personen. Internet-Beratung dient der niedrigschwelligen, psychologischen, sozialen sowie gesundheitlichen Beratung junger Menschen.

Das Gespräch mit der Klasse ist wichtig, um Gerüchten vorzubeugen und um den Schülerinnen und Schülern nach ihrer Genesung den Wiedereintritt in die Klasse zu erleichtern. Es kann besprochen werden, wer sie im Krankenhaus besucht, die Klasse kann ihnen einen liebevollen Brief schreiben und zum Ausdruck bringen, dass man sie vermisst. Wenn ihr Gesundheitszustand es zulässt, werden ihnen die Hausaufgaben regelmäßig überbracht, um ihnen den Anschluss an den Unterricht zu ermöglichen. Wenn sie wieder am Unterricht teilnehmen können, sollten Lehrer oder Klassenkameraden ihnen keine Fragen stellen, sondern abwarten, ob sie von sich aus darüber reden möchten.

Die therapeutische Arbeit mit Jugendlichen nach einem Suizidversuch gehört in die Hände von ärztlichen und/oder psychologischen Therapeuten, die entweder schon im Krankenhaus beginnt oder unmittelbar, wenn die Jugendlichen wieder zu

Hause sind. Der Zeitabstand zwischen Suizidversuch und Aufnahme der Therapie sollte möglichst kurz sein, die Kontaktaufnahme sollte am besten noch am Krankenbett erfolgen. Jugendliche neigen dazu, die Tat nach einem Suizidversuch, den sie oft als „gescheiterten" oder „missglückten" Suizid ansehen, zu bagatellisieren und die Tötungsabsicht herab zu spielen. Sie schämen sich und fürchten die Reaktion der Eltern und Klassenkameraden.

Wenn Jugendliche nach einem Suizidversuch ihre Handlungsweise mit den Worten zu beschwichtigen suchen: „Ich hab's ja nicht so gemeint", „Ich tue es auch nicht wieder" „Ich wollte es gar nicht wirklich", dann sind solche Redensarten trügerisch, denn alle Erfahrungen zeigen, dass nach einem Suizidversuch häufig ein „geglückter" Suizid erfolgt. Das hängt u. a. auch damit zusammen, dass sich die Jugendlichen mit der Suizidhandlung eine Verhaltensänderung anderer erhoffen, vor allem der Eltern, Freunde oder auch Lehrer. Eine solche Verhaltensänderung, wenn sie überhaupt erfolgt, ist meistens jedoch nur von kurzer Dauer. Nach anfänglicher Zaghaftigkeit und Rücksichtnahme, auch Unsicherheit und vielleicht eventuell liebevollerer Zuwendung erlischt diese relativ schnell und alte Verhaltensgewohnheiten bilden sich wieder. Dies führt bei den betreffenden Jugendlichen zu einer schleichenden Enttäuschung und dem Glauben, dass ja alles nichts genützt habe, dass ja alles wieder so sei wie vorher, und dass sie nun zu noch härteren Mitteln greifen müssten, um die Umwelt aufzurütteln. Auf der Basis dieser Gefühle planen sie dann häufig die nächste Suizidhandlung, diesmal mit der Wahl einer noch sicheren Methode und eines Ortes, an dem sie nicht rechtzeitig gefunden werden können. Wenn ihre Motivation beim ersten Versuch noch von Ambivalenzen durchdrungen waren, so nehmen diese immer mehr zu Gunsten der festen Absicht ab, sich das *Leben* zu nehmen.

Nach einem Suizid

Nach einem Suizid eines Schülers oder einer Schülerin benötigen sowohl Eltern, Klassenkameraden als auch Lehrerinnen und Lehrer sowie die Schulleitung psychische Unterstützung, die vor allem in Gesprächen mit den Zurückbleibenden zum Ausdruck kommt (Heiborn-Maurer und Maurer 1988). Bei allen taucht die quälende Frage auf, warum sie nichts bemerkt haben. Auch Schuldgefühle werden geäußert. Manchmal wussten die besten Freunde von den Suizidabsichten und haben nichts gesagt, weil ihnen die Absicht als Geheimnis anvertraut worden war und sie ihr Versprechen zu schweigen nicht brechen wollten. Manche Jugendliche schicken vor der Tat noch eine SMS an ihre besten Freunde mit der Bitte, nichts zu sagen, und dann machen sich diese Freunde natürlich schwere Vorwürfe, dass sie der Bitte nachgekommen sind. Es gilt im Gespräch mit den Klassenkameraden, die Schuldgefühle aufzufangen, jedoch auch mit den Schülerinnen und Schülern zu besprechen, was sie denn in einer solch schwierigen Situation hätten tun können.

Leider besteht nach einem Suizid nur noch postventiv die Möglichkeit, mit den Klassenkameraden die Ambivalenz zu besprechen, in der sich Suizidgefährdete befinden und dass diese in den allermeisten Fällen nicht eigentlich sterben wollen, sondern nur keinen Ausweg mehr sehen. Von diesem Standpunkt aus hätten sie die Berechtigung gehabt, Hilfe zu organisieren, Lehrer ihres Vertrauen anzusprechen und dies auch dem gefährdeten Jugendlichen mitzuteilen. Es müssen im Gespräch mit den Schülerinnen und Schülern Wege aufgezeigt werden, die aus der Sackgasse herausführen. Kernpunkt der präventiven Arbeit ist es also auf eben diese Unterstützungsquellen hinzuweisen.

Nach einem Suizid eines Schülers ist Vorsicht im Umgang mit der Presse geboten. Journalisten sind häufig sehr schnell in den Schulen, wollen Antworten auf ihre Fragen haben und bauschen die Informationen dann publikumswirksam auf. Es muss deshalb festgelegt werden, wer mit ihnen spricht und welche Informationen gegeben werden. So verbieten sich z. B. Einzelheiten über den Verletzten/Toten bzw. die Verletzte/Tote. Die Gefahr der Nachahmungstaten ist dann besonders groß, wenn in der Presse in dramatisierender und vielleicht auch die Schule anklagender Weise über den Schüler oder die Schülerin geschrieben wird (Sonneck und Etzersdorfer 1991).

Die Sofortmaßnahmen sind dieselben wie die oben geschilderten. Es müssen alle Maßnahmen ergriffen werden, die geeignet sind, Nachfolgetaten zu verhindern. Dazu gehören die Aufklärung des Geschehens, d. h. nicht nur die Information an Schüler-, Lehrerschaft und Elternschaft über das Geschehen, sondern auch das Gespräch mit ihnen, um Emotionen aufzufangen. Hier ist große Sorgfalt angebracht, sonst können bei den Zurückbleibenden Verhaltenstendenzen eintreten wie Verteidigung, Rückzug und Stillschweigen oder auch Anklagen und Vorwürfe.

Zur Aufarbeitung des Geschehens sollten Lehrerinnen und Lehrer mit Schulpsychologen zusammenarbeiten, die für Kriseninterventionen detaillierte Pläne ausgearbeitet haben und auch in die Schulen gehen, um die Koordination der einzelnen Maßnahmen zu gewährleisten und um bei der Verarbeitung traumatischer Erfahrungen zu helfen (Englbrecht et al. 2002). Schulpsychologinnen und Schulpsychologen sind die geeigneten Personen, denn sie haben das Bedingungs-, Änderungs- und Methodenwissen sowie die therapeutische Kompetenz, direkt in Schulen tätig zu werden. In jeder Schule sollte ein Krisenteam gebildet und ein so genannter Notfallplan vorhanden sein, der alle zu ergreifenden Maßnahmen abhängig vom Grad der Gefährdung sowie die Telefonnummern der Notrufe und der Mitglieder des schulischen Notfallteams enthält. Es muss geklärt sein, wer in einem Notfall die Handlungskompetenz hat.

Bei der Information der Schülerschaft ist von Bedeutung, dass die Sachinformationen klassenweise gegeben werden und dass die Gespräche möglichst im kleinen Kreis stattfinden. Poland (1989), Leenaars und Wenckstern (1991) und Hill (1984) berichten von gelungenen und misslungenen Veranstaltungen in der Schule. Hill beschreibt anschaulich das Chaos und das Missmanagement, welches durch schlechte Organisisation, Abwesenheit der Schulleitung bei der Versammlung der gesamten Schülerschaft und durch fehlerhafte Gesprächsführung entstanden ist. Die Folge war eine Totalabrechnung der Schülerinnen und Schüler mit der Schule.

In der Broschüre des österreichischen Bundesministeriums für Bildung, Wissenschaft und Kultur werden konkrete Angaben gemacht, um diese Fehler zu vermeiden (Österreichisches Bundesministerium 2001). Es wird immer wieder auf die Zusammenarbeit mit Schulpsychologen hingewiesen, die im Umgang mit Krisen geschult sind. Eine der wichtigsten Aufgaben der Intervention sei die Kommunikation, das „in Beziehung-Gehen". Schülerinnen und Schüler dürfen und sollen ihre Betroffenheit zum Ausdruck bringen und sich schriftlich oder auch mündlich äußern. Nach einem Suizid besteht gerade in Schulen die Gefahr der Nachahmung, daher kann es lebensrettend für andere suizidgefährdete Schülerinnen und Schüler sein, allen Schülern zu vermitteln, dass es Hilfen gibt. Eine Hilfe kann schon darin bestehen, dass Schülerinnen und Schülern Gelegenheit gegeben wird, über eigene

Gefühle zu sprechen, auch über zurückliegende oder aktuelle Suizidgedanken. Es ist wichtig zu betonen, dass man nicht „verrückt" ist, wenn man solche Gedanken hat.

Neuhland (2004) – ein Verbund von psychotherapeutisch orientierter Beratungsstelle und Krisenunterkunft in Berlin – rät dazu, dass in der Schule Zeit und Raum möglich sein sollte, um mit Jugendlichen über das Thema zu sprechen. Dafür gibt es kein Rezept und auch kein Programm im eigentlichen Sinne. Jedes Krisengespräch sollte auf die jeweilige individuelle Situation der Schule, der Klasse, der Schülerinnen und Schüler und des speziellen kritischen Geschehens eingehen. Lehrerinnen und Lehrer erleben dieselben Gefühle wie ihre Schüler und sind nicht frei von Schuldgefühlen, Scham und Ängsten. Wichtig ist, dass sie ihre Gefühle nicht verstecken und authentisch bleiben.

Schulleiterinnen und Schulleiter sollten mit ihren Kolleginnen und Kollegen absprechen, wer die Eltern zu Hause aufsucht und einen Beileidsbesuch macht. Aufgabe der Klassenlehrerinnen und -lehrer ist es, mit den Schülern wichtige organisatorische Absprachen zu treffen wie:

- Schreiben wir einen Abschiedsbrief?
- Gehen wir alle gemeinsam zur Beerdigung?
- Wie verhalten wir uns auf dem Friedhof?
- Was machen wir mit dem leeren Stuhl in der Klasse?
- Wie gedenken wir des Schülers/der Schülerin?

Auch hier gilt eher Zurückhaltung und Fingerspitzengefühl beim Ausdruck der Trauer. Eine betont öffentliche Zurschaustellung der Trauer ist unangebracht. Blumengebinde in der Schule, Photos, schwarzen Fahnen etc. sollte es nicht geben, sie könnten dem Geschehen eine negative Faszination geben und zur Nachahmung herausfordern.

4. Freizeitverhalten und Salutogenese

Über Freizeit verfügen zu können und diese eigenverantwortlich gestalten zu können, hat für Jugendliche einen besonders hohen Wert. Thole (2002) zeigt, dass Jugendliche an Schultagen durchschnittlich über vier bis acht, an Samstagen über mehr als acht und an Sonntagen über knapp zehn Stunden Freizeit verfügen. Das mag für manche Jugendliche zu knapp, für andere wiederum zu viel sein. Das hängt von der Anzahl ihrer Aktivitäten ab. Jugendliche möchten ihre Freizeit genießen und sich nicht durch familiäre oder schulische Verpflichtungen eingeengt sehen. Freizeit bedeutet für sie, frei über das eigene Tun entscheiden zu können, Freizeit ist für viele gleichbedeutend mit Geselligkeit, Treffen von Freunden, Kommunikation mit Gleichaltrigen in Form von persönlichen Gesprächen oder übers Telefon, SMS oder E-mails, in die Stadt gehen, bummeln, Spaß haben oder auch einfach nichts tun. Je nach persönlichen Vorlieben und auch oft in bewusster Abgrenzung vom Lebensstil ihrer Eltern wählen sie ihr Freizeitverhalten und ihre Freunde.

Harris (2000) spricht sogar von der Ohnmacht der Eltern und stellt die Frage, ob Erziehung sinnlos sei? Sie vertritt die These, dass nicht Eltern den größten Einfluss auf ihre Kinder ausüben, sondern Gleichaltrige. Kinder und Jugendliche leben häufig in verschiedenen Umwelten, der Familienwelt, Schulwelt und Freizeitwelt. Sie lernen unterschiedliches Verhalten und passen sich sowohl sprachlich als auch in ihrem Verhalten ihrer jeweiligen Umwelt an. Sie beherrschen das so genannte „Code-Switching" auch im übertragenen Sinne perfekt (Harris 2000, 108 ff). Jugendliche – so ihre These – identifizieren sich mit ihrer Gruppe, übernehmen deren Einstellungen, Verhalten, Redeweisen, Kleidungsstil, Schmuck etc. In der Kindheit sind die wichtigsten psychologischen Gruppen die Geschlechtskategorien, d. h. Mädchen spielen mit Mädchen und Jungen mit Jungen, sie wollen sein wie ihre Geschlechtsgenossen. Im Übergang von der Kindheit zur Jugendzeit spitzt sich diese Tendenz noch zu, da es unerbittliche Verhaltensvorschriften gibt, die z. B. in der Schule lauten: Ein Junge sitzt nicht neben einem und spielt nicht mit einem Mädchen.

Die Sozialisation verläuft sowohl geschlechtsspezifisch als auch altersspezifisch, jedoch nach Harris vor allem in Abgrenzung von Erwachsenen. Hierin stimmen europäische Entwicklungspsychologen mit Harris überein, aber sie unterscheiden sich von ihr in der Annahme des Einflusses von Eltern in der Kindheit. Während Harrris davon überzeugt ist, dass der Einfluss schon in der Kindheit gering sei, halten Keller (1998), Oerter und Montada (2002), Flammer und Alsaker (2002), Fend (2003), Charlton, Käppler und Wetzel (2003) diesen doch für sehr groß und entscheidend für die gesamte spätere Entwicklung. In der Jugendphase tritt dieser Einfluss zu Gunsten der Gleichaltrigen zurück, das Zusammensein mit ihnen und der Aufenthalt außerhalb der Familie wird für Jugendliche immer bedeutender. Die Beziehungen zu Gleichaltrigen sind auf der Basis der Gleichheit und der Wechselseitigkeit strukturiert und von gemeinsamen Unternehmungen und sozialen Aktivitäten, vor allem in der Freizeit, geprägt (Keller 1998).

a)   Ökonomische und materielle Ressourcen

Das Freizeitverhalten Jugendlicher ist u. a. auch abhängig von ihren ökonomischen und materiellen Ressourcen. Der Durchschnitt der Jugendlichen verfügt über ausreichende ökonomische und materielle Ressourcen, hat einen beträchtlichen Anteil am Konsummarkt und besitzt einen Eigengeldanteil, der sich in den letzten Jahren vervielfacht hat (Thole 2002, 664). Jugendliche gehören zu der Gruppe der gefragtesten Konsumenten. Sie verfügen über beträchtliche finanzielle Mittel und können sich dadurch viele Wünsche erfüllen. Viele Käufe dienen der Selbstdarstellung, der sozialen Anerkennung und stärken das Gefühl der Gruppenzugehörigkeit. Die Mehrzahl der Jugendlichen ist nicht nur im Besitz traditioneller Medien wie Radio, Kassettenrecorder, Fernseher, sondern auch der neuen Medien wie Video, CD- oder DVD-Player. 30 % der Jugendlichen haben einen eigenen Computer und weitere 28 % können ihn in der Familie mitbenutzen. Ca. ein Drittel aller Jugendlichen sind im Besitz eines eigenen Handys. Um sich diesen Wohlstandsstandard leisten zu können, jobben und arbeiten viele Jugendliche neben der Schule, was ihre Freizeit zwar außerordentlich einschränkt, aber ihnen andererseits das Gefühl gibt, am Arbeitsmarkt beteiligt zu sein und sich u. a. finanzielle Unabhängigkeit von den Eltern zu erarbeiten. Dies führt zu einer Stärkung ihres Selbstwertgefühls und erhöht gleichzeitig ihre Attraktivität unter Gleichaltrigen. Nach Thole (2002) gehen 98 % der Jugendlichen regelmäßig auf Partys oder Feste und besuchen Diskotheken. Sie fahren mit oder ohne Eltern in Urlaub und sind überwiegend zufrieden mit ihrem Leben. 38 % der Jugendlichen sind fest in Vereinen und/oder Sportvereinen eingebunden. Diese sind nach wie vor der zentrale außerhäusliche, formell geregelte Freizeitort für Jugendliche. Die am meisten favorisierten Sportarten sind Tischtennis, Tennis, Judo, Skilaufen, Volleyball, Karate, Bodybuilding und überwiegend bei weiblichen Jugendlichen Reiten und tanzbezogene Gymnastik. 81 % üben täglich außerhalb des Schul- und/oder Vereinssports sportliche Aktivitäten aus wie Fahrradfahren, Mountainbiking, Skaten, Kickbord etc. Sie ziehen daraus hohen persönlichen Gewinn, fühlen sich körperlich und psychisch gesund, sind aktiv und gesellig.

b) Freundschaftsbeziehungen als soziale Ressourcen

Mit zunehmender Ablösung von der Familie gewinnen die Beziehungen zu Gleichaltrigen und insbesondere die Freundschaftsbeziehungen an Bedeutung. Während in Familie und Schule die Beziehungen der Jugendlichen zu den Erwachsenen hierarchisch, d. h. durch Generationenunterschiede geprägt sind, zeichnen sich die Beziehungen zu Gleichaltrigen durch Symmetrie aus (Hurrelmann 2004). Es gibt keine Bevormundung und keine Erziehungsverantwortung. Die Beziehungen zu Gleichaltrigen sind im Unterschied zu den familiären Beziehungen freiwillig, gleichberechtigt und können bei Bedarf auch wieder gelöst werden. Die Gleichaltrigengruppen erfüllen für den Einzelnen soziale und psychische Funktionen, die mit dazu beitragen, Sozialkompetenzen zu erwerben, die Selbstreflexion und die Empathiefähigkeit zu stärken. In der Auseinandersetzung mit Gleichaltrigen, im Streit und in der Versöhnung erfahren Jugendliche gute und schlechte Konfliktlösungsstrategien, Befriedigung und Enttäuschungen, in jedem Fall jedoch auch wertvolle Informationen darüber, „wie man auf den anderen wirkt, was man bei ihm auslöst und wie weit man gehen darf, ohne andere zu verletzen" (Flammer und Alsaker 2002). In der Konfrontation und in der Kooperation mit Gleichaltrigen setzen sich Jugendliche mit den Interpretationen anderer über ihr Verhalten auseinander, erfahren dadurch vieles über sich selbst, was wiederum zur eigenen Identitätsbildung beiträgt.

Hurrelmann (2004) unterscheidet zwischen familienzentrierten und jugendzentrierten Jugendlichen. Erstere identifizieren sich stark mit ihren Eltern und übernehmen deren Verhaltensweisen und Gewohnheiten und haben nur geringen Kontakt mit Gleichaltrigen, letztere suchen diesen überwiegend und lehnen den Umgang, die Einmischung und den Einfluss von Erwachsenen und Eltern ab. Von der Hinwendung zur Familie wie von der Hinwendung zur Gleichaltrigengruppe können starke protektive Faktoren ausgehen, beide Sozialisationsbereiche vermitteln Sicherheit und Orientierung, eine zu starke Hinwendung zu einer der beiden Bereiche verdeutlicht allerdings einen geringeren protektiven Einfluss des jeweils anderen. Die größte gesundheitliche Stärkung ist dann gegeben, wenn Jugendliche sich in beiden Bereichen wohlfühlen, ohne dass der Zugang zu einem der beiden verschlossen wäre.

Alle Eltern machen die Erfahrung, dass es von der Art der Gruppe und deren Mitgliedern abhängt, ob ihr Kind – und in diesem Fall der Jugendliche – davon im positiven oder negativen Maße profitiert. Zubrägel und Settertobulte (2003) kommen in der Auswertung der Studie „Health Behaviour in School-aged Children" (HBSC) zu dem Ergebnis, dass die Jugendlichen umso häufiger gesundheitsschädigendes Verhalten zeigen, je mehr Zeit sie mit Gleichaltrigen und/oder Freunden verbringen. In der Gruppenkonstellation erhöht sich die Motivation des einzelnen Jugendlichen zur Übernahme von Risikoverhalten, dazu zählen der Tabak- und Alkoholkonsum sowie die Einnahme illegaler Drogen, dies jedoch nur dann, wenn diese Verhaltensweisen in der Gruppe erwünscht und gefordert werden, d. h. wenn ein diesbezüglicher Gruppendruck besteht.

Andererseits weisen Richter und Settertobulte (2003, 102) darauf hin, dass Substanzkonsum im Jugendalter verschiedene Funktionen erfüllt, die zur Bewältigung von Entwicklungsaufgaben beitragen. Er dient dem Experimentieren und dem Sammeln von Erfahrungen, auch dem Austesten von Grenzen. Das heißt für Eltern, dass sie diese Verhaltensweisen ihrer Kinder nicht als „Problemverhaltensweise", sondern allenfalls als riskantes Verhalten ansehen und nicht allzu negativ bewerten sollten, wohl aber schon darauf achten, dass es beim gelegentlichen Ausprobieren bleibt und der Substanzkonsum nicht zur Gewohnheit wird.

Eine Gruppe, in der andere Werte und Normen herrschen, in der sportliche Aktivitäten, Vereinszugehörigkeit, Musikausübung, das Spielen von Instrumenten zum Standard gehören, wird Jugendliche mit großer Wahrscheinlichkeit dazu bringen, sozial erwünschte Verhaltensweisen zu eigen. Ähnlich wie in den Bereichen Familie und Schule ist es auch hier so, dass gewisse Konstellationen sowohl Risiko- als auch Schutzfaktoren sein können. Der Einfluss einer Freundesgruppe kann unter bestimmten Voraussetzungen zu einer Stärkung oder Schwächung der Persönlichkeit beitragen. Unbestritten ist, dass resiliente Jugendliche es verstehen, Freunde um sich zu scharen, von denen eine salutogene Wirkung ausgeht und die damit bei ihnen zu einer gesundheitlich positiven Entwicklung beitragen.

Kolip (1993) betont die wohltuende Wirkung von Freundschaftsbeziehungen, die zu einer Stärkung des Vertrauens zueinander führt. Dies gilt ganz besonders für weibliche Jugendliche, für die die „beste Freundin" noch einen höheren Stellenwert hat als der „beste Freund" für Jungen. Bei beiden, weiblichen und männlichen Jugendlichen, stellt jedoch ein soziales Netzwerk und die damit verbundene soziale Unterstützung einen wesentlichen Beitrag zur Erhaltung und auch Förderung ihrer psychischen Gesundheit dar (Kolip 1994). Die Wirkfaktoren sind die Erhöhung des Wohlbefindens und die Befriedigung der Bedürfnisse nach Kontakt, Liebe und Anerkennung. Ein soziales Netzwerk wirkt als Puffer bei auftretenden Stressoren aus dem familiären, schulischen oder auch Freizeitbereich. Die negativen Auswirkungen von Streit und Auseinandersetzungen mit den Eltern, Ärger mit Lehrern in der Schule können durch Austausch und Gespräche zwischen guten Freundinnen und Freunden abgefedert werden. Von entscheidender Bedeutung ist dabei gar nicht einmal die tatsächlich erfolgte Unterstützung, sondern die Wahrnehmung bzw. die subjektive Gewissheit, dass Unterstützung zu erhalten, möglich ist. Geschlechtsspezifisch interessant und gut belegt ist die These, dass sich Mädchen und Jungen sehr darin unterscheiden, wie viel soziale Unterstützung sie einander geben. Mädchen geben und erhalten mehr Unterstützung als Jungen (Kolip 1993, 1994).

In der Adoleszenz entwickeln sich nahe und intime Freundschafts- sowie Liebesbeziehungen. Sie vermitteln Nähe, Stärkung des Selbstwertgefühls und Sicherheit und stellen einen starken Schutzfaktor dar, der in seiner salutogenen Wirkung dem einer guten Beziehung zu den Eltern ähnelt (Flammer und Alsacker 2002). Freunde helfen und unterstützen einander, sie haben zu vielen Themen dieselbe Einstellung, sie unternehmen viel gemeinsam, stimmen ihre emotionalen Befindlichkeiten aufeinander ab. Ein wesentliches Merkmal ist die Verlässlichkeit, d. h. da zu sein, wenn der andere ihn braucht. Bei Konflikten und Problemen geben sie emotionale Unterstützung und auch konkreten Rat. Dadurch, dass sie einander mögen oder sogar lieben, tragen sie zur Selbstwerterhöhung und Selbstbestätigung bei. Freunde dürfen sich gegenseitig kritisieren und sagen, was ihnen an dem anderen nicht gefällt, sodass der Betreffende sein Verhalten ändern kann. Auf diese Weise ermöglichen sie sich gegenseitig, sich weiter zu entwickeln und ihr Verhaltensrepertoire zu erweitern. Freunde bewahren Geheimnisse, sodass sie sich gegenseitig ihre intimsten Gedanken und Gefühle anvertrauen können, ohne befürchten zu müssen, dass der eine oder andere sie ausplaudert.

Seiffge-Krenke (2002) beschreibt, wie wichtig vor allem die sozial-emotionalen Kompetenzen der Jugendlichen im Umgang miteinander und auch vor allem in Freundschaftsbeziehungen sind. Hier erweisen sich die meisten als sehr einfühlsam und hilfsbereit. In Auseinandersetzungen mit Freunden werden weniger negative Emotionen gezeigt als in der Auseinandersetzung mit Eltern.

Viele Jugendliche schreiben Tagebuch, das unterschiedliche Funktionen erfüllt. Es dient hauptsächlich der Emotionsregulation (a.a.O., 65), aber es stellt auch eine Erinnerungshilfe dar sowie eine Möglichkeit der Katharsis. Es ist ein Ersatz für eine vertraute Person und wird aus dem Bedürfnis nach Selbstklärung oder nach Selbsterziehung heraus geschrieben. Viele Jugendliche vertrauen ihre Gedanken und Gefühle dem Tagebuch an, befreien sich damit vor allem von negativen Gefühlen, machen sich Luft, ordnen ihre Gedanken und kommen dabei häufig zu neuen Einsichten. Manche Jugendliche schreiben Briefe an so genannte „Phantasiegefährten", geben ihnen einen Namen, reden sie an und antworten auf vermeintlich erhaltene Briefe, so als gäbe es eine wirkliche Korrespondenz. Eine solche in der Phantasie bestehende Brieffreundschaft ist ebenfalls als Ressource anzusehen, die sich Jugendliche selbst erschaffen, um ihre Emotionen zu regulieren und/oder emotionale Defizite auszugleichen (Seiffge-Krenke 2002).

In letzter Zeit ist das Tagebuchschreiben zugunsten des Chattens im Internet zurückgetreten. Ähnlich wie das Tagebuch stellt der Chat eine Ressource dar. Jugendliche können die Distanz- und Nähebeziehungen selbst regulieren, und – ähnlich wie viele chattende Erwachsene – sind sie offener in ihren Kontakten und brauchen keine Angst zu haben, zurückgewiesen zu werden. Die Brieffreundschaft mit „unbekannten" Gleichaltrigen scheint es leichter zu machen, Gefühle und Gedanken auszusprechen, die man sonst für sich behalten hätte.

Es gibt erhebliche geschlechtsspezifische Unterschiede in der Nutzung dieser Art Ressourcen. Weibliche Jugendliche nutzen sie weit mehr als Jungen, dennoch leiden sie weit mehr als Jungen an depressiven Verstimmungen. Seiffge-Krenke (2002) befürchtet, dass ein „Zu viel" an emotionaler Kompetenz zu einem Selbst-Handicapping führen könnte, das über diesen Weg in die Depression mündet. Weibliche Jugendliche nehmen sich Enttäuschungen, Kränkungen, Misserfolge weit mehr zu Herzen als männliche. Eine Ursache dafür könnte darin liegen, dass sie beziehungsorientierter reagieren und Beziehungskonflikte dort sehen, wo keine sind. Hier werden wieder die zwei Seiten von Ressourcen sichtbar: ein „Zu viel" kann sich als negativ erweisen. Dies gilt auch für Freundschaften zwischen weiblichen Jugendlichen, die zu eng, zu intim und zu ausschließlich sind, denn sie führen leicht in die gegenseitige Abhängigkeit.

Bei allen bislang in den verschiedenen Bereichen aufgezeigten Schutzfaktoren kommt es nicht nur darauf an, dass ein soziales Unterstützungsverhalten vorhanden ist, sondern darauf, dass es von den Jugendlichen auch mobilisiert und genutzt wird (Filipp und Aymanns 1987). Diese Gedanke unterstreicht noch einmal, dass Jugendliche durch eigene Aktivität ihre Entwicklung vorantreiben, dass sie zwar von Risikofaktoren umgeben sein, sich aber dennoch Schutzfaktoren suchen können. Die Existenz von Schutzfaktoren alleine sagt noch nichts darüber aus, wie nützlich und im wahrsten Sinne schützend sie sind. Risiko- und Schützfaktoren sind zwei Seiten einer Medaille, und es gilt, die pathogene Seite umzudrehen, um die salutogene andere Seite in den Blick zu nehmen.

Zusammenfassung

Gestützt auf die Ergebnisse der Salutogenese- und Resilienzforschung werden die Schutzfaktoren in den Hauptsozialisationsinstanzen Familie und Schule sowie im Freizeitbereich geschildert, die Jugendliche davor bewahren können, suizidal zu werden, auch wenn es dafür keine Garantie gibt. Aber ein familiales Netzwerk mit all seinen Unterstützungsmerkmalen und dem Zusammenwirken von personalen und sozialen Ressourcen, der Familienzusammenhalt, das Urvertrauen und die daraus erwachsenden sozial-emotionalen Wirkfaktoren tragen entscheidend mit zur Salutogenese bei.

Ähnlich wie sich die Familie in den letzten Jahrzehnten verändert hat, hat sich auch die Schule verändert und verändert sich ständig weiter. Die Begriffe der guten und gesunden Schule sind richtungsweisend für Schulentwicklungsprozesse geworden und streben ein Schulklima und eine Schulkultur an, in der sich alle an Schule Beteiligten wohlfühlen können. Dennoch kommt es immer einmal wieder vor, dass Schülerinnen und Schüler sich mit Suizidgedanken tragen und eventuell sogar in der Schule selbst einen Suizidversuch unternehmen oder gar einen Suizid durchführen. Schule muss darauf vorbereitet sein und zumindest wissen, dass Suizidalität von Schülerinnen und Schülern ein nicht seltenes jugendspezifisches Problem sein und wie man es erkennen kann. Sie muss darüber hinaus bei einer akuten Krise Maßnahmen zur Verfügung haben, wie z. B. einen Krisen- oder Notfallplan, der genau festlegt, was jeder Einzelne zu tun hat. Prävention ist wichtig, aber genau so wichtig sind eine gute und effektive Intervention und Postvention.

Der Freizeitbereich von Jugendlichen ist durch Aktivitäten gekennzeichnet, die ihnen Freude machen, sie entspannen oder auch auf sportlichen, musischen, künstlerischen Gebieten freigewählten Leistungszielen dienen. Freundschaftsbeziehungen stellen einen hohen Wert für Jugendliche dar, die meisten Jugendlichen verbringen ihre Freizeit gern mit Gleichaltrigen und schöpfen daraus eine Stärkung ihres Selbstvertrauens sowie die Gewissheit, bei Problemen Unterstützung zu finden. Soziale Ressourcen verstärken die in Jugendlichen befindlichen personalen Ressourcen. Beide tragen zur Salutogenese bei.

VII. Pathogenese versus Salutogenese

Kommt!
Kommt, reden wir zusammen!
Wer redet, ist nicht tot

Gottfried Benn

Der pathogenetische und salutogenetische Ansatz sind ebenso wie die Begriffe Gesundheit und Krankheit zwei Seiten derselben Medaille (Zerssen et al. 1998). Das zeigt sich vor allem in der Diagnostik und Therapie von Suizidalität. Die pathogenetische Sichtweise zielt auf Erhebung und Feststellung der Risikofaktoren und der psychischen Beeinträchtigungen sowie auf ihre Bekämpfung, die salutogenetische dagegen eher auf Erhebung eines Ressourcenrepertoires und auf Stärkung bzw. Erweiterung von Schutzfaktoren. Im Folgenden sei zunächst der pathogenetische Ansatz geschildert.

1. Der pathogenetische Ansatz in der Diagnostik

In der Diagnostik der Suizidalität unterscheidet man die professionelle Diagnostik, die von einem Arzt oder Psychologen und die informelle Diagnostik, die von aufmerksamen Angehörigen, Lehrern, Freunden durch gute Beobachtung und Erkennen der Alarmsignale vorgenommen werden kann. Während die eine in offiziellen Beratungs-Settings durchgeführt wird, geht es in den Lebensbereichen Familie, Schule und Freizeit um frühzeitiges Erkennen einer Suizidgefährdung von Jugendlichen aufgrund von guter Beobachtung und um nachfolgendes Handeln.

a) Erkennen der Alarmsignale durch gute Beobachtung

Gute Beobachtung und Erkennen der Alarmsignale werden zur reaktiven Prävention gezählt, denn sie besteht darin, pathogene Faktoren aufzuspüren, wenn die Suizidgefährdung schon gegeben ist. Um Suizide verhindern zu können, ist das Erkennen der Gefährdung der erste unbedingt notwendige und das Handeln daraufhin der zweite Schritt. Die Hoffnung, die Suizidgefährdung eines Jugendlichen rechtzeitig zu erkennen, beruht auf den Erkenntnissen der Suizidforschung, dass suizidale Jugendliche, bevor sie die suizidale Handlung vollziehen, oftmals schon lange vorher daran denken, sich das Leben zu nehmen. Viele Jugendliche sind in dieser Zeit hochdepressiv und in ihrem Verhalten verändert. Häufig machen sie auch dunkle Andeutungen und sprechen ihre Gedanken mehr oder weniger offen aus. Nicht jeder Suizidgedanke wird in die Tat umgesetzt (Berger 2000).

Bevor jemand die suizidale Handlung vollzieht, durchläuft er eine Phase der Ambivalenz, in der er zwar Todeswünsche hat, aber eher im Sinne von Phantasien und noch ohne konkrete Suizidabsichten. Dies trifft auch auf Jugendliche zu. Man spricht hier von einer „passiven Suizidalität" (Wolfersdorf 2000). Diese kann in eine akute bzw. aktive übergehen, wenn die Suizidideen von Zwangsgedanken, von Suizidimpulsen und von Handlungsdruck begleitet werden. Aber auch der suizidalen Handlung geht ein zeitlich mehr oder weniger langer Vorlauf voran, der für Hilfe und Unterstützung genutzt werden kann (Abb. 34).

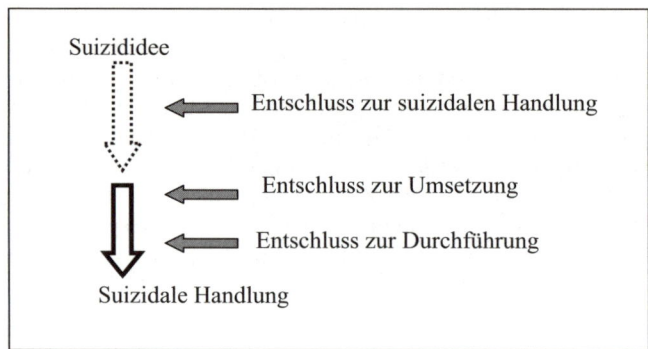

Abb. 34: Ablauf der suizidalen Handlung (nach Wolfersdorf 2000, 38)

Es gilt vor allem, die Alarmsignale zu erkennen, die fast alle Jugendlichen in irgendeiner Form aussenden, ob dies nun auf der verbalen Ebene oder der Verhaltensebene geschieht (Abb. 35).

Verbale Ebene	Verhaltensebene
„Ich mag nicht mehr."	Rückzug
„Ich habe die Probleme satt."	Energieverlust
„Ich habe keinen Bock mehr."	Herumsitzen
„Ich will meine Ruhe haben."	Nichts tun
„Ich hasse euch alle."	Vereinsaktivitäten aufgeben
„Am liebsten wäre ich tot."	Geburtstagsfeiern absagen
„Ich will sterben."	Leistungsversagen

Abb. 35: Alarmsignale der Suizidgefährdung

Viele Eltern sind in der Lage, liebevoll und einfühlsam Probleme ihrer Kinder aufzufangen, und es werden immer wieder von Jugendlichen die Mütter genannt, an die sie sich als erste wenden, wenn sie Probleme haben. Die beste Freundin spielt ebenfalls eine große Rolle als Vertrauensperson, und sehr häufig gelingt es auch Lehrerinnen und Lehrern in der Schule, eine so vertrauensvolle Beziehung zu ihren Schülerinnen und Schülern aufzubauen, dass diese sich bei Problemen an sie wenden. Prävention in diesem Sinne heißt Alarmsignale erkennen, aufmerksam sein, hinsehen und hinhören, um dann zu handeln.

Nach dem Erkennen der Gefährdung erfolgt die Handlung, d. h. die Intervention, mit dem Ziel, die Ausführung der geplanten Tat zu verhindern. Die Hoffnung, Suizide noch abwenden zu können, liegt in der Phase der Ambivalenz, in der es sehr häufig zu Suizidankündigungen kommt. Fast alle Menschen kündigen ihre Suizid-absicht in irgendeiner Weise vorher an, bei Jugendlichen trifft das in 90 % der Fälle zu. Dies betont den appellativen Charakter der Suizidalität und den „Schrei nach Hilfe", der vom Jugendlichen ausgeht (Farberow und Shneidman 1961). Berück-sichtigt man die Doppeldeutigkeit des Satzes „sich das Leben nehmen", der je nach Betonung den Wunsch nach Beendigung des Lebens ausdrückt oder aber auch die Hoffnung, ein anderes Leben als bisher führen zu können, wird deutlich, dass es in dieser Phase des Geschehens noch Hoffnung gibt, dem Betreffenden wieder zu Lebensmut und Lebenszuversicht zu verhelfen, vorausgesetzt, man erkennt seine Not.

Wichtig ist, dass diejenigen, die diese Alarmsignale bemerken, und das können Eltern, Lehrer, Klassenkameraden und Freunde sein, suizidgefährdete Jugendliche daraufhin ansprechen und ihnen zu verstehen geben, dass sie besorgt sind und dass sie bemerkt haben, dass es ihnen schlecht geht. Sehr oft sind Jugendliche darüber erleichtert, dass überhaupt jemand bemerkt hat, wie sie sich fühlen, und sehr häufig öffnet dies Türen zu weiterer Kommunikation und zu weiteren Hilfsmaß-nahmen. Jedes vertrauensvolle Gespräch, ob mit der besten Freundin, der Mutter oder der Großmutter, in dem sich Jugendliche öffnen und über ihre Suizidgedanken berichten können, hat schon eine leichte entlastende und damit auch therapeuti-sche Wirkung und könnte der Anfang zur Aufnahme einer Therapie sein. Das Gespräch ist zumindest eine Möglichkeit und eine Chance, die sich bietet, Jugend-lichen, die gefährdet sind, zu helfen.

Entscheidend ist, dass derjenige, der die Gefährdung erkennt, nicht zögert, mit und notfalls auch ohne Einwilligung des Jugendlichen professionelle Helfer ein-zuschalten. Ob Jugendliche die Hilfe annehmen, ist eine andere Schwierigkeit, die jeder kennt, der in Familie, Schule oder in Beratungssituationen mit Jugendlichen Umgang hat. Eltern, Freunde und Lehrer können keine Therapeuten sein, sie können jedoch therapeutische Hilfe veranlassen, d. h. mit den suizidgefährdeten Jugendlichen zu einem Jugendpsychiater oder Psychologen gehen. Die Hürde, die es zu überwinden gilt, ist der Widerstand der Jugendlichen gegen professionelle Hilfe. Es gilt, in ihnen die Einsicht zu wecken, dass sie Hilfe benötigen. Leider ist diese Einsicht nur schwer zu erreichen, und es bedarf großen Einfühlungsvermö-gens und Verständnisses der Eltern, die Jugendlichen dazu zu motivieren.

b) Diagnostik der Suizidalität im professionellen Setting

Die Diagnostik der Suizidalität in einem professionellen Setting ist an ärztliche oder psychologische Fachkräfte gebunden. Die wenigsten Jugendlichen suchen jedoch von sich aus einen Jugendpsychiater oder Psychologen auf. Meistens wer-den sie von ihren Eltern dort angemeldet. Wenn Eltern ihre Jugendlichen dazu motiviert haben, eine ärztliche oder psychologische Beratung aufzusuchen, heißt das noch lange nicht, dass die Jugendlichen auch bereit sind, mitzuarbeiten. Nach Berger (2000) gehört es geradezu zur entwicklungsadäquaten Abwehr Jugendlicher gegenüber Erwachsenen, ihre Phantasien, und erst recht ihre Todesphantasien, nicht preiszugeben. Die Diagnostik der Suizidalität ist bei Jugendlichen dann erschwert, wenn diese ihre Gedanken und Gefühle verheimlichen und unter allen Umständen verhindern wollen, dass sie bekannt werden.

Projektive Testverfahren

Eine Möglichkeit, Suizidalität bei Jugendlichen dennoch zu erkennen, bieten projektive Tests, die mehrdeutiges Material in Form von Bildern, Geschichten oder auch Spielfiguren zur Verfügung stellen oder vorgegebene Sätze ergänzen lassen. Sie beruhen auf der Annahme, dass Jugendliche ihre Probleme, Motive, Bedürfnisse und Wünsche in das mehrdeutige Material hineinprojizieren bzw. durch Satzergänzungen erkennen lassen, was sie am meisten beschäftigt. Im Scenotest v. Staabs (1992) kann z. B. das Bauen und Gestalten von Szenen zu einer Darstellung unbewusster Konflikte führen. Selbst wenn Jugendliche ihre geheimen Gedanken für sich behalten möchten, wissen sie nicht, welche Antworten oder auch Reaktionen oder Spielhandlungen in welcher Weise gedeutet werden. Der Vorteil der projektiven Verfahren besteht darin, dass sie nicht so schnell durchschaubar sind und dass sie einen Kontakt mit Jugendlichen ermöglichen, der das Thema Suizidalität nicht direkt anspricht. Ähnliches leisten Zeichnungen, wobei das Thema frei gewählt oder auch vorgegeben werden kann wie im Zeichentest „Familie in Tieren" (Bem-Gräser 2000). In ihnen können Konfliktinhalte, Affekte und Emotionen zum Ausdruck kommen, die Anhaltspunkte für Suizidalität liefern können. Projektive Tests sind nicht standardisiert, d. h. sie liefern keine objektiven, sondern subjektive Ergebnisse und können nur hypothesengeleitet für das weitere Vorgehen eingesetzt werden. Die Interpretation ist von der Erfahrung des Diagnostikers abhängig.

Standardisierte Testverfahren

Projektive Tests stehen in Gegensatz zu so genannten objektiven Testverfahren, für die es Normen gibt und die Gütekriterien wie Objektivität, Validität und Reliabilität erfüllen müssen. Es gibt keine objektiven Testverfahren, die speziell Suizidalität erfassen, allenfalls ermöglichen sie es, Persönlichkeitseigenschaften zu erfassen die allein und für sich genommen jedoch nicht zwingend etwas über Suizidalität aussagen. Sie vernachlässigen auch situative Variablen, sodass Persönlichkeitstests nach Schmidtke und Schaller (1985) kein sicheres Diagnosekriterium darstellen. Malchau (1987, 13) ist derselben Ansicht, wenn er sagt, dass Suizidalität sich „unter dem Zusammenwirken unterschiedlichster Determinanten innerhalb eines Interdependenzsystems" entwickelt und daher mit Persönlichkeitstests allein weder zu erfassen noch vorauszusagen sei.

Feststellung der Depressivität

Dennoch führt ein Weg, Suizidalität zu diagnostizieren, häufig über die Feststellung der Depressivität. Eine tiefe depressive Verstimmung wird u. a. auch als Anzeichen für Suizidalität angesehen, depressive Menschen weisen ein erhöhtes Suizidrisiko auf (Wolfersdorf 1992, 2004). In der Literatur werden depressive Störungen im Kindes- und Jugendalter als eigenständige psychopathologische Störungen dargestellt, die sich zwar alterstypisch ausdrücken, sich jedoch nicht wesentlich vom depressiven Erscheinungsbild Erwachsener unterscheiden (Nissen 1971; Cantwell und Carlson 1983).

Während man bei Erwachsenen in der Diagnostik der Depressivität vor allem negative Gedanken und Erwartungen, kognitive Verzerrungen, irrationale Überzeugungen und dysfunktionale Einstellungen zu erfassen sucht, fokussiert man bei Kindern und Jugendlichen stärker auf emotionale und somatische Befindlichkeiten, auf negative Selbstbewertungen und Versagensgefühle. Als neuestes Verfahren gibt es im deutschsprachigen Raum das „Depressions-Inventar für Kinder und Jugendliche" (DIKJ) von Stiensmeier-Pelster, Schürmann und Duda (2000).

Depressive Störungen lassen sich nach Stiensmeier-Pelster et al. (2000, 1) in folgende Bereiche gliedern:

1. Emotionale Symptome: Gefühle tiefer Traurigkeit, Niedergeschlagenheit, Hoffnungslosigkeit, Mutlosigkeit und Lustlosigkeit
2. Kognitive Symptome: Gedanken eigener Wertlosigkeit, eigener Unzulänglichkeit, des Selbstzweifels, der Selbstvorwürfe, der Selbstbestrafung und der Selbstentwertung
3. Motivationale Symptome: Veränderungen des Aktivitäts- und Antriebsniveaus und der Entscheidungsfähigkeit
4. Körperliche Symptome: Müdigkeit, Erschöpfung, Appetitlosigkeit und Schlafstörungen, Verlangsamung des Bewegungsablaufs und der Sprache

Im DIKJ werden Symptomausprägungen erfasst wie gedrückte Stimmung, Selbsthass, Schuldgefühle, Einsamkeit, Gefühle der Ablehnung durch andere, der eigenen Inkompetenz, der Schulunlust, Appetitlosigkeit, Müdigkeit und der mangelnden Schulleistungen. Mithilfe des DIKJ ist es möglich, den Schweregrad einer depressiven Störung zu erfassen und jedem Kind/Jugendlichen einen Wert auf dem Depressionskontinuum zuzuordnen.

Schroer (1995) verwendet in ihrer Untersuchung an sechzehnjährigen Jugendlichen die Kurzform des Beck-Depressionsinventars, BDI (Beck 1961), die sich ihrer Meinung nach als zuverlässiger Depressionstest erwiesen hat.

Suizidanamnese

Die größte Bedeutung in der Abschätzung der Suizidalität kommt der Anamnese, dem Gespräch und der vertrauensvollen Beziehung zwischen Arzt oder Psychologen und Jugendlichen zu. In einer Suizidanamnese werden überwiegend belastende Faktoren oder auch pathogene Bewältigungsmuster erfragt. Es wird nach Suizidgedanken, vorausgegangenen Suizidversuchen und Suiziden in der Familie oder im Bekanntenkreis, nach selbstschädigenden Verhaltensweisen wie Ritzen, Schneiden, Schnibbeln, nach aktuellen oder zurückliegenden belastenden Ereignissen, nach lebensverändernden Situationen wie Umzug, Schulwechsel etc. und nach Konfliktlösungsmustern gefragt. Das Kriterium der vorausgegangenen Suizidversuche gehört zu den härtesten Prädiktoren für weiteres suizidales Verhalten (Bürk et al. 1985). Auch offene und versteckte Suizidankündigungen sind ein Hinweis auf starke Gefährdung, der Satz: „Wer es sagt, tut es nicht", ist falsch. 90 % aller Suizide von Jugendlichen waren vorher in irgendeiner Form angekündigt, nur hat niemand diese Ankündigungen und den „Hilfeschrei" wahr- bzw. ernstgenommen (Farberow und Shneidman 1961).

Schnell, Brenning und Wetzel (1985) weisen darauf hin, dass suizidgefährdete Jugendliche oft das Gefühl hätten, unerwünscht zu sein. Daher ist es wichtig in der Diagnostik der Suizidalität nach der Beziehungsstruktur innerhalb der Familie zu fragen. Nach Schnell (1992, 170) wären folgende Informationen über die familiäre Beziehungsstruktur durch Fragen an den Jugendlichen oder auch direkte Beobachtung in der Gesprächssituation einzuholen, wie z. B.:

– Gibt es aktuell konfliktbelastete Beziehungen und/oder positive stabilisierende Beziehungen?
– Mit welcher Gefühlsintensität wird die Beziehung wahrgenommen und geschildert?
– Welche Beziehungen haben sich in der Vergangenheit verändert, und welche Anlässe gab es dafür?
– Welche Beziehungen wurden früher als tragend, harmonisch, zugewandt erlebt?
– Welche Wünsche nach Veränderung sind bei jedem Beziehungspartner an sich selbst und an die anderen vorhanden, damit das Leben als befriedigend empfunden werden kann?
– Welche Qualität nimmt die Beziehung im ersten Gespräch der Krisenintervention an?

Bei der Beurteilung und diagnostischen Erfassung von Suizidalität geht es nach Wolfersdorf (1992, 23) um folgende Fragen:

– Besteht bei dem Jugendlichen aufgrund verschiedener Risikofaktoren der dringende Verdacht, er wolle sich das Leben nehmen?
– Lässt sich das Ausmaß der aktuellen Gefährdung abschätzen?

Die Diagnostik erweist sich als schwierig, denn es gibt kein hundertprozentig sicheres Diagnoseverfahren aktueller oder gar zukünftiger Gefährdung. Nach Rupp (2003) ist ein „Verdacht auf Suizidalität" dann gegeben, wenn sich im Kontakt mit einem Jugendlichen, aus welchen Gründen auch immer, die Frage aufdrängt, ob er „vielleicht suizidal" sei. Hierbei handelt es sich um ein vages Gefühl, dem auf jeden Fall näher nachgegangen werden sollte. Es ist wichtig, offen, direkt und empathisch nachzufragen und genau dabei auf die Wortwahl und auch die Mimik des Jugendlichen zu achten. Worte, die einen Wunsch nach Ruhe und nach einer Pause ausdrücken, sollten den Berater hellhörig werden lassen, ebenso wie Gedanken an den Tod und das Sterben. Hat sich der Jugendliche schon konkret mit der Methode beschäftigt und schon Suizidvorbereitungen getroffen, ist seine Gefährdung hoch. Es gilt das gesamte Spektrum seiner Gefühle abzufragen, die Tiefe seiner Hoffnungslosigkeit zu erfassen, aber auch die Vorbehalte und Hemmungen gegenüber der Ausführung der suizidalen Tat. Fragen nach der Familie, nach Freunden, die ihm wichtig sind, nach bindenden Faktoren oder Zielen, die er noch erreichen will, Fragen nach der Zukunftsperspektive geben oft Anhaltspunkte über die Ambivalenz, in der er sich befinden mag.

Viele Jugendliche leiden unter dem Gedanken, sich das Leben nehmen zu wollen und sind daher froh, wenn sie direkt darauf angesprochen werden. Die Vermutung, der Jugendliche könnte durch entsprechende Fragen erst auf den Gedanken kommen, ist unzutreffend. Nichtärztliche Berater sollten sich jedoch auf jeden Fall ärztlichen und wenn nötig psychiatrischen Beistand holen, damit psychiatrische Erkrankungen ausgeschlossen werden können.

Die Schwierigkeiten einer genauen Vorhersage hängen mit der multifaktoriellen Bedingtheit suizidalen Verhaltens zusammen und auch mit der Spontaneität der Jugendlichen, die sich scheinbar unauffällig verhalten und doch unvermittelt und manchmal, wenn auch eher selten, ohne vorherige Ankündigung die suizidale Tat begehen. Die Schlussfolgerung kann nur lauten, dass alle Erwachsenen, die mit Jugendlichen umgehen, ihren diagnostischen Blick schärfen und ihre Sensibilität für die Nöte Jugendlicher vertiefen. Eindimensionale Verfahren der Diagnostik sollten von mehrdimensionalen abgelöst werden, die eine multivariate Auswertung ermöglichen, umso die Suizidgefährdung besser und treffsicherer erkennen zu können.

Stork (1972, 8) stellt die entscheidende Frage, die bis heute unbeantwortet geblieben ist:

„Woran soll man sich orientieren, um herauszufinden, wann der entscheidende Schritt von der Virtualität des Gedankens zur Tat gegen das eigene Leben bevorsteht?"

Eine Suizidanamnese ist auch deswegen erschwert, weil suizidale Jugendliche aus Gründen der Tabuisierung oft ihre wahren Gedanken und Gefühle nicht äußern, aus Angst, man könnte sie mit Gewalt an der Ausführung ihrer geplanten Tat hindern. Sie geben dann vor, keine Probleme zu haben, geben sich heiter und gelassen. Dennoch sollten sich Ärzte und Psychologen nicht von Bagatellisierungsversuchen täuschen lassen und sich geduldig mit den Jugendlichen befassen, die ja nicht ohne Grund von ihren Eltern bei ihnen angemeldet worden sind. Hilfreich für die weitere Diagnostik sind Symptomlisten und Fragebögen.

Symptomlisten und Fragebögen

Bewährt haben sich Fragebögen und Risiko- bzw. Symptomlisten. Sie bestehen aus Selbsteinschätzungs- oder Fragebögen sowie aus so genannten Risikolisten (Stork 1972; Pöldinger 1968; Henseler et al. 1983) und sind speziell zur Diagnostik suizidalen Verhaltens entwickelt worden. Als gute Prädiktoren haben sich nach Bürk et al. (1985, 156) folgende Variablen erwiesen:

- Demographische Daten
- Psychiatrische Erkrankungen
- Vorausgegangene Suizidversuche
- Antisoziales Verhalten
- Ernsthafte aktuelle Suizidversuche
- Psychopathologische Auffälligkeiten
- Schlechter Gesundheitszustand
- Soziale Isolation
- Verlusterlebnisse

Es gibt keine „Universal-Risikofaktoren" (Hawton 1987, 146), jedoch haben sich nach Pöldinger (1968, 104) als besondere Prädiktoren die Merkmale „Todesphantasien" und „Aggressionshemmung" erwiesen. Diese haben Henseler et al. (1983) in ihre „Kriterienliste zur Vorhersage chronischer Suizidalität mit aufgenommen und wollten damit vor allem das Wiederholungsrisiko von Suizidversuchen abschätzen, aber sie sind nicht für Kinder und Jugendliche geeignet, sondern für Erwachsene konzipiert.

Löchel (1984) hat speziell für Kinder und Jugendliche einen „Leitfaden für die Exploration der präsuizidalen Symptomatik" entwickelt und damit ein Instrument zur Früherkennung suizidaler Tendenzen geschaffen. Er misst folgenden Merkmalen in der präsuizidalen Diagnostik die größte Bedeutung bei:

1) Suizidgedanken in der Anamnese
2) Dysphorische Verstimmungen
3) Psychosomatische Äquivalente
4) Konkrete Vorstellungen über die Durchführung eines Suizidversuchs

Psychosomatische Beschwerden spielen bei der Diagnostik der präsuizidalen Symptomatik von Kindern und Jugendlichen eine große Rolle. Löchel hebt vor allem Magen-, Darmbeschwerden, Übelkeit, Erbrechen, Schwindelgefühle, Kopfschmerzen, Müdigkeit und Schlafstörungen hervor. Als so genannte Warnsignale gelten bei Kindern und Jugendlichen hauptsächlich (a.a.O., 218):

- Subjektiver Eindruck, nicht ausreichend geliebt zu sein
- Gefühle der Einsamkeit, Isolation und Verzweiflung
- Gefühle der Ausweg- und Sinnlosigkeit
- Ängste
- Grübelzwänge
- Lust- und Teilnahmslosigkeit
- Sehnsucht, „weg zu sein" und „auszuschlafen"
- Leistungsabfall in der Schule
- Weglauftendenzen
- Phantasien um das „Danach"

Vom bloßen Vorhandensein eines einzelnen Symptoms oder seiner summativen Auflistung kann jedoch nicht auf das Vorliegen einer Suizidgefährdung geschlossen werden, denn die Symptome und individuellen Belastungen eines Jugendlichen müssen immer in Zusammenhang mit dessen Bewältigungsversuchen gesehen und zu seiner Persönlichkeit in Beziehung gesetzt werden. Löchel betont, dass das isolierte Auftreten einzelner Merkmale als Prädiktor für Suizidalität nicht ausreichend sei und bringt als Beispiel Suizidgedanken, die in der Gedankenwelt von Kindern und Jugendlichen vorkämen, ohne dass diese für sich genommen schon alarmierend seien. Dennoch schlägt er für die Beurteilung des Suizidrisikos im Einzelfall ein so genanntes additives Modell vor (a.a.O., 220): Er unterscheidet „erstrangige Symptome", die aus den oben genannten vier Merkmalsbereichen stammen und „zweitrangige Symptome", die er mit Warnsignalen gleichsetzt. Erst wenn die erstrangigen Symptome bei einem Jugendlichen zuträfen, könne man auf Suizidgefährdung schließen. Die zweitrangigen Symptome könnten als weitere wichtige Merkmale mit herangezogen werden, ohne dass Löchel jedoch genauere Vorschläge für eine Quantifizierung macht. So ist letzten Endes der Symptomenkatalog nur ein „Explorationsleitfaden", der die Grundlage für ein weiteres diagnostisches Vorgehen bilden oder auch schon therapeutische Konsequenzen im Sinne der Prävention nach sich ziehen kann.

Die bisher diskutierten Fragebögen, Kriterienlisten oder Symptomenkataloge erfassen fast ausschließlich psychische Befindlichkeiten und fast keine belastenden Lebenssituationen. Im „Fragebogentest zur Beurteilung der Suizidgefahr" von Stork (1972) beziehen sich nur fünf von insgesamt 52 Items auf die Erfassung von Lebensumständen:

194

- Item 12: „Meine Kindheit war sehr glücklich."
- Item 37: „Ich habe mehr als zwei schwerere Unfälle gehabt."
- Item 40: „Meine Eltern haben an mich zu hohe Ansprüche gestellt."
- Item 46: „Ich habe als Kind viel Schläge bekommen."
- Item 48: „Mein Elternhaus kann man als harmonisch bezeichnen."

Dies ist umso erstaunlicher, wenn man bedenkt, dass viele der suizidgefährdeten Kinder und Jugendlichen aus so genannten „broken-home-families" und aus Familien kommen, in denen Gewalt und Misshandlungen an der Tagesordnung sind, dass sie sehr häufig die größten psychischen Belastungen ertragen müssen. In der präsuizidalen Diagnostik sollten Fragen nach intaktem Elternhaus, nach Tod eines oder beider Elternteile, nach Trennung und Scheidung der Eltern gestellt werden sowie nach Erkrankungen der Eltern oder eigenen Krankheiten, nach Schulleistungen, Schwierigkeiten mit Lehrern, zufriedenstellenden Kontakten mit Gleichaltrigen, Abbrüchen von Freundschaften etc.

Alle erwähnten Tests und Fragebögen zur Vorhersage der Suizidalität sind mit dem so genannten Validitäts-Dilemma behaftet, das sowohl von Stork (1972) als auch von Bürk et al. (1985, 156), sowie von Schmidtke und Schaller (1985, 93) und von Löchel (1984, 220) angesprochen wird. Soll ein Test möglichst treffsicher sein und Suizidgefährdete auch tatsächlich identifizieren, ist das Risiko, auch gleichzeitig fälschlicherweise Suizidgefährdete zu diagnostizieren, relativ groß. Sollen jedoch auf der anderen Seite möglichst wenig Falschaussagen getroffen werden, steigt damit wiederum das andere Risiko, nämlich, Suizidgefährdete zu übersehen. Damit dies möglichst nicht geschieht, denn dies wäre der größere und riskantere „Fehler", sollte nach Löchel (1984, 220) „ein bestimmter Prozentsatz falsch positiver Ergebnisse in Kauf genommen werden".

Das bislang beschriebene diagnostische Vorgehen ist rein aetiopathogenetisch orientiert, d. h. es wird ausschließlich nach Risikofaktoren geschaut, um auf diese Weise Suizidalität abzuschätzen. Ein ganz anderer Ansatz besteht darin, in der Diagnostik nicht die Gefährdungsfaktoren anzusprechen, sondern die psychischen Kräfte und den Überlebenswillen der Jugendlichen. Ein solches Vorgehen wird als aktive Prävention – im Gegensatz zur reaktiven Prävention – bezeichnet. Es ist eine Diagnostik, die nicht auf die Erfassung der Schwere einer Suizidalität abzielt, sondern auf Stärkung der vorhandenen bzw. auf Erweiterung der personalen und interpersonalen Ressourcen eines suizidgefährdeten Jugendlichen. Sie nimmt auf den Deutungsansatz Bezug, der Suizidalität als Ressourcennotstand bzw. -mangel ansieht und in ihr eher die salutogenetischen Aspekte, also die zu aktivierenden Ressourcen erblickt.

2. Der salutogenetische Ansatz in der Diagnostik

a) Ressourcenorientierte Diagnostik

Im Unterschied zum pathogenetischen Ansatz zielt der salutogenetische auf Stärkung der Ressourcen. Ziel ist die Wiederherstellung der psychischen Gesundheit von Jugendlichen sowie die Steigerung ihres Wohlbefindens, die Förderung ihrer kommunikativen Fähigkeiten und ihrer Konfliktfähigkeit sowie der Ausbau eines tragfähigen Beziehungsnetzes. Jugendliche werden in der ressourcenorientierten Diagnostik nicht in ihren Defiziten bzw. ihren Störungen wahrgenommen werden, sondern in ihren positiven Möglichkeiten. Klemenz (2003) weist darauf hin, dass die destruktiven Folgen belastender Ereignisse häufig überschätzt und die Fähigkeiten, mit schwerwiegenden Situationen konstruktiv umzugehen, unterschätzt würden. Unter Ressourcen werden in Anlehnung an Gutscher et al (1998) alle Transaktionspotenziale und Kraftquellen von Jugendlichen verstanden, die sie aktivieren und mobilisieren können, um mit Stress jeglicher Art fertig zu werden. Transaktionspotenziale stellen eine Brücke zwischen salutogenetischer und pathogenetischer Sichtweise dar. Gutscher et al. sprechen vom Vorhandensein einer spezifischen Komplementarität zwischen Stressoren und Ressourcen. Je mehr sich der Ausprägungsgrad eines lebensbedrohenden Stressors verringert, desto mehr vergrößert sich der Ausprägungsgrad einer lebensbegünstigenden Ressource. Für eine Interventionsplanung ist die Analyse beider Perspektiven wichtig. „Ressourcenverlustspiralen" müssen durch den Aufbau von „Ressourcengewinnspiralen" mit dem Ziel der „Ressourcenkonservierung" aufgefangen werden (Klemenz 2003). Nestmann (1997b) spricht von „Ressourcensicherung" und „Ressourcenerweiterung" in der Beratung.

Die Ressourcenorientierung ist kein gänzlich neuer Ansatz, sondern fand schon in den verschiedensten Psychotherapie– und Beratungsrichtungen der vergangenen Jahrzehnte Berücksichtigung (Rogers 1951; Tausch 1979; de Shazer 1985; Kanfer et al. 1996; Seligman 2002). In der klinisch-psychologischen Diagnostik bei Kindern und Jugendlichen fand die ressourcenorientierte Diagnostik allerdings bislang weniger Beachtung, statt dessen wird immer noch überwiegend auf die Erhebung psychischer Störungen abgehoben (Döpfner et al. 2000 a, b; Hautzinger 2000 a, b; Steinhausen 2002). Auch wenn bei den Autoren Begriffe wie Schutzfaktoren, Resilienz, Kompetenzsteigerung und Aktivitätsaufbau fallen, findet doch eine gezielte und systematische Ressourcenexploration nicht statt. Eine solche schlägt Klemenz (2003) vor und konzipiert sie analog zur multimodalen Störungsdiagnostik als multiaxiale und multimodale Ressourcendiagnostik. Es handelt sich dabei nicht um eine bloße Störungsdiagnostik mit umgekehrtem Vorzeichen, sondern um eine eigenständige Diagnostik mit dem Ziel, diejenigen Person-Umweltressourcen von Jugendlichen zu bestimmen, die ihr Wohlbefinden direkt fördern.

Personale und soziale Ressourcen haben die Funktion, die Bedürfnisse von Jugendlichen zu befriedigen und ihre Entwicklungsaufgaben angemessen zu bewältigen. Um diese Ziele zu erreichen, ist ein bestimmter Ressourcenpool nötig, diesen in seinem Umfang zu bestimmen, ist die Aufgabe des Ressourcendiagnostikers. Er kann sich dabei an einer Ressourcentaxonomie orientieren und feststellen in welchem Maße die einzelnen Ressourcen bei einem bestimmten Jugendlichen zur Befriedigung seiner Bedürfnisse und zu Bewältigung seiner Entwicklungsaufgaben herangezogen werden oder nicht (Abb. 36).

196

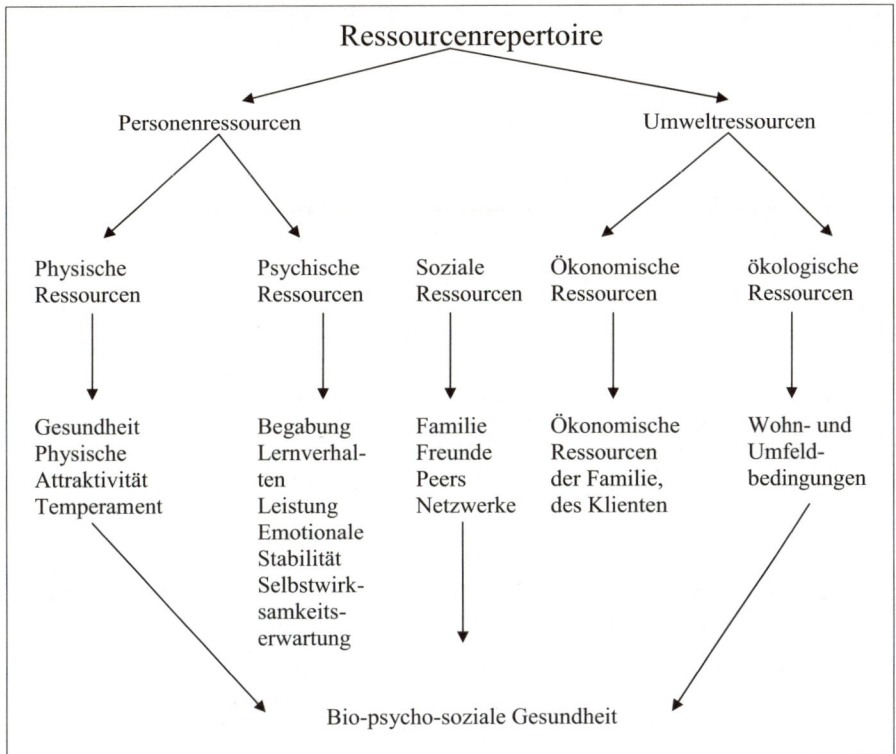

Abb. 36: Ressourcenrepertoire (in Anlehnung an Klemenz 2003, 133)

Diese Art der ressourcenorientierten Diagnostik ist multiaxial und multimodal und multimethodal, situationsspezifisch, individualisiert und förderdiagnostisch ausgerichtet, d. h. sie liefert Hinweise für die Therapie (Abb. 37).

Ein solches Diagnoseschema ermöglicht die genaue Erfassung der einzelnen Ressourcen getrennt nach Personressourcen und Umweltressourcen. Zu den ersteren gehören die physischen wie körperliche Gesundheit, Kraft, Ausdauer, Temperamentsmerkmale und physische Attraktivität sowie die psychischen wie Begabung, Leistung, Emotionen. Zu den letzteren zählen die sozialen Ressourcen, worunter bei Jugendlichen intra- und extrafamiliäre Beziehungen und die wichtigsten Bezugspersonen verstanden werden, Erziehungsbedingungen und das soziale Netzwerk. Von Bedeutung sind auch die ökonomischen Ressourcen, wozu die Höhe des Familieneinkommens, Taschengeldes oder auch des selbstverdienten Geldes zu rechnen sind. Die ökologischen Ressourcen vermitteln einen Überblick über die Wohnsituation.

Der Diagnostiker richtet seinen Blick sowohl auf vorhandene als auch auf nichtvorhandene Ressourcen bzw. auf diejenigen die vom Jugendlichen genutzt werden oder auch nicht genutzt werden, d. h. er tritt in einen Prozess der Ressourcenbeurteilung ein. Nicht alle Jugendlichen verfügen über dieselben Ressourcen. Jugendliche unterscheiden sich darin, ob und über welche Ressourcen sie verfügen

197

und darüber hinaus auch noch in der Art, ihre Ressourcen wahrzunehmen bzw. nicht wahrzunehmen und zu nutzen bzw. nicht zu nutzen (Abb. 38).

Multiaxiale Ressourcendiagnostik				
Diagnostik physischer Ressourcen Diagnostik psychischer Ressourcen Diagnostik sozialer Ressourcen Diagnostik räumlich-materieller Ressourcen				
Multimodale Ressourcendiagnostik				
Mehrebenen Ressourcen-diagnostik	Multimethodale Ressourcen-diagnostik	Situationsspezifi-sche Ressourcen-diagnostik	Individualisierte Ressourcen-diagnostik	Behandlungs-bezogene Ressourcen diagnostik
Personebene: • kognitive Ressourcen • emotionale Ressourcen • physische Ressourcen Umweltebene: • soziale Ressourcen • räumlich-materielle Ressourcen	**Ressourcen-zentrierte** • Exploration (Eltern, Kind, Lehrer) • Verhaltens-beobachtung • Testdiagnostik	**Ressourcen-verfügbarkeit:** • in der Untersu-chungssituation • in der Familie • in der Schule • in der Gleich-altrigengruppe	**Bestimmung von Ressourcen:** • wahrgenom-men/nicht wahrgenom-men • verfügbar, aber nicht genutzt • genutzt, aber nicht optimal genutzt • vorhandene Defizite	**Bestimmung der** • inhaltlich, prozessual oder aktional zu aktivie-renden Res-sourcen • Stärkung/-Ausbau vor-handener Ressourcen • Entwicklung fehlender Ressourcen

Abb. 37: Ressourcenorientierte Diagnostik (nach Klemenz 2003, 136)

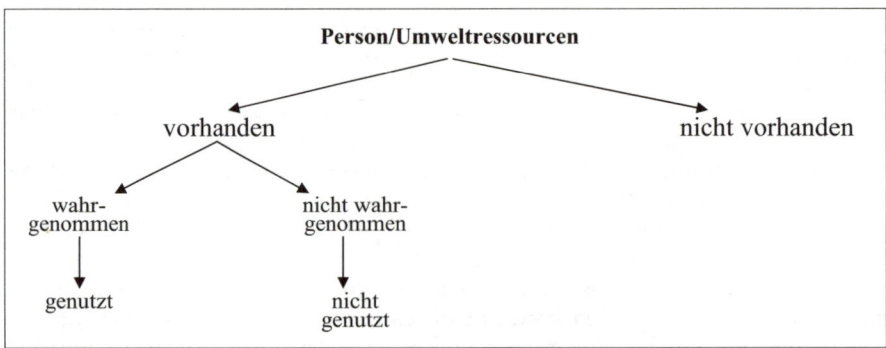

Abb. 38: (Nicht) wahrgenommene und (nicht) genutzte Ressourcen (in Anlehnung an Klemenz 2003, 146)

Selbst wenn der Diagnostiker bei Jugendlichen Defizite entdeckt, so bleibt seine Perspektive doch ressourcenorientiert und nicht problemzentriert. Um Personenressourcen zu erheben, bedient er sich der Testdiagnostik, sowohl der Leistungstests als auch Persönlichkeitstests. Der ressourcendiagnostische Befund wird auf so genannte Ressourcenkarten zusammengetragen. Damit kann das ressourcendiagnostische Gespräch schon zu einem entscheidenden Stimmungsumschwung bei Jugendlichen führen, denn sie müssen sich nicht mehr problembeladen fühlen, sondern auch mit Kompetenzen ausgestattet. Der Ressourcendiagnostiker trägt zur Selbstwerterhöhung der Jugendlichen bei, indem er ihre Stärken und Fähigkeiten hervorhebt. Auf diese Weise kann er weit besser als mit einer Störungsdiagnostik ihre Bereitschaft zur Mitarbeit erreichen. Bei manchen Jugendlichen ist eine Kombination von Ressourcen- und Problemexploration angezeigt, vor allem dann, wenn sie stark unter Druck stehen und von ihren eigenen Schwierigkeiten und Problemen erzählen wollen.

Selbst wenn die Ressourcenexploration erhebliche Mängel an vorhandenen Ressourcen zu Tage gefördert hat, muss dies nicht mit einem Rückfall in die Problemexploration einhergehen, sondern es ergeben sich Ansatzpunkte für die weitere Zusammenarbeit und für einen Ressourcenaufbau in der Therapie.

b) Ressourcenorientierte Therapie

Eine ressourcenorientierte Therapie von suizidgefährdeten Jugendlichen hat die Aktivierung von vorhandenen, aber bisher nicht genügend genutzten Ressourcen bzw. einen Aufbau oder eine Erweiterung von Person- und Umweltressourcen zum Ziel. Ressourcenorientierung statt Defizitorientierung ist Zentrum sowohl der Diagnostik als auch der Therapie, wobei es zwischen Diagnostik und Therapie keine klare Grenze gibt, sondern die eine in die andere übergeht. Nestmann (1997b) spricht von Beratung als Ressourcenförderung und weist darauf hin, dass humanistische Beratungs- und Therapieansätze diese Blickrichtung schon immer eingeschlagen hätten und dass der Begriff eigentlich nichts Neues darstelle. Er entspräche auch dem Konzept des Empowerments, das ebenfalls auf Kompetenzen und Stärken des Klienten fokussiere. Ressourcenorientierte Beratung oder Therapie stellen die Ressourcen, die Chancen und gelingenden Verhaltensanteile der Person zur Bewältigung ihrer Probleme in den Mittelpunkt und nicht die Probleme selbst. Die Metapher des halbgefüllten oder halbleeren Glases steht stellvertretend für diesen Therapieansatz.

Nach Nestmann (1997b, 29) werden gemeinsam mit dem Klienten Antworten auf folgende Fragen gesucht:

- Wo liegen potenziell ausgleichende, bewältigungsförderliche, kompensative, Gegengewicht schaffende Ressourcen neben diagnostizierten Defiziten und Fehlern?
- Warum kamen sie bisher nicht zur Geltung?
- Wo sind sie in Beratungsprozessen zu entwickeln?
- Wo stecken in Risiken Belastungen, Krisen und Verlusten selbst bisher nicht erkannte Ressourcen von Menschen und von ihren sozialen, institutionellen und ökologischen Umwelten?
- Stellen z. B. Krisen auch wertvolle Erfahrungsmöglichkeiten bereit?

- Fordern Verluste persönliches Engagement heraus?
- Bieten Schwierigkeiten die Möglichkeit zur Identifikation, zu gemeinsamen Erfahrungen Gleichbetroffener?
- Verweisen institutionelle oder gesellschaftsstrukturelle Defizite auf die Möglichkeiten solidarischer Aktionen?

Damit wird deutlich, dass auch die ressourcenorientierte Therapie ähnlich wie die ressourcenorientierte Diagnostik Risiken und Belastungen nicht vernachlässigt, sondern auch thematisiert, aber mit einer Umgewichtung in Richtung auf Potenziale und Handlungsmöglichkeiten der Jugendlichen.

Gerade bei suizidalen Jugendlichen ist häufig ein Ressourcenverlust bzw. eine Ressourceneinengung gegeben, sodass sie gestärkt werden müssen, ihre Ressourcen sowohl wahrzunehmen als auch zu nutzen. Ein Beispiel soll dies veranschaulichen. Viele Jugendliche haben Eltern oder Geschwister, die ihnen bei schulischen Schwierigkeiten fachlich helfen könnten und ihre Hilfe auch anbieten. Aber manche dieser Jugendlichen wollen aus unterschiedlichen Gründen die Hilfsangebote nicht annehmen. Sie quälen sich lieber selbst und riskieren schlechte Noten als auf die familiäre Hilfe zurückzugreifen. Einerseits zeugt es von Selbstbewusstsein und Eigenaktivität, mit den Problemen selbst fertig werden zu wollen, andererseits zeugt es aber auch von Überschätzung der eigenen Kräfte, zumal wenn die Belastungen zu groß werden. Hilfe von anderen anzunehmen, ist keine Schwäche, sondern ein Beweis, soziale Ressourcen für sich nutzen zu können.

Auch wenn Jugendliche vorhandene Ressourcen oft negieren, eventuell auch nicht nutzen wollen, so ist es doch auch Aufgabe des ressourcenorientierten Therapeuten, die Jugendlichen dazu zu motivieren, zum einen ihre eigenen Potenziale voll auszuschöpfen und zum anderen diejenigen Ressourcen in Familie und Schule, die vorhanden sind, auch wahrzunehmen und zu nutzen.

Ressourcenorientierte Fragen an Jugendliche könnten sein:

- Welche Menschen aus deinem näheren und weiteren Umfeld sind für dich wichtig?
- Welchen Einfluss üben sie auf dich aus?
- Was erwartest du von ihnen?
- Welche Hilfen könntest du akzeptieren?

Hautzinger (2000c) beschreibt sein therapeutisches Vorgehen als „Verstärkergewinnmodell", d. h. er versucht das Ausmaß an positiven Verstärkern zu erhöhen, indem er gemeinsam mit dem Jugendlichen neue Verstärkerquellen schafft und dessen Wahrnehmung für diskriminierende Reize stärkt. Ziel ist es, die Anzahl potenziell verstärkender Ereignisse und Aktivitäten zu erhöhen und Jugendlichen notwendige soziale Fertigkeiten zu vermitteln.

Ein großes Ressourcenrepertoire trägt mit seinen Personen- und Umweltressourcen ganz entscheidend zur bio-psycho-sozialen Gesundheit von Jugendlichen bei (Höfer 2000; Opp, Fingerle und Freytag 1999). Diese wirken nicht nur im Einzelnen, d. h. jede Ressource für sich genommen, sondern sie beeinflussen und unterstützen sich wechselseitig. Jede Art der Ressourcenstärkung ist gleichzeitig suizidpräventiv, denn sie stärkt die Fähigkeit von Jugendlichen, ihre Ressourcen wahrzunehmen und zu nutzen. Sie unterstützt ebenfalls die kompensatorische Nutzung unterschiedlicher Ressourcen zu verschiedenen Zeitpunkten. So ist z. B. aus der Resilienzforschung bekannt, dass Jugendliche, die die Trennung oder

Scheidung ihrer Eltern erlebt haben, wesentliche Stärkung aus ihren anderweitig vorhandenen Ressourcen, z. B. ihrem sozialen Netzwerk unter Gleichaltrigen ziehen und dass Jugendliche, die nicht so gute Leistungen in der Schule bringen, von ihren Eltern emotional aufgefangen und unterstützt werden können, sodass das Risiko der psychischen Gesundheitsgefährdung geringer wird.

Wie Schroer (1955, 1999) gezeigt hat, kommt es bei suizidalen Jugendlichen immer mehr zu einer Ressourceneinengung oder – wie Nestmann (1997b) sagt – zu einer Ressourcenverlustspirale. Diese wiederum in eine Ressourcengewinnspirale umzuwandeln, ist Aufgabe einer ressourcenorientierten Therapie. Es wird eine Ressourcensicherung, Ressourcenerweiterung und Ressourcenpassung angestrebt. Mit letzterer ist gemeint, dass Ressourcen im Blick auf Anforderungen und Bedürfnisse des Einzelnen passend gemacht werden müssen und auch berücksichtigt werden muss, dass Ressourcen sich gegenseitig bedingen und ergänzen, dass sie austauschbar und ersetzbar sind. Hat ein Jugendlicher z. B. wenig Freunde, dafür aber eine vertrauensvolle Beziehung zu seinen Eltern, dann kann das familiäre Netzwerk die sozialen Defizite auffangen, oder umgekehrt, hat ein Jugendlicher nur eine geringe emotionale Beziehung zu seiner Familie, aber ein gutes soziales Netzwerk, dann kann dieses kompensatorisch wirken, ihn stützen und ihm Halt geben. In der Resilienzforschung wird immer wieder darauf hingewiesen, dass Bezugspersonen ersetzbar seien, dass es nicht unbedingt die Mutter sein müsse, die zur Entwicklung des kindlichen Urvertrauen beiträgt, sondern dass dies auch durch andere konstante und liebevolle Bezugspersonen geschehen könne. Für manche Jugendliche gilt, dass sie Trost und Unterstützung bei Lehrern ihres Vertrauens finden, wenn sie Probleme im Elternhaus haben. In der Therapie ist es wichtig, die Ressourcenwahrnehmung und -nutzung des Jugendlichen zu erweitern.

Indem Schroer (1995) Suizidalität als „Entwicklungschance" darstellt, was auf den ersten Blick ungewöhnlich, vielleicht sogar paradox erscheint, sieht sie nicht so sehr die fehlenden Ressourcen eines Jugendlichen bzw. seinen Ressourcenmangel, sondern die verdeckten, brachliegenden und nicht wahrgenommenen, aber vorhandenen, die es gilt, in den Blickpunkt zu rücken und zu aktivieren. Vielleicht – so Schroer (a.a.O., 156) – muss es erst zur Suizidalität kommen, bis Jugendliche bereit sind, ihre Lebenschancen wieder wahrzunehmen, gemäß dem französischen Sprichwort: „il faut reculer pour mieux sauter" (sinngemäß: Um besser springen zu können, muss man einen Schritt zurückgehen).

Ähnlich äußern sich – allerdings auf depressive Erwachsene bezogen Nuber (1991) und Wolfersdorf (2002). Nuber vermutet, dass Depression eine Form von Lebensbewältigung sein könne und sieht in depressiven Menschen eine Fähigkeit zu tiefen Gefühlen, die viele andere nichtdepressive Menschen nicht haben. Auch Wolfersdorf stellt die Frage, ob man Depressionen nicht auch eine positive Seite abgewinnen könne und erkennt diese ebenfalls in tiefer Erlebnisfähigkeit und in einem starkem Bedürfnis nach Zuwendung. Nach überwundener Depression haben diese Menschen oft eine offenere und gewährendere und gelassenere Einstellung zu sich selbst und zu anderen, die sie vorher nicht besaßen.

Von dieser Hoffnung muss der Therapeut bei suizidalen Jugendlichen beseelt sein, wenn er die Therapie beginnt. Er darf suizidalen Jugendlichen ihre Suizidalität nicht ausreden wollen oder sie gar negieren, sondern im Gegenteil, er muss sie akzeptieren und die Jugendlichen dazu bringen, sie zunächst einmal auch zu akzeptieren und nicht zu verheimlichen. Das ist ein schwieriges Unterfangen, denn Jugendliche neigen nach einem Suizidversuch dazu, ihre suizidale Absicht zu verleugnen und schnell wieder zum Alltag über zu gehen. In den meisten Fällen fällt es ihnen schwer, ihre suizidale Geste im Nachhinein zu reflektieren und zu problematisieren. Am liebsten wollen sie gar nicht mehr darüber sprechen. Sie schützen sich damit vor einer neuerlichen Destabilisierung ihres Selbst, in dem Glauben, Kontrolle über ihr Dasein gefunden zu haben. Von Seiten der Therapeuten ist viel Sensibilität nötig, um einerseits das Selbst der Jugendlichen zu stabilisieren und nicht unnötigerweise die quälenden Gefühle, die zur Tat geführt haben, wieder aufkommen zu lassen, aber andererseits auch die Auseinandersetzung mit diesen Gefühlen in Gang zu bringen. Nur nach einer gelungenen gedanklichen und gefühlsmäßigen Beschäftigung mit der suizidalen Handlung werden die Jugendlichen eher bereit sein, positive Emotionen und Kognitionen sich selbst gegenüber zuzulassen; eine entscheidende Voraussetzung, sich von der eigenen Suizidalität auch wieder zu lösen und Lebensfreude zurück zu gewinnen. Nur so können Jugendliche Schritt für Schritt ihr negatives Weltbild verlassen und ein neues positives konstruieren (Pitschel-Walz 2003).

Es wird in der Literatur unterschiedlich diskutiert, ob ein einziger Suizidversuch von Jugendlichen ein notwendiger Anlass für eine Therapie sei. Die Skepsis erwächst aus der Erfahrung mit der überwiegend ablehnenden Haltung von Jugendlichen gegenüber Therapieangeboten. Die wenigsten gehen ein therapeutisches Bündnis ein, die meisten nehmen allenfalls einige Stunden Beratung in Anspruch, bevor sie sich schnell wieder verabschieden. Dies mag für die die hohe Beratungsaversion von Jugendlichen sprechen oder aber auch für starke Selbstheilungskräfte und Autonomiebestrebungen.

Berger (2000, 60) weist mit aller Deutlichkeit auf die psychischen Mechanismen hin, die Jugendliche bewegen, an ihrer Suizidalität festzuhalten und sie „wie eine Waffe in sich zu konservieren". Jugendliche stehen dann in Opposition zum Therapeuten, wenn sie spüren, dass ihnen ihre Suizidalität genommen werden soll. Suizidalität ist für Jugendliche gleichbedeutend mit „intrapsychischer Konfliktlösung", die sie als „wertvolle Errungenschaft im Prozess des Erwachsenwerdens" betrachten (a.a.O., 59). Therapeuten tun also gut daran, suizidalen Jugendlichen zu versichern, dass man sie letztendlich nicht daran hindern könne, einen Suizidversuch oder gar weitere Suizidversuche zu unternehmen, dass man aber alles versuchen wolle, um zu erreichen, dass ihnen das Leben wieder wertvoll erscheine.

In diesem Sinn stellt ressourcenorientierte Therapie einen Prozess dar, in dem Festgefahrenes verflüssigt wird und es dann zu einer Erlebens- und Verhaltensänderung kommen kann. Freeman und Reinecke (1995) streben vor allem eine Veränderung des Denkens an und unterstützen Jugendliche darin, ihre negativen Gedanken in positive zu verwandeln. Dies kann durch ein „reframing" erfolgen, das aus dem Neurolinguistischen Programmieren bekannt ist. Dorrmann (1991) verwendet diese Strategie, um neue Gedankengänge, Einsichten und Entscheidungsgrundlagen im Jugendlichen anzustoßen und hervorzubringen. Nach Kohlmann (1990) führt ein flexibles Copingverhalten zu einer Reduktion von Angsterleben und zu geringeren physiologischen Belastungsreaktionen. Dieser Prozess der schrittweisen Umstrukturierung, Erfahrungserweiterung und Vertrauensaufbaus verläuft auf der Basis einer personzentrierten und empathischen Haltung ohne jeglichen Zwang zur Veränderung, ohne Moralisierungs- oder Vorwurfshaltung (Rogers 1951). Die Veränderung der Jugendlichen in der Therapie wird von ihnen allein vorgenommen, der Therapeut kann nur den Weg dahin bereiten und als Unterstützer und Helfer wirken. Er kann dabei auf das Selbstheilungspotenzial von Jugendlichen vertrauen, die die Suizidalität häufig zum Ausgangspunkt nehmen, um wieder Lebensenergie zu gewinnen (Abb. 39).

Auf diese Weise orientiert sich die Therapie am salutogenetischen Konzept, in dem Gesundheit kein Zustand, sondern ein Prozess ist, der ständig hergestellt und aufrecht erhalten werden muss und in dem Gesundheit als das Verhältnis angesehen wird zwischen Belastungen und wahrgenommenen sowie genutzten Ressourcen.

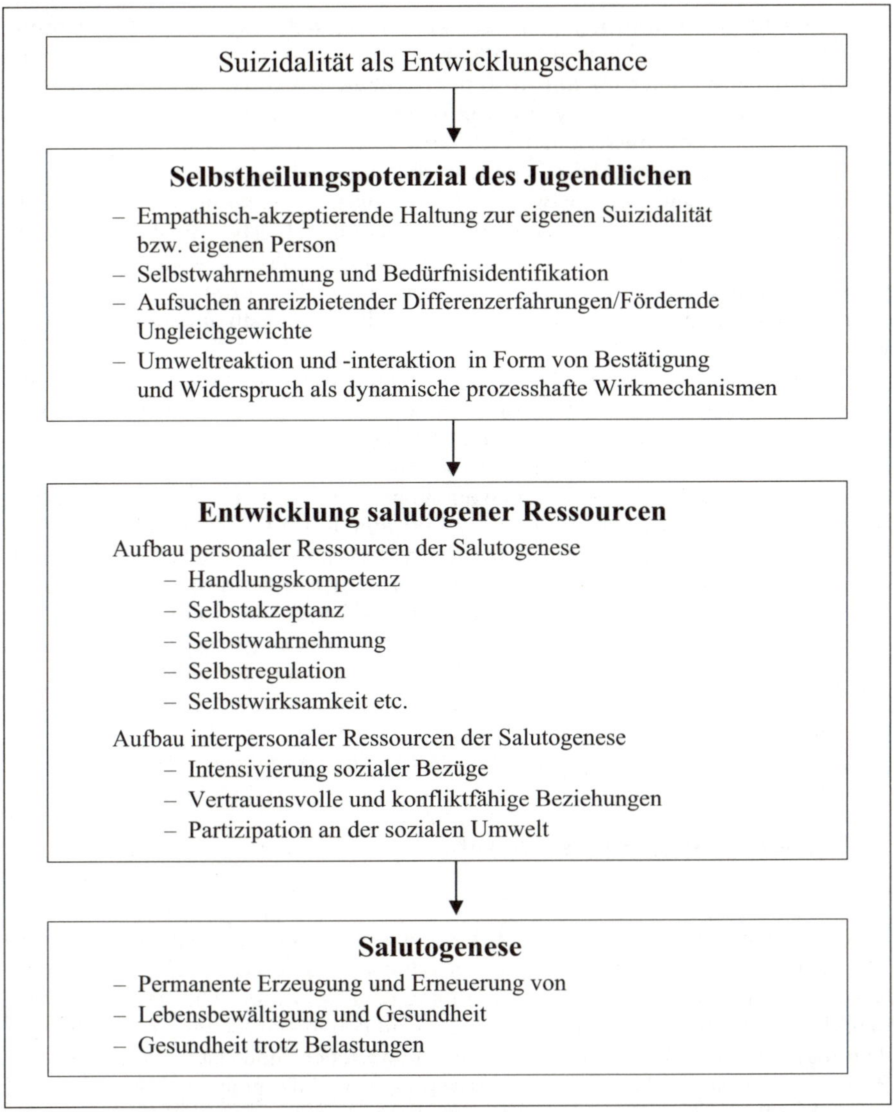

Suizidalität als Entwicklungschance

Selbstheilungspotenzial des Jugendlichen

– Empathisch-akzeptierende Haltung zur eigenen Suizidalität bzw. eigenen Person
– Selbstwahrnehmung und Bedürfnisidentifikation
– Aufsuchen anreizbietender Differenzerfahrungen/Fördernde Ungleichgewichte
– Umweltreaktion und -interaktion in Form von Bestätigung und Widerspruch als dynamische prozesshafte Wirkmechanismen

Entwicklung salutogener Ressourcen

Aufbau personaler Ressourcen der Salutogenese
– Handlungskompetenz
– Selbstakzeptanz
– Selbstwahrnehmung
– Selbstregulation
– Selbstwirksamkeit etc.

Aufbau interpersonaler Ressourcen der Salutogenese
– Intensivierung sozialer Bezüge
– Vertrauensvolle und konfliktfähige Beziehungen
– Partizipation an der sozialen Umwelt

Salutogenese

– Permanente Erzeugung und Erneuerung von
– Lebensbewältigung und Gesundheit
– Gesundheit trotz Belastungen

Abb. 39: Suizidalität als Entwicklungschance (nach Schroer 1995, 159)

Ziel der Therapie ist es, die Handlungskompetenz der Jugendlichen wieder herzustellen, verbunden mit einer veränderten Selbst- und Fremdwahrnehmung. Dabei ist das Erleben eigener Wirksamkeit im Sinne Antonovskys von entscheidender Bedeutung. Indem Jugendliche erfahren, dass sie Krisen, belastenden Situationen und Ereignissen nicht hilflos ausgeliefert sind, sondern diese mithilfe geeigneter Strategien bewältigen können, trägt dies zu ihrer Selbstsicherheit bei und vermittelt ihnen ein Kompetenzgefühl, das wiederum ihr Selbstvertrauen erhöht und sie vertrauensvoller als bisher in die Zukunft blicken lässt. Vordringliches Anliegen jeder Therapie ist es, Jugendlichen ein Gefühl ihres persönlichen Wertes zu vermitteln.

Männliche und weibliche Jugendliche brauchen jeweils eine andere Gewichtung der Unterstützung. Weibliche Jugendliche müssen darin unterstützt werden, sich abzugrenzen, ihre eigenen Bedürfnisse zu artikulieren, während männliche Jugendliche mehr darin unterstützt werden müssten, ihre Gefühle wahrzunehmen und auszusprechen, Bedürfnisse anderer zu berücksichtigen und mehr Verbundenheit mit anderen einzugehen. Dies ist nicht nur ein Ziel professioneller Therapie, sondern ein Anliegen, das fortwährender Bestandteil der familiären und schulischen Erziehung sein sollte. Familie und Schule haben hierbei eine Schlüsselfunktion. In beiden Entwicklungskontexten kommt der Aneignung und Stabilisierung personaler und interpersonaler Ressourcen eine große Bedeutung zu, die noch weit mehr als bisher in den Blickpunkt von Eltern und Lehrerinnen und Lehrern gerückt werden müsste.

Jede ressourcenorientierte Therapie von Jugendlichen wird auch immer die Eltern mit einbeziehen und in enger Kooperation mit ihnen vorgehen. Dies birgt Chancen, aber auch Risiken. Die Chancen liegen darin, dass Therapeuten und Eltern in dem Sinne zusammenarbeiten, dass Eltern ihre Kinder während der Therapie stützen und ihrerseits im engen Kontakt mit den Therapeuten sind. Die Gefahren liegen aber auch darin, dass Jugendliche in der Zusammenarbeit ein Bündnis der Erwachsenen gegen sich wittern und dann versuchen, die therapeutische Beziehung zu untergraben und zu zerstören. Alle drei an der Therapie Beteiligten – Jugendliche, Eltern und Therapeuten – können in Solidaritätskonflikte kommen und unbewusst Koalitionen eingehen, die das Misstrauen des jeweils anderen schüren. Es ist Aufgabe des Therapeuten, hierbei eine Gratwanderung vorzunehmen, allparteilich zu sein, keinen zu bevorzugen und keinen zu benachteiligen.

3. Lena – ein Fallbeispiel

Im Folgenden wird am Beispiel von Lena das diagnostische und therapeutische Vorgehen in einer schulpsychologischen Beratungsstelle geschildert, an dem sowohl ein Arzt als auch eine Schulpsychologin beteiligt waren. Die ärztlich-psychologische Zusammenarbeit ist gerade bei suizidalen Jugendlichen von großer Bedeutung, um die Differentialdiagnose organischer und/oder psychiatrischer Erkrankungen sowie Fragen einer notwendigen medikamentösen Unterstützung der Behandlung zu klären. In selteneren Fällen erweist sich die stationäre Behandlung in einer psychiatrischen Klinik als notwendig, dazu bedarf es einer ärztlichen Einweisung. Die nachfolgende Schilderung orientiert sich am diagnostischen und therapeutischen Vorgehen nach Klemenz (2003), enthält jedoch beide Aspekte, sowohl die Erhebung der störungsrelevanten als auch die der ressourcenrelevanten Informationen.

a) Problemdiagnostik

Lena, eine 17jährige Gymnasiastin der 12. Klasse sucht in Begleitung ihrer Mutter, Frau M., die schulpsychologische Beratungsstelle auf Anraten ihrer Lehrerin wegen Schulmüdigkeit, Konzentrationsstörungen und tiefer Selbstzweifel auf. Während Lena zunächst eher still dasitzt und zu Boden blickt, erzählt die Mutter von einem Telefonat mit der Lehrerin, in dem diese ihrer Besorgnis über Lenas verändertes Verhalten Ausdruck verliehen hätte: Lena säße nur noch unbeteiligt im Unterricht, nichts scheine sie wirklich noch zu interessieren, und was ihr am meisten Sorgen bereite, sei, dass Lena sich weigere, an der Klassenfahrt teilzunehmen und dass Lena manchmal dunkle Andeutungen mache und sage, dass sie keine Lust mehr zum Leben hätte. Sie hätte auch Spuren von Schnitten und Wunden an ihren Unterarmen gesehen. Lena weigere sich, im Sportunterricht ein kurzärmeliges T-Shirt anzuziehen und würde immer im Pullover turnen. Dies alles sei sehr beunruhigend.

Während Frau M. dies berichtete, weinte sie heftig. Sie schaute Lena fortwährend und unter Tränen stark verunsichert an, so als wolle sie hören, dass das alles nicht wahr wäre. Lena jedoch schien völlig unbeteiligt und unbeeindruckt und nahm zunächst keinen Kontakt mit der Psychologin auf.

Telefonat mit der Lehrerin:

In einem ausführlichen Telefonat mit der Lehrerin erfuhr die Psychologin weitere Einzelheiten über Lenas Verhalten in der Schule. Lena sitze noch neben ihrer ehemaligen Freundin, aber es werde deutlich, dass die beiden nicht mehr miteinander kommunizieren. Es sei wie eine Wand zwischen ihnen. In der Pause suche Lena keinen Anschluss an andere Klassenkameraden, sondern kapsele sich ab und halte sich vorwiegend in der Bibliothek auf. An den Vorbereitungen zur Klassenfahrt nehme sie demonstrativ nicht teil und bekunde absolutes Desinteresse. Im Sportunterricht habe sie Probleme mit der Lehrerin, weil diese sie veranlassen will, statt des Pullovers ein T-Shirt anzuziehen. Sie sei immer eine gute Schülerin gewesen, habe in allen Hauptfächern Zweien und Dreien, doch in der letzten Zeit seien ihre Leistungen mehr und mehr abgefallen. Zu ihren Lehrerinnen und Lehrern hatte sie immer ein gutes Verhältnis, aber seit kurzem wirke sie sehr unterkühlt.

Weitere störungsrelevante diagnostische Informationen:

- Lena war schon in der Grundschule eher zurückhaltend und ängstlich.
- Lena ist sehr ehrgeizig, fast schon perfektionistisch.
- Die Freundschaft mit einem Mädchen ist vor einigen Monaten in die Brüche gegangen.
- Lena hat keinen Freund, worunter sie leidet.

- Lena hat kaum Außenaktivitäten.
- Lenas Mutter leidet seit längerer Zeit an Depressionen.
- Lenas Beziehung zur Mutter ist sehr eng. Lena kümmert sich intensiv um die Mutter, sobald es ihr schlecht geht.
- Lenas Eltern sind geschieden, die Scheidung wurde schon vor Jahren ausgesprochen.
- Lena leidet unter der Trennung ihrer Eltern.
- Lenas Mutter lebt mit einem neuen Partner zusammen, den Lena nicht so recht akzeptieren will, obwohl er sich um sie kümmert.
- Lena lehnt seine Angebote, sie auf Reitturniere zu begleiten, ab.
- Lena hat einen kleineren Bruder, der ihr auf die Nerven geht.
- In Anspannungssituationen ritzt und schneidet sich Lena an den Unterarmen.
- Lena meidet den Kontakt zu Klassenkameraden.
- Lena schließt sich selbst aus schulischen Aktivitäten aus.
- Lena fühlt sich überfordert.
- Lena äußert Suizidgedanken.

Die Schulpsychologin riet der Mutter, mit Lena einen Jugendpsychiater aufzusuchen, was diese auch tat.

Psychiatrische Diagnose:

Klinische Untersuchung und Laboruntersuchungen ergaben keinen von der Norm abweichenden Befund. Die psychiatrische Anamnese sowie die Auswertung des Fragenkatalogs zur Abschätzung der Suizidalität nach Pöldinger (1982) ergaben Hinweise auf einen zwei Jahre zurückliegenden Suizid einer Tante sowie auf Suizidgedanken und Suizidäußerungen Lenas und damit einen Verdacht auf Suizidalität bei Lena. Von ärztlicher Seite wurde zunächst von einer Medikation abgeraten.

Problemorientierte Testdiagnostik:

- Depressionsinventar für Kinder und Jugendliche (DIKJ) von Stiensmeier-Pelster, Schürmann und Duda (2000)
- Hamburger Neurotizismus- und Extraversionsskala (HANES) von Buggle und Baumgärtel (1975)
- Angstfragebogen für Schüler (AFS) von Wieczerkowski, Nickel, Janowski, Fittkau und Rauer (1981)
- Hamburg-Wechsler-Intelligenztest von Tewes, Neubauer und v. Aster v. (HAWIK-III) (2000)
- Grundintelligenztest Skala 2 (CFT 20) von Weiss (1998)
- Problemfragebogen für Jugendliche von Roth, Süllwold und Berg (PF11–14) (1967)

Problemdiagnose:

Bei Lena liegt eine starke depressive Verstimmung vor. Im Depressionsinventar für Kinder und Jugendliche (DIJK) zeigte sich Lena hoch depressiv, im Hamburger Neurotizismus und Extraversionstest (HANES) ergaben sich überdurchschnittliche

206

Neurotizismuswerte gepaart mit noch durchschnittlichen Exraversionswerten. Im Angstfragebogen für Schüler (AFS) zeigte Lena deutlich erhöhte Prüfungsangst und manifeste Ängstlichkeit. Lena gab starke psychosomatische Beschwerden wie Bauch- und Kopfschmerzen, Schwindelgefühle und Schlafstörungen an. Im Persönlichkeitsfragebogen für Jugendliche (PF 11–14) häuften sich ihre Probleme in den Bereichen „Über mich", „Meine Familie" und „Ich und die anderen". Lena will nicht mit auf Klassenfahrt gehen, da sie fürchtet, dort alleine und isoliert zu sein. Ihre Beziehungen zu ihren Klassenkameraden sind angespannt. Auf das Schneiden und Ritzen ihrer Unterarme möchte sie nicht angesprochen werden und entzieht sich zunächst dem Gespräch darüber.

Aus der psychiatrischen und psychologischen Diagnose ergibt sich eine Suizidgefährdung Lenas in Verbindung mit einer mittelschweren depressiven Störung. Diese zeigt sich in affektiven und kognitiven Symptomen, in Antriebs- und psychomotorischen Beeinträchtigungen sowie in vegetativen Symptomen wie Schlaf- und Appetitstörungen. Zur Diagnose tragen überwiegend Lenas geäußerte Suizidabsichten, der Suizid einer Tante, die depressive Erkrankung der Mutter sowie ihr Ritzen und Schneiden an den Unterarmen bei. Letzteres wird als selbstdestruktives und als Anzeichen für suizidales Verhalten angesehen. Die Selbstverletzungen, die erfahrungsgemäß überwiegend von Mädchen vorgenommen werden, sind ein Alarmsignal und könnten auch auf eine psychiatrische Erkrankung im Sinne einer Borderline-Störung hinweisen. Sie bedürfen in jedem Fall der weiteren Abklärung. In Zusammenhang mit der Diagnose stehen Lenas schulischer Leistungsabfall, der Abbruch ihrer Beziehung zu ihrer Freundin, ihre beeinträchtigten sozialen Beziehungen zu ihren Klassenkameraden und ihr selbstgewählter Ausschluss aus den schulischen Aktivitäten. Damit erfüllt sie viele der Kriterien, die nach Ringel (1953, 1989), Löchel (1984), Hautzinger (2000) und Steinhausen (2002) für eine Suizidgefährdung sprechen.

Symptomatik und Erklärungsmodell

Lenas Verhalten stellt eine Identitätsstörung dar. Sie fühlt sich für die Mutter verantwortlich und kann ihr Leben nicht so führen, wie sie es möchte. Sie macht sich viele Gedanken über die Krankheit ihrer Mutter und fürchtet, dass sie nicht mehr gesund wird. Lena tut, was sie kann, um ihr den Arbeitsalltag abzunehmen, aber sie fühlt sich überfordert. Düstere Gedanken überwältigen sie immer mehr, am liebsten möchte sie nur noch weg sein, nur noch schlafen. Der Partner der Mutter sei zwar ganz nett, aber er bedränge sie mit seinen Angeboten, sie auf Turniere zu begleiten. Lena leidet unter der Trennung ihrer Eltern und kann und will den Partner ihrer Mutter nicht so recht akzeptieren.

Lena fühlt den Widerspruch zwischen ihren selbstgesetzten Standards und ihrem aktuellen Leben. Nach Baumeister (1990) nimmt Lena die Differenz zwischen ihrem Ideal- und ihrem Real-Selbst wahr. Sie gibt sich selbst die Schuld für ihr unbefriedigendes Leben, d. h. die Selbstattribuierung führt zu einer erhöhten Selbstaufmerksamkeit in Verbindung mit negativen Gedanken und starken Affekten, vor allem Angst und Depression. Als Folge davon stellen sich Suizidgedanken ein, die im Sinne Baumeisters den Wunsch ausdrücken, vor sich selbst zu fliehen. Nach Baumeister stellt der Suizid eine Flucht vor dem Selbst dar. Lenas wiederholte Äußerungen, sich das Leben nehmen zu wollen, weisen auf die Auseinandersetzung hin, die sie mit sich selbst führt, allerdings auch auf einen starken Appell an die

Umwelt. Sie ist nach Pöldinger (1968) im zweiten Stadium einer suizidalen Entwicklung: in der Phase der Ambivalenz. Sie schwankt zwischen Leben- und Sterbenwollen, d. h. eigentlich möchte sie nicht wirklich sterben, sondern nur ein anderes Leben führen. Ihre Suizidankündigungen sind als Alarmsignal aufzufassen, als Hilferuf und Versuch, ihr Leben zu verändern.

Ärztlich-psychologische Zusammenarbeit

In einem ausführlichen Telefonat mit dem Jugendpsychiater wurde Zusammenarbeit vereinbart und zunächst eine ambulante Therapie vereinbart, die in den Händen der Schulpsychologin liegen sollte. Es wurde vereinbart, dass Lena sich dann noch einmal dem Jugendpsychiater vorstellen sollte, wenn die Selbstverletzungen persistieren und/oder der Verdacht auf Suizidalität sich erhöhen sollten.

b) Ressourcendiagnostik

Ressourcendiagnostik Mutter

Frau M. ist als Kassiererin in einem Supermarkt berufstätig, kommt jedoch schon mittags nach Hause. Sie ist nachmittags da und hat Zeit für die Kinder, d. h. sowohl für Lena als auch für den kleineren Bruder. Die Scheidung von ihrem Mann hat sie relativ gut verkraftet, kommt zurecht und lebt jetzt mit einem Partner zusammen, der allerdings nicht ständig bei ihr wohnt, sondern noch seine eigene Wohnung hat, in die er sich manchmal zurückzieht. Mit Lena verbindet ihn das Hobby des Reitens. Er selbst ist ein begeisterter Reiter. An den Wochenenden würde er Lena gern auf Turniere begleiten. Lena ist gern mit ihrem leiblichen Vater zusammen, der am anderen Ende der Stadt wohnt. Lena besucht ihn regelmäßig alle zwei Wochen.

Frau M. berichtet, dass Lena eine ganz liebe Tochter sei, still und angepasst, sehr hilfsbereit und einfühlsam. Sie habe sich immer gut mit ihr verstanden. Wenn es ihr selbst nicht so gut gehe und sie wieder starke Depressionen hätte, würde sich Lena phantastisch um sie kümmern und sich neben sie auf das Bett legen, damit sie nicht so alleine sei. Sie helfe auch im Haushalt und manchmal auch dem kleineren Bruder bei den Hausaufgaben, obwohl sie sich oft von ihm genervt fühle. Sie habe bis vor kurzem anderen Kindern Nachhilfe gegeben, was ihr sehr liege und Freude mache.

Ressourcenexploration Lena

In Gegenwart der Mutter spricht Lena wenig, aber im Einzelgespräch öffnet sie sich und spricht von ihrem Hobby, dem Reitsport. Wenn sie traurig ist – so sagt sie – fährt sie in die Reithalle zu „ihren" Pferden, auch wenn es nicht ihre eigenen sind. Sie spricht mit ihnen so, als wären es ihre gleichaltrigen Freunde. Den Reitsport möchte sie für sich alleine haben und nicht mit dem Partner ihrer Mutter teilen. Lenas Hobby ist neben dem Reitsport das Malen. Am wohlsten fühlt sie sich, wenn sie malen kann. In einer der Therapiestunden malt Lena ein wunderschönes Bild, auf dem eine Wiese mit bunten Blumen an einem schönen Sommertag zu sehen ist. Mitten auf der Wiese sitzt Lena mit ihrer Mutter und ihrem leiblichen Vater, der

Bruder spielt etwas abseits. Dies zeigt zum einen ihr zeichnerisches Talent und ihre Begabung, zum andern aber auch ihr Wunschdenken von einer familiären Idylle und weist auf eine Flucht in die Illusion hin. Lena vertraut ihre Gedanken und Gefühle ihrem Tagebuch an. Sie schreibt pro Tag fünf Seiten, wie sie stolz erzählt.

Lenas Ressourcenrepertoire:

- Lena ist sehr fürsorglich
- Lena hat eine tragfähige Beziehung zu ihrer Mutter
- Lena hilft ihrem kleineren Bruder bei den Hausaufgaben
- Lena gibt anderen Kindern Nachhilfestunden
- Lena besucht ihren Vater alle zwei Wochen
- Lena liebt den Reitsport
- Lena malt gerne
- Lena schreibt Tagebuch

Ressourcenzentrierte Diagnose

Lena ist ein hübsches, gut aussehendes junges und überdurchschnittlich begabtes Mädchen. Sie zeigt überdurchschnittliche Leistungen sowohl im logischen Denken (CFT 20) als auch in ihren verbalen und handlungsgebundenen Fähigkeiten (HA-WIK III). Sie weist nur geringe Werte der Schulunlust (SU im AFS) und der sozialen Erwünschtheit (SE im AFS), d. h. sie geht im Grunde gern zur Schule und ist sehr offen und ehrlich in ihren Antworten und zeigt keine „soziale Erwünschtheit". Sie zeigt neben ihren hohen Neurotizismus-Werten noch durchschnittliche Werte in der Extraversion, d. h. eine Tendenz zur Geselligkeit ist trotz ihres zurückgezogenen Lebens noch bei ihr vorhanden. Ihre Schulleistungen sind zwar abgesunken, liegen aber immer noch im ausreichenden Bereich. Sie sitzt in der Schule noch neben der ehemals besten Freundin, d. h. sie hat sich noch nicht endgültig von ihr getrennt. Sie übt noch ihre Hobbys aus, fährt zum Reiten, malt gerne und kann ihren Gedanken und Gefühlen im Tagebuch Ausdruck verleihen. Sie nimmt noch soziale Aktivitäten wahr, was die Hilfe des kleineren Bruders bei den Hausaufgaben anbetrifft und die Nachhilfe bei fremden Kindern, wenn auch weniger als vorher.

Insgesamt ergibt sich folgende Ressourcenverteilung:

Zu den Personressourcen Lenas zählen ihre physischen Ressourcen, d. h. ihre gute körperliche Gesundheit, ihre physische Attraktivität und ihre psychischen Ressourcen, die sich in ihrer hohen kognitiven Begabung zeigen sowie in ihren Schulleistungen, die zwar nachgelassen haben, jedoch immer noch akzeptabel sind. Eine gute soziale Kompetenz ist vorhanden, mit jüngeren Kindern umzugehen und ihnen schulisch zu helfen. Zu ihren psycho-physischen Ressourcen gehörten ihre Hobbys des Reitens und des Malens, die sie pflegt. Zu den sozialen Ressourcen zählen die im Prinzip gute (wenn auch zu starke) Beziehung zur Mutter, der gewünschte und aufrechterhaltene Kontakt zum Vater sowie der Kontakt zum Partner der Mutter, auch wenn sie ihn als Partner der Mutter nicht so richtig akzeptieren kann. Sie hat einen jüngeren Bruder, dem sie bei den Hausaufgaben hilft. Sie hatte bis vor kurzem eine beste Freundin und sitzt noch neben ihr, auch wenn sie z. Zt. nicht mehr miteinander sprechen. Die ökonomisch-ökologische Situation ihrer Familie scheint nicht schlecht zu sein. Lena hat ein eigenes Zimmer, die Wohnung ist ausreichend groß. Lena kann über ein Taschengeld verfügen, mit dem sie zufrieden ist und auch auskommt.

Ressourcenzentrierte Therapie

Aus diesem diagnostizierten Ressourcenrepertoire ergeben sich Anhaltspunkte für das weitere therapeutische Vorgehen. Glücklicherweise waren bei Lena Ressourcen vorhanden, auf die ihre Aufmerksamkeit gelenkt wurde mit dem Ziel, diese zu erhalten: Das sind ihre Hobbys und ihre Hilfeleistungen gegenüber ihrem Bruder und anderen Kindern. Lena hat im Laufe der Therapie so genannte Verstärkerpläne aufgestellt und wurde dazu ermuntert, sich selbst immer dann zu loben, wenn sie diese Aktivitäten ausgeführt hätte.

Es gab aber auch Ressourcen, die einer Verlustspirale glichen und von einer Reduzierung bedroht waren. Diese galt es zu stärken und zu erweitern. Dazu gehörten die sozialen Beziehungen zu ihren Klassenkameraden, von denen sie sich mehr und mehr zurückgezogen hatte. Auch die Beziehung zum Partner ihrer Mutter konnte gestärkt werden. Gemeinsam mit Lena wurden Ziele formuliert, die sie Schritt für Schritt auch erreichen konnte, z. B. wie sie es schaffen könnte, diese Kontakte zu intensivieren. Auf diese Weise gewann Lena langsam an Zuversicht, ihre Freundschaftsbeziehungen aktiv steuern, festigen und erhalten zu können. Sie hatte das Gefühl, wieder Kontrolle über ihr Leben zu erhalten.

Lenas Selbstbild in Bezug auf ihre schulischen Leistungen wurde im Laufe der Therapiestunden durch Optimierung ihres Lern- und Arbeitsverhaltens positiv beeinflusst. Es wurde konkret festgelegt, wann und wie lange sie ihre Hausaufgaben machen sollte, unterbrochen von kleineren Erholungspausen und Selbstbelohnungen. Dies führte zu mehr Selbstvertrauen und zu einem größeren Selbstbewusstsein.

Das Schneiden und Ritzen wurde als Spannungsentladung gesehen und als Versuch, sich körperlich zu spüren. Hier galt es zu überlegen, welche anderen Entspannungsmöglichkeiten es für Lena gäbe und ihr zu zeigen, wie sie sich anderweitig ihrer Existenz versichern könnte. Der Automatismus, in Problemsituationen zu destruktiven Verhaltensweisen zu greifen, sollte unterbrochen und ihm Alternativen entgegengesetzt werden. Dies wurde auch mithilfe der progressiven Muskelentspannung erreicht. Mit zunehmender Fähigkeit, sich zu entspannen und sich etwas Gutes zu gönnen, schwanden die selbstdestruktiven Verhaltensweisen.

Lena wünschte sich mehr Unabhängigkeit und Selbstständigkeit sowie mehr Abgrenzung von der Mutter. Ziele wurden aufgestellt und konkret Aktivitäten geplant und ausgeführt. In Gesprächen mit Lena wurde deutlich, dass sie die Depression ihrer Mutter für sich mit übernommen hatte, um die Mutter zu stärken und gleichzeitig zu schützen. In systemisch orientierten Gesprächen wurde die symbiotische Verstrickung zwischen Mutter und Tochter sichtbar und zum Thema der Gespräche gemacht.

Parallel zu den Gesprächen mit Lena wurden Gespräche mit der Mutter und auch immer wieder mit der Lehrerin geführt, um einerseits die Ablösung von der Mutter zu erreichen und andererseits das soziale Beziehungsnetz zu den Klassenkameraden zu stärken. Die Zusammenarbeit mit dem Jugendpsychiater erfolgte in regelmäßigen Telefonkontakten und Informationen über den Therapieverlauf.

Nach viermonatiger Therapie und schulpsychologischer Beratung mit Sitzungen in zweiwöchigem Abstand war Lena so weit gefestigt, dass sich ihr keine Gedanken mehr aufdrängten, sich das Leben zu nehmen. Ihre Schulleistungen erreichten wieder den vorherigen Stand, ihre Beziehungen zu den Klassenkameraden besserten sich zusehends. Die sehr enge Beziehung zur Muter blieb zwar erhalten, aber Lena konnte die Krankheit ihrer Mutter als „Krankheit ihrer Mutter" akzeptieren und musste sie nicht mehr für sich übernehmen.

Abschließende Bemerkungen

Der bisherige Verlauf des diagnostischen und therapeutischen Vorgehens könnte suggerieren, dass über Lenas Depressivität nicht gesprochen und ihre Suizidgedanken nicht ernst genommen würden. Das täuscht jedoch. Problemorientierung und Ressourcenorientierung gaben die Richtung der Gesprächsinhalte an. Einerseits konnte Lena ihrer depressiven Schwere Ausdruck verleihen und damit ihre depressive Starre durchbrechen, andererseits wurden sukzessiv Aktivitäten mit ihr besprochen, geplant und ausgeführt, damit sie durch ein verändertes Verhalten zu einem veränderten Erleben kommen konnte. Damit sollte erreicht werden, dass Lena durch die Bewältigung gestufter Alltagsanforderungen deutlich würde, dass sie entgegen ihren eigenen Wahrnehmungen zu gezielten Aktivitäten und auch Leistungen fähig wäre.

Die Therapie mit Lena setzte bei ihren verbliebenen Stärken an: ihrer Lieblingsbeschäftigung zu malen und ihrem Hobby zu reiten. Dadurch konnte nach und nach eine Selbstwertstärkung erreicht und so schwierige Themen wie der Suizid der Tante oder die Depression der Mutter angesprochen und bearbeitet werden. Das therapeutische Vorgehen enthielt Elemente der systemischen, gesprächs- und verhaltenstherapeutischen Methoden. Das Therapeutenverhalten war ressourcen- und lösungsorientiert, d. h. Lenas emotionales, kognitives und soziales Änderungsverhalten stand im Vordergrund. Durch offene und zirkuläre Fragen angeregt konnte Lena selbst Widersprüche erkennen und alternative Sichtweisen überlegen. Die Grundhaltung der Therapeutin war klientenzentriert, d. h. durch die Variablen der Echtheit, Empathie und Akzeptanz gekennzeichnet. Die konkreten Methoden waren verhaltenstherapeutisch ausgerichtet. Es wurde nach Hautzinger (2000) ein kooperatives Arbeitsbündnis mit Lena geschlossen, das es ihr ermöglichte, ihre Aktivitäten auszuweiten, Erfolgserfahrungen zu machen, ihre schulischen Kompetenzen zu steigern sowie ihre sozialen Kompetenzen auszubauen. Zentrale Zielelemente waren:

- Aktivitätsaufbau
- Kompetenzsteigerung
- Kognitionsänderungen
- Stabilisierung ihres Selbst
- Abgrenzung von der Mutter

In diesem Beispiel wurden die Suizidäußerungen Lenas sehr ernst genommen und im Gesamtzusammenhang ihrer nachlassenden Schulleistungen und ihres sozialen Rückzuges sowie auch auf dem Hintergrund der depressiven Erkrankung der Mutter und des Suizidvorfalls in der Familie gesehen. Vielleicht war die Suizidgefährdung Lenas Gott sei Dank nicht sehr stark, vielleicht scheint dies aber auch nur so aufgrund der ressourcenorientierten Sichtweise. Auf jeden Fall – und das ist entscheidend – ist Lena durch die ärztlich-psychologische Zusammenarbeit und die schulpsychologische ressourcenorientierte Therapie und Beratung vor einem Suizidversuch oder auch Suizid bewahrt worden. Besser ist ein frühzeitiges Erkennen einer Gefährdung verbunden mit therapeutischem Handeln als eine Suizidgefährdung zu übersehen, die dann in eine suizidale Handlung mündet.

Zusammenfassung

In der Diagnostik und Therapie der Suizidalität gibt es zwei diametral entgegengesetzte Ansätze: den pathogenetischen, der überwiegend die Risikofaktoren, die Belastungen, die Probleme und psychischen Beeinträchtigungen in den Mittelpunkt stellt, und den salutogenetischen, der die personalen und sozialen Ressourcen in den Blickpunkt rückt. In der Praxis werden jedoch vermutlich beide Ansätze Berücksichtigung finden, d. h. im professionellen Setting werden sowohl Testverfahren in projektiver und/oder standardisierter Form durchgeführt als auch Ressourcenorientierung und Ressourcenstärkung angestrebt. Eine ausschließliche Ressourcendiagnostik vorzunehmen läuft Gefahr, die Suizidalität der Jugendlichen nicht genügend zu „würdigen", d. h. nicht genügend ernst zu nehmen.

Eine gute Diagnostik und eine gute Therapie berücksichtigt beides: die aktuelle Belastungssituation der Jugendlichen, wodurch auch immer sie hervorgerufen wurde, und die personalen und sozialen Ressourcen, über die sie verfügen könnten, die sie aber vielleicht nicht wahrnehmen und daher auch nicht nutzen. In jedem Fall schlummern in ihnen Selbstheilungskräfte, die es gilt zu wecken und zu aktivieren.

An einem Fallbeispiel wurde ein solches kombiniertes Vorgehen dargestellt. Es handelte sich dabei um ein diagnostisch/therapeutisches Vorgehen, das pathogenetische und salutogenetische Elemente enthielt und dabei vor allem lösungsorientiert war, d. h. die Wiederherstellung der psychischen Gesundheit anstrebte.

Diese ist nach Antonovsky dann gegeben, wenn Jugendliche ihrem Leben wieder einen Sinn geben, es in seinen Abläufen wieder verstehen und mit Belastungen wieder fertig werden können, kurz, wenn sie ein Kohärenzgefühl erlangen. Ihnen dazu wieder zu verhelfen, sie resilient gegenüber Belastungen zu machen, ihnen dazu zu verhelfen, dass sie ihre Ressourcen wahrnehmen und nutzen, ist Aufgabe einer jeden Therapie

---

VIII. Die salutogenetischen Aspekte in der Jugendsuizidalität – eine Zusammenschau

Und ich ermaß noch einmal alles Schlimme
„Dies ist das Leben, das ich leben will"
Gab ich zur Antwort mit entschloßner Stimme.
So wars als ich ins neue Leben trat

Hermann Hesse
Aus: Das Leben, das ich selbst gewählt

Jeder Suizid, und besonders der eines jungen Menschen, stellt eine individuelle Tragödie dar und zeugt davon, dass seine Verzweiflung über sein bisheriges Leben, aber auch seine Hoffnung, sein Leben ändern zu können, von seiner Umwelt übersehen worden sind. Suizidalität ist ein Zustand subjektiven Leidens und wird von den betroffenen Jugendlichen entweder mit Resignation, depressiver Grundstimmung, Hoffnungslosigkeit, Verzweiflung oder gar mit starker Aggressivität gegen sich und andere empfunden. Niemand ist suizidal, der sich seines Lebens erfreut, aber auch niemand ist suizidal, der wirklich sterben will.

Abgesehen von schweren psychiatrischen Erkrankungen wie Depressionen, Schizophrenien und psychotischen Störungen (manisch-depressive Erkrankungen), bei denen es zu einer tiefgreifenden Persönlichkeitsveränderung und in deren Folge zur Suizidalität kommen kann, stellt Suizidalität bei allen Menschen eine Normvariante menschlichen Verhaltens dar. Es gibt wohl keinen Menschen, der nicht schon einmal Suizidgedanken gehabt und an Suizid gedacht hätte. Und doch bringen sich im Vergleich zur Gesamtanzahl der Jugendlichen nur wenige um, wenn auch absolut gesehen viel zu viele. Die Frage müsste also nicht lauten: „Warum bringen sich so viele Jugendliche um?", sondern wie sie sinngemäß schon Menninger (1978) gestellt hat: „Warum bleiben so viele Jugendliche am Leben, auch wenn es ihnen schlecht geht?" Eine ähnliche Fragestellung, nur bezogen auf die Gesundheit, stellte Antonovsky (1979) und führte den Begriff der Salutogenese ein (a.a.O., 1997). Es scheint in der Suizidalität salutogenetische Aspekte zu geben, die Jugendliche davor bewahren, sich umzubringen, und diese sollen abschließend noch einmal herausgearbeitet werden. Suizidalität und Salutogenese sind kein Widerspruch und schließen sich nicht gegenseitig aus.

Suizidankündigungen

Schon die Unterscheidung zwischen passiver und aktiver Suizidalität, wobei erstere in letztere übergehen kann, spricht für einen Phasenverlauf mit unterschiedlicher suizidaler Intensität (Wolfersdorf 2000). Am Anfang stehen die Suizidgedanken, die für sich allein genommen noch nicht bedrohlich sind. Sie werden es dann, wenn sie gegenüber anderen ausgesprochen werden. Doch gerade das Aussprechen der Gedanken hat eine Mitteilungsfunktion, in der man einen starken Appell sehen kann. Durch das Aussprechen der Gedanken werden die Mitwelt, die Familie, die Freunde aufmerksam gemacht auf die Not des Betroffenen, sie sollen wissen, wie es ihnen geht. Indem die Gedanken ausgesprochen werden, wird gleichzeitig Hoffnung nach Veränderung ausgedrückt. Der Satz „Mir geht es schlecht" oder „Ich mag nicht mehr" enthält nach Schulz von Thun (1995) – wie alle Aussagen – vier Botschaften: die Sachaussage, Beziehungsaussage, Selbstoffenbarung und den Appell. Letzterer ist entscheidend, weil er den „Anderen", für den die Aussage gemacht wird, mit einbezieht und von ihm eine Reaktion erwartet wird.

Im Aussprechen der Suizidgedanken können also salutogenetische Aspekte gesehen werden, die dem Betreffenden jedoch nicht bewusst sein müssen. Würde man sie ihm bewusst machen, würde er sie vielleicht leugnen und jedes ihm unterstellte Hilfegesuch entrüstet ablehnen. Dennoch beinhalten alle Suizidäußerungen, alle noch so versteckten Botschaften wie das Verschenken liebgewordener Gegenstände oder z. B. die Ankündigung, zur nächsten Geburtstagsfeier nicht mehr zu kommen oder etwas anderes vorzuhaben, Informationen an die Umwelt, die in dem Satz zusammengefasst werden können: „Helft mir doch!". 80 bis 90 % aller Suizide von Jugendlichen werden vorher in direkter oder indirekter Form angekündigt (Ringel 1989), und in den meisten Ankündigungen steckt der Wunsch nach Hilfe und Unterstützung. Die „parasuizidale Geste" nach Feuerlein (1971) verdeutlicht den salutogenetischen Aspekt.

Das Dilemma besteht darin, dass die Umwelt die Appelle häufig nicht als solche wahrnimmt, sondern leider viel zu oft als Wichtigtuerei abtut und sie bagatellisiert. Wie zeigen Jugendliche, dass es ihnen schlecht geht? Sie ziehen sich nach Ringel (1981, 1986) in sich selbst zurück, schränken ihren Freizeitbereich immer mehr ein, gehen ihren Hobbys nicht mehr nach, lösen Freundschaften auf, kündigen Vereinsaktivitäten, lassen in ihren Schulleistungen nach, sind lustlos, inaktiv und depressiv. Sie machen dies nicht bewusst, sondern folgen logisch ihren Gefühlen, negativen Gedanken und handeln wie in einem Zwang. Aber ihr gesamtes Verhalten zeigt Veränderungen, die wahrgenommen werden sollen.

Welch anderer Verhaltensweisen bedarf es eigentlich noch, um auf ihre Not aufmerksam zu machen? Wie kommt es, dass die Alarmsignale so häufig nicht erkannt werden? Die Antwort auf diese Fragen könnte eine Kritik an unserer Gesellschaft und am derzeitigen familiären Zusammenleben sein, aber auch an fehlender Sensibilität füreinander und mangelnder Beobachtungsfähigkeit oder aber damit zusammenhängen, dass wir alle den Suizid immer noch tabuisieren, ihn nicht wahrhaben wollen und deshalb auch seine Vorboten nicht erkennen.

Suizidalität ist immer ein Zeichen für einen Kampf zwischen selbstzerstörenden und selbstbewahrenden Kräften (Freytag 1990) und spiegelt das Schwanken des Jugendlichen zwischen Leben- und Sterbenwollen wider, wobei es eigentlich nicht wirklich um das Sterben geht, sondern vielmehr um das „so nicht länger leben Wollen". Ringel (1986, 13) bringt das Beispiel eines jungen Mannes, der sich unmittelbar nach dem bestandenen Abitur die Pistole an die Schläfe setzt, abdrückt und dabei ausruft: „Ich will nicht sterben." Suizidalität – darauf hat schon Stengel (1969) hingewiesen – ist eine Befindlichkeit, in der es nicht um *entweder* Leben *oder* Sterben, sondern *sowohl* um Leben *als* auch Sterben geht. Shneidman (1985) sagte, dass niemand hundertprozentig suizidal, sondern dass in jedem Menschen bis zuletzt immer noch ein Funken Hoffnung sei, sein Leben verändern zu können, nur dass die betreffenden Menschen nicht wüssten, wie sie es anders tun könnten als durch die suizidale Tat.

In der Suizidalität ist das Handlungsrepertoire eingeschränkt, die Jugendlichen haben wenig Alternativen, ihr Leben zu ändern, zumindest nehmen sie sie nicht wahr. Für sie ist der Suizid oft die einzige logische Möglichkeit, ihr Leben zu verändern, auch wenn sie es damit gleichzeitig beenden. Diese Paradoxie oder auch Ambivalenz kennzeichnet die Suizidalität.

Wahl der Methode und Wahl des Ortes

Salutogenetische Aspekte sind nicht nur in den Suizidankündigungen vorhanden – also in der Phase der Erwägung und der Suizidgedanken – sondern selbst noch in der Phase des Entschlusses, wenn es um die Wahl der Methode und des Ortes geht. Viele Jugendliche – und hierunter vor allem weibliche – wählen eine Methode, die noch Hoffnung zulässt, bei rechtzeitigem Auffinden am Leben zu bleiben. Häufig wird diese unterschwellige Intention durch Hinterlassen von Abschiedsbriefen oder durch Telefonanrufe bzw. SMS-Botschaften unmittelbar vor Ausübung der Tat noch unterstrichen. Auch der Ort, an dem die Tat ausgeführt wird, die Nähe oder Distanz zum Elternhaus sagt etwas über die Hoffnung aus, eventuell doch noch rechtzeitig gefunden zu werden. Selbst wenn der Entschluss zur Tat gefasst ist, Methode und Ort gewählt worden sind, gibt es in der tiefsten Verzweiflung vieler suizidaler Jugendlichen immer noch eine letzte Hoffnung – und damit salutogenetische Aspekte – ihr bisheriges Leben verändern zu können. Durch die Tat wollen sie ihrem Schmerz entrinnen, einfach nur „weg" sein, die Belastungen ihres Lebens nicht mehr spüren müssen. Viele setzen den Tod mit dem Schlaf gleich, sie wollen nach Feuerlein (1971) eine Zäsur setzen, sich eine Auszeit nehmen. Feuerlein nennt diesen Anteil der Suizidhandlung die „parasuizidale Pause", darin kommt ebenfalls der salutogentische Aspekt zum Ausdruck.

Leben und sterben wollen zugleich

Stengel (1969) hat in der Ausführung der Tat nicht nur den Sterbewillen und die Appellfunktion gesehen, sondern die Funktion des „Gottesurteils" unterstrichen, die darin besteht, den tödlichen oder auch nicht tödlichen Ausgang letzten Endes offen zu lassen: „Wenn ich gefunden werde, ist es gut, wenn nicht, ist es auch gut." Darin kommt eine Apathie- und laissez-faire-Grundstimmung zum Ausdruck, die beide Aspekte enthält, den Sterbe- aber auch den Lebenswillen. Suizidalität ist keine Abkehr vom Leben, sondern ein verzweifelter Versuch, seinem Leben eine andere Richtung, nämlich einen Sinn zu geben und damit ein „psychischer Reorganisationsvorgang" (Kind 2000), der konstruktive, d. h. salutogenetische Tendenzen enthält.

Krise – ein schöpferischer Prozess

Kast (1989) spricht davon, dass eine suizidale Krise, vorausgesetzt, dass sie bewältigt worden ist, den betreffenden Menschen auch positiv verändern kann. Damit sieht auch sie salutogenetische Aspekte in der Suizidalität. Jugendliche, die einen Suizidversuch hinter sich und die Angst und Sorge, auch Schmerz über ihre Tat bei ihren Eltern wahrgenommen haben, stehen oft dem Leben anders gegenüber als früher, sie entdecken ihre Daseinsberechtigung neu und schöpfen daraus häufig eine Kraft, zukünftigen krisenhaften Ereignissen besser entgegenzutreten. Viele sind, wenn auch zunächst beschämt, dann jedoch auch froh darüber, überlebt zu haben. Ein Suizidversuch kann mit einer krisenhaften Zuspitzung des Erlebens gleichgesetzt werden und birgt nach Kast (1991) die Möglichkeit eines schöpferischen Prozesses in sich. Eine Krise bezeichnet einen Höhepunkt und einen Wendepunkt zugleich. Die Krise muss jedoch erst bearbeitet werden, um sie erfolgreich bewältigen zu können.

Um Suizidalität zu überwinden, bedarf es in den meisten Fällen professioneller Hilfe, die Familienangehörige, Freunde und Bekannte nicht leisten können. In der Krisenintervention liegt die Chance, Verkrustungen des Denkens, starre Denk-Schemata aufzuweichen, den Tunnelblick zu erweitern, die innere Landkarte zu verändern und Ressourcen zu mobilisieren, damit kommen auch hier salutogenetische Aspekte zum Vorschein.

Suizidalität als „Entwicklungschance"

Suizidale Jugendliche nehmen ihre Handlungsalternativen sowie ihre personalen, sozialen und instrumentellen Ressourcen nicht wahr, das heißt jedoch nicht, dass diese nicht vorhanden wären. In der Suizidalität liegt eine Chance, sie wieder wahrzunehmen und auch zu nutzen, vorausgesetzt, dass suizidale Jugendliche sich mit ihrer Suizidalität auseinandersetzen, ohne einen Entschluss zur suizidalen Tat zu fassen. Diese Chance zu nutzen, ist Inhalt der familiären und schulischen Prävention und professionellen Intervention, die in ihrer salutogenetischen Wirkung nicht hoch genug eingeschätzt werden können.

Suizidalität wird von Schroer (1995) als Problemlöseversuch der Jugendlichen angesehen, wobei der „Schlüssel der Problemlösung in der Suizidalität" selbst liegt. Suizidalität hat die Funktion, einen persönlichen narzisstischen Zusammenbruch zu vermeiden und kann daher – so paradox das klingen mag – ein Prozess sein, der längerfristig dazu dient, gesund zu werden (a.a.O., 156). Schroer bezeichnet jugendliche Suizidalität dann als „Entwicklungschance", wenn betroffene Jugendliche ihre „unrealisierten" Ressourcen wahrnehmen können. Dies zu ermöglichen, ist eine Aufgabe, die sowohl in präventiven Bemühungen als auch in einer therapeutischen Beziehung zu erfüllen wäre, wobei auf das Selbstheilungspotenzial des Jugendlichen zurückgegriffen werden kann. Ressourcenentwicklung und Ressourcenaktivierung sind die wichtigsten Maßnahmen und stellen Wege dar, die aus der Suizidalität heraus- und zur Salutogenese hinführen können.

Jugendliche haben dann ihre Suizidalität überwunden, wenn sie sich selbst akzeptieren und das Gefühl haben, selbstwirksam und handlungskompetent zu sein sowie auf ihre soziale Umwelt einwirken zu können. Prävention und Intervention stellen dazu einen wichtigen Beitrag dar, ermöglichen die Erschließung von „Gesundheitspotenzialen" und stehen damit im Dienst der Gesunderhaltung und Gesundheitsförderung von Jugendlichen (Laaser und Hurrelmann 1998, 412). Unterstützungsleistungen setzen sich zusammen aus individueller und sozialer Selbst- und Fremd- sowie Laienhilfe und auch professioneller Hilfe (Grunow 1998). Sie konstituieren gemeinsam alle präventiven und interventiven Bemühungen im Umgang mit suizidalen Jugendlichen, mit dem Ziel, dass sie sich für das Leben entscheiden, darüber im Sinne Antonovskys wieder Selbstkontrolle erhalten und ihm wieder einen Sinn geben.

Die salutogenetischen Aspekte der Suizidalität zeigen sich zum einen in der Suizidalität selbst, zum anderen jedoch in ihrer Überwindung, wie es sehr schön in dem Gedicht von Hermann Hesse aufscheint.

Das Leben, das ich selbst gewählt

Ehe ich in dieses Erdenleben kam
Ward mir gezeigt, wie ich es leben würde.
Da war die Kümmernis, da war der Gram,
Da war das Elend und die Leidensbürde.
Da war das Laster, das mich packen sollte,
Da war der Irrtum, der gefangen nahm.
Da war der schnelle Zorn, in dem ich grollte,
Da waren Hass und Hochmut, Stolz und Scham.

Da waren auch die Freuden jener Tage,
Die voller Licht und schöner Träume sind,
Wo Klage nicht mehr ist und nicht mehr Plage,
Und überall der Quell der Gaben rinnt.
Wo Liebe dem, der noch im Erdenkleid gebunden,
Die Seligkeit des Losgelösten schenkt,
Wo sich der Mensch der Menschenpein entwunden
Als Auserwählter hoher Geister denkt.

Mir ward gezeigt das Schlechte und das Gute,
Mir ward gezeigt die Fülle meiner Mängel.
Mir ward gezeigt die Wunde draus ich blute,
mir ward gezeigt die Helfertat der Engel.
Und als ich so mein künftig Leben schaute,
da hört ein Wesen ich die Frage tun,
Ob ich dies zu leben mich getraute,
Denn der Entscheidung Stunde schlüge schon.
Und ich ermaß noch einmal alles Schlimme –

„Dies ist das Leben, das ich leben will" –
Gab ich zur Antwort mit entschlossner Stimme.
So wars als ich ins neue Leben trat
Und nahm auf mich mein neues Schicksal still.
So ward ich geboren in diese Welt.
Ich klage nicht, wenn's oft mir nicht gefällt,
Denn ungeboren habe ich es bejaht.

Hermann Hesse

217

Literatur

Abram, A./Berkemeier, B./Kluge, K.-J. (1980): Suizid im Jugendalter. Band I und II. München: Minerva Publikation.

Abteilung Schulpsychologie/Bildungsberatung des Landesschulrates für Steiermark (Hrsg.) (o. J.): ... Was tun? Handlungsleitfaden für Pädagoginnen und Pädagogen im Umgang mit speziellen Problemsituationen. Graz.

Adler, A. (1910): Über den Selbstmord, insbesondere den Schülerselbstmord. Diskussionen des Wiener psychoanalytischen Vereins. Hrsg. von der Vereinsleitung. Für den Verein: A. Adler. Wiesbaden: Bergmann.

Aebischer-Crettol, E. (2000): Aus zwei Booten wird ein Floß. Suizid und Todessehnsucht: Erklärungsmodelle, Prävention und Begleitung. Zürich: Haffmans Sachbuch.

Agerbo, E./Nordentoft, M./Mortensen, P. B. (2002): Familial, psychiatric, and socioeconomic risk factors for suicide in young people: nested case-control study. British Medical Journal (BMJ), 325, 74–77.

Alfermann, D. (1996): Geschlechterrollen und geschlechtstypisches Verhalten. Stuttgart, Berlin, Köln: Kohlhammer.

Alvarez, A. (1985): Der grausame Gott. Eine Studie über den Selbstmord. Frankfurt a. M.: Fischer.

Améry, J. (1976): Hand an sich legen. Diskurs über den Freitod. 8. Auflage. Stuttgart: Klett-Cotta.

Amuat, R. (1999): Last minute. Der Tod macht auch vor der Schule nicht Halt. Zürich: Verlag Pestalozzianum.

Anthony, E. J. (1987): Children at High Risk for Psychosis Growing Up Successfully. In: Anthony, E. J./Cohler, B. J. (Eds.): The invulnerable Child. New York/London: Guilford Press, 145–184.

Anthony, E. J./Cohler, B. J. (Eds.) (1987): The invulnerable Child. New York/London: Guilford Press.

Antonovsky, A. (1979): Health, Stress, and Coping: New Perspectives on Mental and Physical Well-Being. San Francisco: Jossey-Bass Publishers.

Antonovsky, A. (1980): Health, Stress and Coping. San Francisco: Jossey-Bass Publishers.

Antonovsky A. (1987): Unraveling the Mystery of Health: How People Manage Stress and Stay Well. San Francisco: Jossey-Bass Publishers.

Antonovsky, A. (1997): Salutogenese. Zur Entmystifizierung der Gesundheit. Tübingen: Deutsche Gesellschaft für Verhaltenstherapie (DGVT).

Aro, H./Häninen, V./Paronen, O. (1989): Social Support, Life Events, and Psychosomatic Symptoms among 1–16 Year Old Adolescents. Social Science and Medicine, 29, 1051–1056.

Aukett, R./Ritchie, J./Mill, K. (1988): Gender Differences and Friendship Patterns. Sex Roles, 19, 57–66.

Baake, D. (1983): Die 13-18jährigen. Einführung in die Probleme des Jugendalters. 3. erw. Aufl. Weinheim: Beltz.

Baer, A. (1901): Der Selbstmord im kindlichen Lebensalter. Leipzig: Thieme.

Bandura, A. (1979): Sozial-kognitive Lerntheorie. Stuttgart: Klett.

218

Bandura, A. (1995): Self-efficacy in changing societies. New York: Cambridge University Press.

Bandura, A. (1997): Self-efficacy: The exercise of control. New York: Freeman.

Bass, E./Kaufmann, K. (1999): Wir lieben wen wir wollen. Berlin: Orlanda.

Baumann, U. (2001): Vom Recht auf den eigenen Tod. Weimar: Verlag Hermann Böhlaus Nachfolger.

Baume, P./Cantor, C. H./Rolfe, A. (1997): Cybersuicide: The Role of Interactive Suicide Notes on the Internet. Crisis, 18, 2, 73–79.

Baumeister, R. F. (1990): Suicide as escape from self. Psychological Review, 97, 90–113.

Baumgartner, M. (2002): Ein neuer Ansatz in der Arbeit zum Thema Suizid mit Jugendlichen. Pro juventute, 3-02, 21–24.

Beck, A. T. (1972): Depression. Philadelphia: University of Pennsylvania Press.

Beck, A. T./Kovacs, M./Weissmann, A. (1975): Hopelessness and Suicidal Behavior: An Overview. Journal of the American Medical Association, 234, 1146–1149.

Beck, A. T./Epstein, N./Harrison, R. (1983): Cognitions, attitudes and personality dimensions in depression. British Journal of Cognitive Psychotherapy, 1, 1–16.

Beck, A. T./Rush, A. J./Shaw, B. F./Emery, G. (1986): Kognitive Therapie der Depression. 2. rev. Aufl. München: Urban & Schwarzenberg.

Beck, A. T./Rush, A. J./Shaw, B. F. (2001): Kognitive Therapie der Depression. Weinheim: Beltz.

Becker, P. (1985): Bewältigungsverhalten und seelische Gesundheit. Zeitschrift für Klinische Psychologie, 14, 3, 169–184.

Becker, P. (1997): Psychologie der seelischen Gesundheit. Bd. 1: Theorien, Modelle, Diagnostik. Göttingen: Hogrefe.

Becker, P. (1998): Die Salutogenesetheorie von Antonovsky: Eine wirklich neue, empirisch abgesicherte, zukunftsweisende Perspektive? In: Margraf, J./Siegrist, J./Neumer, S. (Hrsg.): Gesundheits- oder Krankheitstheorie? Saluto – versus pathogenetische Ansätze im Gesundheitswesen. Berlin, Heidelberg: Springer, 13–25.

Belau, D. (1991): Interpretation der Selbsttötung auf dem Hintergrund der DDR-Kultur. Suizidprophylaxe. Theorie und Praxis, 18, 4, 271–285.

Bell, A. P./Weinberg, M. S. (1978): Homosexualities. A study of diversity among men and women. New York: Simon and Schuster.

Bem, D. J. (1996): Exotic becomes erotic: A developmental theory of sexual orientation. Psychological Review, 88, 354–364.

Bender, D./Lösel, F. (1998): Protektive Faktoren der psychisch gesunden Entwicklung junger Menschen: Ein Beitrag zur Kontroverse um saluto- und pathogenetische Ansätze. In: Margraf, J./Siegrist, J./Neumer, S. (Hrsg): Gesundheits- oder Krankheitstheorie? Saluto- vs. Pathogenetische Ansätze im Gesundheitswesen. Berlin: Springer, 117–145.

Bengel, J./Strittmatter, R./Wilmann, H. (2001): Was erhält Menschen gesund? Antonovskys Modell der Salutogenese – Diskussionsstand und Stellenwert. Köln: Bundeszentrale für gesundheitliche Aufklärung.

Berger, M. (2000): Zur Suizidalität in der Adoleszenz. In: Fiedler, G./Lindner, R. (Hrsg.): So hab ich doch was in mir, was Gefahr birgt. Perspektiven suizidalen Erlebens. Vandenhoeck & Ruprecht: Göttingen, 29–65.

Berkovitz, I. H. (1985): The Role of Schools in Child, Adolescent, and Youth. In: Peck, M. L./Farberow, N. L./Litman, R. E. (Eds.): Youth Suicide. New York: Springer Publishing Company, 170–190.

Berman, A. L. (1991): Suicide Intervention in Schools: Critical Reflections. In: Leenaars, A. A./Wenckstern, S. (Eds.): Suicide Prevention In Schools. New York: Hemisphere Publishing Corporation, 243–255.

Bertelsmann-Stiftung (Hrsg.) (2001): Podium Schule, 2. www.bertelsmann-stiftung.de.

Beutel, M. (1989): Was schützt Gesundheit? Zum Forschungsstand und der Bedeutung von personalen Ressourcen in der Bewältigung von Alltagsbelastungen und Lebensereignissen. Zeitschrift für Psychotherapie und medizinische Psychologie, 39, 452–462.

Biener, K. (1984): Selbstmorde bei Kindern und Jugendlichen. Zürich: Pro Juventute.

Biener, K./Böcker, F./Hellbrügge, Th./Lempp, R./Neuhäuser, G./Pohlmeier, H. (1976): Schulstress allein weckt keine Selbstmordgedanken. Ärztliche Praxis, XXVIII, 47, 2019–2021.

Biener, K./Bückert, A. (1973): Selbstmordprobleme im Urteil von Jugendlichen und Erziehern. Der Nervenarzt, 44, 75–79.

Biermann, G. (1977a): Die Schulkrankheit. In: Biermann, G. (Hrsg.): Kinder im Schulstress. München/Basel: Reinhardt, 9–26.

Biermann, G. (Hrsg.) (1977b): Kinder im Schulsteß. München/Basel: Reinhardt.

Bilz, L./Hähne, V./Melzer, W. (2003): Die Lebenswelt Schule und ihre Auswirkungen auf die Gesundheit von Jugendlichen. In: Hurrelmann, K./Klocke, A./Melzer, W./Ravens-Sieberer, U. (Hrsg.): Jugendgesundheitssurvey. Internationale Vergleichsstudie im Auftrag der Weltgesundheitsorganisation (WHO). Weinheim, München: Juventa, 243–299.

Bliesener, T. (1988): Stressresistenz und die kognitive Konstruktion sozialer Ressourcen. Universität Bielefeld: Unveröffentlichte Dissertation.

Bohnsack, F. (Hrsg.) (1984): Sinnlosigkeit und Sinnperspektive. Die Bedeutung gewandelter Lebens- und Sinnstrukturen für die Schulkrise. Frankfurt: Diesterweg.

Bowlby, J. (1972): Mutterliebe und kindliche Entwicklung. München-Basel: Reinhardt.

Bowlby, J. (1975): Bindung – Eine Analyse der Mutter-Kind-Beziehung. München: Kindler.

Bowlby, J. (1976): Trennung – Psychische Schäden als Folge von Trennung von Mutter und Kind. München: Kindler-TB.

Brandtstädter, J. (2001): Entwicklung – Intentionalität – Handeln. Stuttgart: Kohlhammer.

Brandtstätter, J./v. Eye, A. (Hrsg.) (1982): Psychologische Prävention. Grundlagen, Programme, Methoden. Bern: Huber.

Braun, H. J. (Hrsg.) (1985): Selbstaggression, Selbstzerstörung, Suizid. Zürich: Artemis.

Brent, D. A./Kolko, D./Perper, J. A./Allan, M./Goldstein, C. E./Allman, C. J./Zelenak, J. P. (1988): Risk factors for adolescent suicide. Arch Gen Psychiatry, 45, 58–588.

Bron, B. (1976): Suizidversuche bei jungen Menschen. Fortschritte der Neurologie und Psychiatrie, 44, 8, 435–446.

Bronisch, T. (1995): Der Suizid. Ursachen, Warnsignale, Prävention. München: Beck.

Bronisch, T./Felber, W./Wolfersdorf, M. (Hrsg.) (2001): Neurobiologie suizidalen Verhaltens. Regensburg: Roderer.

Bronisch, T. (2002): Suizid-Foren im Internet – Eine Stellungnahme zu Georg Fiedler und Reinhard Lindner. Suizidprophylaxe 29, Heft 3, 107–111.

Broughton, J.M (1981): The divided self in adolescence. Human development, 24, 13–32.

Bründel, H. (1988): Der suizidgefährdete Schüler. Ein Problem für Eltern, Lehrer und Schulpsychologen. Psychologie in Erziehung und Unterricht, 35, 223–229.

Bründel, H. (1993a): Suizidgefährdete Jugendliche. Theoretische und empirische Grundlagen für Früherkennung, Diagnostik und Prävention. Weinheim und München: Juventa.

Bründel, H. (1993b): The Active Coping Programm: A School Psychological Contribution to the Prevention of Students Suicides. In: Böhme, K./Wedler, H. (Eds.): Suicidal Behavior. The State of the Art. Proceedings of the XVI. Congress of the International Association for Suicide Prevention. Regensburg: S. Roderer, 591–594.

Bründel, H. (2001): Suizid im Jugendalter. In: Raithel, J. (Hrsg.): Risikoverhaltensweisen Jugendlicher. Formen, Erklärungen, Prävention. Opladen: Leske + Budrich, 249–264.

Bründel, H. (2002): Jugendsuizid, Suizidalität und Salutogenese. pro juventute, 3-02, 17–20.

Bründel, H. (2003): Suizid bei Kindern und Jugendlichen. Unsere Jugend. I, 55., 37–46.

Bründel, H./Hurrelmann, K. (1999): Konkurrenz, Karriere, Kollaps. Abschied vom Mythos Mann. Stuttgart, Berlin, Köln: Kohlhammer.

Bründel, H./Amhoff, B./Deister, Ch. (1999): Schlichterschulung in der Schule. Dortmund: Borgmann.

Bründel, H./Simon, E. (2003): Die Trainingsraum-Methode. Klare Regeln- klare Konsequenzen. Weinheim: Beltz.

Budde, G. (1908): Schülerselbstmorde. Hannover: Jänecke.

Bundeszentrale für gesundheitliche Aufklärung (Hrsg.) (1999): Starke Kinder brauchen starke Eltern. Familienbezogene Suchtprävention. Konzepte und Beispiele. Bd. 7. Köln.

Bundeszentrale für gesundheitliche Aufklärung (Hrsg.) (2000): Schutz oder Risiko? Familienwelten im Spiegel der Kommunikation zwischen Eltern und Kindern. Bd. 11. Köln.

Bundeszentrale für gesundheitliche Aufklärung (Hrsg.) (2001): Was erhält Menschen gesund? Antonovskys Modell der Salutogenese – Diskussionsstand und Stellenwert. Bd. 6. Köln.

Bundeszentrale für gesundheitliche Aufklärung (Hrsg.) (2003): Bekanntheit, Kauf und Konsum von Alcopops in der Bundesrepublik Deutschland 2003. Ergebnisse einer repräsentativen Befragung. Köln.

Bühler, C. (1929): Das Seelenleben des Jugendlichen. Jena: Fischer.

Bürk, F./Kurz, A./Möller, H.-J. (1985): Suicide Risk Scales: Do They Help to Predict Suicidal Behavior? European Archives of Psychiatry and Neurological Sciences, 235, 153–57.

Calgary Board of Education (1988): A policy for suicide prevention, intervention, and postvention in the schools. Calgary, Alberta, Canada: Author.

Canetto, S. (1992): She died for love and he for glory: gender myths of suicidal behavior. Omega 26,1–17.

Cantwell, D. P./Carlson, G. A. (1983): Affective Disorders in Childhood and Adolescence: An Update. Jamaica, New York: Spectrum Publications.

Carls, W. (1986): Intelligenz und Persönlichkeit suizidaler Jugendlicher. In: Specht, F./ Schmidtke, A. (Hrsg.): Selbstmordhandlungen bei Kindern und Jugendlichen. Regensburg: S. Roderer.

Carlson, G. A. (1983): Depression and Suicidal Behavior in Children and Adolescents. In: Cantwell, D. P./Carlson, G. A. (Eds.): Affective Disorders in Childhood and Adolescents. An Update. Jamaica, New York: MTP.

Carlson, G. A./Cantwell, D. P. (1982): Suicidal Behavior and Depression in Children and Adolescents. Journal of the American Academy of Child and Adolescent Psychiatry, 21, 4, 361–368.

Celotta, B./Jacobs, G./Keys, S. G./Cannon, G. (1988): A Model Prevention Program. In: Capuzzi, D./Golden, L. (Eds.): Preventing Adolescent Suicide. Muncie, In: Accelerated Development, 269–298.

Charlton, M./Käppler, C./Wetzel, H. (2003): Entwicklungspsychologie. Weinheim, Basel, Berlin: Beltz.

Clages, I. (2002): Tödliche Tipps aus dem Netz. Suizidforen im Internet helfen Lebensmüden, sich umzubringen. Ärztliche Praxis Neurologie-Psychiatrie 3/Sept./Okt., 9.

Cochran, S. D./Mays, V. M. (2000): Lifetime prevalance of suicide symptoms and affective disorders among men reporting same-sex sexual partners: results from NHANES III. American Journal of Public Health, 90, 4, 573–578.

Cohen, S./Wills, T. A. (1985): Stress, Social Support, and the Buffering Hypothesis. Psychological Bulletin, 98, 310–357.

Cohen-Sandler, R./Bermann, A./King, R. (1982): Life Stress and Symptomatology: Determinants of Suicidal Behavior in Children. Journal of the American Academy of Child Psychiatry, 21, 178–186.

Coleman, J. (1984): Eine neue Theorie der Adoleszenz. In: Olbrich, E./Todt, E. (Hrsg.): Probleme des Jugendalters. Neuere Sichtweisen. Berlin: Springer, 49–68.

Colla-Müller, H. E. (1984): Suizidales Verhalten bei Schülern und Jugendlichen. In: Faust, V. (Hrsg.): Suizidgefahr. Häufigkeit – Ursachen – Motive – Prävention – Therapie. Stuttgart: Hippokrates, 14–24.

Compas, B. E. (1987a): Stress and Life Events During Childhood and Adolescence. Clinical Psychological Review, 7, 275–302.

Compas, B. E. (1987b): Coping With Stress During Childhood and Adolescence. Psychological Bulletin, 101, 393–403.

221

Compas, B. E./Malcarne, V. L./Fondacaro, K. M. (1988): Coping with Stressful Events in Older Children and Young Adolescents. Journal of Consulting and Clinical Psychology, 56, 405–411.

Conen, M.-L. (Hrsg.) (2002): Wo keine Hoffnung ist, muss man sie erfinden. Aufsuchende Familientherapie. Heidelberg: Carl-Auer-Systeme Verlag.

Corr, Ch. A./McNeil, J. N. (Eds.) (1986): Adolescence and Death. New York: Springer Publishing Company.

Crepet, P. (1996): Das tödliche Gefühl der Leere. Suizid bei Jugendlichen. Hamburg: Rowohlt.

Croitoru, J. (2003): Der Märtyrer als Waffe. Die historischen Wurzeln des Selbstmordattentats. München, Wien: Hanser.

Curran, D. (1987): Adolescent Suicidal Behavior. New York: Hemisphere.

Dambach, K. E. (2002): Mobbing in der Schulklasse. 2. Aufl. München: Reinhardt.

Dannecker, M. (1993): Vorwort. In: Puff, H. (Hrsg.): Lust, Angst und Provokation. Homosexualität in der Gesellschaft. Göttingen, Zürich: Vandenhoeck & Ruprecht, 9–14.

D'Augelli, A. R./Patterson, C. J. (Eds.) (1995): Lesbian, gay, and bisexual identities and Youth. New York: Oxford Unversity Press.

D'Augelli, A. R./Hershberger, S. L. (1998): Lesbian, gay, and bisexual youth and their families: disclosure of sexual orientation and its consequences. American Journal of Orthopsychiatry, 68, 3, 361–371.

D'Augelli, A. R./Hershberger, S. L./Pilkington, N. W. (2001): Suicidality Patterns and Sexual Orientation-Related Factors Among Lesbian, Gay, and Bisexual Youths. Suicide and Life-Threatening Behavior, 31 3, 250 ff.

D'Augelli, A. R./Pilkington, N. W./Hershberger, S. (2002): Incidence and Mental Health Impact of sexual Orientation Victimization of Lexbian, Gay and Bisexual Youths in High School. School Psychology Quarterly, 17, no 2.

Decher, F. (1999): Die Signatur der Freiheit. Ethik des Selbstmords in der abendländischen Philosophie. Lüneburg: Zu Klampen Verlag.

Decher, F./Schramm, K. H. (2001): Freitod – der blinde Fleck im Auge der „Praxisphilosophen". Marburger Forum. Beiträge zur geistigen Situation der Gegenwart, 2, 4.

Degen, R. (1988): Entsteht Homosexualität im Gehirn? Psychologie Heute, 15., 1, 56–61.

De Shazer, S. (1985): Keys to solution in brief therapy. New York: Norton.

Deutsche Gesellschaft für Kinder- und Jugendpsychiatrie und Psychotherapie (Hrsg.) (2003): Leitlinien zur Diagnostik und Therapie von psychischen Störungen im Säuglings-, Kindes- und Jugendalter. 2. überarbeitete Auflage. Köln: Deutscher Ärzte Verlag.

Deutsche Shell (Hrsg.) (2000): Jugend 2000. 13. Shell Jugendstudie. Opladen: Leske + Budrich.

Diekstra, R. F. W. (1989): Suicidal behavior in adolescents and young adults. Crisis, 10/1, 16–35.

Diekstra, R. F. W. (1991): Pflaster für die Seele. Wie man mit Alltagsdepressionen fertig wird. Hamburg: Kabel.

Diekstra, R. F. W./Hawton, K. (Eds.) (1987): Suicide in adolescence. Dordrecht: Nijhoff.

Döbert, R./Nunner-Winkler, G. (1984): Die Bewältigung von Selbstmordimpulsen im Jugendalter. Motiv-Verstehen als Dimension der Ichentwicklung. In: Edelstein, W./Habermas, J. (Hrsg.): Soziale Interaktion und soziales Verstehen, 348–378.

Döpfner, M./Lehmkuhl, G./Petermann, F./Scheithauer, H. (2000a): Diagnostik psychischer Störungen. In: Petermann, F. (Hrsg.): Lehrbuch der Klinischen Kinderpsychologie und -psychotherapie. Göttingen: Hogrefe, 95–130.

Döpfner, M./Lehmkuhl, G./Heubrock, D./Petermann, F. (2000b): Diagnostik psychischer Störungen im Kindes- und Jugendalter. Göttingen: Hogrefe.

Dörner, K. (1993): Schnittpunkt des Rechts zu leben und des Rechts zu sterben. In: Giernalczyk, Th./Frick, E. (Hrsg.): Suizidalität. Deutungsmuster und Praxisansätze. Regensburg: Roderer, 1–10.

222

Dohrenwend, B. S./Dohrenwend, B. P. (Eds) (1974): Stressful Life Events. Their Nature and Effects. New York: Wiley, 1–5.

Dohrenwend, B. S./Shrout, P. E. (1985): Hassles in the Conceptualization and Measurement of Life Stress Variables. American Psychologist, 40, 780–785.

Dorrman, W. (1991): Suizid. Therapeutische Intervention bei Selbsttötungsabsichten. München: Pfeiffer.

Drömann, S. (1983): Todesphantasien und -vorstellungen bei jugendlichen Suizidanten. In: Jochmus, I./Förster, E. (Hrsg): Suizid bei Kindern und Jugendlichen. Stuttgart: Enke, 88–91.

Dubitscher, F. (1965): Der Suicid. In: Zwingmann, Ch. (Hrsg.) Selbstvernichtung. Frankfurt/Main: Akademische Verlagsgesellschaft, 3–12.

Dubitscher, F. (1971): Lebensschwierigkeiten und Selbsttötung. Beratung und Vorbeugung. Stuttgart: Thieme.

Dührssen, A. (1967): Zum Problem des Selbstmordes bei jungen Mädchen. Göttingen: Vandenhoeck & Ruprecht.

Düring, S. (1993): Wilde und andere Mädchen. Die Pubertät. Freiburg i.Br.: Kore.

Durkheim, E. (1987): Der Selbstmord. 2. Auflage. Frankfurt: Suhrkamp.

Dusolt, H. (1980): Suizidversuche von Schülern – und welche Rolle die Schule dabei spielt. Psychologie in Erziehung und Unterricht, 27., 336–369.

Dyck, R. J. (1991): System-Entry Issues in School. Suicide Prevention Education Programs. In: Leenaars, A. A./Wenckstern, S. (Eds.): Suicide Prevention in Schools. New York: Hemisphere Publishing Corporation, 41–49.

Eggers, Ch. (1984): Zur Suizidalität bei Kindern und Jugendlichen. In: Faust, V./Wolfersdorf, M. (Hrsg.): Suizidgefahr. Häufigkeit – Ursachen – Motive – Prävention – Therapie. Stuttgart: Hippokrates, 9–12.

Eichenberg, C./Fischer, G. (2003). Ausgewählte Ergebnisse aus dem Forschungsprojekt „Suizid-Selbsthilfeforen im Internet". [Online-Dokument] URL: www.uni-koeln.de/phil-fak/psych/klin/ikpp/pub/SuizidforenCE.pdf. Institut für Klinische Psychologie & Psychotherapie der Universität zu Köln.

Enders, U. (Hrsg) (1990): Zart war ich, bitter war's. Sexueller Missbrauch an Mädchen und Jungen. Köln: Volksblatt Verlag.

Engel, U./Hurrelmann, K. (1989): Psychosoziale Belastung im Jugendalter. Empirische Befunde zum Einfluss von Familie, Schule und Gleichaltrigengruppe. Berlin, New York: Walter de Gruyter.

Engel, U./Hurrelmann, K. (1998): Was Jugendliche wagen. Eine Längsschnittstudie über Drogenkonsum, Stressreaktionen und Delinquenz im Jugendalter. 3. Aufl. Weinheim, München: Juventa.

Englbrecht, A./Hirschmann, N./Meissner, B./Storath, R. (2002): Krisenmanagement in Schulen. Umgang mit Krisensituationen, Gewalt und Tod. Forum Schulpsychologie, Bd. 14. Landsverband bayrischer Schulpsychologen (LBSB).

Engstler, H./Menning, S. (2003): Die Familie im Spiegel der amtlichen Statistik. Lebensformen, Familienstrukturen, wirtschaftliche Situation der Familien und familiendemographische Entwicklung in Deutschland. Erw. Neuaufl. Bundesministerium für Familien Senioren, Frauen und Jugend: Bonn.

Erikson, E. H. (1974): Kindheit und Gesellschaft. Stuttgart: Klett.

Erikson, E. H. (1988): Jugend und Krise. Die Pschodynamik im sozialen Wandel. 3. Aufl. Stuttgart: Klett- Cotta.

Etzersdorfer, E./Fiedler,G./Witte, M. (Hrsg.) (2003): Neue Medien und Suizidalität. Gefahren und Interventionsmöglichkeiten. Göttingen: Vandenhoeck & Ruprecht.

Eurostat (2003): Datenbank New Cronos. Berlin.

Farberow, N. L. (1975): Suicide in Different Cultures. Baltimore: University Park Press.

Farberow, N. L./Shneidman, E. S. (1961): The cry for help. New York: Mc Graw-Hill.

Farberow, N.L (1987): The role of the family in suicide. In: Diekstra, R. F. W./ Hawton, K. (Eds.): Suicide in Adolescence. Dordrecht, Boston, Lancaster: Martinus Nijhoff Publishers, 139–152.

Fatke, R. (1986): Schule und Suizid. In: Haesler, W. T./Schuh, J. (Hrsg.): der Selbstmord/le suicide. Grüsch: Ruegger, 203–220.

Faust, V./Wolf, M. (1983): Suizidale Impulse und Suizidversuche bei Schülern. In: Jochmus, I./ Förster, E. (Hrsg.): Suizid bei Kindern und Jugendlichen. Stuttgart: Enke, 45–48.

Faust, V./Wolfersdorf, M. (Hrsg.) (1984): Suizidgefahr. Häufigkeit – Ursachen – Motive – Prävention – Therapie. Stuttgart: Hippokrates.

Faust, V. (2004): Selbstmord als Nachahmungstat. In: Psychosoziale Gesundheit. Seelische Störungen erkennen, verstehen, verhindern, behandeln. www.psychosoziale-gesundheit.net/psychiatrie/werther.html.

Felber, W./Reimer, C. (Hrsg.) (1991): Klinische Suizidologie. Praxis und Forschung. Berlin, Heidelberg, New York: Springer.

Fend, H. (1990): Vom Kind zum Jugendlichen. Der Übergang und seine Risiken. Entwicklungspsychologie der Adoleszenz in der Moderne, Bd. 1. Bern, Stuttgart, Toronto: Huber.

Fend, H. (2003): Entwicklungspsychologie des Jugendalters. 3. Aufl. Opladen: Leske + Budrich.

Fend, H./Helmke, A. (1988): Zur Verarbeitung ängstigender Erfahrungen im sozialen Kontext: Zur relativen Bedeutung von Elternhaus und Schule. In: Berndt, J./Busch, D./ Schönwälder, H. G. (Hrsg.): Schul-, Schüler-, Elternstress. Braunschweig: Westermann, 169–194.

Fend, H./Schröer, S. (1989): Depressive Verstimmungen in der Adoleszenz – Verstimmtheitsgrad und Determinanten in einer Normalpopulation. Zeitschrift für Sozialisationsforschung und Erziehungssoziologie, 9, 246–284.

Ferster, C. B. (1973): A functional analysis of depression. American Psychology, 28, 857–870.

Feuerlein, W. (1971): Selbstmordversuch oder parasuizidale Handlung. Der Nervenarzt, 42, 127–130.

Feuerlein, W. (1973): Selbstmord und Selbstmordversuch. Medizinische Klinik, 68, 1717–1721.

Fichter, M.M (2004): Anorektische und bulimische Essstörungen. In: Berger, M. (Hrsg.): Psychische Erkrankungen. Klinik und Therapie. München und Jena: Urban & Fischer, 789–814.

Fiedler, G. (2003): Suizidalität und neue Medien. Gefahren und Möglichkeiten. In: Etzersdorfer, E./Fiedler, G./Witte, M. (Hrsg.): Neue Medien und Suizidalität. Gefahren und Interventionsmöglichkeiten. Göttingen: Vandenhoeck & Ruprecht, 19–55.

Fiedler, G./Lindner, R. (Hrsg.) (1999): So hab ich doch was in mir, was Gefahr birgt. Perspektiven suizidalen Erlebens. Göttingen: Vandenhoeck & Ruprecht.

Fiedler, G./Lindner, R. (2002a): Suizidforen im Internet. Suizidprophylaxe 29, 1, 26–31.

Fiedler, G./Lindner, R. (2002b): Fragiles Überleben in Suizidforen. Ärztliche Praxis Neurologie Psychiatrie, November/Dezember, 8.

Filipp, S.-H. (Hrsg.) (1981): Kritische Lebensereignisse. München: Urban und Schwarzenberg.

Filipp, S.-H./Aymanns, P. (1987): Die Bedeutung sozialer und personaler Ressourcen in der Auseinandersetzung mit kritischen Lebensereignissen. Zeitschrift für Klinische Psychologie, Band XVI, 4, 383–396.

Flammer, A./Alsaker, F. D. (2002): Entwicklungspsychologie der Adoleszenz. Die Erschließung innerer und äußerer Welten im Jugendalter. Bern: Huber.

Forschungsgruppe Schulevaluation (Hrsg.) (1998): Gewalt als soziales Problem in Schulen. Die Dresdener Studie. Untersuchungsergebnisse und Präventionsstrategien. Opladen: Leske + Budrich.

Frederick, C. J./Resnick, H. L. P. (1971): How suicidal behaviors are learned. American Journal of Psychotherapy, 25, 37–55.

Freeman, A./Reinecke, M. A. (1995): Selbstmordgefahr? Erkennen und Behandeln: Kognitive Therapie bei suizidalem Verhalten. Bern, Göttingen, Toronto, Seattle: Huber.

Freud, S. (1914/1975): Zur Einführung des Narzissmus. In: Freud, S.: Psychologie des Unbewussten. Studienausgabe, Band III. Frankfurt am Main: S. Fischer, 39–68.

Freud, S. (1917/1946): Trauer und Melancholie. Ges. Werke, Bd. X. London: Imago Publishing Co.

Freitag, M. (1998): Was ist eine gesunde Schule? Einflüsse des Schulklimas auf Schüler- und Lehrergesundheit. Weinheim: Juventa.

Freytag, R. (Hrsg.) (1990): Grenzgänge zwischen Selbstzerstörung und Selbstbewahrung. Suizidprävention als Hilfe in Lebenskrisen. Hildesheim, Zürich, New York: Olms.

Freytag, R./Witte, M. (1997): Wohin in der Krise? Orte der Suizidprävention. Göttingen: Vandenhoeck & Ruprecht.

Freytag, R./Giernalczyk, Th. (Hrsg.) (2001): Geschlecht und Suizidalität. Vandenhoeck & Ruprecht: Göttingen.

Gappmayer, A. (1987): Adoleszenz und Selbsttötung – Schüler zeichnen aktuelle Suizidgedanken. Regensburg: Roderer & Welz.

Garmezy, N. (1985): Children under Stress: The Search for Protective Factors. In: Stevenson, J. E. (Ed.): Recent Research in Developmental Psychopathology. Journal of Child Psychology and Psychiatry. Book Supplement No. 4. Oxford: Pergamon Press, 213–322.

Gaupp, R. (1905): Über den Selbstmord. München: Gmelin.

Geisler, E. (1953): Selbstmord und Todessehnsucht im Kindesalter. Psychiatrie, Neurologie und Medizinische Psychologie, 5, 210–216.

Gerisch, B. (1998): Suizidalität bei Frauen. Mythos und Realität. Eine kritische Analyse. Tübingen: Edition Diskord, Reihe Perspektiven.

Gerisch, B. (2001): „Sterbe ich vor meiner Zeit, nenn' ich es noch Gewinn". Weiblichkeit und Suizidalität – Eine quellenkritische Sichtung traditioneller Erklärungsmodelle. In: Freytag, R./Giernalczyk, Th. (Hrsg.): Geschlecht und Suizidalität. Vandenhoeck & Ruprecht: Göttingen, 68–82.

Gerisch, B./Gans, I. (Hrsg.) (2001): Ich kehre in mich selbst zurück und finde eine Welt. Vandenhoeck & Ruprecht: Göttingen.

Geyer, S. (2000): Antonovskys sense of coherence – ein gut geprüftes und empirisch bestätigtes Konzept? In: Wydler, H./Kolip, P./Abel, Th. (Hrsg.): Salutogenese und Kohärenzgefühl. Grundlagen, Empirie und Praxis eines gesundheitswissenschaftlichen Konzepts. Weinheim: Juventa, 71–84.

Gibson, P. (1989): Gay Male and Lesbian Youth Suicide. In: Remafedi, G. (1994) (Ed.): Death by Denial. Studies of suicide in gay and lesbian teenagers. Boston: Alysons Publications Reprint, 15–68.

Giernalczyk, Th. (1995): Lebensmüde. Hilfe bei Selbstmordgefährdung. München: Kösel.

Giernalczyk, Th. (1997): Suizidgefahr – Verständnis und Hilfe. Tübingen: dgvt-Verlag.

Giernalczyk, Th./Frick, E. (1993): Suizidalität. Deutungsmuster und Praxisansätze. Regensburg: Roderer.

Götze, P./Richter, M. (Hrsg.) (2000): Aber mein Innerstes überlasst mir selbst. Verstehen von suizidalem Verhalten und Erleben. Göttingen: Vandenhoeck & Ruprecht.

Goll, H./Sonneck, G. (1991): Was sind psychosoziale Krisen? In: Sonneck, G. (Hrsg.): Krisenintervention und Suizidverhütung. Wien: Facultas Universitätsverlag, 24–33.

Graber, J. A./Archibald, A. B. (2001): Psychological change and puberty and beyond: Understanding adolescent sexuality and sexual orientation. In: D'Augelli, A. R./Patterson, C. J. (Eds.): Lesbian, gay, and bisexual identities and Youth. New York: Oxford Unversity Press,1–26.

Greve, W. (2000): Psychologie des Selbst. Weinheim: Beltz / PsychologieVerlagsUnion.

Greve, W./Wilmers, N. (2003): Schulgewalt und Selbstwertempfinden. Zum moderierenden Einfluss von Bewältigungsressourcen bei Tätern und Opfern. Psychologie in Erziehung und Unterricht, 4, 50, 353–368.

Guillon, C./Le Bonniec, Y. (1982): Gebrauchsanleitung zum Selbstmord. Frankfurt a. M.: Robinson Verlag.

Gurlitt, L. (1908): Schülerselbstmorde. Berlin: Concordia.

Gutscher, H./Hornung, R./Flury-Kleubler, P. (1998): Das Transaktionspotenzialmodell: Eine Brücke zwischen salutogenetischer und pathogenetischer Sichtweise. In: Margraf, J./ Siegrist, J./Neumer, S. (Hrsg.): Gesundheits- und Krankheitstheorie? Saluto- versus pathogenetische Ansätze im Gesundheitswesen. Berlin: Springer, 49–72.

Grunow, D. (1998): Selbsthilfe. In: Hurrelmann, K./Laaser, U. (Hrsg.): Handbuch Gesundheitswissenschaften. Weinheim und München: Juventa, 683–706.

Haenel, T. (1983a): Die Beurteilung des Suizidrisikos. Sozial- und Präventivmedizin, 28, 71–75.

Haenel, T. (1983b): Die Bewertung des Suizides im Laufe der Geschichte – eine Übersicht. Medizinhistor. J., 18, 213–226.

Haenel, T. (1989): Suizidhandlungen. Neue Aspekte der Suizidologie. Berlin: Springer.

Haenel, T. (2001): Suizid und Zweierbeziehung. Göttingen: Vandenhoeck & Ruprecht.

Häfner, H./Schmidtke, A. (1991): Selbstmord durch Fernsehen: Die Wirkung der Massenmedien auf Selbstmordhandlungen. In: Häfner, H. (Hrsg.): Psychiatrie: Ein Lesebuch für Fortgeschrittene. Stuttgart, Jena: Gustav Fischer, 238–255.

Harris, J. R. (2000): Ist Erziehung sinnlos? Die Ohnmacht der Eltern. Reinbek b. Hamburg: Rowohlt.

Harter, S. (1999): The construction of the self. A developmental perspective. New York: The Guilford Press.

Hautzinger, M. (1998): Depression. Göttingen: Hogrefe.

Hautzinger, M. (2000a): Kognitive Verhaltenstherapie bei psychischen Störungen. 3. vollst. überarbeitete und erweiterte Aufl.. Weinheim: PsychologieVerlagsUnion, Verlagsgruppe Beltz.

Hautzinger, M. (2000b): Depressionen. In: Hautzinger, M. (Hrsg.): Kognitive Verhaltenstherapie bei psychischen Störungen. 3. vollst. überarbeitete und erweiterte Aufl.. Weinheim: PsychologieVerlagsUnion, Verlagsgruppe Beltz: 1–39.

Hautzinger, M. (2000c): Kognititive Verhaltenstherapie bei Depressionen. 5. vollständig überarbeitete Aufl.. Weinheim: PsychologieVerlagsUnion, Verlagsgruppe Beltz.

Hautzinger, M./Kobal, G. (1990): Bewältigung von Belastungen. Selbstgesteuerte Überwindung von Depressivität und Prävention psychischer Beeinträchtigungen. Regensburg: S. Roderer.

Havighurst, R. J. B. (1982): Developmental tasks ans education. (first edition 1948) New York: Longman.

Hawton, K. (1986): Suicide and attempted suicide among children and adolescents. Beverly Hills: Sage.

Hawton, K. (1987): Assessment of suicide risk. British Journal of Psychiatry, 150, 145–153.

Heiborn-Maurer, U./Maurer, G. (1988): Nach einem Suizid. Gespräche mit Zurückbleibenden. Frankfurt a. M: Fischer.

Helmke, A. (1998): Vom Optimisten zum Realisten? Zur Entwicklung des Fähigkeitskonzeptes vom Kindergarten bis zu 6. Klassenstufe. In: Weinert, F. (Hrsg.): Entwicklung im Kindesalter. Weinheim: Beltz-PVU, 115–132.

Henseler, H. (1984): Narzisstische Krisen. Zur Psychodynamik des Selbstmordes. Opladen: Westdeutscher Verlag.

Henseler, H./Merten, R. F./Sodemann, U. (1983): Kriterienliste als Screening-Instrument zur Erfassung chronischer Suizidalität. Nervenarzt, 54, 33–41.

Hetzer, H. (1948): Kind und Jugendlicher in der Entwicklung. Hannover: Schroedel.

Heuer, G. (1979): Selbstmord bei Kindern und Jugendlichen. Stuttgart: Klett Cotta.

Hill, W. H. (1984): Intervention And Postvention In Schools. In: Sudak, H. S./Ford, A. B./ Rushforth, N. B. (Eds.): Suicide in the Young. Littleton, Mass.: John Wright, 407–416.

Hobfoll, S. E. (1988): The ecology of stress. Washington, D. C.: Hemisphere.

Hobfoll, S. E. (1989): Conservation of resources: A new attempt at conceptualizing stress. American Psychologist, 44 (3), 513–524.

Höfer, R. (2000): Jugend, Gesundheit und Identität. Studien zum Kohärenzgefühl. Opladen: Leske + Budrich.

Höffe, O. (1997): Lexikon der Ethik. München: Beck'sche Reihe, Beck.

Hömmen, C. (1989): Mal sehen, ob ihr mich vermisst. Menschen in Lebensgefahr. Reinbek: Rowohlt.

Hoff, L. A. (1991): Crisis Intervention in Schools. In: Leenaars, A. A./Wenckstern, S. (Eds.): Suicide Prevention In Schools. New York: Hemisphere Publishing Corporation, 123–134.

Hofsäss, Th. R. (1995): Homosexualität und Erziehung. Pädagogische Betrachtung eines Spannungsfeldes in Familie, Schule und Gesellschaft. Berlin: Verlag für Wissenschaft und Bildung (VWB).

Hofsäss, Th. R. (1999): Jugendhilfe und gleichgeschlechtliche Orientierung. Bd. 4. Berlin: Verlag für Wissenschaft und Bildung (VWB).

Holderegger, A. (1979): Suizid und Suizidgefährdung. Freiburg i. Br.: Herder.

Holyst, B. (1986): Selbstmord – Selbsttötung. München: Schweitzer.

Houston, B. K. (1987): Stress and Coping. In: Snyder, C. R./Ford, C. E. (Eds): Coping with Negative Life Events. New York: Plenum Press, 373–399.

Humphry, D. (1991): Final Exit: The Practicalities of Self-Deliverance and Assisted Suicide for the Dying. New Jersey: Carol Pub. Secausus.

Hurrelmann, K. (1988): Sozialisation und Gesundheit. Somatische, psychische und soziale Risikofaktoren im Lebenslauf. Weinheim: Juventa.

Hurrelmann, K. (1990): Familienstress, Schulstress, Freizeitstress. Gesundheitsförderung für Kinder und Jugendliche. Weinheim und Basel: Beltz grüne Reihe.

Hurrelmann, K. (2002): Einführung in die Sozialisationstheorie. Weinheim, Basel: Beltz Studium.

Hurrelmann, K. (2004): Lebensphase Jugend. Eine Einführung in die sozialwissenschaftliche Jugendforschung. Weinheim, München: Juventa.

Hurrelmann, K./Holler, B./Nordlohne, E. (1988): Die psychosozialen „Kosten" verunsicherter Statuserwartungen im Jugendalter. Zeitschrift für Pädagogik, 34 1, 25–44.

Hurrelmann, K./Hesse, S. (1991): Drogenkonsum als problematische Form der Lebensbewältigung im Jugendalter. Sucht, 37, 240–252.

Hurrelmann, K./Ulich, D. (Hrsg.) (1991): Neues Handbuch der Sozialisationsforschung. Weinheim und Basel: Beltz.

Hurrelmann, K./Bründel, H. (1997): Drogengebrauch – Drogenmissbrauch. Eine Gratwanderung zwischen Genuss und Abhängigkeit. Darmstadt: Wissenschaftliche Buchgesellschaft.

Hurrelmann, K./Laaser, U. (Hrsg.) (1998): Handbuch Gesundheitswissenschaften. 3. Aufl. Weinheim, München: Juventa.

Hurrelmann, K./Bründel, H. (2003): Einführung in die Kindheitsforschung. Veränderte und neu bearbeitete Auflage. Weinheim und Basel: Beltz.

Hurrelmann, K./Klocke, A./Melzer, W./Ravens-Sieberer, U. (Hrsg.) (2003): Jugendgesundheitssurvey. Internationale Vergleichsstudie im Auftrag der Weltgesundheitsorganisation (WHO). Weinheim, München: Juventa.

Ide, H. (1992): Wenn Kinder sich das Leben nehmen. Trauer, Klage und die Zeit danach. Stuttgard: Kreuz.

Informationen Weiterbildung in NRW (1995): Homosexualität. Positionspapier des Paritätischen in NRW zur Lebenssituation von Lesben und Schwulen, 3, 25–29.

Israel, M./Felber, W./Winiecki, P. (2001): Geschlechtsunterschiede in der parasuizidalen Handlung. In: Freytag, R./Giernalczyk, Th. (Hrsg.) Geschlecht und Suizidalität. Göttingen: Vandenhoeck & Ruprecht, 28–42.

Isherwood, J./Adam, K. S./Hornblow, A. R. (1982): Life Event Stress. Psychological factors, Suicide Attempt, and Auto-Accident Proclivity. Journal of Psychosomatic Research, 26, 371–383.

Jacobs, J. (1974): Selbstmord bei Jugendlichen. Erklärung, Verhinderung, Hilfe. München: Kösel.

Jacobs, J. (1985): Ich weiß keinen Ausweg mehr. Hilfe für selbstmordgefährdete Jugendliche. Düsseldorf: Econ.

Jefferys-Duden, K. (2000): Konfliktlösung und Streitschlichtung. Das Sekundarstufenprogramm. Weinheim, Basel: Beltz.

Jefferys-Duden, K./Duden, Th. (2001): Konflikte spielend lösen. Weinheim, Basel: Beltz.

Jerusalem, M. (1990): Persönliche Ressourcen, Vulnerabilität und Stresserleben. Göttingen: Hogrefe.

Jochmus, I./Förster, E. (Hrsg.) (1983): Suizid bei Kindern und Jugendlichen. Stuttgart: Enke.

Jörns, K. P. (1986): Nicht leben und nicht sterben können. Suizidgefährdung – Suche nach dem Leben. 2. Auflage. Göttingen: Vandenhoeck & Ruprecht.

Jugert, G./Rehder, A./Notz, P./Petermann, F. (2002): Fit For Life. Module und Arbeitsblätter zum Training sozialer Kompetenzen für Jugendliche. 2., korrigierte Aufl. Weinheim, München: Juventa.

Käsler, H./Nikodem, B. (1996): Bitte hört, was ich nicht sage. Signale von Kindern und Jugendlichen verstehen, die nicht mehr leben wollen. München: Kösel.

Kalafat, J./Elias, M. (1991): Evaluation of School-Based Interventions. In: Leenaars, A. A./Wenckstern, S. (Eds.): Suicide Prevention In Schools. New York: Hemisphere Publishing Corporation, 231–241.

Kalafat, J./Underwood, M. (1989): Lifelines: A school-based adolescent suicide response program. Dubuque, IA: Kendal/ Hunt.

Kaltiala-Heino, R./Rimpelä, M./Marttunen, M/Rimpelä, A./Rantanen, P. (1999): Bullying, depression, and suicidal ideation in Finnish adolescents: school survey. British Medical Journal (BMJ), 319, 348–351.

Kamlah, W. (1976): Meditatio Mortis. Kann man den Tod „verstehen", und gibt es ein Recht auf den eigenen Tod? Stuttgart: Klett.

Kanfer, F./Reinecker, H./Schmelzer, D. (1991/1996): Selbstmanagement-Therapie. Berlin: Springer.

Kasper, H. (2002): Schüler-Mobbing. Tun wir was dagegen! Lichtenau: AOL.

Kast, V. (1991): Der schöpferische Sprung. Vom therapeutischen Umgang mit Krisen. München: dtv.

Katschnig, H. (1980): Sozialer Stress und psychische Erkrankungen. Lebensverändernde Ereignisse als Ursache seelischer Störungen. München: Urban & Schwarzenberg.

Kauffmann, C./Grunebaum, H./Cohler, B./Gamer, E. (1979): Superkids: Competent children of psychotic mothers. American Journal of Psychiatry, 136, 1398–1402.

Kean, T. (1989): The life you save may be your own: New Jersey addresses prevention of adolescent problems. American Psychologist, 44, 828–830.

Keller, H. (1998): Lehrbuch Entwicklungspsychologie. Bern, Göttingen, Toronto, Seattle: Huber.

Kind, J. (1992): Suizidal. Die Psychoökonomie einer Suche. Göttingen: Vandenhoeck & Ruprecht.

Kind, J. (2000): Zur Bedeutung präödipaler Störungsanteile für das Verständnis und den Umgang mit suizidalen Krisen. In: Götze, P./Richter, M. (Hrsg.): Aber mein Innerstes überlasst mir selbst. Verstehen von suizidalem Verhalten und Erleben. Göttingen: Vandenhoeck & Ruprecht, 116–128.

Kind, J. (2001): Geschlechtertypische Suizidmotivation? Ein klinischer Eindruck. In: Freytag, R./Giernalczyk (Hrsg.): Geschlecht und Suizidalität. Göttingen: Vandenhoeck & Ruprecht, 95–105.

Kindler, W. (2002): Gegen Mobbing und Gewalt. Ein Arbeitsbuch für Lehrer, Schüler und Peergruppen. Seelze/Velber: Kallmeyer.

Klemenz, B. (2003): Ressourcenorientierte Diagnostik und Intervention bei Kindern und Jugendlichen. Tübingen: dgvt Verlag.

Klocke, A./Becker, U. (2003): Die Lebenswelt Familie und ihre Auswirkungen auf die Gesundheit von Jugendlichen. In: Hurrelmann, K./Klocke, A./Melzer, W./Ravens-Sieberer, U. (Hrsg.): Jugendgesundheitssurvey. Internationale Vergleichsstudie im Auftrag der Weltgesundheitsorganisation (WHO). Weinheim, München: Juventa, 183–241.

Klosinski, G. (1983): Der Tablettenversuch in der Pubertät – Versuch einer Auto-Initiation? In: Jochmus, I./Förster, E. (Hrsg.): Suizid bei Kindern und Jugendlichen. Stuttgart: Enke, 92–100.

Klosinski, G. (2002): Was tun wenn Kinder kiffen? Drogenkonsum schon im Schulalter weit verbreitet. Münchener Medizinische Wochenschrift (MMW), 7, 144., 48–51.

Knapp, A. (1995): Verzeiht mir, aber ich kann nicht anders. Zum Selbsttötungsverhalten von Jugendlichen. Frankfurt a. M.: Fischer.

Köferl, P. (1988): Invulnerabilität und Stressresistenz: Theoretische und empirische Befunde zur effektiven Bewältigung von psychosozialen Stressoren. Universität Bielefeld: Unveröffentlichte Dissertation.

Kohlmann, C. W. (1990): Stressbewältigung und Persönlichkeit. Flexibles versus rigides Copingverhalten und seine Auswirkungen auf Angsterleben und physiologische Belastungsreaktionen. Bern: Huber.

Kohut, H. (1973): Narzißmus. Frankfurt: Suhrkamp.

Kolip, P. (1991): Freundschaftsbeziehungen als soziale Ressource „invulnerabler" Mädchen und Jungen. Universität Bielefeld, Fak. f. Psych. u. Sportwiss.: Inauguraldissertation.

Kolip, P. (1993): Freundschaften im Jugendalter. Der Beitrag sozialer Netzwerke zur Problembewältigung. Weinheim: Juventa.

Kolip, P. (Hrsg.) (1994): Lebenslust und Wohlbefinden. Beiträge zur geschlechtsspezifischen Jugendgesundheitsforschung. Weinheim: Juventa.

Kolip, P. (1997): Geschlecht und Gesundheit im Jugendalter. Die Konstruktion von Geschlechtlichkeit über somatische Kulturen. Habilitationsschrift der Universität Bielefeld.

Kolip, P. (Hrsg.) (2002): Gesundheitswissenschaften. Eine Einführung. Weinheim: Juventa.

Kolip, P./Hurrelmann, K./Schnabel, P.-E. (Hrsg.) (1995). Jugend und Gesundheit. Interventionsbereiche und Präventionsfelder. Weinheim: Juventa.

Korthals, U. (1997): Suizidgefährdung und suizidales Verhalten bei Jugendlichen. Möglichkeiten der Schule bei der Suizidprävention. Berlin: Berliner Institut f. Lehrerfort- und -weiterbildung und Schulentwicklung.

Kos-Robes, M./Reinelt, T. (1977): Zum Schülerselbstmord. In: Biermann, G. (Hrsg.): Kinder im Schulstress. München und Basel: Reinhardt, 110–119.

Krappmann, L./Oswald, H. (1995): Alltag der Schulkinder. Beobachtungen und Analysen von Interaktionen und Sozialbeziehungen. Weinheim und München: Juventa.

Kreitman, N. (1977): Parasuicide. London: Wiley & Sons.

Kreitman, N. (1980): Die Epidemiology von Suizid und Parasuizid. Nervenarzt, 51, 131–138.

Kreß, H. (2003): Medizinische Ethik. Kulturelle Grundlagen und ethische Wertkonflikte heutiger Medizin. Stuttgart: Kohlhammer.

Krowatschek, D./Krowatschek, G. (2003): Cool bleiben? Mobbing unter Kindern. Lichtenau: AOL.

Krüger, H.-H./Grunert, C. (2002): Handbuch Kindheits- und Jugendforschung. Opladen: Leske + Budrich.

Kuitert, H. M. (1986): Das falsche Urteil über den Suizid. Stuttgart: Kreuz.

Kuitert, H. M. (1990): Darf ich mir das Leben nehmen? Gütersloh: Gerd Mohn.

Kurth, B. M./Bergmann, K. E./Dippelhofer, A./Hölling, H./Kamtsiuris, P./Thefeld, W. (2002): Die Gesundheit von Kindern und Jugendlichen in Deutschland. Was wir wissen, was wir nicht wissen, was wir wissen werden. Bundesgesundheitsbl. – Gesundheitsforsch. – Gesundheitsschutz, 45, 852–858.

Laaser, U./Hurrelmann, K. (1998): Gesundheitsförderung und Krankheitsprävention. In: Hurrelmann, K./Laaser, U. (Hrsg.): Handbuch Gesundheitswissenschaften. Weinheim und München: Juventa, 395–424.

Langness, A./Richter, M./Hurrelmann, K. (2003): Zusammenfassung der Ergebnisse und Konsequenzen für eine jugendgerechte Prävention und Gesundheitsförderung. In: Hurrelmann, K./Klocke, A./Melzer, W./Ravens-Sieberer, U. (Hrsg.): Jugendgesundheitssurvey. Internationale Vergleichsstudie im Auftrag der Weltgesundheitsorganisation (WHO). Weinheim, München: Juventa, 301–334.

Laucht, M. (1999): Risiko- vs. Schutzfaktor? Kritische Anmerkungen zu einer problematischen Dichotomie. In: Opp, G./Fingerle, M./Freytag, A. (Hrsg.): Was Kinder stärkt. Erziehung zwischen Risiko und Resilienz. München, Basel: Reinhardt, 303–314.

Laucht, M./Esser, G./Schmidt, M.H. (1999): Was wird aus Risikokindern? Ergebnisse der Mannheimer Längsschnittstudie im Überblick. In: Opp, G./Fingerle, M./Freytag, A. (Hrsg.): Was Kinder stärkt. Erziehung zwischen Risiko und Resilienz. München, Basel: Reinhardt, 71–93.

Lauterbach, M. (1976): Suizidales Verhalten bei Kindern und Jugendlichen. Universität Berlin: Diss. med.

Lautmann, R. (1993a): Homosexualität. Handbuch der Theorie- und Forschungsgeschichte. Frankfurt, New York: Campus.

Lautmann, R. (1993b): Homosexualität? Die Liebe zum eigenen Geschlecht in der modernen Konstruktion. In: Puff, H. (Hrsg): Lust, Angst und Provokation. Homosexualität in der Gesellschaft. Göttingen, Zürich: Vandenhoeck & Ruprecht, 15–37.

Lazarus, R.S. (1966): Psychological Stress and the Coping Process. New York: McGraw-Hill Book Company.

Lazarus, R.S. (1981): Stress und Stressbewältigung – Ein Paradigma. In: Filip, S.-H. (Hrsg.): Kritische Lebensereignisse. München/Wien/Baltimore: Urban & Schwarzenberg, 198–232.

Lazarus, R.S. (1982): Der kleine tägliche Ärger, der krank macht. Psychologie heute, 9., 3, 46–49.

Lazarus, R.S./Averill, J.R./Opton, E.M. (1974): The Psychology of Coping. In: Coelho, G.V./Hamburg, D.A./Adams, J.E. (Eds.): Coping and Adaption, New York: Basic Books, Inc., Publishers, 249–315.

Lazarus, R.S./Launier, R. (1978): Stress-related interactions between Person and Environment. In: Pervin, L.A./Lewis, M. (Eds.): Perspectives in Interactional Psychology. New York: Plenum Press, 287–327.

Lazarus, R.S./Launier, R. (1981): Stressbezogene Transaktionen zwischen Person und Umwelt. In: Nitsch, J.R. (Hrsg.): Stress: Theorien, Untersuchungen, Maßnahmen. Bern: Huber, 213–259.

Lazarus, R.S./Folkman, S. (1984): Stress, Appraisal, and Coping. New York: Springer.

Lazarus, R.S./DeLongis, A./Folkman, S./Gruen, R. (1985): Stress and adaptional outcomes: The problem of confounded measures. American Psychologist, 40, 770–779.

Leenaars, A.A./Wenckstern, S. (Eds.) (1991): Suicide Prevention in Schools. New York: Hemisphere Publishing Corporation.

Lerner, R.M. (1984): Jugendliche als Produzenten ihrer eigenen Entwicklung. In: Olbrich, E./Todt, E. (Hrsg.): Probleme des Jugendalters. Neuere Sichtweisen. Berlin: Springer, 69–88.

Lettieri, D.J. (1987): Drugs and Suicide. When Other Coping Strategies Fail. Beverly Hills: Sage Publications LTD.

Lewinsky-Aurbach, B. (1980): Suizidale Jugendliche. Grenzen und Möglichkeiten psychologischen Verstehens. Stuttgart: Enke.

Limbourg, M./Raithel, J./Reiter, K. (2001): Jugendliche im Straßenverkehr. In: Raithel, J. (Hrsg.): Risikoverhaltensweisen Jugendlicher. Formen, Erklärungen, Prävention. Opladen: Leske + Budrich, 201–216.

Limbourg, M./Reiter, K. (2003): Denn sie wissen nicht was sie tun. Jugendliches Risikoverhalten im Verkehr. Unsere Jugend, I, 55., 36–47.

Lindner-Braun, Ch. (1990): Soziologie des Selbstmords. Opladen: Westdeutscher Verlag

Lions Quest (1997): Erwachsen werden – Persönlichkeitsentfaltung von Jugendlichen. Bochum: Schürmann und Klagges GmbH.

Löchel, M. (1981): Die präsuizidale Symptomatik bei Kindern und Jugendlichen – ein Beitrag zur Früherkennung der Selbstmordgefährdung. Universität Heidelberg: Med. Diss.

Löchel, M. (1983): Die präsuizidale Symptomatik bei Kindern und Jugendlichen – ein Beitrag zur Früherkennung der Selbstmordgefährdung. In: Jochmus, I./Förster, E. (Hrsg.): Suizid bei Kindern und Jugendlichen. Stuttgart: Enke, 61–65.

Löchel, M. (1984): Das präsuizidale Syndrom bei Kindern und Jugendlichen. Praxis der Kinderpsychologie und Kinderpsychiatrie, 33, 214–221.

Lösel, F./Bliesener, T./Köferl, P. (1990): Psychische Gesundheit trotz Risikobelastung in der Kindheit: Untersuchungen zur „Invulnerabilität". In: Seiffge-Krenke, I. (Hrsg.): Jahrbuch der Medizinischen Psychologie, Band IV: Krankheitsverarbeitung von Kindern und Jugendlichen. Berlin, Heidelberg, New York: Springer, 103–123.

Lösel, F./Bender, D. (1994): Lebenstüchtig trotz schwieriger Kindheit. Psychische Widerstandskraft im Kindes- und Jugendalter. Psychoscope, 7, 14–17.

Lubrich, S. (1985): Der Schülerselbstmord in der deutschsprachigen Literatur in differentialdiagnostischer und psychoanalytischer Sicht. Regensburg: S. Roderer.

Lungershausen, E. (1966): Suizide und Suizidversuche bei Schülern. Zeitschrift für Präventivmedizin, 11, 414–433.

Lutz, R. (1996): Gesundheit und Genuss: Euthyme Grundlagen der Verhaltenstherapie. In: Margraf, J. (Hrsg.): Lehrbuch der Verhaltenstherapie, Bd. 1, 113–128. Berlin: Springer.

Machleidt, W. (1991): Suizidalität. In: Kisker, K. P./Freyberger, H./Rose, H. K./ Wulff, E. (Hrsg.): Psychiatrie, Psychosomatik, Psychotherapie. Stuttgart, New York: Thieme, 230–238.

McLean, G. (Ed.) (1990): Suicide in Children and Adolescents. Toronto/Lewiston/New York/Bern/Göttingen/Stuttgart: Hogrefe & Huber Publishers.

Mahoney, M. J. (1977): Cognitive therapy and research: A question of question. Cognitive Therapy and Research, 1, 5–17.

Mahoney, M. J. (1995): Cognitive and constructive psychotherapies. Theory, research, and practice. N. Y. and Washington: Springer.

Malchau, J. (1984): Zur Affinität von Drogenkonsum und Suizid bei Jugendlichen. In: Welz, R./Möller, J. (Hrsg.) Bestandsaufnahme der Suizidforschung. Epidemiologie, Prävention und Therapie. Regensburg: S. Roderer: 210–218.

Malchau, J. F. (1987): Drogen und Suizid als Überlebensoption. Untersuchung zur Affinität von direkt und indirekt selbstdestruktiven Handlungen Jugendlicher. Weinheim: Deutscher Studien Verlag.

Mall, V. (2003): Das Internet als Kommunikationsforum für suizidgefährdete Adoleszenten. Dissertation Technische Universität Berlin.

Mansel, J./Hurrelmann, K. (1991): Alltagsstress bei Jugendlichen. Eine Untersuchung über Lebenschancen, Lebensrisiken und psychosoziale Befindlichkeiten im Statusübergang. 2. Aufl. Weinheim, München: Juventa.

Mansel, J./Klocke, A. (1996): Zwischen Stigma, Wirklichkeit, Selbstanspruch und Ideal. In: Mansel, J./Klocke (Hrsg.): Die Jugend von heute. Selbstanspruch, Stigma und Wirklichkeit. Weinheim/München: Juventa. S. 7–16.

Margraf, J./Siegrist, J./Neumer, S. (1998): Gesundheits- oder Krankheitstheorie? Saluto- versus pathogenetische Ansätze im Gesundheitswesen. Berlin, Heidelberg: Springer.

Mehlum, L. (2001): The Intenet and Suicide Prevention. Crisis, 21, 4, 186–188.

Meichenbaum, D. (1977): Cognitive behavior modification: An integrative approach. New York: Plenum Press.

Melzer, W. (2001): Aggression und Gewalt in deutschen Schulen. Lernende Schule, 4., 13, 7–9.

Melzer, W./Schubarth, W./Ehninger, F.: (2004): Gewaltprävention und Schulentwicklung. Bad Heilbrunn: Klinkhardt Verlag.

Menninger, K. (1968): Das Leben als Balance. München: Piper.

Menninger, K. (1978): Selbstzerstörung. Frankfurt a. M.: Suhrkamp.

Mertens, W. (1994): Entwicklung der Psychosexualität und der Geschlechtsidentität. Bd.1+2. Stuttgart, Berlin, Köln: Kohlhammer.

Miller, M. J./Wilcox. C. T./Soper, B. (1985): Measuring Hassels and Uplifts among Adolescents: A Different Approach to the Study of Stress. School Councelor, 33, 107–110.

Miller, R. (1990): Stress und Entspannung. Praktische Vorschläge, sich in der Schule wohlzufühlen. Pädagogik, 10, 22–27.

Moore, Ch. P. (1986): The Mediation Process. San Francisco: Jossey Bass Inc.

Müller-Küppers, M. (1983): Der ärztlich-ethische Aspekt des Suizids von Kindern und Jugendlichen. In: Jochmus, I./Förster, E. (Hrsg.): Suizid bei Kindern und Jugendlichen. Stuttgart: Enke, 1–7.

Naidoo, J./Wills, J. (2003): Lehrbuch der Gesundheitsförderung. Köln: Bundeszentrale für gesundheitliche Aufklärung (BzgA).

Nelson, F. L. (1987): Evaluation of a youth suicide prevention school program. Adolescence, 22 (88), 813–825.

Nelson, R. E. (1988): Overview Of Prevention. In: Capuzzi, D./Golden, L. (Eds.): Preventing Adolescent Suicide. Muncie, In: Accelerated Development, 249–268.

Nestmann, F. (1997a): Familie als soziales Netzwerk und Familie im sozialen Netzwerk. In: Böhnisch, L./Lenz, K. (Hrsg.): Familien. Eine interdisziplinäre Einführung. Weinheim, München: Juventa, 213–234.

Nestmann, F. (Hrsg.) (1997b): Beratung. Bausteine für eine interdisziplinäre Wissenschaft und Praxis. Forum 37. Tübingen: dgvt.

Neubauer, G. (2001): Sexuelle Risikolagen und riskantes Sexualverhalten von Jugendlichen. In: Raithel, J. (Hrsg.): Risikoverhaltensweisen Jugendlicher. Formen, Erklärungen, Prävention. Opladen: Leske + Budrich, 183–200.

Neuhland (2004): Schulprävention. Suizid und Suizidprävention in der Schule. www.neuhland.de

Neulinger, K. U. (1975): Schweigt die Schule den Tod tot? Untersuchungen – Fragestellungen – Analysen. München: Manz.

Nissen, G. (1971): Depressive Symptome in Kindes- und Jugendalter. Springer: Berlin, Heidelberg, New York.

Nissen, G. (1975): Suizid und Suizidalität bei Kindern und Jugendlichen. Der Kinderarzt, 6. Jg. Nr. 1, 2, 3, S. 30–31; 131–132; 269–271.

Nissen, G./Trott, G. E. (1989): Suizidales Verhalten bei Kindern und Jugendlichen. Deutsches Ärzteblatt, 86, 49, 2586–2592.

Nordlohne, E./Hurrelmann, K./Holler, B. (1989): Schulstress, Gesundheitsprobleme und Arzneimittelkonsum. Prävention, 12., 2, 47–53.

Nuber, U. (1991): Die verkannte Krankheit Depression. Zürich: Kreuz.

Nuber, U. (1995): Der Mythos vom frühen Trauma. Frankfurt a. M.: Fischer.

Oerter, R. (Hrsg.) (1985): Lebensbewältigung im Jugendalter. Weinheim: VCH.

Oerter, R./Hagen v., C./Röper, G./Noam, G. (Hrsg.) (1999): Klinische Entwicklungspsychologie. Ein Lehrbuch. Weinheim: Beltz, PVU.

Oerter, R./Montada, L. (2002): Entwicklungspsychologie. 5. vollständig überarbeitete Auflage. Weinheim, Basel: Beltz PVU.

Österreichisches Bundesministerium für Bildung, Wissenschaft und Kultur (Hrsg.) (2002): Hinweise zum Umgang mit kritischen Situationen. Ein Handreichung. Wien.

Offer, D. (1984): Das Selbstbild normaler Jugendlicher. In: Olbrich, E./Todt, E. (Hrsg.): Probleme des Jugendalters. Neuere Sichtweisen. Berlin: Springer, 111–130.

Olbrich, E. (1985): Konstruktive Auseinandersetzung im Jugendalter: Entwicklung, Förderung und Verhaltenseffekte. In: Oerter, R. (Hrsg.): Lebensbewältigung im Jugendalter. Edition Psychologie. Weinheim: VCH Verlagsgesellschaft, 7–29.

Olweus, D: (2002): Gewalt in der Schule. Was Lehrer und Eltern wissen sollten – und tun können. 3., korr. Auflage. Bern: Huber.

Opp, G./Fingerle, M./Freytag, A. (Hrsg.) (1999): Was Kinder stärkt. Erziehung zwischen Risiko und Resilienz. München, Basel: Reinhardt.

Opp. G. (1999): Schule – Chance und Risiko. In: Opp, G./Fingerle, M./Freytag, A. (Hrsg.): Was Kinder stärkt. Erziehung zwischen Risiko und Resilienz. München, Basel: Reinhardt, 229–243.

Orbach, I. (1990): Kinder, die nicht leben wollen. Göttingen: Vandenhoeck & Ruprecht.

Palentien, C. (1997): Jugend und Stress. Ursachen, Entstehung und Bewältigung. Neuwied, Kriftel, Berlin: Luchterhand.

Palentien, C. (2003): Kinder und Jugendliche. In: Schwartz, F. W. (Hrsg.): Public Health Gesundheit und Gesundheitswesen. München, Jena: Urban und Fischer, 636–641.

Paulus, P. (2003): Schulische Gesundheitsförderung – vom Kopf auf die Füße gestellt. Von der gesundheitsfördernden Schule zur guten gesunden Schule. In: Aregger, K./Lattmann, U. P. (Hrsg.): Gesundheitsfördernde Schule- eine Utopie? Konzepte, Praxisbeispiele, Perspektiven. Luzern: Sauerländer, 92–116.

Peck, M. L./Farberow, N. L./Litman, R. E. (1985): Youth Suicide. New York: Springer.

Perrez, M. (1990): Belastungsverarbeitung und Gesundheit. Natur- und Ganzheits-Medizin, 3, 236–240.

Peterkin, A./Ridson, C. (2004): Caring for Lesbian and Gay People: A Clinical Guide. British Medical Journal (BMJ), Vol. 328, 2, 469.

Pfeffer, C. R. (1987): Families of suicidal children. In: Diekstra, R. F. W./Hawton, K. (Eds.): Suicide in Adolescence. Dordrecht, Boston, Lancaster: Martinus Nijhoff Publishers, 127–138.

Pfeffer, C. R./Zuckerman, S./Plutchik, R./ Mizruchi, M. S. (1984): Suicidal Behavior in Normal School Children: A Comparison with Child Psychiatric Inpatients. Journal of the American Academy of Child Psychiatry, 23, 416–423.

Phillips, D. P./Carstensen, L. L. (1986): Clustering of Teenage Suicides after Television News Stories about Suicide. New England Journal of Medicine, 315, 11, 685–689.

Pines, M. (1979): Trotz alledem ... Die Psychologie der „unverwundbaren" Kinder. Psychologie heute, 6., 8, 55–61.

Pinquart, M./Silbereisen, R.K (2000): Das Selbst im Jugendalter. In: Greve, W. (Hrsg.): Psychologie des Selbst. Weinheim: Beltz / PsychologieVerlagsUnion.

Pitschel-Walz, G. (2003): Lebensfreude zurückgewinnen. Ratgeber für Menschen mit Depressionen und deren Angehörige. München, Jena: Urban & Fischer.

Pöhls, V. (1987): Kognitiv-utilitaristische Suizidhandlungstheorie. Darstellung, abgeleitete Maßnahmen, Anwendung und Konfrontation mit anderen Suizidhandlungstheorien. Regensburg: S. Roderer.

Pöldinger, W. (1968): Die Abschätzung der Suizidalität. Eine medizinisch-psychologische und medizinisch-soziologische Studie. Bern, Stuttgart: Huber.

Pohlmeier, H. (1980): Depression und Selbstmord. Neue Erkenntnisse, Untersuchungen und Informationen. Bonn: Keil.

Pohlmeier, H. (1984): Selbstmordverhütung im Wandel der Zeiten. In: Faust, V. (Hrsg.): Suizidgefahr. Häufigkeit – Ursachen – Motive – Prävention – Therapie. Stuttgart: Hippokrates, 79–89.

Poland, S. (1989): Suicide Intervention in the Schools. New York: Guilford Press.

Prass, S. (2002): Suizid-Foren im World Wide Web. Eine neue Kultgefahr. Jena: IKS Garamond.

Priebe, B./Israel, G./Hurrelmann, K. (1993): Gesunde Schule. Gesundheitserziehung, Gesundheitsförderung, Schulentwicklung. Weinheim und Basel: Beltz.

Quinnett, P. G. (1990): Warum mit dem Leben Schluss machen? Ein Ratgeber für Gefährdete und für die, die sie verstehen und lieben. Freiburg, Basel, Wien: Herder.

Rachor, Ch. (2001) Der „weibliche" Suizidversuch. Geschlechterstereotypen und suizidales Verhalten von Mann und Frau. In: Freytag, R./Giernalczyk, Th. (Hrsg.): Geschlecht und Suizidalität. Vandenhoeck & Ruprecht: Göttingen, 45–67.

233

Raithel, J. (2001): Explizit risiko-konnotative Aktivitäten und riskante Mutproben. In: Raithel, J. (Hrsg.): Risikoverhaltensweisen Jugendlicher. Opladen: Leske + Budrich, S. 237–248.

Raithel, J. (2003a): Sexuelles Risikoverhalten und Risikolagen im Jugendalter. Unsere Jugend, I, 55 Jg., 2–11.

Raithel, J. (2003b): Mutproben im Übergang vom Kindes- ins Jugendalter. Befunde zu Verbreitung, Formen und Motiven. In: Zeitschrift f. Pädagogik, 49, 5, 657–674.

Rauchfleisch, U. (1995): Die stille und die schrille Szene. Erfahrungen von Schwulen im Alltag. Freiburg, Basel, Wien: Herder.

Rauchfleisch, U. (2000): Dissozial oder suizidal. Agierformen oral-narzißtisch Gestörter in der Psychotherapie. In: Götze, P./Richter, M. (Hrsg.): Aber mein Innerstes überlasst mir selbst. Verstehen von suizidalem Erleben und Verhalten. Göttingen: Vandenhoeck & Ruprecht, 156–171.

Rauchfleisch, U. (2002): Ist Homosexualität veränderbar? Homosexualität und Kirche. www.huk.org/aktuell/wuestentrom-veränderbar.htm.

Rausch, K. (1985): Suizid und Suizidversuch bei Kindern und Jugendlichen. Medizin, Mensch und Gesellschaft, 3, 178–186.

Rausch, K. (1991): Suizidsignale in der sozialen Interaktion – und Auswege in der Therapie. Regensburg: S. Roderer.

Rautenstrauch, J. (1999): „Null Bock" auf Leben. Wenn Jugendliche suizidal werden. Nach einem Vortrag von Prof. Dr. med. Schulz vom 22.1.1999 beim 23. Interdiziplinären Forum der Bundesärztekammer. Münchener Medizinische Wochenschrift. (MMW) 141, Nr. 14, 12–13.

Ravens-Sieberer, U./Thomas, C./Erhart, M. (2003): Körperliche, psychische und soziale Gesundheit von Jugendlichen. In: Hurrelmann, K./Klocke, A./Melzer, W./Ravens-Sieberer, U. (Hrsg.): Jugendgesundheitssurvey. Internationale Vergleichsstudie im Auftrag der Weltgesundheitsorganisation (WHO). Weinheim, München: Juventa, 19–98.

Reimer, C. (Hrsg.) (1982): Suizid. Berlin, Heidelberg, New York: Springer.

Reinders, H. (2003): Jugendtypen. Ansätze zu einer differentiellen Theorie der Adoleszenz. Opladen: Leske + Budrich.

Reiner, A./Kulessa, Ch. (1981): Ich sehe keinen Ausweg mehr. 3. verändert. u. erweit. Auflage. München, Mainz: Kaiser/Grünewald.

Remafedi, G. (Ed.) (1994): Death by Denial. Studies of suicide in gay and lesbian teenagers. Boston: Alysons Publications.

Remschmidt, H. (1983): Suizidhandlungen im Kindes- und Jugendalter. Therapie und Prävention. In: Jochmus, I./Förster, E. (Hrsg.): Suizid bei Kindern und Jugendlichen. Stuttgart: Enke, 8–18.

Rennen-Allhoff, B. (1992): Gibt es eine „negative Phase" beim Übergang zum Jugendalter? Psychologie in Erziehung und Unterricht. 2. Quart., 39., 87–95.

Reuter, Ch. (2002): Mein Leben ist eine Waffe. Selbstmordattentäter. Psychogramm eines Phänomens. München: C. Bertelsmann.

Richter, H. E. (1963): Eltern, Kind und Neurose. Stuttgart: Klett.

Richter, H. E. (1970): Patient Familie. Reinbek: Rowohlt.

Richter, M./Settertobulte, W. (2003): Gesundheits- und Freizeitverhalten von Jugendlichen. In: Hurrelmann, H./Klocke, A./Melzer, W./Ravens-.Sieberer, U. (Hrsg.): Jugendgesundheitssurvey. Internationale Vergleichsstudie im Auftrag der Weltgesundheitsorganisation (WHO), Weinheim, München: Juventa, 99–158.

Ringel, E. (1953): Der Selbstmord. Abschluss einer krankhaften psychischen Entwicklung. Wien, Düsseldorf: Maudrich.

Ringel, E. (1969): Selbstmordverhütung. Bern: Huber.

Ringel, E. (1981): Über die Selbstmordtendenz bei Jugendlichen. Möglichkeiten zu ihrer Verhütung. In: Bundesarbeitsgemeinschaft Aktion Jugendschutz – BAJ. Hamm: Berges-Druck.

Ringel, E. (1986): Das Leben wegwerfen? Reflexionen über Selbstmord. 3. Aufl., Wien: Herder.

Ringel, E. (1989): Selbstmord. Appell an die anderen. München: Kaiser.

Ritter, J./Gründer, K. (1995): Historisches Wörterbuch der Philosophie. Bd. 9, Basel: Schwabe.

Rittner, V. (2001): Risikoverhalten im Sport. In: Raithel, J. (Hrsg.): Risikoverhaltensweisen Jugendlicher. Formen, Erklärungen, Prävention. Opladen: Leske + Budrich, 217–236.

Rofes, E. (1984): „I Thought People Like That Killed Themselves. Lesbian, Gay Men and Suicide. San Francisco: Grey Fox Press.

Rogers, C. (1951): Client-centered psychotherapy. Boston: Houghton Mifflin.

Rosemann, H. (1978): Kinder im Schulstress. Die Krankheit, die Schule heißt. Frankfurt a. M.: Fischer.

Rosenberg, M. (1979): Conceiving the self. New York: Basic Books.

Ross, C. P. (1980): Mobilizing schools for suicide prevention. Suicide and life-threatening behavior, 6, 239–243.

Ross, C. P. (1981): Teaching suicide prevention in schools. Depression and Suicide. New York: Pergamon Press.

Ross, C. P. (1985): Teaching Children The Facts of Life and Death: Suicide Prevention in the schools. In: Peck, M. L./Farberow, N. L./Litman, R. E. (Eds.): Youth Suicide. New York: Springer Publishing Corporation, 147–170.

Ross, C. P. (1987): School and Suicide. In: Diekstra, R. F. W./Hawton, K. (Eds.) Suicide in adolescence. Dordrecht: Nijhoff, 153–72.

Ross, C. P./Lee, A. R. (1977): Suicide in youth and what you can do about it. Burlingame, CA: Suicide Prevention and Crisis Center.

Rowlison, R. T./Felner, R. D. (1988): Major Life Events, Hassles, and Adaptation in Adolescence: Confounding in the Conceptualization and Measurment of Life Stress and Adjustment Revisited. Journal of Personality and Social Pschology, 55, 432–444.

Rudnick, M./Schmid-Oumard, W. (1981): Todeswünsche und Schulalltag. betrifft: Erziehung, Nov., 6–66.

Rüger, U./Blomert, A. F./Förster, W. (1990): Coping: Theoretische Konzepte – Forschungsansätze – Meßinstrumente zur Krankheitsbewältigung. Göttingen: Verlag für Medizinische Psychologie.

Ruof, S. R./Harris, J. M./Robbie, M. B. (1987): Handbook: Suicide prevention in the schools. La Salle, CO: Weld Boces.

Rupp, M. (2003): Notfall Seele. Ambulante Notfall- und Krisenintervention in der Psychiatrie und Psychotherapie. Stuttgart, New York: Thieme.

Rutter, M./Maughan, B./Mortimer, D./Ouston, J. (1980): Fünfzehntausend Stunden. Schulen und ihre Wirkung auf Kinder. Weinheim: Beltz.

Rutter, M. (1983): Stress, coping and development: Some issues and some questions. In: Garmezy, N./Rutter, M. (Eds.): Stress, coping and development in children. N. Y.: McGraw Hill, 1–41.

Rutter, M. (1987): Psychosocial Resilience and Protective Mechanisms. American Journal of Orthopsychiatry, 57, 316–331.

Rutter, M. (2000): Resilience reconsidered: Conceptual considerations, empirical findings, and policy implications. In: Shonkoff, J. P./Meisels, S. J. (Eds.): Handbook of early childhood intervention. Cambridge: Cambridge University Press, 651–682.

Ryerson, D. M. (1987): ASAP: An adolescent suicide awareness program. In: Diekstra, R. F. W./Hawton, K. (Eds.): Suicide in adolescence. Dordrecht: Nijhoff, 173–190.

Ryerson, D. M. (1991): Suicide Awareness Education in Schools: The Development of a Core Program and Subsequent Modifications for Special Populations or Institutions. In: Leenaars, A. A./Wenckstern, S. (Eds.): Suicide Prevention in Schools. New York: Hemisphere Publishing Corporation, 95–112.

Ryerson, D. M./King, B. (1986): Adolescent suicide awareness program (ASAP): A comprehensive education and prevention program for school communities. Lindhurst, NJ: South Bergen Mental Health Center.

Saarni, C. (2002): Die Entwicklung von emotionaler Kompetenz in Beziehungen. In: Salisch, v. M. (Hrsg.): Emotionale Kompetenz entwickeln. Grundlagen in Kindheit und Jugend. Stuttgart: Kohlhammer.

Salisch, v. M. (Hrsg.) (2002): Emotionale Kompetenz entwickeln. Grundlagen in Kindheit und Jugend. Stuttgart: Kohlhammer.

Sattem, L. (1991): Suicide Prevention in Elementary Schools. In: Leenaars, A. A./Wenckstern, S. (Eds.): Suicide Prevention in Schools. New York Hemisphere Publishing Corporation, 71–82.

Sayil, I./Sözer, Y./Önen, F. (1991): Suicide: Prevention Programme in a Nursing High School. XVI. IASP – Kongress in Hamburg: International Conference on Suicide Prevention and Crisis Intervention. Abstract Volume, 233.

Schaller, S./Schmidtke, A. (1983): Broken-home und Suizidalität – ein beweisbarer Zusammenhang? In: Pohlmeier, H./Schmidtke, A./Welz, R. (Hrsg.): Suizidales Verhalten. Methodenprobleme und Erklärungsansätze. Regensburg: S. Roderer, 113–122.

Schaller, S./Schmidtke, A. (1988): Broken Home and Suicidal Behavior: Methodological Problems. In: Möller, H.-J./Schmidtke, A./Welz,R. (Eds): Current Issues of Suicidology. Berlin, Heidelberg, New York: Springer, S. 280–295.

Schieber, M. (1979): Suizidversuche und Suiziddrohungen im Kindes- und Jugendalter. Universität Tübingen: Med. Diss.

Schiffer, E. (2001): Wie Gesundheit entsteht. Salutogenese: Schatzsuche statt Fehlerfahndung. Weinheim, Basel: Beltz Taschenbuch.

Schmidt, R.-B./Schetsche, M. (1998): Jugendsexualität und Schulalltag. Opladen: Leske + Budrich.

Schmidtchen, G. (1989): Schritte ins Nichts. Selbstschädigungstendenzen unter Jugendlichen. Opladen: Leske + Budrich.

Schmidtke, A. (1984): Zur Entwicklung der Häufigkeit suizidaler Handlungen im Kindes- und Jugendalter in der BRD 1950–1981. Suizidprophylaxe, 11, 34–79.

Schmidtke, A. (1988): Verhaltenstheoretisches Erklärungsmodell suizidalen Verhaltens. Regensburg: S. Roderer.

Schmidtke, A. (1992): Werden Suizidhandlungen in der Bevölkerung seltener? Neue epidemiologische Ergebnisse. Nervenheilkunde, 11, 32–35.

Schmidtke, A./Häfner, H. (1986): Die Vermittlung von Selbstmordmotivation und Selbstmordhandlungen durch fiktive Modelle – Die Folgen der Fernsehserie „Tod eines Schülers". Nervenarzt 57, 502–510.

Schmidtke, A./Häfner, H. (1987): Kann Fernsehen Selbsttötung auslösen? Die Forschung. Bild der Wissenschaft, 4, 123–132.

Schmidtke, A./Schaller, S./Kruse, A. (2003): Ansteckungsphänomene bei den neuen Medien – Fördert das Internet Doppelsuizide und Suizidcluster? In: Neue Medien und Suizidalität. Gefahren und Interventionsmöglichkeiten. Göttingen: Vandenhoeck & Ruprecht, 150–166.

Schnabel, P. E. (2001): Familie und Gesundheit. Weinheim: Juventa.

Schneider, Ch. M. (2000): Philosophische Überlegungen zu Aaron Antonovskys Konzept der Salutogenese. In: Wydler, H./Kolip, P./Abel, Th. (Hrsg.): Salutogenese und Kohärenzgefühl. Grundlagen, Empirie und Praxis eines gesundheitswissenschaftlichen Konzepts. Weinheim, München: Juventa, 21–42.

Schneider, M. S. (2001): Toward a reconceptualization of the coming-out process for adolescent females. In: D'Augelli, A. R./Patterson, C. J. (Eds.): Lesbian, gay, and bisexual identities and Youth. New York: Oxford Unversity Press, 71–96.

Schnell, M. (1992): Suizidgefährdete Kinder und Jugendliche. In: Therapie bei Suizidgefährdung. Ein Handbuch. Regensburg: S. Roderer.

Schnell, M./Brenning, U./Wetzel, H. (1985): Ihr wollt mich nur loswerden. Ein Bericht aus der Praxis. Pädextra, 2, 34–38.

Schroer, S. (1995): Jugendliche Suizidalität als Entwicklungschance. München: Quintessenz MMV Medizin Verlag.

Schroer, S. (1999): Das Anregen der Selbstorganisation komplexer Systeme: Ressourcenstärkung bei jugendlicher Suizidalität. In: Oerter, R./v. Hagen, C./Röper, G./Noam, G. (Hrsg.): Klinische Entwicklungspsychologie. Weinheim: Beltz, 437–458.

Schüffel, W./Brucks, U./Johnen, R/Köllner, V./Lamprecht, F./Schnyder, U. (1998): Handbuch der Salutogenese. Wiesbaden: Ullstein Medical.

Schütz, J. (1996): Ihr habt mein Weinen nicht gehört. Frankfurt a. M.: Fischer.

Schule und Elternhaus Schweiz (Hrsg.) (2001): Jugendsuizid. Aktiv vorbeugen. Denkanstöße für Eltern, Lehrer/innen und Bezugspersonen. Bern.

Schulz von Thun, F. (1995): Miteinander reden. Störungen und Klärungen. Bd. 1. Reinbek bei Hamburg: Rowohlt.

Schwartz, F. W. (2003): Public Health. Gesundheit und Gesundheitswissenschaften. München, Jena: Urban und Fischer.

Schwarzer, R. (2000): Stress, Angst und Handlungsregulation. 4. überarb. Aufl., Stuttgart: Kohlhammer.

Section of Child and Adolescent Psychiatry (2004): Treatment of major depressive disorder in children and adolescents. British Medical Journal (BMJ), 328, 3–4.

Seiffge-Krenke, I. (1984a): Problembewältigung im Jugendalter. Universität Gießen, FB OG Psychologie: Habilitationsschrift.

Seiffge-Krenke, I. (1984b): Formen der Problembewältigung bei besonders belasteten Jugendlichen. In: Olbrich, E./Todt, E. (Hrsg.): Probleme des Jugendalters. Neuere Sichtweisen. Berlin: Springer, 353–386.

Seiffge-Krenke, I. (1986): Problembewältigung im Jugendalter. Zeitschrift für Entwicklungspsychologie und Pädagogische Psychologie, Band XVIII, 2, 122–152.

Seiffge-Krenke, I. (1989a): Bewältigung alltäglicher Problemsituationen: Ein Coping-Fragebogen für Jugendliche. Zeitschrift für Differentielle und Diagnostische Psychologie, 10, 201–220.

Seiffge-Krenke, I. (1989b): Gesundheitsbezogenes Verhalten und Krankheitsbewältigung: Entwicklungspsychologische Befunde an Jugendlichen. Zeitschrift für Sozialisationsforschung und Erziehungspsychologie, 9, 247–263.

Seiffge-Krenke, I. (2002): Emotionale Kompetenz im Jugendalter: Ressourcen und Gefährdungen. In: v. Salisch, M. (Hrsg.): Emotionale Kompetenz entwickeln. Grundlagen in Kindheit und Jugend. Stuttgart: Kohlhammer, 51–72.

Seligman, M. E.P (1975/1999): Erlernte Hilflosigkeit. Weinheim und Basel: Beltz Taschenbuch.

Seligman, M. E. (2002): Positive Psychology, Positive Prevention and Positive Therapy. In: Snyder, C. R./Lopez, S. (Eds.): Handbook of positive psychology. New York: Oxford University Press, 3–9.

Shaffer, D./Garland, A./Gould, M./Fisher, P./Trautmann, P. (1988): Preventing Teenage Suicide: A critical Review. Journal of the American Academy of Child and Adolescent Psychiatry, 27 (6), 675–687.

Shneidman, E. (1980): Voices of Death. New York: Harper & Row.

Shneidman, E. (1985): The Definition of Suicide. New York: Wiley.

Shneidman, E. (1988): Es gibt Besseres als den Tod. Psychologie heute, 15 (3), 28–31.

Shure, M. B./Spivack, G. (1981): Probleme lösen im Gespräch. Erziehung als Hilfe zur Selbsthilfe. Stuttgart: Klett-Cotta.

Siegrist, J. (2003): Machen wir uns selbst krank? Gesundheitsverhalten – psychosoziale Aspekte. In: Schwartz, F. W. (Hrsg.): Public Health Gesundheit und Gesundheitswesen. München, Jena: Urban und Fischer, 139–150.

Silbereisen, R. K./Reese, A. (2001): Substanzgebrauch Jugendlicher: Illegale Drogen und Alkohol. In: Raithel, J. (Hrsg.): Risikoverhaltensweisen Jugendlicher. Formen, Erklärungen, Prävention. Opladen: Leske + Budrich, 131–154.

Singer, K. (2002): Die Würde des Schülers ist antastbar. Vom Alltag in unseren Schulen – und wie wir sie verändern können. Reinbek bei Hamburg: Rowohlt.

Skinner, B. F. (1953): Science and Human Behavior. New York: Free Press.

Smith, J. (1989): Suicide Prevention. A Crisis Intervention Curriculum For Teenagers And Young Adults. Human Service Series. School Based Programs. Holmes Beach, Florida: Learning Publications.

Smith, J. (1991): Suicide Intervention in Schools: General Considerations. In: Leenaars, A. A./Wenckstern, S. (Eds.): Suicide Prevention In Schools. New York. Hemisphere Publishing Corporation, 3–16.

Smith, K./Crawford, S. (1986): Suicide behavior among school students. Suicide and Life-Threatening Behavior, 16, 313–324.

Sonneck, G. (Hrsg.) (1991): Krisenintervention und Suizidverhütung. Wien: Facultas Universitätsverlag.

Sonneck, G./Etzersdorfer, E. (1991): Der Einfluss der Presse auf den U-Bahnsuizid in Wien. In: Sonneck, G. (Hrsg.): Krisenintervention und Suizidverhütung. Wien: Facultas Universitätsverlag, 142–145.

Specht, F./Schmidtke, A. (Hrsg.) (1986): Selbstmordhandlungen bei Kindern und Jugendlichen. Regensburg: S. Roderer.

Speck, O. (1999): Risiko und Resilienz in der Erziehung – Pädagogische Reflexionen. In: Opp, G./Fingerle, M./Freytag, A. (Hrsg.): Was Kinder stärkt. Erziehung zwischen Risiko und Resilienz. München, Basel: Ernst Reinhardt, 353–368.

Spirito, A./Overholser, J./Ashworth, S./Morgan, J./Benedict-Drew, C. (1988): Evaluation of a suicide awareness curriculum for high school students. Journal of the American Academy of Child and Adolescent Psychiatry, 27, 6, 705–711.

Stark, P. (1901): Selbstmord in der Schule. Medizinische Dissertation der Universität Straßburg. Straßburg: Buchdruckerei Goeller.

Statistisches Bundesamt, VIII A 1 (2002) – Gesundheitswesen.

Steinhausen, H.-C. (2002): Psychische Störungen bei Kindern und Jugendlichen. Lehrbuch der Kinder- und Jugendpsychiatrie. München, Jena: Urban & Fischer.

Stengel, E. (1969): Selbstmord und Selbstmordversuch. Frankfurt a. M.: Fischer.

Stiensmeier-Pelster, J./Schürmann, M./Duda, K. (2000): Depressionsinventar für Kinder und Jugendliche /DIJK). Handanweisung. Göttingen: Hogrefe.

Stober, B. (1978): Familien von suizidalen Kindern und Jugendlichen. Familiendynamik, 4, 299–316.

Stober, B./Busch, W. (1983): Suizidale Kinder und Jugendliche – externale und internale Faktoren zum Suizidversuch. In: Pohlmeier, H./Schmidtke, A./Welz, R. (Hrsg.): Suizidales Verhalten. Methodenprobleme und Erklärungsansätze. Regensburg: S. Roderer, 11–20.

Storath, R./Englbrecht, A. (2004): Krisensituationen, Gewalt und Tod in der Schule. Schulverwaltung spezial. Zeitschrift für SchulLeitung, SchulAufsicht und SchulKultur. Kronach: Wolters Kluwer,1, 4–7.

Stork, J. (1972): Fragebogentest zur Beurteilung der Suizidgefahr. Salzburg: Müller.

Streek-Fischer, A. (2002): Zehnjähriger beißt, schlägt, droht mit Selbstmord. So gefährlich kann ein Borderline-Syndrom sein. In: Münchener Medizinische Wochenschrift – Fortschritt Medizin, 41., H. 7, 102–107.

Stromberger, R. (1981): Tod eines Schülers. Materialien zu ZDF-Fernsehprogrammen, Hrsg.: ZDF-Information und Presse. München.

Tausch, R. (1979): Gesprächspsychotherapie. Göttingen: Hogrefe.

Tabulos (Hrsg.) (1996): Jugend und Homosexualität. Eine Aufklärung für Eltern. Abschlussdokumentation des Projektes an der Volkshochschule. Potsdam: Edition Rotdorn.

Thefeld, W. (2000): Verbreitung der Herz-Kreislauf-Risikofaktoren Hypercholesterinämie, Übergewicht, Hypertonie und Rauchen in der Bevölkerung. In: Bundesgesundheitsblatt – Gesundheitsforschung – Gesundheitsschutz, 43, 6, 415–423.

Thole, W. (2002): Jugend, Freizeit, Medien. In: Krüger, J.-H./Grunert, C. (Hrsg.): Handbuch Kindheits- und Jugendforschung. Opladen: Leske + Budrich, 653–684.

Thomae, H. (1969): Ansätze zu einer Theorie der Reifezeit. Vita Humana, 213–237.

Thomae, H. (1984): Formen der Auseinandersetzung mit Konflikt und Belastung im Jugendalter. In: Olbrich, E./Todt, E. (Hrsg.): Probleme des Jugendalters. Neuere Sichtweisen. Berlin: Springer, 89–110.

Thomas, K. (1964): Handbuch der Selbstmordverhütung. Psychopathologie, Psychologie und Religionspsychologie einschließlich der Eheberatung und Telefonseelsorge. Stuttgart: Enke.

Thomas, K. (1970): Menschen vor dem Abgrund. Christian Wegner: Hamburg.

Tierney, R./Ramsay, R./Tanney, B./Lang, W. (1991): Comprehensive School Suicide Prevention Programs. In: Leenaars, A. A./Wenckstern, S. (Eds.): Suicide Prevention In Schools. New York: Hemisphere Publishing Corporation, 83–98.

Tölle, R. (1988): Psychiatrie. 8. Aufl. Berlin, Heidelberg, New York: Springer.

Trapp, U./Neuhäuser-Berthold, M. (2001): Riskantes Ernährungsverhalten im Jugendalter. In: Raithel, J. (Hrsg.): Risikoverhaltensweisen Jugendlicher. Formen, Erklärungen, Prävention. Opladen: Leske + Budrich, 155–170.

Trautmann, R.-D./Luka, U. (1985): Zur Diagnostik von Depressivität, Hilflosigkeit und Suizidalität. In: Hehl, F.-J./Ebel, V./Ruch, W. (Hrsg.): Diagnostik psychischer und psychophysiologischer Störungen. Bonn: Deutscher Psychologen Verlag, 11–77.

Tress, W. (1986a): Die positive frühkindliche Bezugsperson – Der Schutz vor psychogenen Erkrankungen. Psychotherapie und medizinische Psychologie, 36, 51–57.

Tress, W. (1986b): Das Rätsel der seelischen Gesundheit. Göttingen: Verlag für Medizinische Psychologie.

Udris, I./Rimann, M. (2000): Das Kohärenzgefühl: Gesundheitsressource oder Gesundheit selbst? Strukturelle und funktionale Aspekte und ein Validierungsversuch. In: Wydler, H./Kolip, P./Abel, Th. (Hrsg.): Salutogenese und Kohärenzgefühl. Grundlagen, Empirie und Praxis eines gesundheitswissenschaftlichen Konzepts. Weinheim, München: Juventa, 129–148.

Ulich, D. (1987): Krise und Entwicklung. Zur Psychologie der seelischen Gesundheit. München, Weinheim: PsychologieVerlagsUnion.

Ulich, D./Haußer, K./Mayring, Ph./Strehmel, P./Kandler, M./Degenhardt, B. (1985): Psychologie der Krisenbewältigung. Eine Längsschnittuntersuchung an arbeitslosen Lehrern. Weinheim, Basel: Beltz.

Ulich, M. (1988): Risiko- und Schutzfaktoren in der Entwicklung von Kindern und Jugendlichen. Zeitschrift für Entwicklungspsychologie und Pädagogische Psychologie, 20, 146–66.

Watzlawick, P./Beavin, J. H./Jackson, D. D. (1990): Menschliche Kommunikation. 8. Aufl. Bern, Stuttgart, Toronto: Huber.

Weber, H./Knapp-Glatzel, B. (1988): Alltagsbelastungen. In: Brüderl, L. (Hrsg.): Belastende Lebenssituationen. München: Juventa, 140–157.

Wedler, H./Wolfersdorf, M/Welz, R. (Hrsg.) (1992): Therapie bei Suizidgefährdung. Regensburg: S. Roderer.

Weiss, H. (1999): Frühförderung als protektive Maßnahme – Resilienz im Kleinkindalter. In: Opp, G./Fingerle, M./Freytag, A. (Hrsg.): Was Kinder stärkt. Erziehung zwischen Risiko und Resilienz. München, Basel: Reinhardt, 124–141.

Welbrink, A/Franke, A. (2000): Zwischen Genuss und Sucht- das Salutogenesemodell in der Suchtforschung. In: Wydler, H./Kolip, P./Abel, Th. (Hrsg.): Salutogenese und Kohärenzgefühl. Grundlagen, Empirie und Praxis eines gesundheitswissenschaftlichen Konzepts. Weinheim, München: Juventa, 43–55.

Wellhöfer, P. R. (1981): Selbstmord und Selbstmordversuch. Stuttgart: Fischer.

239

Welz, R. (1992): Definition, Suizidmethoden, Epidemiologie und Formen der Suizidalität. In: Wedler, H./Wolfersdorf, M/Welz, R. (Hrsg.): Therapie bei Suizidgefährdung. Regensburg: S. Roderer, 11–22.

Werner, E. E. (1984): Resilient Children. Young Children, 38, 68–72.

Werner, E. E. (1989): Vulnerability and Resiliency: A longitudinal Perspective. In: Brambring, M./Lösel, F./Skowronek, H (Eds.): Children at Risk: Assessment, Longitudinal Research, and Intervention. Berlin, New York: De Gruyter, 157–72.

Werner, E. E./Smith, R. S. (1982): Vulnerable but Invincible: A Study of Resilient Children. New York: McGraw Hill.

Werner, E. E. (2000): Protective factors and individual resiliance. In: Shonkoff, J. P./Meisels, S. J. (Eds.): Handbook of early childhood intervention. Cambridge: Cambridge University Press, 115–132.

WHO (2003):www.who.int/health_topics/suicide/en.

Willemsen, R. (2003): Der Selbstmord. Briefe, Manifeste, Literarische Texte. Köln: Kiepenheur & Witsch.

Wilken, B. (2003): Methoden der kognitiven Umstrukturierung. Stuttgart: Kohlhammer.

Witte, M. (1997): Krisenunterkunft für suizidgefährdete Kinder und Jugendliche. In: Freytag, R./Witte, M. (Hrsg.): Wohin in der Krise? Orte der Suizidprävention. Göttingen: Vandenhoeck & Ruprecht, 147–159.

Witte, M. (2003): Kinder und Jugendliche im „world wild web". In: Neue Medien und Suizidalität. Gefahren und Interventionsmöglichkeiten. Göttingen: Vandenhoeck & Ruprecht, 247–261.

Wolfersdorf, M. (1992): Diagnostik von Suizidalität. In: Wedler, H./Wolfersdorf, M./Welz, R. (Hrsg.): Therapie bei Suizidgefährdung. Ein Handbuch. Regensburg: S. Roderer.

Wolfersdorf, M. (1998): Suizidalität. In: Berger, M. (Hrsg.): Psychiatrie und Psychotherapie. München/Wien/Baltimore, 889–906.

Wolfersdorf, M. (2000): Der suizidale Patient in Klinik und Praxis. Suizidalität und Suizidprävention. Stuttgart: Wissenschaftliche Verlagsgesellschaft.

Wolfersdorf, M. (2002): Depressionen verstehen und bewältigen. Berlin, Heidelberg, New York: Springer.

Wolfersdorf, M. (2004): Suizidalität. In: Berger, M. (Hrsg.): Psychische Erkrankungen. Klinik und Therapie. München: Urban & Fischer, S. 1022–1038.

Wustmann, C. (2003): Was Kinder stärkt. Ergebnisse der Resilienzforschung und ihre Bedeutung für die pädagogische Praxis. In: Fthenakis, W. E. (Hrsg.): Elementarpädagogik nach PISA. Wie aus Kindertagesstätten Bildungseinrichtungen werden können. Freiburg i.Br.: Herder.

Wydler, H. Kolip, P./Abel, Th. (Hrsg.) (2002): Salutogenese und Kohärenzgefühl. Grundlagen, Empirie und Praxis eines gesundheitswissenschaftlichen Konzepts. Juventa: Weinheim.

Zerssen, v., D./Türk, D./Hecht, H. (1998): Saluto- und pathogenetische Ansätze – zwei Seiten derselben Medaille. In: Margraf, J./Siegrist, J./Neumer, S. (Hrsg.): Gesundheits- oder Krankheitstheorie? Saluto – versus pathogenetische Ansätze im Gesundheitswesen. Berlin, Heidelberg: Springer, 42–49.

Zinnecker, J. (1982): Schule gehen Tag für Tag. Schülertexte. München: Juventa.

Zinnecker, J. (2000): Selbstsozialisation. Essay über ein aktuelles Konzept. Zeitschrift für Soziologie der Erziehung und Sozialisation, 20, 272–290.

Zubrägel, S./Settertobulte, W. (2003): Körpermasse und Ernährungsverhalten von Jugendlichen. In: Hurrelmann, K./Klocke, A./Melzer, W./Ravens-Sieberer, U. (Hrsg.): Jugendgesundheitssurvey. Internationale Vergleichsstudie im Auftrag der Weltgesundheitsorganisation (WHO). Weinheim, München: Juventa, 159–182.

Zwingmann, Ch. (Hrsg.) (1965): Selbstvernichtung. Frankfurt/M.: Akademische Verlagsgesellschaft.

Diagnostische Verfahren

Beck, A. T. (1995): Beck-Depressionsinventar (BDI). 2. überarb. Aufl. Göttingen: Hogrefe.

Bem-Gräser, L. (2000): Familie in Tieren. Die Familienstrukturen im Spiegel der Kinderzeichnung. München: Reinhardt.

Buggle, F./Baumgärtel, F. (1975): Hamburger Neurotizismus- und Extraversionsskala für Kinder und Jugendliche (HANES). Göttingen: Hogrefe.

Pöldinger, W. (1982): Fragenkatalog zur Abschätzung der Suizidalität. In: Pöldinger, W.: Suizidprophylaxe bei depressiven Syndromen. Neuropsychiatr. Clin., 1, 87–97.

Roth, H./Süllwold, F./Berg., M. (1967): Problemfragebogen für Jugendliche (PF 11–14). Göttingen: Hogrefe.

Staabs, v.,G. (1992): Der Scenotest. 8. unveränderte Aufl. Göttingen: Hogrefe.

Stiensmeier-Pelster, J./Schürmann, M./Duda, K. (2000): Depressionsinventar für Kinder und Jugendliche (DIKJ). Göttingen: Hogrefe.

Tewes, U./Neubauer, A./Aster v., M. (2000): Hamburg-Wechsler-Intelligenztest für Kinder-III (HAWIK-III). Göttingen: Hogrefe.

Weiss, R. H. (1998): Grundintelligenztest Skala 2 (CFT 20). Göttingen: Hogrefe.

Wieczerkowski, W./Nickel, H./Janowski, A./Fittkau, B./Rauer, W. (1981): Angstfragebogen für Schüler (AFS). Göttingen: Hogrefe.

Sachwortverzeichnis